Morgana

El Camino Naranja

HANIA CZAJKOWSKI

Morgana
El Camino Naranja

Grijalbo

Czajkowski, Hania

Morgana. El Camino Naranja - 4ª ed. - Buenos Aires : Grijalbo, 2016.
488 p. ; 23x15 cm. (Ficción)

ISBN 978-950-28-0700-3

1. Narrativa Argentina. I. Título
CDD A863

Primera edición: noviembre de 2013
Cuarta edición: abril de 2016

© 2013, Random House Mondadori, S.A.

© 2016, Penguin Random House Grupo Editorial, S.A.
Humberto I 555, Buenos Aires
www.megustaleer.com.ar

Printed in Argentina – Impreso en la Argentina

ISBN: 978-950-28-0700-3

Queda hecho el depósito que previene la ley 11.723.

Esta edición de 2.000 ejemplares se terminó de imprimir en El Ateneo Grupo Impresor S.A.,
Comandante Spurr 631, Avellaneda, Buenos Aires, en el mes de abril de 2016.

Penguin
Random House
Grupo Editorial

Dios mío, líbrame de las medias tintas, de los "no puedo",
de los "no sé", de los "quizás". Quiero encontrar al amor
de mi vida, emprender con él un largo viaje a tierras
lejanas, volverme invulnerable, conocer los antiguos
secretos, transformarme en maga y ser inmortal. Amén.

Capítulo 1

DIOS MÍO, ¿QUÉ ESTOY HACIENDO EN ESTA TIERRA?

Quería gritar, aullar, romper en pedazos todo ese escenario tan blanco, tan impecable y tan minimalista. ¿Por qué vivimos esta vida tan árida y nadie se rebela?, me pregunté mientras, llorando, tomaba lentamente un café en Sex & Sex, el más fashion de los puntos de encuentro de mi ciudad. Un agujero se estaba abriendo en mi pecho, justo a la altura del corazón. Algo andaba muy mal en mi mundo y en el mundo. ¿Cómo seguir adelante? *Las claves atlantes de la cuarta dimensión*, el último libro que acababa de comprar, permanecía cerrado sobre la mesa y ya no me hacía feliz. ¿Qué estoy haciendo en esta tierra? Mi vida se está derrumbando. El mundo es un caos, todos están asustados y yo también, pero nadie reacciona. Estoy sola, como todos, y mi corazón se está volviendo de piedra, como el de todos, me dije con los ojos nublados de tristeza, tan nublados como el cielo de Buenos Aires en esa tarde de otoño. El BlackBerry estaba sonando. ¿Para qué contestar? Los rayos anunciaban lluvias, tormentas, estallidos, quiebres irreversibles.

Soy Morgana Swiatlowsky, padre y madre ateos, ambos psicoanalistas lacanianos. Soltera, treinta y cinco años, arquitecta.

Vivo en Buenos Aires, en un hermoso *loft* redondo, un silo de trigo de una ex fábrica, ahora un súper fashion refugio de gente convencida de haber triunfado en la vida. Tengo piscina, gimnasio, room service, cine privado. Tendría que estar agradecida. No debería estar llorando. Soy independiente, eficiente, responsable. En una de las mayores crisis económicas de la historia, trabajo en mi propio estudio de arquitectura, tan blanco, tan árido y tan minimalista como este café en el que no hay ni una planta. "No quedan bien", dice Robert, mi querido socio gay. "Nada de naturaleza. Rompe la onda despojada." En el estudio vivimos a los zarpazos, como corresponde a los tiempos que corren. ¿Hay otra alternativa? Voy al gimnasio cinco veces por semana, mi dieta es súper light y aburrida, y estoy delgada, también como corresponde. ¿Hay otra alternativa? Sí, hago un seminario de espiritualidad tras otro, pero nunca practico nada de lo que aprendo. Mi estudio está frente al río y tiene una vista extraordinaria, cafés extraordinarios, extraordinarios restaurantes cinco estrellas llenos de gente extraordinaria. Pero yo duermo siempre sola. Cumplo con todos los requisitos para sobrevivir en este mundo de acuerdo con las pautas establecidas, pero mi angustia crece, y crece. Mido un metro setenta, soy joven, rubia, delgada, alegre, interesante, según la opinión de todos. Estoy en condiciones óptimas para encontrar al amor de mi vida. Pero nunca lo llegué a conocer. Tengo todo a favor, y sin embargo voy por todos lados con un cuchillo clavado en mi pecho.

Había empezado a llorar con más fuerza. Los mozos iban y venían, una y otra vez, traían cafés, otros cafés y tés de hierbas de la India, de Tailandia y de las Maldivias. Todos aparentaban estar tan cómodos en Sex & Sex, mi café. Todos menos yo, aunque Sex & Sex ya fuese mi segunda casa. Una tan casa fría como las cumbres del Himalaya, impersonal, anónima, árida. Pero allí, al menos, no estaba tan sola como en el *loft*. ¿Cómo sacarme esta desazón que me carcome el alma? El vacío en mi pecho se estaba volviendo más y más profundo. Dios mío, Dios mío, ayúdame. Estoy perdida. Apoyé los codos en la mesa, puse mi cabeza entre mis manos y estallé en sollozos.

—¡Basta, Morgana! —susurró alguien cerca de mí—. Basta de llorar. ¿Bebiste del Pozo de la Amargura? Estás atrapada en el mundo viejo. ¡Despierta!

Me enjugué las lágrimas con el borde de la manga y abrí los ojos para ver de dónde provenía la voz.

—¡Basta de vivir sufriendo, Morgana! —dijo, enojada—. ¿Dónde está tu proverbial sentido del humor? ¿Así que eres espiritual? Entonces, ¿por qué vives una vida tan triste y egoísta?

Era, apenas, una niña de cinco o seis años. Sucia, desaliñada. Acurrucada en un rincón de la mesa, me miraba fijo, con el ceño fruncido. No podía creerlo. La miré otra vez. Era igual a mí cuando era pequeña. Noté que, a pesar de su aspecto desamparado, sus grandes ojos celestes irradiaban chispas de alegría. Me guiñó un ojo.

—Tenemos que hablar. Todas —dijo señalándolas.

Me quedé sin aliento. Había tres personas más sentadas a mi mesa. Esto resultaba, por lo menos, insólito. ¿Quiénes eran estas desconocidas? Nadie las había invitado. Me quedé inmóvil. Ellas, también. Las miré. Me miraron. Estaba rodeada por una réplica de mí misma multiplicada por cuatro. Éramos idénticas pero, al mismo tiempo muy diferentes. Me restregué los ojos. Seguían allí.

—Sí, tenemos que hablar —dijo muy seria.

Sentí que se me helaba la sangre. Era igual a mí. No había dudas. Era yo misma, otra Morgana.

—Nuestra vida es una opereta. Todo es una mentira —acotó encogiéndose de hombros.

—¿Quién eres tú? —pregunté temblando.

—Morgana. La Arquitecta. ¿Y tú?

Tuve que tragar saliva. Con su cuadernito de apuntes en la mano, otra Morgana me miraba con expresión soñadora y ausente.

—Soy la Buscadora Espiritual —aclaró—. Todo es posible y nada es lo que parece. No me sorprende verme multiplicada por cuatro. Después de todo, la vida es un misterio y todo es para bien, ¿no creen? —dijo mirando alrededor.

Se me erizó la piel. Frente a mí, otra Morgana me miraba asombrada. La reconocí enseguida. ¡Tantas veces la había visto en el espejo! Me atravesó el alma con una mirada abismal, infinitamente triste, desamparada. No había dudas. No tenía que presentarse. Era yo, la Soltera Desorientada. Se me estrujó el corazón. Ella desvió su mirada para observar ansiosamente a todos los que entraban en el café.

—Amigas, no nos preguntemos qué está sucediendo —se adelantó la Arquitecta tomando el control de la situación—. No quiero saber lo que está pasando y además me da mucho miedo. Neguemos toda evidencia de que podríamos estar locas, locas de remate, y hagamos de cuenta que todo es normal.

Todas asentimos, casi petrificadas.

—Y antes de que desaparezcan, en caso de que sean sólo una visión, quiero dejar en claro mi posición: estoy por colapsar. Sépanlo. ¡No aguanto más! —lanzó la Arquitecta—. La crisis mundial es una realidad, no sabemos cuándo va a terminar ni qué ocurrirá después. Y mientras tanto, ¿cómo vivimos todos los días? ¡Manteniéndonos a flote, defendiéndonos, tapando el miedo! Dios me perdone. Es interesante ser arquitecta, pero me hartaron las señoras fastidiosas, al borde de la histeria, con las que tengo que elegir amorosamente los cerámicos de sus espectaculares baños, tema trascendental como hay pocos en medio de esta situación caótica. Todo el sistema se está derrumbando y ellas ni se enteraron —se quejó amargamente.

Las cuatro meneamos la cabeza. Sabíamos de qué estaba hablando.

—¿Por qué ellas no sienten que algo anda muy mal en el mundo? ¿Por qué son tan egoístas? ¿Por qué el color de los cerámicos de sus baños resulta un tema tan fundamental y yo tengo que ser cómplice de esta aberración dedicando horas preciosas de mi vida para elegirlos con ellas? ¿Beige o café? ¿Rojos atrevidos o negros dramáticos? ¿Eso es todo? ¿Eh?

—No, no es todo. Los hay también verdes pastorales y azules celestiales —acotó la Buscadora con sorna.

—Me llaman a mi BlackBerry desde el spa. Me mandan un mensaje de texto tras otro, hasta que atiendo. Por el tono, me doy cuenta de que están a punto de tener un ataque de pánico. "Arquitecta, ¿me arriesgo a que el baño del piso de arriba sea rojo atrevido? Tengo miedo de equivocarme. ¿A usted qué le parece? ¡Contésteme, por favor!" Me parece bien. Todo me parece bien. "Tomaremos ese riesgo, señora." Y también me llama Roberto porque nos plantaron los carpinteros. Y la empleada, avisándome que no puede venir a limpiar el *loft*. Y mis amigas, contándome sobre sus últimas desilusiones amorosas. Y cuando abro alguna página para leer las noticias online, tiemblo de miedo. Europa se derrumba. América Latina está en estado de ebullición. Las fronteras se cierran. El mundo entero está colapsando. Y yo sigo enredada en una trama de tontas situaciones sin sentido, todo el día. Y ahí, entonces, me derrumbo yo también. Tengo miedo, mucho miedo, me siento sola, y busco a los ángeles, pero no los veo, ni los escucho, ni los siento. Desconecto el BlackBerry y me quedo todo el día en mi hermoso *loft*, oculta bajo las sábanas, con Copérnico, mi amado gato Copérnico, que me mira fijo, muy fijo, como si supiera lo que me está pasando. Llamo a la terapeuta, y ella llama a su supervisora. Y ambas me derivan al psiquiatra, que me receta antidepresivos y antiimpulsivos para tapar mi angustia. Y para que no me desquite comiendo kilos de helados acompañados con vino tinto para después no comer durante una semana. Ya lo hice muchas veces.

—Lo sabemos —acoté colorada—. Y los pedidos de delivery no bajan de un kilo. Lo que dices es verdad. Copérnico nos observa todo el tiempo y saca sus implacables conclusiones de gato. Él debe de saber algo que nosotras desconocemos.

—Estoy tan avergonzada de mí misma —la Arquitecta me atravesó con una mirada desgarradora—. ¿Qué clase de vida es ésta?

—Pero te encanta la arquitectura, te gusta hacer proyectos. Eres muy buena diseñando, tienes talento. Vamos, no todo está tan mal en nuestro mundo.

—Sí, es cierto, pero ¿qué clase de arquitecta soy en realidad? Jamás voy a las obras, allí me siento perdida. Los obreros no me hacen caso y no aceptan ser dirigidos por una mujer. Hacen pis delante de mí. Por eso va Robert, nuestro amoroso socio gay —agregó riéndose—. A él le encantan las obras... están llenas de hombres. Y también van a las obras nuestros empleados, ese fantástico equipo de colaboradores que nos acompaña —dijo con sarcasmo.

—¡Qué buena onda! —comentó la Buscadora Espiritual—. Así es, en el estudio somos casi una comunidad.

—Sí, sí, una "comunidad" —siguió de pronto la Arquitecta, roja e indignada—. Sí, una hermosa "comunidad" regida por el terror. Lo reitero: nuestra vida es una gran mentira tapada por sonrisas tan dulces como falsas. Ellos son leales, rectos y eficientes. Tienen que serlo. Si no, estarían despedidos al instante. ¿Verdad? ¿Y nosotros? ¡Ah! Nosotros somos bien perros y los tenemos siempre bajo control, asustados. Al borde del colapso. Al fin y al cabo, ahora que el mundo se está cayendo a pedazos, todos tendremos que aceptar las antiquísimas reglas del juego. ¡Sálvese quien pueda! ¿No es cierto? ¿Qué dicen, amigas? ¿Está bien lo que hacemos en nuestra "comunidad"? ¿Eh? ¿Así que somos espirituales? ¡Contesten!

La Buscadora Espiritual miró hacia otro lado. Estaba visiblemente perturbada. La Soltera, en tanto, detuvo su mirada en un señor que acababa de entrar. Yo me quedé paralizada.

—¿Cómo hacemos para que no nos carcoma la conciencia en esta hermosa "comunidad"? ¿Quieren que se los recuerde? —gritó la Arquitecta, roja como un tomate, totalmente fuera de sí—. ¡Nos disociamos! Nos evadimos. Ponemos las cosas en distintos casilleros, lo espiritual en unos, lo material en otros y el corazón en ninguna parte. Y así llegamos a este estado de angustia imparable —golpeó el puño contra la mesa—. ¿Nadie tiene algo para decir? Ésta es una vida violenta.

La pequeña Morgana susurró:

—Es cierto… Es muy alto el costo que tenemos que pagar por vivir así.

—No lo paguemos más —sugerí tímidamente.

—Y tú, ¿quién eres? —preguntó la Arquitecta.

—No lo sé —dije aterrada.

—No importa. Ya nada importa. Y aunque no sea muy espiritual lo que les voy a decir ahora —agregó impaciente la Arquitecta—, soy más feliz cuando estoy en alguna playa remota, en una simple cabaña frente al mar, con un amante ocasional. Allá no me entero de que las acciones de la bolsa se están desplomando y además no las necesito, gasto veinte dólares por día. Y lo mejor de todo es que allá no me hace falta chatear con señores aterrados de encontrarse conmigo. Allí los señores están libres del miedo al compromiso, al menos por un tiempo.

—Muy cierto —acotó la Soltera—, y "aterrados" es la palabra exacta —me miró con interés—, ¿verdad?

—El único que me da amor de verdad es Copérnico. Él es auténtico y percibe que tengo clavado un cuchillo en el pecho, porque es gato —gritó la Arquitecta otra vez alterada, roja, enojada—. No sirve vivir así. Pero ¿cuál es la alternativa? ¿Hacerme Hare Krishna? ¿Monja? ¿Prostituta?

—Cálmate. Nos estás haciendo quedar mal. Así no lograremos conocer a nadie interesante —le pidió la Soltera mientras miraba para todos lados.

—¡Cállate de una vez! —le gritó la Arquitecta, ofuscada—. No encontraremos a nadie que valga la pena si seguimos viviendo disociadas. Debemos hacer algo.

—Quería recordarte que el amor no se busca, se cruza en nuestro camino, lo dicen todos los seminarios —acotó la Buscadora mirando a la Soltera con aires celestiales.

—A mí sólo se me cruzan los desahuciados, los interesados, los perdidos y los bloqueados. Y uno que otro gay no asumido —ironizó la Arquitecta.

—Ya llegará nuestra alma gemela. No claudiques —fue el consejo de la Buscadora, y sonrió compasivamente—. Todo está bien, pero te recuerdo que hay que pagar los seminarios, y los buenos son muy caros —agregó con un tono extrañamente realista.

—Estoy atrapada. ¡No las aguanto más! —volvió a gritar la Arquitecta—. Renuncio.

La miramos aterrorizadas. Nuestra supervivencia económica se estaba desmoronando.

—Yo te entiendo. Cuesta enfrentar la vida concreta en este mundo en crisis, y la realidad es muy diferente de todo lo que aprendemos. Sé que nuestra vida debería ser luminosa, y no lo es —dijo la Buscadora, diplomática—. ¿Qué hacemos?

—Me avergüenzas —se ofuscó la Arquitecta—. "Debería ser luminosa." La vida no es un seminario. Es otra cosa. ¿Todavía no te diste cuenta?

La Buscadora la miró azorada. Y yo no pude contener la risa. Esta reunión conmigo misma, además de increíble, era tragicómica.

—Es cierto, pero para saber más, no hay otra salida que seguir estudiando. ¿No creen?

Todas la miramos con sorna.

—Eres una bola de contradicciones —le dije furiosa—. ¿En tus manos ponemos nuestra evolución? Tú no puedes guiarnos a ninguna parte. Tenemos que recapitular nuestra espiritualidad. Así no podemos seguir —contuve el aliento.

—No quiero hablar más con ninguna de ustedes —balbuceó la Buscadora mientras estallaba en sollozos—. Pararé ahora mismo este diálogo interno. No me conviene, y no sé si es tan espiritual. Cierro los ojos, respiro profundo y voy a meditar un rato. Shanti. Ommmmmmmm. Paz. Paz. Paz —y se quedó inmóvil, como de piedra. Ya no estaba allí. Se había escapado al mundo astral.

Nos quedamos de una pieza. De pronto, la Soltera Desorientada se puso de pie.

—¡Basta! Lo único que necesitamos es amor. ¡Ah! Amar apasionadamente, indomablemente. Yo quiero vivir un amor romántico, arriesgado. Quiero saber cómo es rendirse a un sentimiento, y no sólo verlo en películas. Vivir sin un amor así es muy aburrido. Es como vivir sin aire para respirar. No podemos seguir así. Tengo un agujero en el pecho que es cada vez más hondo. Estoy triste. Hagamos algo —imploró con los ojos llenos de lágrimas—. ¡Mírenme bien! Aunque trate de disimularlo, soy una patética Soltera Desorientada, una linda mendiga de amor. Angustiada y triste, sosteniendo mi independencia. ¿Independencia de qué?, me pregunto. No nos engañemos. La verdad es ésta: cuando abrimos la puerta de nuestro elegante *loft*, estamos solas, siempre solas. No compartimos nada con nadie. Nadie nos escucha y no escuchamos a nadie. No participamos de la felicidad de nadie. ¿No sería más interesante dormirnos envueltas en un abrazo masculino que nos transporte al cielo y despertarnos sintiendo el aliento del otro en nuestro rostro? ¿Se puede vivir así? ¿Sin besos, sin abrazos, sin sexo? ¿Por qué no nos rebelamos de verdad? ¿Para qué estamos en esta tierra si vivimos sin amor? El amor es lo más sagrado de esta existencia.

—Es cierto —dijimos todas a coro.

—Dios mío, ¿qué podemos hacer para cambiar? —pregunté mirando alrededor.

Se sintió un tenso y largo silencio. Podíamos cortar el aire con un cuchillo. La Arquitecta carraspeó, la Buscadora se encogió de hombros.

—Yo sé qué tenemos que hacer —susurró, entonces, la Niña—. Recuperemos los colores de la vida. Volvamos a nuestra inocencia. Yo jamás entregaré mi alegría a nada ni a nadie. Yo estoy siempre feliz. Confío. ¿Qué les pasa a todas ustedes? ¿Se han vuelto locas?

Nadie respondió. Y entonces la Arquitecta rogó esperanzada:

—Por favor, dinos cuál es la solución.

—No hay felicidad posible sin escuchar nuestro corazón. Tenemos que despertar de este sopor. Hay un mundo maravilloso y lleno de aventuras esperándonos. Lo sé. Debemos cambiar antes de que sea demasiado tarde. ¡La vida es bella!

Sus palabras nos conmovieron. Apuntaban directo al corazón.

—Mírenme bien. Yo aparecí aquí para mostrales un espejo: éste es el verdadero estado de todas nosotras, y de la mayoría de las personas en la actualidad. Somos pobres. El primer paso es asumirlo —dijo, y mostró sus harapos.

Nos miramos. Miramos a todos los que nos rodeaban.

—No es cierto —dijo la Arquitecta—. Nosotras estamos bien vestidas y todos los del café también. No somos pobres. ¿Qué quieres decirnos?

—Todos aquí parecen estar muy satisfechos y ocupados —dijo la Soltera—. Ninguno aparenta tener conflicto alguno. Y nadie está harapiento, salvo tú, niña.

—¿Ah sí? Miren otra vez con los ojos del alma. Todos los "felices" que están aquí tomando café también sufren, aunque lo disimulen —remató—. Nosotras, al igual que ellos, estamos andrajosas. Vivimos una vida virtual. Somos pobres de amor, pobres de luz. ¿Entienden? Todos los que estamos aquí necesitamos una dosis urgente de fraternidad, de vitalidad, de alegría. Miren, miren desde el alma.

Volvimos a observar alrededor, y no pudimos creer lo que estábamos viendo ahora. El café se había transformado en un lugar lleno de pordioseros harapientos, todos contraídos, encorvados sobre sus laptops y encerrados en sí mismos. Nos miramos nuevamente. La Niña tenía razón. Nosotras estábamos tan "andrajosas" como ellos.

—Es hora de luchar, de levantarse —nos arengó implacable—. Hace mucho que intento que me escuchen —y se puso de pie de un salto—. ¡Busquemos un buen amor! ¡Persigamos algún sueño! ¡Temblemos de pasión! ¿Se acuerdan de cómo era? Arriesguemos el corazón. Ayudemos a los otros. Demos más. Abramos las compuertas.

Los pordioseros pararon de escribir y la miraron aterrados. Había tocado un punto prohibido. Prohibido. De eso no se hablaba. No, no, no, por Dios, de eso no se hablaba.

—Calma. Por favor, siéntate —le pidió la Arquitecta mirando para todos lados—. Tienes razón, pero no vamos a hacer un escándalo en este café al que venimos siempre.

—Así, a los gritos, no conoceremos a nadie —dijo la Soltera Desorientada asaltada por sus eternos miedos.

—Pobre criatura —la Buscadora Espiritual acarició a la Niña, que lloraba desconsoladamente—. Es cierto. Nadie te hace caso, pero no hay que perder el control. Respira hondo. Respira hondo.

Y mientras un denso silencio volvía a instalarse entre nosotras, la Niña saltó sobre la mesa y otra vez empezó a gritar dirigiéndose a todos los que estaban en el café.

—¡Por favor, reaccionen! ¡Estar vivos es una gran aventura! ¡Hagamos algo entre todos! La vida es bella. Por favor, despierten. Por favor. No me dejen sola. Tengo miedo de capitular.

Todas las Morganas nos pusimos de pie y la abrazamos. Llorábamos de un modo incontenible, por distintos motivos, pero al menos llorábamos todas juntas. De pronto, el torrente de nuestras lágrimas desbordó la mesa y se derramó hacia el piso inundando rápidamente el café. Los mozos caminaban entre las mesas con el agua hasta la cintura, y parecían no notar nada extraño. Los "pordioseros" seguían tocando sus pantallas y tecleando sus mensajes sentados en medio del agua salada de nuestras lágrimas sin inmutarse en absoluto. Y nosotras seguíamos llorando y llorando, y nadie, nadie se acercaba a preguntarnos qué nos estaba pasando. La inundación del café se complicó más al estallar una terrible tormenta con rayos y truenos allá afuera. El mundo se estaba desplomando, pero todos seguían conectados. Y nadie parecía darse cuenta de lo que estaba sucediendo. Sólo ese desconocido que entró de improviso e iluminó el café con una luz deslumbrante.

Capítulo 2

EL RESCATE

Se abrió paso entre el agua salada. Se sentó en una mesa junto a la mía y clavó sus extraños ojos en nosotras. Brillaban como diamantes. Me quedé sin aliento. En un rápido gesto, levantó su mano hacia el cielo como si quisiera reclamar la atención del mozo, y de inmediato las aguas saladas que ya me llegaban a la cintura desaparecieron. Y las Morganas, también. La tormenta huracanada se esfumó y salió el sol. El desconocido me sonrió de oreja a oreja. Me ruboricé. Mi corazón quería salirse del pecho. Traté de hacer las respiraciones que había aprendido en el máster de chi kung japonés para calmarme, pero no sirvió de nada. El desconocido irradiaba una alegría contagiosa y seguía sonriéndome sin decir palabra, desafiándome para avanzar en el juego. Tenía cabello castaño, bastante largo y una mirada adolescente que ocultaba toda referencia a su edad. Entonces, ante mi horror, mirándolo directamente a los ojos, le dije con voz melodramática: "Te he estado esperando toda la vida".

El desconocido sostuvo mi mirada y, sin dejar de sonreír, me dijo:

—¡Qué bien! ¡He llegado en el momento oportuno! La lluvia ha parado, las lágrimas se evaporaron. Pon punto final a esta opereta. Deja de hablar sola. Te ayudaré a cortar amarras.

Lo miré embelesada.

—¡Comencemos con la primera tarea! Basta de medias tintas, Morgana. ¡Ahora vas a cambiar! De verdad. Nosotros te ayudaremos.

Sentía como si hubiese entrado en un estado hipnótico. ¿"Te ayudaremos"? Esto era demasiado bueno para que realmente estuviera pasando. ¿Y cómo sabía mi nombre?

—Vamos a dejar atrás las tonterías mentales y también vamos a divertirnos. La espiritualidad verdadera es puro fuego —me dijo sonriendo—. ¿Quieres vivir la más grande aventura de tu vida?

El desconocido irradiaba un poder irresistible y le respondí conmovida:

—Sí, claro que quiero. Pero ¿cómo salir de esta trampa en la que estoy metida?

Tomó mi mano con fuerza y me respondió en un tono muy suave:

—Cierra los ojos. No tengas miedo.

Empecé a temblar. Una tremenda ola de energía me atravesó la columna vertebral y se extendió por todo mi cuerpo como una corriente eléctrica de baja intensidad. Sin poder articular palabra, comencé a vibrar de la cabeza a los pies. Mis manos hormigueaban. Por mis venas corría un río de fuego. Lo escuché susurrar algo en mi oído desde muy lejos. Mareada, pero totalmente consciente, percibí su voz amplificada, zumbando adentro, afuera y alrededor de mí.

—Éste es el punto final de una manera de vivir, Morgana… Áhimsa. Basta de tristezas. La Luz es siempre más fuerte que la sombra.

No podía hablar. Me sentía una gigante. Mis fuerzas se habían multiplicado por mil.

—¿Qué es lo que más quieres en la vida?

—Amar, apasionadamente.

—Decrétalo desde tus entrañas, desde lo más profundo de ti. ¿Qué más quieres?

—Quiero conocer mi misión espiritual. Quiero encontrar el amor. Quiero ser libre. Quiero volar.

—Bien. Te mostraré cómo es "querer de verdad", Morgana —dijo pasándome a través de su mano una fuerza que me hacía temblar—. Esto es "querer", con locura, con pasión. Es un querer tan arrasador que derriba todos los obstáculos a su paso. ¿Alguna vez quisiste así?

—No —musité—. ¡Por favor, enséñame!

—¡Libérate de las medias tintas! Deja entrar más luz en tu vida, más pasión. Sé valiente, sé tú misma.

—¿Cómo…?

—Aprende a *elevarte por encima*. Eso es todo.

Su voz parecía provenir de un lugar desconocido. Sus palabras no eran palabras, eran olas de energía, zumbidos cada vez más amplificados que se infiltraban dentro de mí haciéndome temblar.

—¿Por encima de qué?

—De los miedos, Morgana. Los Valientes te damos la bienvenida.

—¿"Los Valientes"? —balbuceé hipnotizada.

Sus palabras siguieron resonando como un eco. Sitael soltó mi mano y chasqueó los dedos. Al abrir los ojos aparecí, de pronto, sentada con un desconocido, en una mesa de mi viejo café y con el libro sobre los atlantes cerrado frente a mí. Tenía un vago recuerdo de que había pasado algo muy extraño. Estaba mareada. ¿Cómo había llegado hasta allí ese personaje tan pintoresco y en qué momento se habría sentado en mi mesa? Sólo recordaba vagamente una voz que todavía seguía repitiendo dentro mío: "Aprende a *elevarte por encima*".

—¿Qué significa todo esto? ¿Quién eres?

—Me presento. Soy Sitael S. —dijo seductor, y estrechó mi mano como si allí no hubiera pasado nada—. ¿Y tú cómo te llamas, niña hermosa?

—Mor… Mor… Morgana Swiatlowsky —contesté tratando de recuperar mi aplomo y mirando con disimulo a mi alrededor. Recordé, como en un sueño, que otras Morganas habían estado sentadas allí, junto conmigo, en esa misma mesa.

—*Enchanté* —dijo en francés besando mi mano al viejo estilo europeo, y luego me preguntó despreocupado—. ¿Otro café? Muy lindo tu refugio. ¿Vienes muy seguido?

—Sss… sí.

—Ven, salgamos a caminar. Está atardeciendo. Amo esta hora misteriosa donde se abre una fisura entre dos mundos y los ángeles pueden caminar inadvertidos entre los humanos. ¿Tú los has visto alguna vez?

—Jamás vi uno. Pero hice todos los seminarios que te puedas imaginar sobre ellos —respondí todavía temblando—. Aunque no tengo ningún máster en angelología.

—¿Máster? Los ángeles no entregan certificados de contacto con ellos, simplemente se presentan ante los humanos si los necesitan de verdad.

Sitael sonrió divertido mientras murmuraba algo para sí. Pagó los cafés, me tomó del brazo y me llevó a la calle.

—Te haré una pregunta fundamental… ¿Crees que es posible ser feliz?

—No, no sé. Estaba aquí en este café, justamente preguntándome para qué estoy en esta tierra. Y peleándome conmigo misma.

—Así que no cres feliz. Eso está muy mal. No tenemos derecho a no ser felices. Es un pecado. Y muy grande. ¿Crees que es posible alcanzar ese estado?

—Sé que es posible ser feliz —le contesté confundida— y de una manera que no es la convencional... Lo sé. Pero estoy perdida.

—Vamos bien. Es fundamental saber que uno se encuentra perdido. Sería muy peligroso estar muy orientado en un mundo que atraviesa un gran cambio vibratorio. Lo sabes, ¿verdad?

—Sí, he leído todo lo que te puedas imaginar acerca de esto. Pero sigo confundida. Hay demasiada velocidad, demasiada presión. No comprendo cómo seguir con este ritmo inhumano. Todo es demasiado violento, y yo ya no sé quién soy.

—No sólo tú. Hoy muchas personas sienten que ya no pueden seguir así. Están a punto de colapsar, pero no saben cómo salir de este laberinto mundial. Y lo que es peor, no saben adónde ir si salen de él. Hay que tomar acciones radicales, Morgana. Es hora de poner un punto final a esta manera en que hemos estado viviendo hasta ahora.

—No sé si toda la humanidad, pero yo sé que estoy atrapada en un callejón sin salida. Por eso estaba llorando —dije compungida.

—Hay una salida, pero tienes que ser muy valiente para elegirla. Iremos paso a paso. En primer lugar, te diré quién soy, o al menos quién intento ser.

Las nubes habían desaparecido y un rayo de sol naranja iluminó el asfalto. Seguimos caminando bajo la lluvia mientras él me iba contando, por partes, su vida. Trotamundos, mago, guionista de cine, soltero y nómade por profunda convicción. Masón grado treinta y tres e iniciado en varias órdenes secretas, entre ellas, la de la Comunidad de Los Valientes.

—¿Quiénes son los Valientes?

—No te lo puedo decir aún.

Nuestros pasos se habían acompasado a la perfección y me pareció que nos conocíamos desde siempre. No sabía por qué, pero confiaba en Sitael completamente y estaba segura de conocerlo desde tiempos inmemoriales. De pronto, se paró y, tomándome de los hombros, clavó sus extraños ojos en mí.

—Contéstame esta pregunta con sinceridad: ¿realmente te atreves a "querer" como te enseñé?

—Nunca olvidaré esa manera de desear. Te quema y asciende desde las entrañas como un volcán.

—¿Entonces quieres cambiar tu vida de verdad?

—Sí, quiero.

—Comencemos por el principio, Morgana. La evolución no tiene términos medios. ¡Debes hacer cambios drásticos!

—¿Cuáles?

Se quedó en silencio. La lluvia caía nuevamente sobre nosotros, sobre Buenos Aires, sobre los rostros ausentes y eternamente preocupados de los transeúntes.

—Morgana, es ahora o nunca. Los Valientes estamos contigo. Para lograr un cambio de vida total y absoluto, una mutación, hay que hacer un éxodo. Romper las cárceles en las que estamos presos, alborotar las situaciones rígidas y estancadas. Armar un gran revuelo.

—¿Qué quieres decir?

—Hay dos formas. Una es hacer el éxodo sólo desde adentro, dejando atrás una visión de la vida. La otra, además de cambiar de visión, implica moverse también físicamente del lugar donde uno está, aunque sea por un tiempo. Por eso se hacen las peregrinaciones. No se trata de "viajar" como turista. Es algo diferente. Es partir hacia algo nuevo. Sé que tú puedes hacerlo. ¡Prepárate para "partir", Morgana! Mañana nos vamos a México.

—¿Cómo dijiste?

Estábamos justo frente a la entrada de mi *loft*. Sitael se puso muy serio.

—Morgana, la propuesta es concreta, pero tú decides. Esta noche puedes acobardarte, dudar. Tú eliges. Por mi parte, nos encontramos mañana en el mostrador de Aeroméxico a las siete en punto.

Y después de comentar esto, desapareció de mi vista, literalmente, se evaporó sin dejar huellas. Entré en mi *loft* como si pisara estrellas. No tenía ninguna duda sobre lo que iba a hacer. Lo primero fue llamar a Robert.

—Debes hacerte cargo del estudio. Me tomo un año sabático, no puedo más. Mañana parto hacia México.

—Estás loca —dijo azorado mirándome en la pantalla del Skype con expresión aterrada—. Morgana, cálmate, tómate un tiempo si quieres, pero lo que me propones es extremo. ¿En qué andas?

—No tengo tiempo para explicarte nada ni para soluciones parciales, dime sí o no. Te lo reitero, mañana parto hacia México. Entiendo que, además de socios, somos amigos. Demuéstramelo.

—Haré cualquier cosa por ti. Pero explícame un poco más.

—No puedo, Robert. Gracias. Por favor, cuida a Copérnico hasta mi regreso.

Respiré hondo y corté la comunicación sin darle más opciones. Junté unas pocas cosas en una mochila, dejé un sobre con instrucciones, claves y llaves en la portería. Y a la madrugada siguiente de haberlo conocido, me encontré con Sitael en el mostrador de la aerolínea mexicana sin saber cuándo volvería a Buenos Aires.

—Estos son nuestros asientos, 7A y 7B. Presenta tu pasaporte. Los Valientes tenemos una misión muy importante para ti, pero todavía no estás lista. Deberás entrenarte, y mucho. Y serás probada —dijo sonriendo despreocupadamente.

No alcancé a abrir la boca cuando me advirtió:

—Te transformarás en una Morgana misteriosa, ya lo verás.

—¿Es la Morgana que estaba tomando café cuando entraste?

Es la Morgana que está abordando este avión —dijo atravesándome con una mirada celestial—. Ella es la desconocida.

Capítulo 3

MÉXICO

Apenas aterrizamos en el Distrito Federal, Sitael me llevó, radiante de alegría, a uno de los puntos de encuentro de los Valientes, situado en el centro histórico. Era el hermoso y muy antiguo hotel Isabel, un misterioso lugar lleno de presencias y espíritus revolucionarios, inaugurado en 1920. Por allí pasaron los ejércitos de Zapata, como atestiguan las fotos en blanco y negro que decoran las paredes de la recepción y del restaurante. Y se alojaron muchos personajes míticos, escritores, artistas, refugiados políticos y rebeldes famosos de todas las épocas. Dejamos nuestras cosas en las enormes habitaciones de techos altísimos y presencias invisibles y salimos a recorrer las calles del centro histórico. Creí estar caminando entre personajes de un cuento de hadas indígena. Rostros enigmáticos y profundos, antiguos edificios coloniales, iglesias expropiadas convertidas en bibliotecas, puestos de jugos de frutas, de quesadillas, de tacos azules rellenos de nopales, de elotes, de cafés de olla heredados de los ancestros. Organilleros de otros tiempos tocando musiquitas desafinadas, cantantes de boleros románticos recordando amores perdidos y besos ausentes en cada esquina. Todo estaba lleno de vida, de colores, de sabores, de canciones. Nunca había estado en un lugar así. México me embriagó de amor para siempre y borró, en un solo instante, todas mis evaluaciones positivas acerca de los lugares "lindos" y "ordenados". Allí todo era un caos, pero el caos más vivo que jamás yo había visto. Y el más divertido. La decisión de romper con mi vida anterior había sido tan fuerte y tan drástica que estar caminando con Sitael por las calles de la Ciudad de México me parecía algo totalmente normal y coherente. Allí nada me resultaba extraño. Estaba en casa. La mítica catedral, los danzantes aztecas, la calle Madero y sus personajes, los vendedores ambulantes, y los colores, los colores, los colores.

—Morgana —dijo Sitael tomándome de las manos y deteniéndose debajo de una gigantesca bandera mexicana—, cierra los ojos y siente. Sólo siente. Estamos en el punto central del Zócalo, en la magnífica Tenochtitlan, el antiguo centro de poder de los mexicas, parados sobre la más sagrada de las islas del desaparecido Lago de Texcoco. En este punto de la Tierra se encuentra anclada una de las energías espirituales más intensas de América llamada por los antiguos el "Ombligo del Mundo".

Respiré hondo. Una tremenda fuerza magnética subía por las plantas de mis pies, como una serpiente invisible. Pasó por mi columna y estalló en algún lugar sobre mi cabeza. La energía era muy fuerte y, literalmente, desbordaba por todos mis poros.

—Aquí mismo, hace más de quinientos años, el Huey Tlatoani Moctezuma, supremo gobernante del mítico valle de México, Tenochtitlán, Texcoco y Tlacopán, entregó a Cortés un collar con nueve camarones de oro como regalo de bienvenida a los semidioses blancos. Y este le obsequió, a su vez, un collar con cuentas de vidrios de colores. Sí, vidrios de colores. Es real. Desde aquí se dirigieron junto a un magnífico séquito

30

al palacio de Axayácatl para negociar los términos de su sumisión al rey Carlos I de España.

—Pero ¿por qué lo hizo?

—Moctezuma era un fiero guerrero, pero a la vez muy supersticioso, y creyó estar frente a los dioses blancos que, según las antiguas profecías, llegarían con una lluvia de bendiciones. Es una larga historia, que continuará ahora con el arribo de muchos europeos a estas tierras para tratar de encontrar alternativas a la crisis, pero ya no nos podrán regalar cuentas de colores. Y tampoco les entregaremos camarones de oro. Hoy, el intercambio será espiritual. Debemos regresar al hotel. Prepara tus cosas. Partimos ya al Mercado de Amecameca. Está al pie de los volcanes, a sólo una hora de aquí.

—¿Al mercado?

No tuve tiempo ni de recibir una respuesta. Apenas pude poner algunas cosas en mi mochila y salir corriendo detrás de Sitael. México me envolvía en un continuo estallido de felicidad, en una oleada de fuerza. ¡En pura vida! Y en ese instante me di cuenta de la razón por la cual todos los refugiados intelectuales y artistas contestatarios que se exiliaron aquí jamás quisieron retornar a sus tierras. Cayeron rendidos ante su hechizo, como yo, que me había enamorado de México de inmediato, para siempre, sin remedio y sin explicaciones.

—¿Qué pasa en México, Sitael? Esta tierra tiene un tremendo magnetismo, surge de todos lados y se me infiltra por debajo de la piel.

—Claro. ¿Por qué crees que estamos aquí? Mira sus rostros. Ellos son misteriosos, enigmáticos. Siente. Siente cómo corre la sangre indígena por sus venas. Aun cuando aparenten ser ciudadanos occidentales, comunes y corrientes, son diferentes.

Respiré profundamente, desenfoqué mi atención y me quedé mirando sin mirar a los transeúntes que caminaban por las atestadas calles del Distrito Federal. Sólo sintiéndolos.

—¡Oh! Son inquietantes —dije en un susurro—. Mira, se me ha erizado la piel, casi no puedo resistir su energía.

—Los has captado —dijo Sitael—. Hay muchos magos y brujos por aquí, y tú te convertirás en una de ellos. Ahora sígueme, tenemos que tomar el bus.

En poco más de una hora estuvimos en el pueblito de Amecameca, al pie de los volcanes, y sumergidos en el indescifrable misterio de un mercado mexicano.

—Respira hondo, Morgana, inúndate de amarillos —dijo Sitael, mostrándome uvas amarillas, flores de calabaza amarillas, rosas amarillas, dulces amarillos y mieles amarillas como el sol—. Ahora siente los rojos, los chiles rojos como la sangre, los tomates rojos y los dulces rojos como un amor apasionado. Siente, toca… —siguió, y llevó mi mano hacia unas lanas rojas como un atardecer—. Respira, huele, toca, mira, siente. Tus sentidos están dormidos. Es urgente despertarlos, y los mercados son lugares de iniciación. Los Valientes venimos aquí muy a menudo. Es un lugar deliciosamente terrenal.

Decenas de vendedores nos hacían probar sus licores, sus dulces aromatizados, sus nueces, su maíz caliente, sus cafés perfumados con vainilla. Tiré por la borda mi dieta. Por los altoparlantes, las voces de los mariachis cantaban sus tremendas historias de amores perros, amores ingratos, amores imposibles. Y yo, cada vez más feliz.

—En primer lugar, hay que volver a despertar los cinco sentidos. Ésta es una clave que pocos conocen. Y una vez que empezamos a despertarlos, se puede activar en nosotros un sentido superior, el sexto sentido.

—¿Cómo se activa?

—Ya te lo dije. Es preciso poner un punto final a una manera de vivir, Morgana. Hay que darle el mando al corazón y *elevarse por encima*. No resulta tan difícil. Sólo tienes que ser audaz, y tú lo eres —sentenció Sitael mirándome orgulloso—.

Si lo haces, si realmente pones un punto final real, sabrás descubrir la luz en lugares insospechados y vivirás apasionadamente las veinticuatro horas del día. Pero sin apegos. Sabrás cómo liberarte de todas las ataduras, de todas las conveniencias, de todos los miedos. Vivirás una vida bella, gobernada por el corazón.

Mientras decía estas palabras, me extendió la palma de su mano, donde tenía grabado un misterioso signo. Comenzó a brillar. Atónita vi cómo la palma de Sitael se iba tornando de color naranja.

—Áhimsa. No violencia. Uno de los secretos para *elevarse por encima*. Gandhi es uno de los nuestros.

Embelesada, no podía dejar de mirar el signo y su mano naranja, que resplandecía como un pequeño sol. De pronto, la palma de su mano cambió de color. Se volvió blanca, radiante, y en su centro claramente apareció una estrella de seis puntas y en el medio, una cruz

—Devekut. Certeza. Unión con Dios. Otro de los secretos de los Valientes. Grandes kabalistas son de los nuestros —dijo Sitael, y ahora su palma se tornó roja, marcada con un signo que no pude descifrar—. Magia. Comunidades. Naturaleza. Hablaremos con los animales otra vez.

Me guiñó un ojo, se puso la mano en el bolsillo y me sonrió de oreja a oreja, como si allí no hubiera pasado nada.

—¿Qué significan esos colores? ¿Y los signos? —pregunté con un hilo de voz.

—Son las claves de los Tres Caminos: el Naranja, el Blanco y el Rojo. Ya los conocerás, uno por uno. No comentes con nadie lo que viste. Ahora demos las gracias por estar en esta tierra, por respirar, por mirar, por tocar, por oír. Y por estar en México.

—Quiero saber más —dije recuperando el habla, y Sitael clavó en mí sus ojos infinitamente calmos.

—Oye, Morgana, ya irás conociendo todo, paso por paso. No te apresures. Empieza por aprender a vivir sin tantas explicaciones. Te propongo una vida simple, intensa y llena de colores por los que no hay que pagar. Una vida plenamente consciente.

—Es lo que más quiero.

En ese preciso momento, afuera, rugieron los volcanes.

—¡Ah! Por cierto —acotó mientras miraba hacia las montañas—. Los volcanes me están recordando que tengo que revelarte algo muy importante.

Sitael fijó nuevamente sus ojos en mí. Ahora resplandecían como diamantes. No parecían humanos.

—No se puede postergar el amor, Morgana. Debemos luchar, pedir, rogar, exigir al cielo que el amor sea el eje central de nuestras vidas, en todas sus formas. Éste es sólo el primer paso del cambio radical de valores que, en breve, enfrentará el mundo entero. La absoluta importancia del amor debe ser comprendida, o la raza humana desaparecerá.

Tragué saliva. Sus palabras y su mirada me habían sacudido hasta las vísceras. Se dirigía directamente al punto crucial. El que más me dolía y el que más les dolía a todos, aunque no lo confesaran.

—Morgana, no podemos seguir aceptando vivir una vida sin amor. Tenemos que prestar atención a este dolor tapado con arrogancia. Tenemos que revalorizar la importancia de los vínculos humanos. Es muy, muy urgente. Por eso estamos aquí. Por eso hemos retornado.

—¿Quiénes han retornado?

Me atravesó con una mirada transparente y celestial.

—Sabrás todo sobre nosotros a su debido tiempo. A propósito, Morgana —agregó sacándome de mi azoramiento—, ven, te llevaré a un lugar donde tienen un chocolate caliente memorable. Y también el mejor atole, una bebida hecha de maíz, heredada de los indígenas, que no tiene comparación con nada. A los Valientes nos gustan los sabores ancestrales.

—Sitael, por favor, dime quiénes son los Valientes.

—¡Por aquí! —ordenó mientras me conducía de la mano entre la gente hasta llegar a uno de los puestos del mercado regenteado, como casi todos, por voluminosas mujeres que atendían a los clientes como verdaderas madres de familia.

—En un momentito les doy el atolito, hueritos. Espérense tantito —dijo dulcemente la mamá del mercado.

—Los mexicanos hablan siempre con cariñosos diminutivos. Lo que hace que la vida sea mucho más agradable que en otros países. Y el atole caliente es el sabor más especial de la tierra. Ya verás.

Nos quedamos en silencio un buen rato, percibiendo esa ola de cariño ancestral que venía de la Gran Mamá de ojos achinados y piel morena. Para ella, todos éramos sus hijos. Y el mercado, su hogar.

—Sitael, ¿quiénes son los Valientes? —insistí—. Por favor, dímelo, te lo ruego.

—Los Valientes... —se quedó en silencio mirando un punto en el horizonte—. Vivimos gobernados por el corazón, no por la mente. Sostenemos nuestros sueños contra viento y marea, y no aceptamos la manera de vivir fría, calculadora y mental de estos tiempos. Somos leales, fraternales, y ponemos el amor en primer lugar, porque todos somos uno. Para vivir así, hoy en día, hay que ser realmente un valiente. ¿No crees?

—¿Y cuál es su tarea? ¿Qué están haciendo aquí?

—Estamos trabajando en la liberación de los humanos. Los estamos asistiendo. Hay que reconstruir la Tierra desde los cimientos. ¡Lo lograremos!

—¿Cómo lo harán?

—Cambiando todos los paradigmas. O sea, cambiando la visión del mundo que ha sido aceptada hasta ahora como inamovible. ¿Quieres ser parte de los nuestros? —remarcó estas últimas palabras mientras su mirada celestial me penetraba el alma.

—Sí. Sí. Sí, quiero.

—Te enseñaré a reordenarte, a expandirte, a recobrar tu fuerza. Necesitas volverte una sola Morgana. Debes pasar por varios entrenamientos. Quédate un tiempo conmigo. Trabajaremos sobre tu liberación y, al mismo tiempo, podrás acompañarme en algunos proyectos que tengo aquí en México. Te nombro oficialmente mi asistente.

Capítulo 4

UNA VIDA AVENTURERA

La primera tarea, según me indicó Sitael, sería asistirlo en la realización de una serie de microprogramas para una conocida radio de Estados Unidos. Tendríamos apenas dos semanas en las que habría que grabar varias "cápsulas", que durarían no más de cinco minutos. Un representante de algunas de las etnias indígenas que contactaríamos, entre ellas los misteriosos huicholes, si teníamos suerte de que nos recibieran, cantaría un fragmento de una canción tradicional y relataría una pequeña historia de su raza. Partimos al día siguiente, hacia el norte, sólo con dos mochilas y nuestras computadoras.

Paramos de pueblo en pueblo, viajando en buses de segunda clase, haciendo una vida completamente nómade. Esto me estaba gustando cada vez más. Momento a momento me inundaba esa tremenda alegría que asalta a quien puede vivir sus sueños. Estaba feliz. Me había liberado de las señoras que eligen los colores de sus pisos y baños, de las acciones de la bolsa, de mis interminables seminarios y de los másters de másters, de mi *loft* cinco estrellas y de todas las cinco estrellas en general, de los señores aterrados de encontrarse conmigo y de los señores desesperados por encontrarse conmigo. Eso sí, extrañaba un poco a Copérnico, mi gato, pero estaba tan liviana, tan libre de esas cosas que uno no necesita, de las mentiras, de la "nada"… No sabía todavía qué quería de mí el cielo, pero estaba segura de que seguía a mi corazón. Como si pudiera leer mis pensamientos, Sitael me dijo:

—Eso es lo que el cielo quiere de ti en este momento.

—¿Qué dices?

El continuo traqueteo del bus desvencijado y a punto de romperse en pedazos mientras atravesaba el desierto era muy fuerte, y también el volumen de la película que los pasajeros, todos indígenas, festejaban con risas y exclamaciones. Me miró con profundo cariño.

—Te estoy sumergiendo en el mundo, Morgana. Estabas completamente afuera. Ya no sabías "querer", sólo calcular. Y no eras realmente consciente. Todos tenemos que hacer el gran esfuerzo de liberarnos de las agobiantes ataduras que nos impone la sociedad a través del miedo. Hay que dejar de vivir defendiéndonos y especulando. De la manera que sea.

—Claro, en primer lugar, debemos reconocer que estamos atados, aunque creamos estar libres.

—Muy bien, Morgana. El primer paso es darse cuenta de la cárcel mental, emocional y pseudo espiritual en la que estamos viviendo.

—Estoy feliz, Sitael.

—Respira hondo y recuerda siempre este momento. Es tuyo, y nadie podrá quitártelo.

Los cactus gigantes y los interminables desiertos del norte de México que veíamos a través de la ventanilla parecían ser parte de un sueño. Volver a ser esa mochilera aventurera y despreocupada que yo había sido a los quince años me llenó de fuerza y de audacia. Vivir como verdaderos nómades, viajar en esos chicken buses desvencijados pero a la vez llenos de vida, ser acogidos en casas de familias humildes y llenas de amor, que nos cedían sus propias habitaciones, conversar con los músicos y ancianos de las etnias indígenas, todo era increíble. La aventura más fantástica que podría haber soñado.

—Sitael, no entiendo por qué nadie se da cuenta de que para poner punto final hay que empezar por hacer las cosas que nunca hicimos.

—Porque están todos atrapados en el mismo intrincado laberinto.

—Y lo creo. Yo estaba tan orgullosa por ser Máster Atlante, con los registros akáshicos abiertos a diez mil años atrás. Y hasta me autorizaron a revelar todos los secretos una vez que obtuve ese diploma. Y también estaba orgullosa de mi Máster en Geometría Sagrada de la Lemuria. Y ni hablar de mi máster de másters en reiki japonés medieval con raíces chinas. ¿Cómo nunca me di cuenta de lo tremendamente espiritual que puede ser liberarse de todo y simplemente "ser"?

—También me comentaste que eres máster certificada en Sanación Reconectiva Celular Metafísica de los niveles áuricos intersticiales de todas las dimensiones. Mmm… ¡qué impresionante! —acotó Sitael con sorna—. Una Buscadora Espiritual con todas las letras. Una máster de másters, empalagada de teorías pero sin ninguna práctica vital.

—No te creas —dije riéndome de mí misma—. Hacía prácticas, contactaba seres galácticos en canalizaciones en vivo y en directo, y recibía por mail las últimas noticias de las galaxias Alfa y Orión. Supuestamente, ya vivía en la cuarta dimensión. Pero te confieso que siempre sentí esa tremenda nostalgia de volver a los conocimientos antiguos de las tradiciones espirituales clásicas. Aunque no sabía dónde encontrarlos, en medio de este cúmulo de informaciones y seminarios.

—Los Valientes sí te conduciremos a las fuentes antiguas de los conocimientos, Morgana. A los orígenes. A lo más puro e intocado de las tradiciones espirituales. Te lo prometo.

La película había llegado a su fin, y todos los pasajeros se quedaron dormidos. Parecían estatuas de piedra, milenarias y eternas.

—Este viento ardiente que viene del desierto y entra directo a través de la ventanilla, sin la barrera del aire acondicionado, se me infiltra en el alma. ¿Qué está pasando aquí? Nunca me sentí así —le pregunté con los ojos llenos de lágrimas.

—Estamos atravesando territorios mágicos. Estás percibiendo las señales que te envía el Camino Rojo. Es un conocimiento muy antiguo. Escucha, Morgana. El desierto está hablando. Quedémonos en silencio.

El Desierto de Sonora siguió hablándome. De día, a través de sus misteriosos habitantes, que entrevistábamos prolijamente grabando sus cantos y sus historias mágicas. Y de noche, a través de los sueños, en los que muchas veces aparecían otros desiertos, extraños, con interminables dunas, sin un solo cactus. Me veía a mí misma, una y otra vez, ataviada como una gitana, montando un camello. Una vez logré despertarme en el sueño y miré alrededor buscando información. Estábamos en medio de una extraña fiesta, también en el desierto. Un ser de ojos oscuros y turbante naranja me sonrió misteriosamente y dijo unas pocas palabras: "Te espero aquí, Morgana, hasta que llegues. Eres una de las nuestras". Muchas otras veces lo vi en mis sueños, y siempre le preguntaba cuál era su nombre. Jamás obtenía una respuesta, hasta que una cierta noche, mientras yo soñaba, me miró con sus penetrantes ojos negros y, con un extraño acento, me dijo:

—Soy Bhupal. No llores, Morgana. Volverán a estar juntos —e inmediatamente su imagen se desvaneció.

Le pregunté a Sitael qué significado tenía este sueño que se repetía una y otra vez. Sonrió misterioso, y respondió:

—Quién lo sabe, Morgana. Tal vez realmente seas una gitana. Una gitana mística. Y, por sus palabras, parecería que volverás a encontrarte con alguien a quien amas mucho. Los sueños son siempre mensajes, símbolos, pero también son anticipos del futuro. Recuerda ese nombre. Es posible que te encuentres con este gitano, aunque nadie sabe cuándo ni dónde.

Como todas las explicaciones de Sitael, esta me generaba más y más interrogantes. Bhupal, el gitano, quedó grabado en mi memoria, aun cuando ya esos sueños no fueron recurrentes.

A un ritmo vertiginoso y de un modo cada vez más mágico, las entrevistas continuaron. Conocimos a los admirables tarahumaras, que lograron preservar sus costumbres a pesar de la conquista, a los yaquis, tribu de brujos y magos, a los resistentes chichimecas, a los mayas, a los escurridizos cucapás, a los sabios kikapúes, un pueblo de elegidos. Habíamos logrado casi completar nuestra lista, pero los huicholes fueron los únicos con los que no pudimos realizar la grabación. Sitael se encerró con ellos en una reunión ultrasecreta, mientras que yo esperaba afuera, admirando su vistosa y colorida vestimenta, con dibujos simbólicos de significación mágica, sus decorativas artesanías, sus ojos profundos y su impenetrable silencio.

Pasaban las horas y Sitael no aparecía. Los huicholes seguían pintando, tejiendo sus tapices, imperturbables, como si el tiempo no tuviera ninguna implicancia para ellos. Prendieron unas viejas lámparas de kerosene, me convidaron con un brebaje de gusto extraño, con sabor a hierbas. No consideraron necesario darme ninguna explicación por mi espera. Yo tampoco me habría atrevido a pedírsela. Hacia la medianoche, Sitael reapareció en el vano de la puerta sonriendo.

—¡Vámonos, Morgana! Volveremos aquí algún día —me anunció como toda explicación—. Será después de atravesar los otros Caminos. Los huicholes son estrictos, y hacen bien en guardar sus secretos. Lo que ellos saben no puede ser revelado todavía, aunque no falta mucho para que tus pies se posen en el Camino Rojo. Y entonces sabrás, Morgana. Entonces sabrás.

—¿Qué es el Camino Rojo? ¿Qué es lo que sabré? No entiendo, Sitael.

—"Sabrás". Punto. No puedo decirte más. Morgana, mañana tenemos que irnos de estas tierras. Ya hemos cumplido nuestra misión. Hay otras tareas urgentes. Hoy regresamos a México. By the way, te informo que mañana por la mañana partiremos a la República Dominicana. Tendrás unas horas para organizarte. Lleva pocas cosas. Tu entrenamiento conmigo requerirá ahora más velocidad. Prepárate para los imprevistos. Ten siempre a mano tu pasaporte. Y no preguntes demasiado.

Al día siguiente, llegamos a República Dominicana en misión especial. Ésa fue la única información adicional que recibí. En el aeropuerto, nos fue a recoger un chofer enviado por el gobierno. María y Juan, amigos de Sitael, eran un misterio. Sólo supe que habían sido embajadores en varios países de América Latina, que tenían documentación confidencial para entregarle, y que no podía conocer más detalles al respecto. A pesar de la advertencia de Sitael, seguí haciéndole preguntas. Me indicó, muy serio, que el hecho de ser su asistente y discípula no me habilitaba para recibir mayores explicaciones que las estrictamente necesarias y que, además, por mi propia seguridad, no me las iba a dar. Pero me hizo una revelación: en la isla habría una reunión secreta del Grupo Bilderberg, y los diplomáticos necesitaban de su asesoramiento para un informe que se distribuiría entre las embajadas amigas. No pregunté más. Tampoco tenía idea de quiénes formaban el Grupo Bilderberg. Apenas llegamos a la residencia de sus amigos, y hechas las presentaciones formales, Sitael habló a puertas cerradas con María y Juan. Ni bien terminó, me informó que deberíamos quedarnos en

República Dominicana algunos días a la espera de unos documentos y que, mientras tanto, podíamos visitar Haití, en la otra mitad de la isla, para conocer esa tierra de tan fuertes energías y grandes secretos iniciáticos acerca del juego de la vida. ¿Estaba yo de acuerdo? Si era así, partiríamos hacia allí al día siguiente. La velocidad de las situaciones en las que me involucraba Sitael era demasiado vertiginosa para cuestionamientos. No había posibilidad para la duda.

—Estoy de acuerdo —le dije marcialmente. De todas formas, me temblaba un poco la voz.

—La visita será de tres días, como máximo. Hoy nos quedamos con mis amigos y mañana por la mañana partimos hacia la tierra de los misterios —me anunció Sitael sonriendo enigmáticamente.

—¿Te sientes preparada entonces para confrontarte con energías muy fuertes?

—Claro que sí. ¿Por qué me lo preguntas?

—Porque no estoy tan seguro de que puedas resistirlas.

Tenía razón. En cuanto cruzamos la frontera, mi frágil seguridad y las referencias conocidas se evaporaron al mismo tiempo. Estaba amaneciendo, y entre las primeras luces del día un mundo perturbador empezó a descubrirse ante nuestros ojos. La mirada de los haitianos era lo más extraño que había visto. Pozos sin fondo que arrastran al misterio. Las casas que iban apareciendo tenían, en el frente, tumbas. Sí, tumbas. Es costumbre en Haití enterrar a sus muertos allí, integrándolos en sus vidas, como si no hubieran partido.

Los buses locales, que en la carretera pasaban junto a nuestro elegante transporte dominicano, no respondían a ninguna descripción posible: una mezcla de camioncitos con viejos colectivos, repletos, atestados de haitianos que viajaban colgados, en las escalinatas, agarrándose de las puertas, apiñados sobre el techo, asomándose por las ventanillas de a dos o de a tres. Al llegar a Puerto Príncipe, nos enteramos de que el suministro de energía eléctrica se había cortado. Era una ciudad negra como la oscuridad sin luna que cubría el cielo, y el taxi que tomamos en la terminal comenzó a girar sin parar, dando vueltas por calles sombrías transitadas por personajes espectrales, que se deslizaban como sombras entre las sombras. Cada tanto aparecía una fila de dientes blancos que destellaban como un rayo. Finalmente, llegamos al viejo hotel, construido en los años cincuenta, y entramos en la enorme habitación de alfombras raídas y muebles antiguos de estilo francés iluminados por velas. Ni bien entramos, pegué un grito aterrada. Al abrir la puerta, en el fondo, en el enorme espejo ovoidal se reflejaba una figura humana. Sin embargo, en la habitación no había nadie. Con unas indescifrables palabras, Sitael ordenó a esa presencia que se retirase y la silueta desapareció.

—A veces, los Contrincantes se presentan con una forma definida.

—¿Los Contrincantes?

—Morgana, supongo que sabes que, además de humanos, animales y vegetales, hay otras presencias acompañándonos en nuestro planeta. Los Ángeles Claros y los Ángeles Oscuros, llamados demonios, también viven con nosotros en esta Tierra. Aunque no siempre podamos verlos con nuestros ojos, sí podemos percibirlos. Los primeros obedecen a la Luz; los segundos, a la Oscuridad. Los Oscuros son, justamente, los Contrincantes, los que se nos oponen, los que nos prueban. Éste es el juego de la vida y debemos conocer cómo funciona. Puedes llamarlos también los Antagonistas, porque siempre nos están desafiando, tanteando, tentando, confundiendo. Ésa es su tarea cósmica. Son las cohortes comandadas por el Innombrable, o sea, el Gran Contrincante, y los hay humanos y no humanos.

—¿Y los Ángeles Claros?

—Están comandados por la Luz, por Dios. Su misión es sostenernos en el Camino Recto, orientarnos, cuidarnos, ayudarnos a evolucionar, y protegernos contra los facilismos y las claudicaciones. Ya sabrás cómo reconocerlos. Ambos están manifestándose cada vez con mayor obviedad. Por eso se están volviendo visibles.

Me sonrió sin explicarme nada más. Pero mayores explicaciones no eran necesarias en ese momento. Lo abracé muy fuerte y le pedí que siempre me protegiera.

—Claro, siempre estaré contigo. Nuestro encuentro no es casual. Y recuerda: la luz es más fuerte.

—Sitael, tengo miedo. Hay ruido de tambores que resuenan de modo extraño allá afuera.

—Calma. Te recuerdo también que tú aceptaste venir a Haití por tu propia voluntad. Te anticipé que éste es un lugar con muchas presencias, tanto claras como oscuras. Es hora de dormir. Quédate tranquila. Yo me quedaré en vigilia.

Traté de conciliar el sueño, pero estaba inquieta. Con el rabillo del ojo, vi que Sitael no dormía. Sentado en posición de loto, meditaba. Y brillaba, cómo brillaba. Emanaba un tenue resplandor que rodeaba su cuerpo como un halo. Hipnotizada por su luz, caí en un dulce sopor, parecido a un sueño. Estaba en completa paz.

A la mañana siguiente, tomamos un desayuno apurado entre personajes perturbadores con anteojos negros y cadenas de oro. Nos sentamos entre ellos. Yo temblaba de miedo; en realidad, más que miedo, sentía desolación. Estaba captando tantas y tan fuertes energías que me atravesaban sin poder manejarlas, así que, con el plexo contraído, le rogué a Sitael que me sacara de allí cuanto antes. En unos minutos juntamos los bolsos y abordamos el bus.

—Sitael, ¿qué pasa realmente en Haití? Todavía no entiendo por qué me ha afectado tanto esta energía.

—En algunos lugares del planeta, las luces y las sombras son muy fuertes. Este es uno de los lugares de iniciación más rigurosos. Para poder confrontar una intensidad tan extrema como la que existe aquí afuera, hay que tener el mismo grado de intensidad interno. Cuando hay tanta luz y tanta oscuridad juntas, tenemos que estar totalmente conectados con la Luz y tener certeza en su poder. La Luz es más fuerte. Me pareció que no estabas preparada para Haití.

—¿Es cierto que aquí se practica un vudú muy oscuro?

—Sí, aquí hay un vudú con prácticas sombrías y maleficios muy fuertes. Pero también hay un vudú vinculado con principios de luz. En esta misteriosa tierra he aprendido ciertas artes curativas poderosísimas. Las manejan los Magos Blancos.

Lo miré con admiración y respeto. Tenía absoluta razón. No estaba preparada para semejante intensidad y lo único que quería era llegar a la frontera. Me avergoncé un poco de mi cobardía y de la clase de aventurera que había resultado ser finalmente, una que huye con la cola entre las patas ante la primera experiencia fuerte. Por suerte, del otro lado, a media hora de bus, nos esperaban María y Juan. En ese momento sentí que no había mejor idea que encontrarnos con ellos y olvidar la excursión a las tierras haitianas.

—Esta tierra es muy intensa, Morgana. Y los términos medios son la enfermedad de un mundo agonizante —comentó Sitael mientras el destartalado bus se acercaba nuevamente a la frontera de República Dominicana—. Las medias tintas que uno todavía lleva adentro no resisten energías tan extremas.

—¿Me estás diciendo que yo todavía vivo con medias tintas? —pregunté enojada.

—No es tan fácil sacárselas de encima. Requiere mucha práctica. Tienes que haber pasado por situaciones fuertes.

—¿Cómo cuáles?

—Situaciones en las que una decisión define, por completo, el rumbo de una vida. Estás yendo hacia allí, pero todavía no te confrontaste con muchos momentos como estos. Más adelante tendrás experiencias en las que deberás afirmarte con entereza en tu luz, y no ser movida de allí por nada ni nadie. Y no deberá temblarte el pulso. Será así como te irás transformando en una Valiente, en una de los nuestros.

Volver a México me llenó de alegría. Cada vez que aterrizábamos, sentía a esta tierra bendecida muy familiar y cercana. El viejo hotel Isabel nos esperaba como siempre, con sus espíritus revolucionarios, sus colores, su misterio. Cuando nos conocimos, Sitael me había dicho que era guionista. Y un día, casi como un descuido, me comentó que podría colaborar con él para escribir un guión. Claro, si se diera la oportunidad. A los pocos días de llegar, sin ninguna justificación, apareció con un contrato de la TV Azteca en las manos. Esta vez lo habían contratado para escribir unos guiones sobre los ángeles para un programa de televisión especial. ¿Cómo conseguía estos contratos de la nada? ¿De un momento para otro? Cada vez más, Sitael me resultaba un enigma, aunque fuera el ser más dulce, fraternal y leal que jamás se hubiese cruzado en mi camino.

—Ven, nos instalaremos en este barcito de la Colonia Roma. Es mi preferido. Se llama "El reino de los locos, los perdidos y los sabios", y es un refugio de bohemios, de artistas y de los últimos románticos que todavía sobreviven a la crisis, sólo por estar en México. ¿Qué crees? Un México sin románticos es imposible de concebir —aseguró Sitael.

Nos sentamos en unos enormes sillones de cuero que parecían haber sobrevivido a la época de la colonia. Sobre la antigua mesa de madera nos estaba esperando *La Jornada*, el clásico y crítico periódico de izquierda. Pero era mucho más que eso. Era el diario de todos los rebeldes que aún sobrevivían en el sistema.

—Tomemos este café de San Cristóbal de las Casas, tiene sabor a revolución, a zapatistas, a insurgencias y filosofías extremas —dijo Sitael—. Ahora también estamos en medio de la más grande revolución de todos los tiempos, Morgana. Es la Gran Revolución de la Conciencia. Nada permanecerá igual. El mundo está cambiando a toda velocidad. Hay que prepararse, Morgana, hay que prepararse —susurró mirando al cielo. Y de repente, con los ojos muy brillantes, me preguntó:

—¿Te gustaría colaborar conmigo en estos guiones angélicos?

—Esta ha sido uno de mis fantasías, Sitael. Escribir. Más que arquitecta, siempre fui escritora. Pero nunca soñé que podría realmente intervenir en la escritura de un guión para televisión.

—Mal hecho. Hay que soñar más. Sólo si soñamos con los así llamados "imposibles", ellos se hacen realidad.

—¿Qué otro sueño te gustaría cumplir ahora?

—Pero ya estoy viviendo en un sueño, ¿qué más puedo pedir?

—No te conformes, Morgana. Sé más ambiciosa. Siempre tienes que querer más, por supuesto, estamos hablando del tema espiritual —y me clavó una mirada desafiante—. Entonces, dime, ¿qué quieres, Morgana?

Me quedé en silencio sosteniendo su mirada y una fuerza desconocida me hizo hablar. Sin dejar de mirarlo, pronuncié lentamente:

—Dios mío, líbrame de las medias tintas, de los "no puedo", de los "no sé", de los "quizás".

—Muy bien. ¿Qué más?

—Quiero encontrar al amor de mi vida, emprender con él un largo viaje a tierras lejanas. Quiero volverme invulnerable, conocer los antiguos secretos espirituales. Quiero transformarme en maga y ser inmortal. Amén —mi voz salió desde mis entrañas, sin pasar por mi cabeza.

—Amén, que así sea. Ya lo has enunciado. Los ángeles han escuchado tu pedido. Ahora se hará realidad —dijo mientras me mostraba una sonrisa de oreja a oreja.

—Amén. Que así sea —e inclinando mi cabeza junté mis manos sobre el pecho.

Después de quedarnos un buen rato en silencio, Sitael pareció volver de algún viaje telepático y cambiando por completo de expresión, dijo con los ojos brillantes:

—¡Morgana, manos a la obra! Tenemos que entregar el guión en unas semanas.

Compartir esta tarea creativa significaba para mí un privilegio supremo. Me parecía estar en un seminario de altísimo nivel. La información que Sitael tenía de acerca de los ángeles jamás la había escuchado. Tomando apuntes, transcribiendo borradores, armando junto con él esos guiones, recibí una iniciación en el Reino Angélico que haría empalidecer a muchos angelólogos de la sopa New Age. Él conocía a los seres alados de una manera asombrosa. Sabía de sus costumbres, sus gustos, sus apariciones, sus poderes, sus misiones. Sabía qué estaban autorizados a hacer y qué no, cuándo podían intervenir en la vida de un humano y cuándo no. Cómo se vestían, cómo descansaban, qué apariencia tomaban. ¿Dónde habría aprendido todo esto? Esta información no estaba en ningún libro. Los describía como seres muy reales, con hábitos, sueños, intenciones claras y misiones deslumbrantes. Muy reales, casi humanos. Y con sentimientos muy fuertes, en contra de lo que siempre decían los libros acerca de ellos: que los ángeles no tienen emociones.

—¿Qué sienten los ángeles, Sitael? Me intrigan muchísimo.

—Son intensos, apasionados e igualmente desapegados. En esto se diferencian de los humanos, que apenas sienten amor por alguien o algo, quieren poseerlo y encarcelar al objeto de su amor. Sería bueno aprender de los ángeles esa sublime libertad que ellos otorgan a quienes aman. El hecho es que como aman a todos y a todo, jamás se sienten dueños de nadie ni de nada. ¿No te parece una libertad suprema llegar a ese estado de desapego?

—¿Cómo lo logramos?

—Estando en permanente contacto con los ángeles, y pareciéndonos a ellos. Tienen una misión muy importante en estos tiempos —dijo con una extraña voz que parecía venir desde el fondo de sus entrañas—. Los ángeles necesitan que los humanos colaboren con ellos en la restauración de la luz en la Tierra. Necesitamos unirnos más y más a ellos, Morgana. Hay muchos cambios de energía que están aconteciendo. Tenemos que dejar que nos enseñen lo que ellos saben sobre la verdadera experiencia de estar encarnados en este planeta.

Después de nuestra conversación de aquel día mientras trabajábamos en el guión, reflexioné mucho.

—Quiero contactarme con un ángel. Hablo en serio.

—Bien, entonces debes prepararte —me respondió misterioso—. Son tres días de Santo Encierro. Cierra los ojos.

Obedecí sin decir palabra. Mi corazón latía muy fuerte. Él pasó su mano por mis oídos mientras hablaba con un tono muy suave.

—En primer lugar, deberás limpiar tu escucha. Luego, tu mirada, y finalmente, todo tu cuerpo. Es un proceso de total purificación. Estarás en completo silencio, sin hablar una sola palabra, y en soledad. El primer día dedicado a purificar tus oídos, descontaminarte y aprender a escuchar. Sólo escuchar el silencio. El silencio te enseñará a percibir sonidos, voces que son apenas audibles. Los ángeles hablan en susurros. Hay que aprender a percibirlos. Luego —y posó sus manos en mis ojos—, en el segundo día, deberás limpiar tu mirada. Durante un día completo, mirarás sólo cosas bellas. Nada de imágenes violentas, nada de periódicos. Nada de contacto con el exterior. Se recomienda, en este día de Santo Encierro, contemplar figuras sagradas, ya sean íconos o yantras o cualquier pintura realizada en forma ritual.

—¿Qué íconos?

—Ortodoxos, griegos o rusos. Están pintados ceremonialmente, en estado de oración, y son realmente puertas al cielo. El último día estará dedicado al ayuno y a la oración. Purificarás todo tu cuerpo. Deberás beber sólo agua y comer únicamente miel. Sentirás, entonces, el dulce sabor del cielo, un sabor que los ángeles conocen muy bien. Tocarás piedras naturales, cristales, corales. Te regalaré una Cuerda de Oración muy especial, es la Cuerda de Oración para *Elevarse por Encima*.

—Otras veces has mencionado esta frase. Pero ¿qué significa realmente?

—*Elevarse por encima* es ascender en conciencia, Morgana. Literalmente, entrar en contacto con los ángeles. Ellos viven en otra dimensión. Y lo logramos de muchas formas. Una de ellas es con esta Cuerda de Oración. Abre los ojos —dijo y sacó de su bolsillo un sobre de terciopelo rojo—. ¡Es tuyo!

Lo abrí lentamente. Adentro destellaba un hermosísimo rosario, o al menos parecía serlo. Lo tomé en mis manos con reverencia. Me llamaron la atención las tres cuentas grandes, que parecían piedras de jade. Mientras tocaba esas cuentas que irradiaban una tremenda fuerza magnética, le dije:

—Por favor, Sitael, dime cómo usarlo.

—Es muy poderoso. Como te dije. Está hecho con piedras naturales, que pueden ser cristales, jade, coral, turquesas, ágatas. Tiene la propiedad de ayudarte a salir de cualquier situación densa, convoca ángeles y echa demonios. Es exorcístico. Te hace entrar al Paraíso, o sea, *"elevarte por encima"*. En cada una de las tres cuentas di: "Tuyo es el Reino, el Poder y la Gloria. Por los Ángeles y Arcángeles que caminan conmigo en esta Tierra, toda oscuridad se disuelve, huye, se evapora… Me inclino ante ti, Dios Todopoderoso, Creador de todos los Universos y recibo la Luz del Paraíso. En mi mundo se implanta ya mismo tu perfecto Orden Divino. Amén. Que así sea. Y así es". En todos los días del Santo Encierro, *Elévate por Encima* pronunciando las palabras que te acabo de revelar. En el tercer día, prende una vela blanca, incienso y, frente a una imagen sagrada, recita la Cuerda de Oración nueve veces consecutivas. Ése será el cierre de este ritual. Tú lo harás para contactarte con ángeles, pero el Santo Encierro es un método infalible para resolver toda situación, ya sea de angustia, pena o dolor. O, simplemente, para *Elevarte por Encima* si las cosas se ponen difíciles. Sabrás más sobre este ritual próximamente.

—¿Cuándo?

Se quedó mirándome con una sonrisa enigmática. Sentí un raro cosquilleo en el pecho.

—¡Haré el ritual de tres días ya mismo! ¿Cómo y dónde podré entrar en Santo Encierro?

—De acuerdo. Sigue las instrucciones que te daré muy pronto y no esperes resultados espectaculares y escenográficos al nivel de manifestación de luces, música celestial, apariciones teatrales. Los ángeles son seres extremadamente humildes y ascéticos. Recuérdalo. Otro detalle: no me comentes nada cuando termines de hacer el Santo Encierro. Sus efectos son misteriosos y nunca sabemos cuándo se manifestará su resultado. Ahora sigamos con nuestro guión, Morgana, tenemos que entregarlo en tres días.

Sitael dio por terminada la conversación. Al día siguiente, desapareció sin decir palabra. Lo busqué por todos lados. No estaba. En la recepción del hotel Isabel dejó dicho que regresaría en tres días y que no me preocupara por nada. Me había dejado un sobre cerrado y una nota manuscrita: "Muy cerca de aquí se encuentra el antiguo claustro de sor Juana Inés de la Cruz. Todavía hay zonas cerradas al público, y es allí donde la santa tenía su celda privada. Busca a María de las Nieves y dile que te ha enviado Sitael, y que te quedarás allí por tres días. Ella sabrá de qué se trata. Nos vemos apenas termines tu Santo Encierro. Como te dije, no comentes lo que te suceda allí con nadie, ni siquiera conmigo. Paz y bien, Morgana. Los cielos se alegran de tu decisión de comenzar a *elevarte por encima*. Y los ángeles ya están listos para contactarte. Sitael".

Ni bien volvimos a encontrarnos después de mi retiro, Sitael ya había terminado su guión y ya tenía preparada una nueva sorpresa.

—Morgana, mañana muy temprano partimos a Panamá —me anunció sin preguntarme absolutamente nada sobre mi Santo Encierro—. Como siempre, la decisión de estos viajes se toma de improviso. No te preocupes, ya te acostumbrarás a este nuevo ritmo. Pero éste es sólo un viaje relámpago. Regresaremos enseguida —comentó—. Un personaje importante de los kunas, pueblo originario de San Blas, me espera para una reunión de urgencia.

En quince minutos, tenía mi mochila lista.

—Muy bien. Estás volviéndote efectiva, concisa y flexible al máximo. Estos cambios permanentes son parte del entrenamiento preparatorio que tienes conmigo.

—¿Preparatorio para qué?

No me contestó. Sólo sonrió, enigmático, como siempre. A la mañana siguiente, desde el mismo aeropuerto, tomamos una pequeña avioneta contratada en forma privada para llegar directamente al territorio de los kunas. Nunca supe para qué Sitael tenía que encontrarse con el brujo de la tribu, el chamán, don Humberto. Este personaje vivía en una de las paradisíacas islas, a orillas de un mar tremendamente turquesa, en una gran choza acompañado por toda su familia. Nos recibió saludándonos con un cariño especial, pomposamente sentado en su silla ceremonial. A sus pies se asomaban decenas de muñequitos de madera, vestidos con trajes multicolores y ataviados con sombreros. Nos los presentó con toda formalidad, llamándolos sus "ayudantes". Don Humberto nos explicó muy seriamente que los enviaba con misiones especiales a curar, a liberar, a reparar amores quebrados y corazones rotos. Me hizo aprender todos sus nombres, uno a uno, de memoria. "Es una señal de respeto", me aclaró intercambiando una sonrisa cómplice con Sitael. Los trataba con cuidado y deferencia, como si de verdad estuvieran vivos. Mientras tanto, como si fueran parte de un sueño, las indias kunas, con sus molas bordadas, de color rojo sangre, pasaban delante de la choza navegando en sus cayucos de árboles y agitando sus manos en señal de bienvenida. Ante una señal de Sitael, los dejé solos. Siempre me retiraba discretamente de las reuniones en las que no podía participar. No estaba autorizada a meter mis narices en lo que él estaba haciendo, aunque me carcomiera la curiosidad. Atrás habían quedado mis tiempos de ejecutiva, cuando bastaba una sola señal para que todos se pusieran nerviosos y cumplieran mis órdenes. Sin embargo, me sentía más potente y más fuerte que nunca, a pesar de que, como un perrito educado, siguiera obediente los pasos de Sitael, sin preguntar nada, y lo esperase en la puerta, con las orejas alertas, y saltando de alegría al verlo de nuevo.

Pasadas unas horas, las usuales, Sitael y don Humberto me hicieron señas para que entrara en la choza. La comida estaba preparada, y allí me esperaba la multitudinaria familia del chamán, que nunca se había movido del lugar. Me pregunté si habían sido parte de la reunión, o si tendrían una puerta trasera por la que entraban y salían sin ser vistos. Terminada la cena y a pedido de Sitael, nos prepararon dos hamacas entre las palmeras para dormir directamente bajo las estrellas. La noche se iluminó con una luna llena deslumbrante que invitaba a ensoñar. Balanceándonos suavemente, permanecimos un largo tiempo en silencio, acariciados por la brisa que venía del mar. Me parecía estar en medio de una película. Podía ver a los indígenas, en las entradas de sus chozas, también balanceándose en sus hamacas, despiertos. De pronto, Sitael rompió el silencio:

—Estamos otra vez en territorios del Camino Rojo. Un día serás iniciada en estos secretos, Morgana. Muy pronto visitaremos a las Mujeres Gigantes. Ellas están en México, en el Istmo de Tehuantepec. Cuando las conozcas, jamás podrás olvidarlas. Ya verás.

—¿Mujeres Gigantes?

—La semana que viene partimos hacia sus territorios.

Mi corazón empezó a latir con fuerza. ¿Quiénes serían las Gigantes?

—Son magas, y muy poderosas —dijo Sitael anticipándose a mi pregunta—. En México todavía existe un antiguo enclave del desaparecido matriarcado. Está en Juchitán. Pero casi nadie lo sabe. ¿Sabes qué es el matriarcado?

—¿Un sistema social en el que mandan las mujeres?

—Más o menos. En realidad, el término "matriarcado" no está bien comprendido. Me refiero, en todo caso, a que no se trata de sociedades estructuradas bajo el dominio tiránico ejercido por mujeres. Se trata de sociedades basadas en la cooperación, en la solidaridad y en la compasión. No en las jerarquías.

Sociedades en las que el amor tiene un lugar muy importante. Es un mundo gobernado por magas. En este mundo que tú conocerás, la mujer tiene un poder tremendo, el poder real de tomar decisiones. En el matriarcado las mujeres son a veces realmente muy independientes. No sólo lo parecen, como en la sociedad occidental de la que vienes.

—¿Y qué lugar tienen los hombres en ese mundo?

—Muy importante, aunque no el mismo que en el patriarcado. En esas sociedades se exige respeto y consideración hacia la mujer. Y esto se cumple. Te lo aseguro.

—¿Por qué iremos allí?

—Además de tener una reunión muy importante con una querida amiga, una Valiente del Camino Rojo, quiero que las conozcas, ellas saben mucho acerca del amor. A propósito, ¿conoces realmente el amor, Morgana?

—¿El amor a Dios?

—No, el amor humano.

—Mmm.

—Éste es siempre un tema complicado. Las emociones humanas son un desastre. Hay que desatar esos nudos de una vez. El amor es un tremendo misterio y una fuerza atómica.

—¡Oh, Sitael! Tú sabes que esa parte de mi vida es complicada. Tú me rescataste de la soledad total en el que me encontraba. Es la verdad.

—No me has contestado, Morgana. Somos amigos. Confía en mí. Puedes hablar con total sinceridad —me dijo clavándome esos ojos luminosos que reflejaban el cielo en la Tierra.

—Te contaré la verdad, Sitael. Tuve amores, amoríos, pasiones y hasta llegué a incursionar en Internet buscando a mi alma gemela. Ya sabes. Pero nunca apareció por allí. Más bien me encontré con un montón de señores neuróticos y aterrados, obsesionados por tener sexo desde el primer mail. Señores que ni siquiera se toman el tiempo de jugar un poco a los románticos, quieren ir directamente al grano. Y otros sólo escriben y escriben y escriben, sin concretar jamás. Yo ya no entiendo nada. A lo mejor no tuve suerte, aunque en los seminarios aprendí que la suerte no existe. Hay gente que logra casarse por este medio, es cierto. Aunque, después de todo, a mí no me interesa casarme, me interesa conocer el amor. Estoy desorientada, ésta es la zona más delicada de mi vida, la más conflictiva.

—No eres la única.

—Pero *yo sé* que las almas gemelas existen. Además, hice entrenamientos muy buenos sobre el tema en Estados Unidos. Todo lo que aprendí allí era tan pasional y perfecto, tan perfecto, que parecía inalcanzable. Sin embargo, ellos, los que daban el seminario, un hombre y una mujer que parecían ser una pareja, nos aseguraban que era posible, que sólo había que esperar. Me animé a preguntarles si ellos habían encontrado a su alma gemela. Se sonrieron. No, ellos eran sólo amigos, nada más. Resultaba obvio que estaban juntos porque trabajaban en estos entrenamientos, pero tampoco ellos habían logrado poner en práctica esos fabulosos principios que enseñaban.

—Suele suceder. Te dije que la experiencia nunca se puede ni siquiera acercar a ninguna teoría.

—Es que yo siempre ansié conocer a mi alma gemela, Sitael, y no capitulé jamás. Sin embargo, debo confesarte que, por más que lo intenté, puse mi mejor voluntad, hice todos los seminarios habidos y por haber, interpreté las señales, nunca la encontré.

—Te diré que las almas gemelas sólo se encuentran cuando tienen que cumplir juntas alguna misión. Veo un futuro brillante para ti en ese sentido. Tienes que entrenarte. Y te puedo adelantar que todo Valiente debe haberse enamorado locamente de algo o de alguien al menos una vez en la vida.

—¿Aunque en esta sociedad en la que vivimos casi todos lo tomen como algo prescindible?

—¿Prescindible? ¿No te parece extraño no haber conocido el amor, Morgana? Es la fuerza básica que crea universos. Y no creo que tus aventuras hayan sido muy comunes. Eres audaz. Se te nota. Y muy honesta.

—Es cierto lo que dices.

—Cuéntame.

—Por amantes, amores y hasta por ensayos de esposos, tuve a los más coloridos personajes. Pero es cierto, nunca conocí el amor.

—Cuéntame tu historia completa. Siempre es importante saber en qué andan los humanos —me insistió y se sonrió.

—¿"Los humanos"?

—Sí, los adorables seres humanos, perdidos en un mar de falsas ilusiones. ¡Teniendo en sus manos el poder de mover las estrellas! —sentenció misterioso—. ¡Cuéntame de una vez! Veremos qué se puede hacer contigo. Las Mujeres Gigantes te darán algunos consejos importantes. No hace falta aclararte que también entre ellas contamos con unas cuantas Valientes, y son del Camino Rojo.

Sintiéndome bastante cohibida, me balanceaba en silencio, refugiándome en mi hamaca, mientras una suave brisa llegaba desde el mar turquesa. ¿Es que mis historias serían interesantes, comparadas con las aventuras épicas que estaba viviendo ahora? Pero Sitael volvió a preguntar inquisitorio, así que comencé el relato de la historia de mis amores con Alexis A., un poeta ruso de grandes ojos celestes y cabello enrulado que me hizo caer a sus pies, enamorada sin remedio, cada vez que me cantaba al oído *Katiusha*, aquella adorable canción de Mijaíl Isakovski en que una chica añoraba a su enamorado en tiempos de guerra. Luego seguí con L. B., un alto ejecutivo con un toque de pionero del Lejano Oeste que comandaba a miles de indígenas abriendo caminos en la selva. También pasó por mi vida Misako, un misterioso japonés con quien jamás hablaba, pero me hipnotizó sumergiéndome lentamente en sus oblicuos ojos orientales, hasta que casi me convertí en una geisha. Cuando empezó a hablar, se terminó todo. Y debo mencionar a Juan L., un muy apuesto piloto de aviones de guerra, casi un héroe por sus audaces vuelos a ras del mar para evitar el seguimiento de los misiles británicos. Este hombre tenía la particularidad de mantenerme siempre en vilo. Su vida consistía en una serie de caídas libres, estuviera en el avión o en tierra. Era mujeriego. Me harté de esa adrenalina, de esperar la próxima caída en picada. Jamás tuve vocación de novia sumisa y resignada, aunque se tratara de ser la novia de un militar. También recordé a Carlos, un dulce maestro de escuelas rurales que quería seriamente formar una familia y llevarme a vivir al campo. Era una propuesta tan romántica, pero a la vez tan peligrosa, que obviamente no acepté.

—¿Cuál fue?

—Casamiento. Así es. Fue la única propuesta seria de casamiento. La única. Siempre seguí experimentando, jugando, evaluando, comparando y calculando lo que más me convenía.

—El mismo guión, con aparentes variantes.

—Así es —dije avergonzada—. No sé cómo dejar de repetir la misma obra de teatro. Pero esta obra me deja sola, sola, sola.

—Los Valientes te enseñaremos a amar la luz de una manera que todavía no has conocido. Y entonces atraerás a tu vida un amor humano diferente. Ya lo verás.

—¿De verdad me ayudarán a encontrar el amor? No se cómo lo harán, pero confío en ti, Sitael.

—Para encontrar un buen amor hay que hacer, antes que nada, un trabajo sobre uno mismo, liberarnos, elevarnos. Los Valientes te estamos ayudando a acercarte al amor, a lo inefable, a su real vértigo. Ya estás dando un salto en tu energía, estás pasando a otro estado de conciencia. No te hubiera servido continuar buscando el amor en la situación embrollada en la que te encontrabas.

—Ya lo sé. Estaba tan sola y tan perdida… ¿De verdad conoceré a mi alma gemela?

—Dependerá de ti. Confía, Morgana. Tú apenas has comenzado a despegar espiritualmente. Escúchame bien: si quieres de verdad encontrar a tu alma gemela, tendrás que atreverte a querer más, desde tus vísceras. Te lo enseñé apenas nos encontramos. Y te lo sigo enseñando a cada paso.

—Pero ¿dónde encontraré realmente ese amor que tanto ansío? —insistí.

—No hay un lugar donde puedas encontrar al amor. El tema es magnético. Debes atraerlo. Tienes que querer que haya más luz en tu vida, querer más alegría, más felicidad, ¿entiendes? No se trata de focalizarte en la llegada de una persona que te salvará de la tristeza o de la soledad.

—Entiendo —asentí algo avergonzada.

—¡El amor no es de esta Tierra! Es puro cielo descendiendo a las profundidades de la materia.

—¡Quiero que a mi vida descienda este cielo!

—Este cielo será tuyo, Morgana. Deberás conquistarlo. Hay que atravesar varias pruebas. Te lo repito, Morgana: ¡el amor es pureza absoluta, inocencia sin límites, verdad desnuda! Imagínate que hay que protegerlo, luchar por él, cuidarlo, sostenerlo y reverenciarlo. Hay una clave espiritual sobre el amor que te será entregada por tres aliadas, tres Valientes. La recibirás cuando más la necesites. Recuerda sus nombres: Estrella, Cielo y Corona. No los olvides. Puede ser que te encuentres con ellas en un lugar donde soplan vientos ardientes, vientos que vienen del desierto. Este mensaje dulcificará tu alma. Ya lo verás.

—¿Será entregado a mí en un desierto?

—Así es —acotó Sitael en tono categórico y dio por terminada la conversación—. Quiero avisarte que mañana regresamos a México. La reunión con el chamán fue muy productiva. Todas las cosas están dichas. La Revolución de la Conciencia avanza a pasos agigantados. En la Nueva Tierra no andamos con vueltas.

Nos instalamos nuevamente en el antiguo hotel Isabel, que ya se había transformado en una especie de hogar y central general de operaciones. Teníamos cuartos separados. Pero muchas veces yo no podía dormir, y lo espiaba en la noche a través del agujero de la vieja cerradura. Otra vez comprobé que Sitael nunca dormía, sólo meditaba frente a una vela, como en continuo estado de oración. Cuanto más tiempo pasaba con él, más misterioso se volvía para mí. Jamás se enojaba. Nunca dudaba. Una extraña certeza que yo desconocía siempre lo sostenía por dentro haciéndolo inmutable. No parecía humano, pero al mismo tiempo era el ser humano más humano y compasivo que yo hubiese conocido. Una de esas noches, pelando una manzana, por descuido, me corté la mano con un cuchillo. Me aterré al ver que sangraba sin parar y necesitaba ayuda. Toqué la puerta de Sitael con un poco de vergüenza por molestarlo a esas horas de la noche.

—No te preocupes. Yo me haré cargo —apoyó su palma en mi mano y cerrando los ojos musitó unas palabras. En unos segundos habían aparecido unas cicatrices, y la sangre ya no brotaba de mis dedos. Abrió los ojos, pasó su mano derecha sobre esas cicatrices y las borró. Desaparecieron.

—Ya está, Morgana. Puedes irte a dormir —dijo restándole importancia a lo que había sucedido.

Lo acribillé con preguntas. Sólo hizo una vaga referencia a que los verdaderos médicos espirituales saben cómo convocar a las fuerzas de la luz, o sea, a los ejércitos de ángeles que nos ayudan a vivir en la Tierra. Que ninguna sanación se hace por la mera intervención humana. Siempre hay ayuda angélica.

—Pero ¿cómo se produce la sanación?

—"Sanar" viene de "santificar". Sanarse significa, literalmente, volverse santo, o sea, restaurar el orden divino que ha sido alterado. Y esto se aplica a toda circunstancia. Cuando uno se sana, la sombra se rinde a la luz, le obedece. ¿Entiendes? Es simple. Yo invoqué a la luz para que santificara, o sea, restaurase tu herida. Debes saber que la luz es la única fuerza que conjura la sombra, o sea, la enfermedad. La luz es la que nos sana, la luz restablece el orden perfecto que ha sido alterado. La luz es más fuerte que todo. Yo sé que lo "sabes" intelectualmente, pero nunca lo dudes en momentos de pruebas. Recuérdalo siempre: la luz es más fuerte que todo. Y nosotros tenemos la capacidad de invocar poderes que desconocemos. Tenemos que ser más ambiciosos espiritualmente hablando. Ya te lo dije.

—¿Hay que pedir más?

—Sí, Morgana, hay que pedir al cielo cosas más grandes. Salud perfecta, juventud eterna, abundancia infinita, inmortalidad. Tú ya lo sabes, pero te olvidas. Uno de estos días te enseñaré la oración para salirte de los términos medios para siempre.

—Por favor, por favor, enséñamela ahora.

—Está bien. Escucha con suma atención. Me siento honrado en reconocer que ya conoces una parte de esta plegaria secreta. Por intuición o por telepatía. No importa. Ésta es la potente oración de los Valientes para lograr salir de las medias tintas. Su efecto es inmediato: "Dios mío, líbrame de las medias tintas, de los 'no puedo', de los 'no sé', de los 'quizás'. Rescátame de ser sólo un pequeño gusano espiritual. Líbrame para siempre de los términos medios, de seguir el Camino más Cómodo, de ser sólo 'buena' y de meditar en lugar de actuar. Señor, muéstrame el Camino Recto, conviérteme en mariposa…

¡Quiero volar!". Cuando pronuncies esta oración, recuerda gritarle al cielo con toda tu alma tres veces: "Conviérteme en mariposa... ¡Quiero volar!".

—Sitael, ¿crees que yo todavía soy un "gusano espiritual"? —dije abriendo los ojos, un poco mareada—. Me golpeó fuerte esa parte de la oración. ¿Qué significa?

—Uno deja de ser un gusano espiritual y se convierte en mariposa espiritual atreviéndose a soltar lo que uno cree que es, lo que cree que debe ser, lo que cree que debe pasar. Y tomando decisiones cruciales, una detrás de otra. Sin postergarlas —acotó de modo enigmático—. Por ejemplo, ya has tomado una decisión importante. Te has salido de los circuitos habituales y no te mueres de miedo por haberte atrevido a dejar atrás lo conocido. Extendiste tus límites. Has entrado en la vibración del cien por cien. Estás haciendo algo que nunca hiciste y surgen en ti aspectos desconocidos. Otro ejemplo: no te habías dado cuenta de que eras tan aventurera. Por primera vez en tu vida estás haciendo algo que realmente quieres y que el cielo quiere para ti. ¿Cómo lo sabes? Lo sientes, no hay medias tintas. Estás siguiendo a tu corazón. Estás empezando a volar.

—¿Y qué más hay que hacer para ser una mariposa espiritual?

—Hay que animarse a vivir al ciento por ciento y sostenerlo. Aprende a hacer lo que hagas al máximo. Lo que uno hace no es importante, si no cómo lo hace.

—¿No importa lo que uno hace?

—No.

—No entiendo.

—Si todo lo que haces lo haces con intenciones puras, nunca te equivocarás. Tienes que aprender a realizar todas las cosas al ciento por ciento, a persistir en tus decisiones, a exigirte al máximo en todas las áreas de tu vida. A salirte de toda comodidad. Y a jamás, jamás, ser una víctima.

—Eso es casi como ser un ángel. Ellos son siempre ciento por ciento, según tú me dijiste.

—Ya lo creo… —y me miró sonriente, con esa expresión de niño y de anciano al mismo tiempo—. Pero no debe de resultarles tan fácil estar encarnados en este plano, Morgana. Desde los tiempos bíblicos no se ha escuchado que los ángeles anden por aquí corporizados. Quién sabe, puede ser que hayan decidido regresar a la visibilidad dada la gran crisis que estamos viviendo. Tal vez ya estén aquí entre nosotros, encarnados. Que así sea —dijo dulcemente.

Capítulo 5

LAS MUJERES GIGANTES DE JUCHITÁN

Partimos de viaje hacia Juchitán de Zaragoza y llegamos al amanecer. Sitael dijo tener tareas muy importantes en esa ciudad. Varias entrevistas con las Mujeres Gigantes y cosas por resolver con ellas referentes a los próximos acontecimientos que tendrían lugar en el mundo. Comentó que las matriarcas saben cómo manejar los nacimientos y que hay una Nueva Tierra que necesita ser parida por todos nosotros. Lo acompañé, con mucho entusiasmo, para buscar la casa de una tal Florinda. Preguntamos aquí y allá. Finalmente, dimos con ella. Era una juchitana enorme, alegre y misteriosa, y vivía en una casa llena de hamacas y flores. De inmediato, me ofreció prestarme sus ropas típicas, "para ser una de nosotras", dijo sonriendo. O al menos, parecerlo. Y allá andaba yo, por las callecitas del pueblo, feliz, peinada con una trenza y vestida a la usanza de las potentes juchitanas, con una falda larga hasta el piso, y un huipil, una blusa bordada con flores y muy colorida. Jamás me hubiera imaginado esta fantástica escena cuando la Arquitecta perfecta estaba al mando de mi vida. Pero era real. Yo verdaderamente estaba allí, en una mágica Ciudad de México, acompañando a un personaje de cuentos y vestida como una indígena. Muy pronto me di cuenta de que aquello era un verdadero matriarcado, y de que el apodo de "gigantes" no se refería a la altura, si no a lo ancho de estas matronas, todas enormes, aun las más jóvenes. Imponentes y exuberantes. Era cierto. Tenían un poder incuestionable. Manejaban amorosamente desde el comercio hasta la política con mano de hierro y, por supuesto, a las familias y a los mínimos maridos, generalmente delgados y muy pequeños de estatura. Todo allí era increíble, pero totalmente real. Florinda era una de las matriarcas juchitanas, y muy respetada. En su hogar se consultaban todas las decisiones con ella y se compartían las responsabilidades entre todos.

Sitael y ella tenían largas conversaciones secretas, a puertas cerradas, y como era habitual yo jamás pude enterarme de qué hacían ni de qué hablaban en esos interminables encuentros. Me intrigaban todas aquellas reuniones, a las que se sumaban, a veces, otras Gigantes, imponentes y silenciosas. Sitael me había aclarado que el mundo estaba en un quiebre, en un cambio gigantesco, y que casi nadie se daba cuenta todavía de sus dimensiones y de su significado. Que las mujeres tenemos un rol fundamental en la construcción de la Nueva Tierra, y que las Gigantes tienen una larga experiencia porque ellas nunca dejaron de gobernar su mundo juchiteco. En Juchitán, jamás se había conocido el patriarcado. Esto era una ventaja. Ellas tenían que orientarnos en varios asuntos cruciales. Por ejemplo, sabíamos que las comunidades serían un tema importantísimo en muy poco tiempo, y que las Mujeres Gigantes con su cultura zapoteca serían unas de nuestras maestras. Ellas vivían en comunidad desde hace siglos, aunque por fuera esta pareciera ser una sociedad moderna. Se apoyan, se consultan, se ayudan. Comparten, dijo Sitael en una de las tardes en que juntos nos sentamos en la plaza a mirar el atardecer entre pájaros y palmeras. "Tenemos mucho que aprender de ellas, Morgana, créeme."

—Cada vez me siento más identificada con la revolución espiritual de los Valientes —le confesé mientras lo miraba encantada.

—Lo sé. Lo supe siempre, desde el primer momento en que te vi sollozando en ese café. Prepárate para una nueva aventura, Morgana. Nos han invitado a participar en una de las fiestas que ellas organizan, casi a diario, en las calles de Juchitán.

—Jamás me imaginé que el aprendizaje con un maestro incluiría tantas fiestas.

—Disfruta de estos momentos. Más adelante vendrán fuertes entrenamientos, y serán en tierras muy lejanas.

—¿Dónde? ¿Cuándo? ¿Cómo?

—No me preguntes más porque no voy a contestarte —concluyó sonriendo—. Ya tuviste un adelanto en tu sueño.

—¿Bhupal?

—Así es.

Llegamos a la calle ya cerrada para el festejo y, a pesar de mi resistencia, tuve que aceptar la extraña costumbre juchitana de dividirnos: a un lado, las mujeres, y al otro lado, los hombres. Siguiendo las reglas, Sitael se integró obediente al sector masculino y levantó su mano a manera de despedida. Yo fui llevada del brazo por una Mujer Gigante vestida de rojo y amarillo y llena de collares de oro puro hacia otro sector. Me sentaron entre ellas, en una de las sillas de plástico acomodadas en hilera en la vereda, entre guirnaldas de coloridas flores y exhuberantes puestos rebosantes de dulces regionales, tamales, tortas, tacos, atole, elotes, agua de horchata, de Jamaica, y litros y litros de cerveza. Casi de inmediato y con una amplia sonrisa, una de las Mujeres Gigantes se me acercó invitándome a bailar. Sin saber qué hacer, avergonzada, miré hacia los costados y me di cuenta enseguida de que sí correspondía salir a bailar con ella, tal como ya lo estaba haciendo Florinda con una amiga. Ella me hizo una seña tranquilizándome. Pasados los primeros minutos bastante embarazosos, me di cuenta de que allí no había ninguna intención seductora. Eran unas enormes niñas divirtiéndose. Mi compañera de baile me contó que, para las Mujeres Gigantes, bailar entre ellas es parte de una antigua tradición amistosa, sin ninguna connotación sexual. Bailando y bailando, una a una, me contaron sus vidas, sus penas, sus alegrías, sus temores, que no diferían mucho de los de ninguna mujer del planeta, aunque ellas fueran Gigantes. La diferencia era que allí se podía hablar sin reservas, ni sospechas ni disimulos sobre todos los temas. No parecían interesadas en guardar ninguna apariencia y la franqueza de sus conversaciones era apabullante. Y así, poco a poco, me fueron sugiriendo que, aunque muy velados, ellas practican antiguos ritos mágicos del matriarcado que todavía se conservan, y que muchas, por no decir casi todas, manejan las artes de las brujas.

—¿De las brujas? —pregunté inocentemente.

—Todas somos brujas naturales, por derecho de nacimiento, por ser mujeres —afirmaron mientras reían—. ¿No lo sabías?

La conversación se fue poniendo más y más interesante, al tiempo que la cerveza y otras bebidas corrían a raudales, algo que no me gustó tanto, porque una y otra vez tuve que rechazar las botellas que me ponían delante. Pero empecé a preguntar y preguntar, y entonces armaron un círculo alrededor de la más enorme, una mujer que parecía ser la maga mayor y que estaba envuelta en un velo violeta y oro, y coronada con una guirnalda de flores. En este círculo no corría una gota de alcohol. Me invitaron a sentarme con ellas entre risas y abrazos. Teníamos que conversar entre mujeres, cosas de mujeres. Y allí estábamos a nuestras anchas.

—Empecemos por los casamientos. Hay una información que debes tener, ya que el casamiento de una Gigante no es un tema menor. Te imaginarás que es un acontecimiento muy especial. Te aseguramos que las mujeres tenemos mucho poder aquí, mucho poder, esto es literalmente un matriarcado, ya lo sabes, Sitael te lo habrá informado —dijo Florinda, quien se había integrado al círculo—. No hay muchos lugares así en el planeta. Juchitán es una joya oculta a los ojos profanos. Pocos en este planeta saben acerca de nuestra existencia. Ni los mismos mexicanos son conscientes de qué es lo que realmente pasa aquí.

Todas se empezaron a reír a carcajadas. Las acompañé riendo con ellas, para no quedar mal, pero empezaba a ponerme algo nerviosa.

—Te contaremos cómo son los ritos de casamiento de una juchitana. Imagínate que, cuando una futura matriarca contrae matrimonio, hasta la Tierra tiembla —y todas festejaron palmeándose las piernas.

—La novia duerme desnuda, cubierta con pétalos de rosas, la noche antes de su boda, en vigilia. Las amigas la custodian del otro lado de la puerta —dijo la maga de velos violeta y oro—. Es una preparación ritual para esa mágica noche de bodas —agregó mirándome fijo con unos ojos terriblemente negros—. Y esta ceremonia se hace porque si la juchitana se casa al día siguiente, es debido a que está realmente enamorada, o sea, ha caído en el abismo del amor. Supongo que sabes de qué te estoy hablando —dijo un poco burlona.

—Mmmno, mmmno… —balbuceé insegura.

—¿No sabes…? —se quedó en silencio, con los ojos clavados en el piso. Un murmullo de reprobación generalizada me redujo a nada. Las Gigantes me miraron con pena, meneaban sus cabezas y murmuraban algo que no llegué a comprender. Yo no sabía qué hacer—. ¿Así que no sabes lo que es el abismo del amor? Entonces se lo diremos. ¿Verdad? —preguntó a sus amigas. Ellas asintieron de mala gana.

—Sólo porque viniste con Sitael y nos caes bien te revelaremos algunos de nuestros secretos —reforzó Florinda con voz grave—. Pero te falta mucho, pequeña, te falta mucho para ser una maga. Para nosotras eres casi una niñita tonta protegida por un ser que ni te imaginas quién es verdaderamente. El día que lo descubras, te sentirás muy privilegiada. No te creas que ahora estás tan avanzada. Te falta mucho.

Las amigas lanzaron tremendas carcajadas. Me puse colorada. Las miré tímidamente. Claro que me faltaba mucho, aunque no sabía bien para qué.

—No sabes nada sobre el amor.

—Es verdad, no lo niego. Y además me gustaría ser una maga como ustedes.

—Lo eres, pero aún no lo sabes. Ya lo eres, Morgana, pero si no lo sabes, no lo eres —acotó condescendiente la de velos color violeta y oro en medio las estruendosas carcajadas de las otras mujeres.

Las Mujeres Gigantes se reían sin parar. Y de mí. Me empecé a poner más y más ansiosa, y no sabía qué decir. Ellas seguían festejando las últimas palabras riéndose despiadadamente hasta que decidieron que era suficiente.

—Tienes demasiadas suposiciones y estás llena de expectativas —aseguró la maga mayor con tono serio—. Has salido de la comodidad. Éste es un gran cambio. Muchos todavía están atrapados en ella y no se atreven a salir de los círculos aparentemente seguros de sus vidas, aun cuando tendrían que arriesgar menos de lo que tú has arriesgado. Nadie se da cuenta de que esta manera de vivir egoísta y sin amor está colapsando. Tú, sí. Te respetamos por ello.

—También te has sobrepuesto a los miedos. Has permitido que tu parte más vital aflore en tu vida —dijo otra de velos rojos—. Te estás liberando. Ésa es la verdad. Y estás aprendiendo a respetarte, a hacerte respetar y a respetar tus sueños. Casi ya sabes querer algo con toda tu alma. Pero éste es sólo el primer paso.

—Sí, sí —confirmé con orgullo—. He cambiado mucho y mi protector me lo dice todos los días.

—Jajajajajaja —volvió a reír la maga de velos color violeta seguida por su coro de amigas—. "Mi protector", "mi protector" —repetían con sorna—. Hay más, mucho más para conquistar, Morgana. Todavía actúas como una mujercita asustada que pide permiso para vivir. Tienes que alcanzar las grandes alturas en el poder femenino. Te falta mucho todavía —y se quedó mirándome con firmeza.

La observé con resentimiento. Empecé a temblar. Era tan imponente. Le tenía miedo.

—La Desconocida ha de nacer de ti, y nacerá, estamos seguras. Escucha bien. Vuelvo a revelarte, por si no te habías dado cuenta: éste es el Camino Rojo y te estamos adelantando algunos secretos, aunque no deberíamos.

—¿Qué es el Camino Rojo? —pregunté vacilante.

Silencio. Todas se quedaron mirando el piso. Calladas, como si allí se hubieran pronunciado palabras prohibidas.

—El Camino de la Magia, un camino prohibido para quienes no están preparados espiritualmente —dijo Florinda con voz grave—. Te falta mucho para que puedas detener tus pies en él.

Estallaron en carcajadas, se palmeaban las piernas, sacudían sus cabezas. Eran despiadadas.

—Te reitero. Estás empezando a liberarte, pero te falta mucho —meneaban la cabeza sin parar—. Mucho, mucho, aunque tú te creas tan experimentada a tus treinta y cinco años de arquitecta, estudiosa y ahora aventurera. El poder no se consigue firmando contratos ni haciendo seminarios, como hasta ahora. Ni tampoco viajando bajo las alas de un "protector". Eso es temporal.

Todas festejaron el comentario otra vez entre un coro de risas impetuosas que me perturbaba. La miré interrogante.

—Para realmente ser una maga —continuó Florinda— te falta perder el control. Te falta ser tú misma, arriesgarte a seguir un sueño sin medir consecuencias. Esto puede acontecer de muchas maneras, y una de ellas es enamorarte.

Esta vez se quedaron mirándome en silencio, estudiando el efecto de estas últimas palabras.

—Nosotros lo llamamos "caer en un Abismo de Amor".

—¿Abismo de amor? —pregunté en voz baja como pidiéndoles permiso para seguir hablando con ellas.

Me apabullaban con su desparpajo, su humor y su irreverencia completa. No me querían, me aguantaban. La maga Florinda y sus amigas infundían miedo.

—Escucha bien, pequeña aprendiz. Se puede caer en un Abismo de Amor de muchas maneras, no solamente con un hombre. Caemos en este abismo cuando algo nos seduce de una forma incontrolable. Puede ser que la luz nos haga enamorarnos de una persona, pero también de un lugar, o que nos lleve a tomar una decisión inexplicable con respecto a nuestra vida, que nos lleve a hacer un cambio radical, como irse a vivir a la naturaleza. O lo que sea que nos arrastre hacia una dirección que no hemos elegido con la lógica sino con el corazón. Nos tenemos que enamorar perdidamente de algo, de alguien, de una misión, o directamente de la luz. Y cuando esto acontece, pase lo que fuere, parezca lo que fuere, suceda lo que fuere, recuerda esto: nunca renuncies a ese amor. Lucha, pequeña, lucha por no perderlo. No te dejes vencer por las apariencias ni por las paradojas. No escuches consejos. Vuélvete una leona. Y una recomendación de maga: jamás dejes ir a quien caiga contigo en un Abismo de Amor, porque estará bendecido, igual que tú. Te darás cuenta enseguida cuando te pase y será cuando menos te lo imagines. Entonces sí serás tú misma. Entonces sí conquistarás tu poder. No falta tanto, después de todo. Así es, así es —repitió y me clavó esa mirada que nunca olvidaría—. El amor es un camino directo hacia la luz. Cuando te enamoras de algo, pones en circulación las fuerzas magnéticas más potentes del universo. Ahora escucha lo que tengo que decirte sobre las relaciones apasionadas y por qué son espirituales. Ellas son una vía de expansión de conciencia, de alerta. Nos hacen conocer el sabor del Paraíso, disuelven nuestras fronteras personales y empequeñecen el ego. ¿Conoces algo más espiritual que esto?

Sonreí divertida. Las magas me sorprendían más y más.

—Dinos, ¿cuántas clases de amor hay? —dijo la de velos violeta y oro.

—Amor romántico, amor de familia y amigos, amor a Dios.

—Hay más. Una maga debería saberlo.

Contuve la respiración. No sabía qué contestarle.

—Amor a uno mismo —dijo la de velo azul.

—¡Ah! La autoestima.

—No entiendes nada. El amor a uno mismo no tiene nada que ver con el concepto intelectual de la autoestima. El amor a uno mismo es sentirse orgulloso de tener el privilegio de estar encarnados en este plano y tener bajo nuestra custodia una chispa sagrada. Un destello de Dios en esta tierra —agregó la del velo color violeta y oro.

—El amor de pareja, en cambio, es vértigo, éxtasis compartido. Una borrachera de luz por estar juntos en esta tierra. Una celebración en la que se embriagan de a dos. Con pura energía. Un Abismo de Amor te hace conocer el verdadero sabor del paraíso —ahora habló la del velo rojo.

—Por el contrario, el amor universal —indicó otra de velo verde— es la borrachera de expandirse a las estrellas. Es sentir que somos uno con la creación, que las divisiones no existen, que nunca estamos solos. Ese también es un Abismo de Amor.

Entonces Florinda dijo:

—Morgana, si me permites, te diré más sobre este futuro que veo en tus ojos.

—Dímelo, te lo ruego.

Me atravesó con una mirada llena de secretos.

—Tú todavía no has conocido un Abismo de Amor. Jamás has caído en uno de ellos. Has estudiado, has investigado, pero todavía no *sabes* lo que es estar en íntima relación con la luz. Ser la luz. Y te diré algo que ya sabes: tú jamás te enamoraste de verdad. No has conocido este abismo.

—Es cierto —murmuré—. Y a veces dudo de que exista ese estado.

—Cuando caigas en el Abismo de Amor, y te pasará porque está escrito en tu mirada, tu ego tambaleará. Sentirás que nada sabes. Tus certezas se diluirán. Te sentirás desnuda, expuesta y serás sólo una principiante en la vida. Pero en la Vida, con mayúsculas. El Abismo de Amor te ayudará a comprender muchos misterios. Y entonces, tal vez, aceptemos revelarte los conocimientos mágicos del Camino Rojo.

—Pero ¿qué saben ustedes sobre ese amor marcado en mis ojos? —pregunté disimulando mi interés.

—Este amor apasionado que tanto ansías conocer está marcado en tu mirada y también en las estrellas, y juntos abrirán una puerta secreta. Entonces la llamarada saldrá desde aquí y llegará hasta aquí —señaló mi sexo y luego mi coronilla.

—Sí, el fuego sagrado ascenderá hasta la punta de tu cabeza —acotó la de los velos verdes.

—Y te diremos algo más —continuó la maga de velos color violeta y oro—. Nada es lo que parece. La Vida es un gran misterio. No te creas que, al encontrarlo a "él", las cosas serán tan fáciles. Debes pasar muchas pruebas para vivir un gran amor en esta tierra.

—¿Qué pruebas? —balbuceé.

—¡Oh! Muchas pruebas —rio—. El amor apasionado, ese que te abre las puertas al paraíso, es raro y exquisito. Y sólo soportan esta intensidad los seres fuertes, aquellos que no se escapan ante el primer desafío. Por eso muchos jamás lo conocen, muchos claudican ante la primera incomodidad.

—El amor es incómodo —dijo la de los velos rojos—. Te saca de tus seguridades y previsiones. Y, al mismo tiempo, te resguarda y protege. Te eleva a los cielos y te hace caer en los más terribles infiernos. Es paradojal.

—No, no lo sabía.

Las carcajadas y las palmadas en mi espalda se redoblaron con fuerza.

—¡Oh! ¿No lo sabías? —se burlaron—. El amor empieza donde terminan las películas. Cuando ella y él se encuentran, allí comienza todo.

—¿Qué es "todo"? —las interrogué decidida a saber a fondo qué era el amor para aquellas potentes magas.

—Deberás someter a tu hombre a las pruebas de la luz para verificar su autenticidad. Deberás atravesar tú misma la prueba de la incertidumbre, y también la de seguir a tu corazón cuando esté en juego la continuidad de ese amor. Deberás ser fuerte y suave al mismo tiempo. Deberás ser capaz de soltarlo cuando sea necesario y de retenerlo cuando llegue el momento. Ya lo ves, deberás ser una verdadera maga. ¡Niñas, que comience el baile! —ordenó, de improviso, la de los velos verdes, dando por terminada la conversación.

Todas se lanzaron a la pista arrastrándome a danzar con ellas. En ese momento, abriéndose paso entre las revoloteantes polleras de las Mujeres Gigantes, apareció Sitael.

—Miles de disculpas por haber roto las reglas. Por favor, por favor… ¿Puedo quedarme con ustedes? Estoy aburrido de escuchar historias de camiones transportadores de Coca-Cola y de problemas de las obras en construcción —rogó compungido—. Este sector parece mucho más divertido. Los hombres sólo hablan de su trabajo. ¿Me autorizan a quedarme aquí? —y se puso trágicamente de rodillas ante una de las matronas más grandes—. Hagan una excepción. Soy solamente un visitante.

Lo integraron a la danza con una seña condescendiente y le colocaron una flor en su cabello. Yo no me reía con ellas, estaba ausente. Las palabras de Florinda seguían resonando en mis oídos. Yo todavía no lo sabía. Ésa sería la primera vez, aunque no la última, que alguien me hablaría de los Abismos de Amor. Sentí una extraña inquietud. Las magas sabían más cosas de mí. Eran videntes y no me habían querido decir todo lo que habían visto sobre mi futuro. O tal vez me habían dicho todo lo que me iba a pasar. No estaba segura. Aunque no había forma de volver a hablar con ellas. Estaban danzando y dando vueltas y vueltas, y riendo a carcajadas.

Al día siguiente, desde muy temprano, Sitael estaba en el pueblo reunido con una delegación de los zapotecas. Florida tocó a mi puerta para avisarme que el desayuno estaba servido. Me acerqué medio dormida y un poco turbada por lo que había pasado la noche anterior en la fiesta. En un patio lleno de flores y hamacas, toda la familia se encontraba alrededor de una enorme mesa comunitaria, plantada firmemente como un ícono de unión. Las familias, en México, son verdaderas comunidades. Padres, hijos, tíos, abuelos, primos viven todos juntos y algún que otro amigo perdido siempre encuentra refugio allí. El la mesa había jarras de plata con chocolate caliente, chilaquiles, tortillas de maíz, burritos, frutas de todos los colores, y más y más regalos de los dioses. Como todas las sociedades manejadas por mujeres, la abundancia era ilimitada y la celebración, continua.

—Necesito hablar contigo antes de que partas —susurró Florinda en mi oído—. En privado.

Temblando, tomé rápidamente el chocolate y la seguí por ocultos pasillos en penumbras; descendimos casi a tientas por oscuras y frías escaleras de piedra hasta llegar a un subsuelo abovedado que parecía ser un templo.

—Mi laboratorio mágico —dijo Florinda—. Pocas personas están autorizadas a entrar aquí, pero siendo amiga de Sitael, para ti están abiertas las puertas.

Emocionada, miré alrededor. Nos hallábamos en una especie de caverna de piedras muy antigua cuyo origen era imposible de calcular. Estaba iluminada apenas por una pequeña ventana redonda.

—Es un antiguo templo zapoteco —explicó Florinda—. Un lugar de iniciación en el Camino Rojo que un día te abrirá sus secretos. Pero todavía falta mucho para esto, como te dijimos ayer todas las magas. Sin embargo, necesito darte una información. Me lo han ordenado.

—¿Quiénes?

—Ellos. No preguntes tanto.

Encendió tres velas rojas y un perfumado incienso que reconocí enseguida. Era el mágico copal. Tomó un ramito de hojas verdes, me lo pasó por todo el cuerpo y musitó unas palabras en su idioma.

—Te estoy haciendo una "limpia" tradicional con ruda. Es para ahuyentar las larvas astrales que se te pudieran haber adherido —aclaró sahumándome a continuación con el incienso.

—Ven, Morgana, sentémonos frente a frente —dijo mientras ponía las velas rojas entre nosotras—. Tengo que pasarte una información.

—¿De qué se trata?

—Además de que me lo han indicado, quiero decirte que me caes bien y, te repito, que estás muy cerca de nosotros por ser amiga de Sitael. Voy a revelarte algunos conocimientos mágicos y comentarte algunas cosas que veo en tus siete destinos, sin orejas indiscretas que estén escuchando. ¿Sabías que todos tenemos siete destinos verdad?

—No.

—Así es, y podemos escoger el mejor, o bien ser empujados al peor de ellos si no sabemos elegir. Pero antes de entrar en este tema, quiero decirte, Morgana, que nosotras, las Gigantes, somos videntes y magas, podemos cambiar de forma y tamaño. Y también podemos vivir cientos de años. Y tenemos los secretos de la belleza y la eterna juventud, esos que buscan desesperadamente todos hoy en día. Pero los buscan afuera, sin darse cuenta de que sólo pueden venir de adentro.

—¿Cuántos años tienes tú? —pregunté asombrada.

—Acabo de cumplir muchos, muchos años. No importa cuántos. Y tú tienes apenas treinta y cinco, ¿verdad?

Asentí un poco avergonzada. Al revés de lo que me pasaba cuando andaba por mi café en Buenos Aires y ocultaba mi edad.

—¡Ah! ¡Qué bien! No sabes nada de la vida, pero tienes mucho tiempo para aprender. Sin embargo, siempre es poco el tiempo para hacer un giro radical en una vida. ¡Tiene que ser ya, Morgana! No puedes perder un solo instante. Por eso te hablaré en unos minutos de los siete destinos.

—¿Siete?

—Así es. Son siete, como los días de la Creación. Te haré una videncia directa, investigaremos un poco qué anda pasando por aquí. Cierra los ojos y respira hondo —me indicó mientras dibujaba unos extraños signos en el aire.

Sentí un mareo. Todo empezó a dar vueltas.

—No abras los ojos todavía —dijo Florinda—. Te estoy liberando de tus cárceles mentales para poder *ver*.

Después de un tiempo que no puedo precisar en el que estuvo cantando y orando, Florinda me ordenó que abriese los ojos. Todo parecía estar más brillante y más iluminado. Su vestido color rojo y de oro resplandecía con destellos deslumbrantes y sus ojos eran como diamantes. Casi sin aliento, le pregunté:

—¿Quién eres tú realmente, Florinda?

Extendió la palma de su mano derecha y en unos segundos se volvió completamente roja. Reconocí el signo enseguida. Era una mano. La "mano" de los Valientes.

—Soy Guardiana del Camino Rojo, Morgana. Y el signo que ves grabado en mi palma es de una poderosa diosa prehispánica. La que teje destinos y dispensa todas las bendiciones del mar, de la tierra y de los cielos.

Quedé hipnotizada. La palma de su mano se había iluminado como un sol. Era un sol rojo, un sol que me llenaba de vida, de vitalidad, de fuerza. Sentí mi sangre corriendo por mis venas, mis células vibrando, el aire entrando en mis pulmones como un viento fresco. Todo mi cuerpo se estaba despertando. ¡Estaba viva! Enfoqué mi mirada y pude distinguir el signo: la diosa portaba varias serpientes en su cabeza, tenía grandes pechos y sostenía entre sus manos un cuenco que vertía agua sobre la tierra.

—Ya es suficiente.

Plegó su mano y el resplandor se esfumó. Florinda me observó divertida. Yo no podía volver en mí.

—Mientras regresas, te diré que, además, soy una maga de la tribu de los zapotecas, Morgana. Una humana, como tú, pero una humana que conoce sus poderes. Tú todavía no los conoces. Ésa es la única diferencia entre tú y yo.

—Florinda, apenas puedo hablar.

—Es normal. Estás recibiendo irradiaciones y fuerzas supraterrestres. Hacen vibrar las células, las despiertan de su sopor. Las palmas de nuestras manos son chacras poderosísimos. Tendrás que aprender a resistir estas intensidades.

—¿Tú eres una verdadera Gigante? —alcancé a decir con la voz entrecortada—. Quiero decir, ¿cómo las de los cuentos de hadas?

—Todos somos gigantes, Morgana. Pero nos comportamos como liliputienses, enanos. Nuestras mentes nos hacen de ese tamaño. Y a veces, para no quedarnos solos, nosotros mismos nos reducimos. Como lo hago en ciertos lugares donde no se puede hablar y entonces me vuelvo "pequeñísima". Me entiendes, ¿verdad? ¡Ah! Esta situación de que las magas tengamos que ocultarnos cuando salimos de Juchitán me enoja mucho y por eso, cuando estoy aquí, engordo tanto. Necesito expandirme un poco después de tanta contracción. Además, el matriarcado nos protege. Aquí nadie osaría cuestionar nuestras figuras, imponentes y abundantes. Jajajajajaaa —su carcajada hizo temblar a las estrellas, o tal vez sólo me lo había parecido.

—Pero ¿es imprescindible engordar tanto para expandirse? —pregunté tontamente.

—¡Ah! Morgana, todavía eres *tan* limitada. Todavía te guías por las formas externas, por la apariencia. Juzgas. ¡Ah, qué bochorno! Te expliqué que la belleza es una fuerza que viene desde adentro. Yo juego con mis formas cuando quiero, no estoy fijada a una imagen de mí misma.

De pronto sus ojos echaron chispas y rugió furiosa:

—¿Tú también estás obsesionada con la estúpida delgadez de la enferma sociedad actual? Jajajajajajaja… Engordo si quiero —dijo inflándose como un globo hasta quedar redonda—, y si no, soy delgada.

Ante mi horror, Florinda cambiaba de tamaño y de formas con una rapidez increíble. De pronto, delante de mí apareció una anciana encorvada y con el cabello blanco, surcada por cientos de arrugas y en pocos segundos se transformó en una jovencita.

—Si quiero, tengo miles de años, y si quiero, quince —y en un instante volvió a la forma en que yo la conocía—. Somos también inmortales. Ya lo sabías, ¿verdad?

—Sí —dije sin aliento—. Pero a veces dudo de que esto pueda ser cierto.

—No puedo creer que todavía dudes. Qué bochorno, qué bochorno. ¡Qué poco ambiciosos son los pobres seres humanos de hoy! ¡Escúchame bien, preciosa Morgana, niña tonta! Los humanos podemos vivir miles de años, como los patriarcas, como los babilonios, como los gigantes reales que habitaron esta tierra hace mucho tiempo. Los Gigantes no desaparecieron, se fueron a dormir en las montañas, por puro aburrimiento. La grandeza ya no se encuentra fácilmente en esta tierra. Se cansaron de tanta pequeñez y por eso están durmiendo una siesta de cientos de años. Pero ya estamos despertando.

—¿Estamos? ¿Entonces tú siempre fuiste una Gigante?

—¡Ay! ¡Cómo te cuesta entender las cosas simples! Ya te dije que todos somos gigantes, pero que nos reducimos a nosotros mismos, por nuestras estúpidas limitaciones mentales. ¿Entiendes? No creemos que podemos, y entonces ya no podemos más.

—Ahora vayamos al grano de una vez. Hablaremos de las líneas de tu mano y de los destinos. Sabes de qué se trata, ¿verdad? —dijo tomando mi mano y mirando mi palma con suma atención. Asentí.

—Bien. En un enorme palacio que veo aquí y en una gran fiesta, lograrás salirte para siempre de uno de tus destinos posibles, el de la fría ejecutiva, negociadora y sobornable, obsesionada por los logros materiales y sin escrúpulos con sus empleados. Sola. Egoísta. Amargada. Neurótica. Pseudoespiritual —hizo una descripción sin piedad—. Bendiciones, Morgana.

—Pero cuando yo era así, estaba en crisis y lloraba a mares pidiendo que me fuera revelada mi misión —me excusé ridículamente, dándome cuenta de que estaba tratando de dar explicaciones lógicas sobre mi vida a una Maga Gigante que me atacaba, sin concesiones con sus evaluaciones y que sabía todo sobre mí.

—Sí, sí, claro, estabas en crisis pero, mientras tanto, hacías todo a medias. Y no vacilabas en actuar sin consideración hacia todos. No es que ser arquitecta estuviera mal, es más, volverás a estar en contacto con esa actividad si quieres, aunque de otra manera. La cuestión es que este destino de frialdad y éxito a toda costa, de emotividad raída, de payasada espiritual estará desactivado. Creo que, si se cumple lo que veo aquí, lograrás salir de él. El segundo no merece mayores comentarios. Es uno de los destinos normales, digamos, previsibles, los que vivimos si no nos rebelamos nunca y seguimos al pie de la letra los modelos del viejo mundo. Podrías casarte y vivir con un señor también exitoso que terminaría engañándote con su asistente cuando tú cumplieras cuarenta años, sin darse cuenta de que hacía tiempo tú también lo estabas engañando con ese apuesto profesor de yoga con quien hacías tantos seminarios. El tercero es interesante. Podrías ser una monja de clausura en México, dedicada a estudiar los textos de sor Juana Inés de la Cruz.

—Estuve allí hace poco, en un Santo Encierro. Sentí que ya conocía ese lugar. Fue muy extraño. Estaba en éxtasis, como flotando en el aire, y conocía cada rincón de ese convento. Y tuve contacto con ángeles, pero no puedo hablar una sola palabra sobre lo que sucedió en ese convento. Me ha sido prohibido.

—El déjà vu nos adelanta escenas del futuro o nos revela escenas del pasado. Pero sigamos con lo nuestro —dijo mientras me clavaba la negritud de su mirada—. El cuarto destino te muestra como una famosa pintora, atormentada por el arte y la fama en Boston. Un destino triste, sin paz.

—Es cierto. Tuve una beca para estudiar Bellas Artes en Boston, precisamente, y la rechacé —dije admirada por la precisión de los detalles que veía la maga.

—El quinto es extraño. No lo veo muy bien, pero no irradia mucha luz, no es importante acceder a estos registros del futuro. Éste es seguramente un destino secreto. A veces no podemos abrir todos los registros. Pero me interesan los dos últimos. Y será muy importante que conversemos detenidamente sobre ellos. Morgana querida, no puedo revelarte cuáles son esos dos destinos. No nos está permitido porque podría influenciarte en tus elecciones. Pero sí puedo darte algunos consejos. ¿Quieres escuchar?

—Adelante.

—De estos dos destinos, uno solo es completamente dhármico, o sea, feliz y bendito. El otro lo parece pero no lo es.

—Dime más.

—En uno, sigues siempre a tu corazón, a pesar de las apariencias. Ése es el dhármico. En el otro, claudicas en los momentos cruciales. Y te dejas guiar por la mente. Entonces, todo cambia.

—¿Y cómo me puedo dar cuenta de si estoy transitando uno u otro?

—Por tu felicidad interna. Más allá de los desafíos y las dificultades. Si sientes que estás enojada con tu vida o con los demás porque no son como tú quieres, o si estás insatisfecha, o si sientes que la vida no te está dando lo que te mereces, estás transitando el destino equivocado. Aunque creas estar cumpliendo tu misión.

—Pero a veces las cosas no son como uno las soñó. O las personas en las que confiamos nos traicionan, o todo se pone lento, o… Hay tantas razones para sentirnos mal. Pero estoy entrenándome con Sitael para soltarme, para dejar ir mis miedos, para ser yo de verdad.

—Y para ser más fuerte que las circunstancias… —acotó Florinda.

—Mmmm. Ojalá pueda aprenderlo.

—Si aceptas todo lo que te sucede como una bendición del cielo, si eres capaz de tomar las dificultades como oportunidades, las pruebas como bendiciones, los problemas como ocasiones de desarrollar nuevas fuerzas, entonces siempre vivirás el mejor de tus siete destinos. Las cosas que necesitas vendrán a ti cada vez más fácilmente. Y serás, por fin, una verdadera Gigante como yo. Pero esto será después de que atravieses ciertos entrenamientos.

—¿Y después tendré todo lo que quiero? —pregunté tontamente en un desliz.

—No, no tendrás todo lo que quieres. Tendrás todo lo que necesitas, lo que el cielo quiere para ti, que es siempre lo mejor.

—¿Cómo elegir una y otra vez el mejor de los siete destinos?

—Muy bien dicho, Morgana, una y otra vez hay que volver a él. ¡Obsérvate! Si te enojas con una situación que no te gusta, date cuenta de que no estás enojada con la situación. Estás enojada contigo por no hacer lo correcto, por no poner el máximo esfuerzo, por no sostener tus decisiones. Por fallarte a ti misma en tus propósitos. Por no escuchar a tu corazón. Y recuerda… ¡no esperes nada de los otros! Pero exígete todo a ti. Sé implacable contigo. Purifica tus intenciones. Sé recta. Y te haré una infidencia que tal vez no debería hacer. Hay tres caminos delante de ti: el Naranja, el Blanco y el Rojo. No sé cuál será el primero que transites. Lo que te puedo revelar con seguridad es que un día tus pies se posarán en el Camino Rojo. Lo que no te puedo decir es cuándo. Aquí te estaré esperando, Morgana. Nos volveremos a ver. Sin dudas. Ya te dije todo lo que tenía que decirte. Podemos volver a la mesa. El chocolate debe de estar caliente todavía —concluyó como si nada hubiera acontecido allí.

Me sonrió tiernamente y abrazándome con fuerza susurró en mi oído:

—¡Lo lograrás, Morgana! Lo lograrás. Pero jamás claudiques.

Muy poco tiempo después de aquel premonitorio encuentro con las Gigantes, partimos con Sitael hacia Zipolite para conocer a María, una importante Valiente, Guardiana del Camino Blanco.

—Debes conocer a integrantes de todos los Caminos. Nunca se sabe por cuál nos indicarán empezar —me dijo como toda explicación.

Zipolite es un pintoresco pueblito situado en el sudoeste de México, a orillas del Pacífico. Entre altas palmeras, las rústicas cabañas de madera y techos de paja dan a una playa de arena fina y blanca, a un mar de olas salvajes, y a una turba de nudistas europeos, hippies, gays. Nadie podría suponer que allí se ocultaba una activista de la conciencia de semejante calibre. Nos dirigimos directamente a Aquarius, la posada-comunidad de María. Mientras íbamos caminando por la playa, Sitael me contó divertido que, antes de pertenecer a los Valientes, María había sido una aventurera de los años sesenta, una auténtica hippie que llegó a este país con sus dos hijos pequeños y se instaló en una cueva, en plena montaña, a orillas del mar. En ese tiempo, Zipolite era un pueblito de pescadores y María vivió varios años en esa ascética cueva frente a su amado mar, con la certeza de que había llegado al lugar correcto y que tenía por misión construir allí un espacio mágico, un refugio para pájaros perdidos, románticos, artistas, rebeldes, aventureros y buscadores espirituales como ella. Aquarius. Lo que no sabía entonces era que ella se iba a transformar en una de las Guardianas del Camino Blanco y que Aquarius sería un secreto refugio de Valientes disfrazado de hostal ecológico.

Ni bien llegamos, ascendiendo por el estrecho caminito que llevaba a la cima de la montaña, me di cuenta de que Aquarius era una isla de luz y pureza. Un cartel pintado con colores brillantes lo advertía: "No drogas. No alcohol. Paz y certeza".

—Es un oasis, ya lo verás. Aquí llegan grupos de turistas independientes provenientes del mundo entero. Europeos, americanos, orientales y muchos otros. Vienen atraídos por las playas nudistas y su idea de liberación. Traen consigo sus delirios y excesos. Pero en Aquarius están prohibidos.

María apareció de pronto ante nosotros como en un sueño. Estaba vestida con un largo vestido blanco, y era, como supuse que serían todas las Valientes, imponente. Irradiaba la misma energía potente y magnética de las magas de Juchitán. Sus cabellos caían como una cascada de hilos negros sobre su espalda enmarcando un rostro sin tiempo, sin edad. Y sus ojos. Resultaba casi imposible sostener su mirada sin parpadear. Eran penetrantes, hondos como la noche, enigmáticos, perturbadores. Extendió la palma de su mano derecha a manera de saludo. Distinguí el ícono de los Valientes: una mano y en su centro una estrella con una cruz. Esto indicaba su pertenencia al Camino Blanco. Tal como ya sabía que iba a suceder, su mano comenzó a resplandecer con una intensa luz blanca.

—Bienvenidos —dijo muy seria—. Sean bienvenidos, hermanos.

—Bendiciones —contestó Sitael extendiendo también la palma de su mano y se fundieron en un fuerte abrazo.

—Ésta es Morgana. Ya te hablé de ella.

—Bienvenida a Aquarius —me dijo abrazándome fuerte.

—Nos quedaremos unos pocos días, María. Tenemos que regresar a México City. Aceptamos tu invitación y pasaremos el año nuevo en Aquarius.

—Con mucha alegría los recibo aquí.

—María prepara todos los años la fiesta más asombrosa que jamás hayas visto. Nunca olvidarás esta experiencia —me contó Sitael—. Los invitados, o sea, casi todo el pueblo, más todos los turistas llegan vestidos completamente de blanco. Ésa es la consigna de María. Es una celebración inolvidable. Y única. Ya lo verás.

Y llegó el 31 de diciembre. Y yo estaba en México, en un hostal a orillas del Pacífico, en medio de la más grande aventura de mi vida. Había conocido a Mujeres Gigantes que cambiaban de tamaño y eran inmortales. También habían sucedido muchas cosas en mi vida que jamás hubiera imaginado que podían pasar, era la asistente de un Valiente. Estaba feliz. La situación, realmente, había cambiado.

—Éste es un día que yo nunca sé cómo pasar en Buenos Aires, a menos que por coincidencia mi familia esté en la ciudad —le confesé a Sitael—. Los Swiatlowsky son muy mundanos y siempre tienen fiestas especiales en el exterior a las que me invitan recurrentemente para festejar con ellos el año nuevo y a las que yo siempre renuncio.

—Qué bien —me respondió sonriendo comprensivo.

—¡No las soporto! Me indignan esos desbordes de lujo y sofisticación. Siempre me siento sola en esos ambientes, aunque esté rodeada de gente —agregué repentinamente furiosa.

—Ya olvídate de todas las tonterías. Las grandes aventuras que vivirás recién están comenzando. Ni te imaginas lo que te espera.

A las diez en punto, y tras entregarnos coronas de flores y antorchas de fuego, ascendimos todos juntos a la cima de la Loma de Meditación. La cúspide era una especie de meseta, con una vista de trescientos sesenta grados, rodeada completamente de mar. Allí desaparecían todas las referencias conocidas. Allí éramos libres. Nuestra vista se extendía sin límites hacia el horizonte. Las estrellas fugaces atravesaban los cielos como avisos y señales sagradas. La luna plateada se reflejaba allá abajo en las oscuras aguas del océano. Me sentí, por primera vez, parte de un universo inmenso, eterno. Después de realizar la ceremonia propiciatoria del año nuevo, entre danzas ceremoniales, mantras y tambores aztecas, descendimos en procesión a la playa, donde, faltando un cuarto para las doce, nos esperaba un banquete servido en una larga fila de mesas con manteles blancos. Todos quienes estuvieran cerca eran invitados a participar de la comida y la celebración. Era una ofrenda de María y los Valientes en señal de agradecimiento al Universo por todas las bendiciones recibidas en este año que finalizaba. Y entre fuegos artificiales y abrazos, cuando dieron las doce, todos nos deseamos una larga vida para evolucionar. "¡Y también para regocijarnos con los colores y los amores, y con la alegría y la amistad!", nos deseó María levantando su copa de champagne rodeada por amigos llegados de los diferentes puntos cardinales de la Tierra. Hasta había un grupo de hindúes vestidos con túnicas blancas y grandes turbantes naranjas. Me di cuenta de que no me sacaban los ojos de encima.

—¡Estamos aquí todos juntos para disfrutar de la fabulosa experiencia de vivir en esta tierra! —dijo Sitael con los ojos brillantes.

Todos lo aplaudieron celebrando su ocurrencia. Sus palabras quedaron resonando extrañamente en mis oídos. ¿La fabulosa experiencia de vivir en esta tierra? María lo abrazó entrañablemente. Además de cofrades y Valientes, ellos eran amigos desde hacía muchos, muchos años. Ella me sumergió también en su cálido abrazo y murmuró en mi oído:

—Aquarius guarda para ti un gran secreto. Muy pronto vendrás a buscarlo.

—¿Cuándo?

—En este año bendito que acaba de comenzar hace apenas unos segundos.

Capítulo 6

LA FIESTA, OJOS DE CIELO Y OJOS DE FUEGO

Apenas terminada la fiesta que había organizado María para recibir el año nuevo, regresamos al Distrito Federal y Sitael me anunció cuál sería mi próxima tarea como su asistente.

—Deberás organizar una fiesta en el hotel Isabel. Es una "tarea". Escúchame bien. Una tarea, en lenguaje de los Valientes, es una misión especial. Recuérdalo.

—¿Una fiesta? —cada propuesta de Sitael era diferente e impredecible—. Jamás me hubiera imaginado que me ibas a encargar algo tan frívolo.

—Nada es lo que parece. No juzgues las cosas tan ligeramente. La consigna es que los invitados deben ser artistas, aventureros, bohemios, linyeras, embajadores, maestros espirituales, millonarios o ciudadanos comunes. Pero, sean quienes fueren, deben estar libres de prejuicios sociales, deben haber comprendido que el sistema como tal está acabado. Y que es preciso construir entre todos la Nueva Tierra. Como mi asistente, tu tarea es encontrarlos.

—¿Cómo lo haré?

—Ponte a trabajar, Morgana. Tienes suficiente imaginación. Y ya has hecho un contacto importante: María y Juan José estarán aquí, en México, la semana que viene. Puedes llamarlos, enviarles e-mails, WhatsApps. Ellos te ayudarán.

Así lo hice, y entre todos armamos una lista con increíbles invitados oficiales de distintos países: embajadores, agregados culturales, escritores, pintores, directores de fundaciones y otros funcionarios. Luego me quedaba la gigantesca tarea de encontrar seres liberados de prejuicios sociales. No tenía la menor idea de cómo los encontraría, pero ya lo iba a resolver de alguna forma.

—Como ya te he indicado, la fiesta se realizará en nuestro querido hotel Isabel y la invitación debe decir: "Invitada (o Invitado) de los Valientes". Quienes estén en nuestra misma frecuencia entenderán —me dijo Sitael.

—¿Y si al leer la invitación me preguntan de qué se trata?

—Entonces no les entregarás la invitación. Excusándote amablemente, les dirás que ha ocurrido un error.

—Y al fin, ¿de qué se trata esta fiesta?

—No puedo decírtelo, Morgana. Es por motivos de seguridad. Lo sabrás puertas adentro. Tienes que acostumbrarte a manejar situaciones que no entiendes con la única garantía que te da tu percepción acerca de si puedes o no confiar en quien tienes a tu lado. Es parte del entrenamiento. Una tarea, como te dije.

La lista de invitados que se armó de manera absolutamente inverosímil no podía ser más colorida. Nuestra amiga María, de la República Dominicana, era pintora y bruja, y Juan José, su esposo, poeta. A través de ellos pudimos contactarnos con invitados especiales: Eduardo, el embajador de Ecuador, músico, estratega y escritor; Johan, el embajador de Sudáfrica, íntimo amigo y compañero de aventuras de Mandela; Ravi, el encargado de negocios de la India, amigo de Johan, proveniente de Rajastán, de sangre gitana, y con cualidades adicionales tales como ser un experto encantador de serpientes; Yehuda, el agregado cultural de Israel, kabalista y rabino. No podía creer lo que estaba sucediendo. Para mí el mundo de las cinco estrellas definitivamente incluía a las embajadas, pero me llevaba sorpresa tras sorpresa al descubrir que en las mismas embajadas había tantos personajes diferentes, aventureros y talentosos. Sospeché que muchos sólo estaban disfrazados de funcionarios.

También se agregó a la lista un grupo de psicólogos transpersonales ingleses, una misteriosa gitana vidente y kabalista llamada Shin, una troupe de bailarinas, acróbatas, payasos de circo, artistas, bohemios y mendigos. Estos últimos casi se presentaron solos. Sitael los examinaba uno a uno sólo viendo sus nombres. No necesitaba mayor información para conocer todo acerca de cada uno de ellos.

—Tienes que contactar en forma urgente a mi amigo Jacinto López Moreno, mexicano, muy conocido en los ambientes diplomáticos, de profesión condecorador.

—¿Cómo?

—Sí: ¡condecorador! Así es. Él otorga condecoraciones al honor y la gracia a los más encumbrados personajes de la sociedad mexicana y de la comunidad internacional, a quienes conoce como la palma de su mano. Ha condecorado y condecorado, con pomposos discursos y cenas de gala, a médicos y embajadores, pintores y empresarios. El detalle es que tales condecoraciones, unas grandes medallas doradas enganchadas en cintas rojas, han sido inventadas por él y, por alguna inexplicable razón, a nadie se le ocurrió nunca cuestionar nada ni preguntar qué significan. Tú también serás condecorada. Ya lo verás.

—Pero no entiendo para qué lo queremos en la fiesta. Después de todo, como tampoco entiendo qué es esa fiesta, tal vez no debería preguntar nada.

—Jacinto es vital para tranquilizar a las fieras del sistema que siempre están atentas si algo se sale de las normas, y mucho más si se convoca a esta cantidad de personajes importantes. Ellos, nuestros invitados, también son importantes para nosotros, pero por razones distintas de las oficiales. La misma noche de la fiesta y, antes de que termine, Jacinto entregará en mano a revistas de chismes sociales, diarios y magazines internacionales las fotos formales del encuentro en el hotel Isabel. Y así podremos quedarnos relativamente tranquilos de que el evento no despertará muchas sospechas.

—Entiendo. Hay que cubrir las apariencias. Ésta es una extraordinaria manera de hacerlo.

—La lista estricta de invitados estará en manos de los guardias, por triplicado, en la entrada principal del hotel. Hay que evitar el acceso de eventuales infiltrados, que siempre se pueden presentar imprevistamente. Nadie debe sospechar que ésta es una fiesta de Valientes internacionales.

—¿Los invitados son todos Valientes? Creí que también estábamos invitando a aventureros, artistas y rebeldes de todo tipo.

—Sí, también Morgana —dijo enigmático, como siempre.

Ultimados los detalles, por fin llegó la noche de la gran fiesta. Pero no era de gala, aunque sí debía tener el necesario toque de formalidad. Nosotros estaríamos vestidos de una manera ascética. Los lujos quedaban estrictamente prohibidos. Allí no habría excesos ni superficialidades de ninguna índole. Los embajadores, hartos de recepciones, cócteles, cenas de gala y aburridos almuerzos oficiales, llegaron fascinados al antiguo hotel Isabel con su paquetito de dulces, sándwiches, o lo que se les ocurriera comprar a sus chóferes camino a la fiesta. Los invitados debían traer la comida. Las bebidas corrían por nuestra cuenta. En los alrededores del hotel, había un agitado movimiento de guardaespaldas y servicios secretos, mientras puertas adentro la reunión se parecía cada vez más a una fiesta de compañeros de colegio, con la misma divertida sensación de triunfo, porque aquí también las formalidades habían sido abolidas. Podíamos liberarnos de todas las explicaciones y justificaciones. Evidentemente, nos convocaba una consigna espiritual y la alegría que sentíamos todos por la inminencia del advenimiento de la Nueva Tierra era imparable.

Terminada la ampulosa y formalísima sesión de condecoraciones y fotos oficiales, con extensos discursos, repetidos agradecimientos y formalísimas sonrisas, el condecorador se acercó a Sitael y lo saludó con un largo abrazo.

—Querido amigo, ¿cómo has estado?

—Ya sabes, condecorando y condecorando. Muchas veces en serio, es decir, tú sabes, en verdaderas fiestas oficiales, no como esta fabulosa reunión. Pero trabajar para los Valientes no se compara con nada en esta tierra. Es un placer celestial.

Jacinto, quien parecía un verdadero charro mexicano, de grandes bigotes negros y expresión pícara, miraba a todos y a todo como siendo parte de un juego. Y como a mí, a Jacinto las cinco estrellas lo habían aburrido tanto, tanto. Estaba harto de las escenografías, de todas las formalidades del sistema. Eran siempre obras de teatro. Jacinto les daba ese toque inconfundible de rigidez y falsedad que caracteriza a la simulación social.

Se formó un animado grupo de invitados a nuestro alrededor, con varios integrantes de la delegación de la India que acompañaban a Ravi. Esta vez yo no podía sacarles los ojos de encima. Eran los mismos que festejaron con nosotros y María el año nuevo en Zipolite. Inconfundibles, con sus turbantes naranjas, sus túnicas blancas, sus grandes bigotes, me saludaron con una leve inclinación de cabeza. Todos provenían de Rajastán, dijeron. Y estaban en misión especial.

—Les contaré una historia acerca de México que tal vez nunca escucharon, pero que nos define muy bien en nuestra verdadera esencia —propuso Jacinto—. Sólo los muy perceptivos se dan cuenta de lo surrealistas que somos.

—¿Surrealistas? —se asombraron los hindúes—. A nosotros los mexicanos no nos parecen surrealistas.

—¿No? Ya nos conocerán. Muchos extranjeros, además de nosotros, los mexicanos, sienten un amor apasionado, loco, irracional por esas tierras. México cala muy hondo en la vida de cualquiera que pise este suelo. Les contaré una historia real. Sucedió aquí mismo, en el Distrito Federal. A los mexicanos estas historias les parecen normales, y a todos los demás los asombran y divierten como pocas. Bien, voy directo a la historia. Es acerca de André Breton, el líder máximo del movimiento surrealista. Invitado por el gobierno, llega a México para dar una serie de conferencias sobre su materia, precisamente, el Surrealismo. ¿Y qué creen? Arriba a México y, como puede suceder tranquilamente aquí, nadie lo estaba esperando para recibirlo en el aeropuerto. Medianamente sorprendido, porque ya algo sabía acerca de la imprevisibilidad mexicana, pide al taxista que le recomiende un lugar bueno, divertido y barato para pasar la noche. El buen señor, interpretando al pie de la letra su pedido, lo lleva a un famoso prostíbulo. Breton, divertido con la situación, deja sus maletas en una habitación especial, gentilmente ofrecida por la madama, que presintió que se trataba de un invitado especial, y se integra a la fiesta. A medianoche, cuando el descontrol y los tragos habían llegado a los excesos de costumbre, se escuchan gritos, forcejeos, suenan unos disparos, y cae, al suelo, herido por un morocho de espesos bigotes como los míos, un respetable señor vestido con un impecable traje blanco. La chica que estaba sentada en sus rodillas pide clemencia a gritos. El morocho le dispara el último tiro y sale corriendo entre los fiesteros derribando mesas y sillas mientras cunde el pánico y Breton, copa en mano, no sale de su asombro. El personaje herido en cuestión resultó ser un político muy afamado que concurría al prostíbulo de la madama. Y el atacante, un matón contratado. Alguien llamó a la policía y a los pocos minutos, en medio de la algarabía general, caen los uniformados y se llevan a todos, Breton incluido, a la cárcel. A la mañana siguiente, todo está aclarado y Breton es traído aquí, al hotel Isabel. En la tarde, comienza la presentación oficial. Breton es ovacionado por un elegante público ávido de aprender acerca de qué es esto del tan mentado Surrealismo, novedad de novedades en Europa. Entonces saca un manojo de papeles de su portafolio y, con voz solemne, dice: "Señoras y señores, ésta es la conferencia que tenía preparada para ofrecerles esta noche". Y la rompe en pedazos ante el azorado público. "No puedo explicarles justamente a ustedes qué es el surrealismo. Más bien, me sentaría entre el público y les rogaría que me contaran sus vidas cotidianas. Pero antes les relataré lo que me pasó al poner el pie en México, cuna indiscutida del Surrealismo, a quien rindo mis respetos y de quien espero aprender las más inteligentes lecciones".

Jacinto hizo una pausa para observar el efecto de su relato entre todos nosotros, que lo mirábamos fascinados.

—A los mexicanos no les sorprende en absoluto este relato, ni otros que tengo acerca de la verdadera esencia de México, ya que en esta tierra lo insólito, lo nunca visto, lo inesperado, no requiere explicaciones.

Los hindúes festejaron con risas y expresiones de curiosidad la historia sobre Breton y dijeron algo así como que la India y México son tierras hermanas, y que a ellos entendían bien ahora dónde estaban. Y que se sentían como en casa. Los ingleses, en cambio, estaban muy sorprendidos y divertidos al mismo tiempo. Comentaron que en Inglaterra nunca habría ocurrido este evento, ya que irían a buscar a Breton puntualmente al aeropuerto y, en caso de no encontrarlo, el taxista inglés lo habría llevado al mejor hotel y lo habría contactado con la embajada francesa, él mismo.

—Les contaré otra historia —dijo haciendo otro silencio lleno de suspenso—. Es muy personal, pero estamos entre hermanos espirituales. Se las contaré. Viví siempre en el Distrito Federal, que, como ustedes saben, contiene a todos los cielos y los infiernos que existen en el planeta. Todavía vivo en un vecindario muy elegante, Colonia Condesa, en un antiguo edificio de tres pisos donde siempre pasó de todo. Aunque por fuera se ve muy elegante, en ese lugar vivían mezclados los más insólitos personajes, desde secuaces hasta psicólogos, pasando por traficantes de maní y fabricantes de sombreros gigantes. En el segundo piso, allí estaba mi habitación, y la alquilaba precisamente a un psicólogo. Era una mezcla de atelier y vivienda, ustedes saben, en ese tiempo trataba de abrirme camino con mis pinturas. Una aventura artística en la que se te va la vida. El detalle es que mi habitación daba a la sala de espera del psicólogo y, cada vez que debía salir para ir al baño, que era común, me encontraba con los pacientes esperando la consulta. El psicólogo tenía aranceles muy económicos, por eso la sala estaba siempre a tope y cada vez que yo salía de la habitación, pasaba con dificultad abriéndome paso entre una atiborrada humareda de cigarrillos y muy extraños pacientes. Muchas veces, y con tal de no encontrarme con esta fauna que me amedrentaba, hacía pis en un florero que, a tal fin, tenía preparado en mi cuarto.

—Jajaja… —reímos pensando, un poco decepcionados, que el chiste se había terminado.

—Por cierto, los pacientes eran muy extraños. Venían con antifaces, mallas apretadas al cuerpo, sombreros de copa y hasta trajes de payaso. Yo no entendía nada. Al fin, un día no aguanté y le pregunté quiénes eran todos estos personajes. El psicólogo confesó que eran integrantes de los circos que frecuentemente pasaban por la ciudad y, como él mismo había sido payaso antes de estudiar en la universidad, se especializaba en terapias para payasos, enanos, bailarinas, domadores de fieras. Nunca había podido olvidar su vida nómade y libre. El hecho de conocer en profundidad las penas y cuitas de estas personas que vivían en los circos lo decidió a especializarse y atenderlos. Pero, de repente y ante mi asombro, se puso a llorar desconsoladamente. Lo cobijé en mis brazos sin saber qué hacer. "La sociedad está muriendo de aburrimiento. Alguien tiene que sostener la alegría. ¿No te parece? —sollozaba sin consuelo—. Y ellos están tan solos. ¿Quién los entiende realmente? Terminan las funciones y se quedan aislados y marginados en sus carromatos. ¿Quién quiere ser amigo de un payaso? Querido Jacinto, creo que volveré a la vida de circo. Ya no aguanto más." Y sin más me dejó su consultorio para que hiciera de él lo que quisiera. Descolgó el título de psicólogo y regresó al circo esa misma mañana del brazo del payaso que había venido a atenderse, sin mayores explicaciones. Esto sólo puede suceder en México. Esta escena me marcó profundamente. Comprendí que yo también tenía alma de payaso, más que de pintor. Entonces, allí nomás, sin disfrazarme de clown, sino vistiendo este elegante traje, decidí ser un condecorador —remató triunfante observando nuestra reacción y sumándose a la risa generalizada—. A mi manera, yo también trabajo en un circo, y en verdad soy un auténtico payaso.

Todos se quedaron pensando acerca de sus propias vidas.

—Estas cosas y muchas más suceden todos los días y todo el día en México. Sólo hay que saber descubrirlas. Amigos, les informo que en este país surrealista no hay que dar explicaciones sobre uno mismo. André Breton lo comprendió al instante. Por eso les aseguro que todos los extranjeros que se encuentran en esta reunión fraternal amarán México si se quedan un tiempo más largo aquí.

—Así es, así es —afirmaron muy serios los ingleses—. Qué interesantes tus historias y tu visión.

—En la India tampoco hay que dar demasiadas explicaciones, ya ven que las vacas son nuestras amigas queridas, nadie osa tocarlas en su dignidad sagrada. Y los invito a pasear a la noche por las calles de Bombay. Verán cosas asombrosas —agregaron rápidamente los hindúes.

—En la Argentina, en cambio, no sólo tenemos que dar siempre todas las explicaciones acerca de nosotros, además las tenemos que entregar en declaraciones juradas. Por eso soy tan feliz en México.

Todos festejaron mi comentario creyendo que se trataba de un chiste, sin darse cuenta de que era pura realidad.

—Por eso Sitael está estableciendo una de las comunidades urbanas de Valientes aquí en el Distrito Federal —acotó Jacinto—. Podrán ocultarse más fácilmente que en ningún otro lado.

—¿Por qué tienen que ocultarse? —al segundo de haber formulado la pregunta ya me sentía una tonta.

—Porque el sistema está cada vez más omnipresente y los puntos de vista diferentes no están bien vistos —dijo el inglés—. Las medias tintas son sagradas hoy en día, respetadas, estimuladas, adoradas. No hay que salirse de la tibia normalidad. El compromiso con todo lo que no forme parte del sistema está tácitamente prohibido. Es una dictadura encubierta, aunque no sabemos cuánto tiempo más tardará en hacerse obvia. Una dictadura cubierta con un baño de almíbar y de consumo desenfrenado. Condimentada por el miedo.

—Así es —dijo Jacinto—. Lo veo claramente cuando entro en sus ambientes en calidad de condecorador oficial para distinguir con mis medallas a los energúmenos más grandes del planeta.

—Los Valientes, en cambio, sostenemos la pasión, la fraternidad, la valentía, el humor y el compromiso espiritual como forma de vida —acotó Sitael—. Por eso somos altamente peligrosos para los tiranos de las medias tintas. Lo sabemos. En nuestra sociedad, todo se hace a medias, ¿verdad? —y me miró con una expresión pícara.

—Ya lo creo —acoté colorada como un tomate—. Pero quienes se dan cuenta de que así no llegan a ninguna parte se atreven a cambiar y se liberan de los términos medios para siempre.

—Muy bien, compañera —Jacinto me palmeó la espalda fraternalmente—. Para ser un Valiente, uno tiene que haberse inmunizado contra las mediocridades de todo orden —y miró a Sitael con expresión marcial—. Quiero dejar bien claro a todos que yo sigo trabajando de payaso y moviéndome en esos ambientes superficiales y estériles con una misión importante. Sé lo que hago, para qué lo hago y sé quién soy. Y me honra la misión que estoy cumpliendo con los Valientes. Soy un mensajero.

—Gracias, Jacinto —dijo Sitael abrazándolo—. Los Valientes necesitamos contar con personas como tú, con ese humor y con esa inteligencia libre de condicionamientos. Y, por cierto, necesitamos mensajeros seguros, confiables, que no se deslumbren con lujos y falsos brillos, y que sepan moverse en todos los ambientes con completa inmutabilidad. De paso, por favor, entrega este sobre ya sabes a quién, aunque esté rodeado de energúmenos.

—Me despido. Tengo que entregar ahora mismo las fotos de este magno encuentro internacional acontecido en el hotel Isabel. Fue un placer poder colaborar contigo, Sitael. Y entregaré ese mensaje hoy mismo a quien corresponda, quédate tranquilo.

Nos abrazó a todos, uno por uno, y partió con el fotógrafo, otro Valiente en misión, hacia las oficinas de las más importantes revistas de chismes cinco estrellas. La nota debía salir, indefectiblemente, al día siguiente. Y ellos nunca dormían. Otra vez se cerraron herméticamente las puertas y entonces sí, ya cumplidas las formalidades y sacadas las fotos, comenzó oficialmente la fiesta. Los hombres se sacaron las corbatas, las mujeres los altos zapatos de afilados tacos, y nos desparramamos por grupos, aquí y allá, muchas veces sentados en el piso, intercambiando animadamente noticias acerca de la Nueva Tierra y de las conspiraciones espirituales internacionales. De pronto, moviéndose amistosamente entre los varios invitados exóticos de esa noche, apareció una pareja, muy misteriosa. Aristocráticos, con un aura de esa alta dignidad espiritual que exhala humildad, prolijamente vestidos de negro, me saludaron y saludaron a Sitael con una extraña señal: extendieron su mano derecha con la palma abierta. Me pareció ver un signo tatuado en sus palmas. Se mezclaron entre los invitados y luego los vi conversando varias veces, casi en secreto, con Sitael, pero no me atreví a interrumpirlos. También observé que dialogaban con todos los embajadores y que ellos les entregaban sobres cerrados con gran cuidado. Hasta que, haciéndole una seña a Sitael, se dirigieron a una habitación y se encerraron todos juntos.

Los seguí y me quedé escuchando detrás de la puerta. En unos segundos, Sitael gritó desde adentro:

—Pasa, Morgana. No es necesario que te quedes afuera. Quiero presentarte a unos amigos muy queridos.

Entré casi de puntillas, muy avergonzada.

—Ojos de Cielo —dijo la mujer extendiendo la palma de su mano derecha, brillante como un sol.

La reconocí enseguida. Era la señal del Camino Blanco. Sus ojos azules me traspasaron con una luz resplandeciente. Era una mujer joven y enérgica, hermosa.

—Ojos de Fuego —dijo el hombre mirándome con interés.

Sus ojos centelleantes me atravesaron como un láser. Estaba segura de que podía leer mis pensamientos.

—Soy Morgana, encantada de conocerlos —dije tontamente. Me puse colorada y sólo atiné a sentarme en silencio entre ellos haciendo un comentario bien banal—. ¿Es la primera vez que andan por aquí?

—Es la primera vez que andamos por aquí, pero no la última —dijo ella muy seria.

—Estos Guardianes del Camino Blanco son mis amigos queridos, Morgana. Ellos tienen muchas vivencias interesantes. Han recorrido lugares legendarios y exóticos como la Capadocia, en Turquía. Son mi contacto con Amir, un maestro alquimista del Camino Blanco a quien conozco desde hace tiempo. Y con el maestro Shemesh, también guardián del mismo Camino. Ojos de Fuego y Ojos de Cielo son kabalistas y ahora están en la ciudad en misión. Ellos son Comandos de Conciencia.

—Exacto —sonrió cómplice Ojos de Fuego, clavándome esa mirada que parecía arder en llamas—. Estamos cuidando los estados de ánimo en las ciudades. Sabes de qué te estoy hablando, ¿verdad? Los estados de ánimo en las ciudades están colapsando. Estamos aquí para coordinar las acciones de los Valientes de todos los Caminos en esta ciudad, la caótica y mágica Ciudad de México.

—Estoy encantada de conocerlos —acoté más y más perturbada, apenas podía mirarlos a los ojos. Estaba fascinada y, al mismo tiempo, furiosa conmigo misma por no poder controlarme. Temblaba. La energía que ellos irradiaban era tan radical que quitaba el aliento.

—¿Cuál era tu mayor dolor en el momento en que, por sincronía espiritual, te cruzaste con Sitael? —preguntó Ojos de Fuego perforándome con sus ojos ardientes.

—La vida cotidiana. Ése era un tremendo sufrimiento para mí, lo confieso. Tal como yo vivía en ese momento, ahora mismo hay muchas personas que viven en soledad y aislamiento continuo frente a las pantallas de sus ordenadores. Ésta es una verdad trágica, tapada con un extraño orgullo de "saber estar solos". No lo entiendo. Me duele esta vida: nunca quiero volver a ella y quisiera hacer algo para liberar a los solitarios de su cárcel mental. Son cada vez más. Viven encerrados en sus inseguridades emocionales y no creen que haya alternativas. Están convencidos de que la vida es así.

—Sigue, Morgana. Es muy importante lo que estás diciendo —dijo Ojos de Cielo.

—Y en los ambientes espirituales también están todos persuadidos de que nuestra vida cotidiana ya no importa tanto porque ascendimos a un mundo perfecto de altas vibraciones. Pero si estamos convencidos de que vivimos en la cuarta dimensión, en la vida cotidiana estamos todavía más solos y aislados que antes.

—Es una vida sin corazón, ¿verdad? —inquirió Ojos de Fuego.

Asentí con los ojos llenos de lágrimas al recordar mi propia soledad existencial.

—No es un tema menor. La soledad está multiplicada por miles y miles. Es un drama de nuestra sociedad actual. Se trata de la indigencia emocional, que es tan preocupante como la indigencia material, pero extrañamente nadie habla de ella. No se trata de cambiar de trabajo, o de salirse del sistema. Necesitamos ser parte de él para poder cambiarlo. El tema es vivir bajo otras leyes internas, salirnos del dominio de la mente sin corazón. Tendrás una tarea que hacer para nosotros cuando estés preparada —acotó Ojos de Fuego—. Estamos desarrollando proyectos de comunidades urbanas y también algunas situadas en plena naturaleza, en montañas o junto al mar. Sabemos que es urgente dar opciones diferentes para la vida cotidiana. Nuestra espiritualidad es práctica y concreta. Por eso los Comandos de Conciencia somos parte de los Valientes. Somos, por así decirlo, su brazo armado. Pero nuestras armas son la rectitud, la solidaridad, la fraternidad, la alegría.

Todos rieron con ganas.

—¿Y cuál es *esa* pregunta para la que no tienes respuesta? Todos tenemos una —quiso saber Ojos de Cielo sonriéndome dulcemente—. Tal vez podamos ayudarte.

—¿Cómo encontrar a mi alma gemela? —dije al instante.

—No estás formulando la pregunta correctamente.

—No entiendo. Perdón.

—La pregunta que tienes que hacerte cuando quieres recibir una información escondida, cuando te sientas perdida, o quieras materializar un sueño muy querido, es: "Cielo, ¿qué quieres de mí?". Lo único que tenemos que saber es qué quiere el cielo de nosotros en ese preciso momento. Y escuchar la respuesta. Una vez que el cielo nos responda, todo estará claro.

—¿Y cómo nos contesta el cielo? Es decir, ¿qué tiene que ver lo que el cielo quiere hoy de mí con encontrar mi alma gemela?

—Todo. Es necesario entrenarse en escuchar al cielo y sus mensajes. Ésta no es una manera de vivir en la que fuimos educados. Y, por cierto, a nadie en la sociedad actual se le ocurriría preguntarle al cielo qué quiere de nosotros para poder materializar un deseo. Estamos muy acostumbrados a hacer todo solos. Tomamos toda la carga sobre nuestros hombros, o bien pedimos que el cielo nos otorgue todo. Pero urge cambiar este punto de vista. Y tanto los Valientes como los Comandos de Conciencia lo sabemos.

—Pero ¿qué tengo que preguntarle al cielo?

—Cielo, ¿qué quieres de mí ahora? Entonces mira cómo es tu vida en ese momento. Hay señales. Tal vez estés haciendo lo que tú quieres, no lo que el cielo quiere. Por ejemplo, el cielo quiere, en este momento, que te prepares para conocer un gran amor. Te está ayudando. Encontraste a Sitael, viniste a México, estás abriendo tu corazón a nuevas energías, estás siguiendo las señales del cielo, no te resistes. Y tal vez esto que no parece tener nada que ver con conocer el amor te está llevando hacia allí. ¿Quién puede saber cuáles son los caminos del cielo? No hay que contradecirlos imponiendo nuestra voluntad.

—¿Cómo sería no haber escuchado al cielo?

—Quedarte en Buenos Aires tratando de conocer a alguien con los viejos métodos. Tener miedo de venir a México, escuchar los reproches y consejos de los demás. No seguir lo que tu corazón te estaba indicando. Tenías todas las facilidades para dar el salto. Ésa es siempre la señal. Fue fácil salirte de las estructuras, al menos, por un tiempo. El cielo te está dando señales y tú las escuchaste. Eso es hacer lo que el cielo quiere de nosotros. ¿Quieres que te dé más pistas?

—Sí, por favor, por favor —rogué.

—Tienes que seguir preguntándole al cielo qué hacer para atraer el amor a tu vida con total humildad. Decirle que tú no sabes, que necesitas que la luz sea tu guía. Que te indique qué dirección tomar. El cielo siempre te dirá cómo ascender en conciencia, cómo llegar a un estado de tal pureza, entrega y gracia, o sea de total plenitud interna. Y así lograrás tu sueño.

—Nos conformamos con muy poco —intervino Sitael—. Nuestras ambiciones espirituales son tan limitadas, tan pobres. El cielo no quiere que seamos esos indigentes emocionales, pobres de amor, mendigos de dignidad, que llenaban el elegante café de Buenos Aires cuando nos conocimos. No podemos conformarnos con migajas de amor. Y tú lo comprendiste, hay que abrir el corazón, activarlo, dejar que nos conduzca a una vida más expandida, más feliz. Y para eso hay que romper viejas estructuras y seguir al cielo, que tiene mejores planes para los humanos que los que ellos tienen para sí mismos —los ojos de Sitael brillaban en forma extrema, parecían verdaderos diamantes.

—¡Ya lo creo! —dijo Ojos de Fuego—. Por eso los Comandos de Conciencia estamos sosteniendo altos los ánimos de las personas en las ciudades.

—Es una tarea importantísima. Una vez que has sido entrenado en los Caminos, tienes que rescatar a los demás del sufrimiento inútil —dijo Sitael—. Los humanos tienen que levantarse, ponerse de pie. Los Valientes los energizamos, los expandimos, les mostramos cómo es vivir una vida espléndida. Nada de tristeza ni angustia existencial. Ésta es una misión espiritual de carácter urgente. Las personas se están desmoronando y desconectando de la luz.

—¿Cuál es exactamente la tarea de los Comandos de Conciencia en las ciudades? —me animé a preguntar.

—Bien, te informaremos —acotó Ojos de Fuego—. Hacemos entrenamientos en los refugios subterráneos ocultos a setenta y dos escalones bajo la superficie de todas las grandes urbes modernas. El maestro Shemesh, el gran kabalista del Camino Blanco, es quien dirige estos entrenamientos en conciencia. Ya te invitaremos a participar en alguno de ellos.

—Nos veremos otra vez, Morgana. Te lo aseguro —dijo Ojos de Cielo sonriéndome dulcemente—. Serás una de nuestras jevres, una compañera espiritual.

—Por cierto, Morgana, nos encantó conocerte y tenemos mucho respeto por la misión que realizarás para nosotros y para los Valientes —agregó Ojos de Fuego.

Los miré interrogante, miré a Sitael. Todos sonrieron con complicidad.

—Te lo reiteramos. Recuerda preguntar siempre al cielo qué quiere de ti, Morgana. Todo te será revelado a su debido tiempo. ¿Ya sabes cuál es el camino que te ha sido asignado para comenzar? —preguntó Ojos de Fuego.

—Le informaremos este tema a su debido momento —indicó Sitael haciendo una imperceptible señal de silencio—. Ahora te rogamos que nos permitas terminar esta reunión. Es secreta y no podemos todavía integrarte a ella. Sí quería presentarlos, que se conocieran, pero debemos continuar. Discúlpanos, Morgana.

Todos se quedaron en silencio, esperando que me retirase.

—Encantada nuevamente. Hasta pronto —me despedí avergonzada por el repentino cambio de actitudes y enojada con Sitael por echarme, sin más, de la reunión.

Salí abruptamente de la habitación, me tropecé con la mesa y me llevé por delante un florero que cayó al piso con estrépito. Bajé por las escaleras corriendo. El corazón parecía salirse de mi pecho. Jamás olvidaría aquel encuentro. Quería saber más sobre ellos. Pero ¿por qué Sitael me los había presentado para después echarme sin consideración alguna? "Cielo, ¿qué quieres de mí?" Aquella pregunta quedó grabada a fuego en mi alma. "Cielo, ¿qué quieres de mí?", pregunté una y otra vez mientras caminaba por los desiertos pasillos del hotel Isabel. Me encantaba esa propuesta. Siempre había tratado de imponer al cielo mi voluntad, casi forzándolo a darme lo que yo quería. Con novenas, con afirmaciones, con decretos, escribiendo las intenciones, quemando papeles ritualmente. Pero jamás se me había ocurrido preguntarle al cielo qué quería de mí. Y mucho menos, hacer lo que el cielo me indicara. Aunque tiene mucho sentido, pensé mientras entraba a mi habitación. Todo es perfecto si no lo arruinamos con miedos y especulaciones. Necesitaba imperiosamente mirarme en el espejo. Quiero ser siempre inocente como esta niña, me dije al ver reflejada mi imagen asustada, furiosa y dulce al mismo tiempo. Sí, la Niña estaba allí, y me miraba desde el fondo de mis ojos, inocente y pura, intocada. Ésta es Morgana, ésta soy yo. Me sentía feliz. De pronto alguien golpeó mi puerta. Contuve el aliento.

—Morgana, aquí Ojos de Cielo. Quiero decirte algo en privado. ¿Me abres la puerta?

Corrí tropezándome otra vez, ahora con las cosas desparramadas en la habitación. Ella apareció delante de mí con una luminosa sonrisa.

—Morgana, hay cosas de mujeres que tenemos que hablar entre mujeres. Tengo que darte una información vital. Es kabalística.

—Adelante —la invité con voz temblorosa y le señalé un par de viejos sillones—. Por favor, siéntate conmigo, te escucho.

—Debes saber algo importante acerca de tu poder femenino. Muy pronto lo tendrás que poner a prueba.

—¿Qué quieres decir?

—No importa. Escucha lo que voy a decirte y grábatelo a fuego. Las mujeres somos creadoras. Tenemos la tarea de manifestar la luz en esta tierra. Recibimos luz y la manifestamos. Somos copas sagradas. Sabías esto, ¿verdad?

—Creo que sí. Es por eso que tenemos a cargo la tarea de materializar los nacimientos.

—Exacto. La tarea de materializar todos los nacimientos. También los de un nuevo estado de conciencia. Los hombres, en cambio, son canales de luz, canales de transmisión de energía, o sea, conducen luz del cielo a la Tierra y su tarea es darla. Dar energía, dar luz. ¿Entiendes?

—Sí. Creo que sí.

—Es fácil verlo en el sexo. Los hombres jalan luz del cielo y la conducen a la Tierra a través del sexo. Las mujeres recibimos esta luz. Somos, como te dije, copas sagradas. Nuestro vientre es un atanor alquímico donde se gestan todas las magias. Nosotras tenemos que aprender a recibir más luz, y ellos, a dar más luz.

—Por eso, Morgana, recuerda siempre lo que voy a decirte ahora. Como aspirante a Valiente, tienes que ser muy consciente de con quién te relacionas. Aléjate de los egoístas, de los calculadores, de los que quieran dominarte, poseerte o abusar de ti. Es decir, de quienes no saben "dar".

Tragué saliva. ¿Por qué me estaba diciendo esto? Y siguió explicándome.

—Ellos deben jalar la luz del Universo, proyectarla en la Tierra. Y darla. Los hombres son conductores de luz. ¿Entiendes? Y la tienen que entregar para su manifestación. No es correcto apropiarse de la luz, y esto hacen los manipuladores.

—Entiendo.

—Debes aprender a valorarte. Ellos, los hombres, nada pueden hacer sin nuestra fuerza femenina. Nos necesitan para poder materializar.

—¿Nos necesitan más de lo que nosotros los necesitamos a ellos?

—Ambos nos necesitamos. Ésa es la verdad. Nosotros, por su caudal de energía, y ellos, porque somos atanores, magas. Nosotras tomamos esa energía masculina, la contenemos, como cuando contenemos el semen y lo convertimos en formas. Asumir esta verdad es lo que nos da el verdadero poder femenino.

—Ahhhhh —dije embobada—. Nunca me lo explicaron así.

—Pero hay algo muy importante. Las mujeres cuidamos la vida. Eso siempre fue así. Es natural. Por eso buscamos más que los hombres conocimientos espirituales.

—Es verdad. En los seminarios siempre somos más mujeres.

—Sí, aunque ahora ya no estás en un seminario, Morgana, estás en un entrenamiento práctico de alto voltaje. Te aclaro que si tú no asumes tu poder femenino, nadie te lo entregará. Y tienes que hacerte respetar. No es tan fácil encontrar algo tan maravilloso como una mujer *verdaderamente* consciente.

Tragué saliva otra vez.

—Es una cuestión de darse cuenta.

—Supongamos que yo asumo mi poder. Pero ¿qué hacer si me enamoro de alguien más inconsciente? ¿Alguien que no conoce la ética espiritual? ¿Que no entiende la importancia de lo femenino y no lo reverencia como debe ser?

—Si pasa esto, es porque te están dando una misión suplementaria. Debes asumir tu rol de maestra espiritual y jamás dejarte dominar por la desilusión, la impaciencia. Eso sí. Debes darle un tiempo, pero no excesivo. Corresponde saber poner límites férreos, desde el principio, o estarás perdida. En pocas palabras, está prohibido vincularte con parásitos desagradecidos.

—Jajaja.

—Y debes salirte de las antiguas expectativas de ser "protegida" por un hombre.

—A mí me encanta que me protejan.

—Morgana, aclaremos muy bien esto. Es una muy antigua confusión que se arrastra por siglos, de generación en generación —dijo mirándome con ojos realmente del color del cielo—. Los hombres deben dar energía, o sea, luz. Y dar también es proteger. Proteger nuestra sensibilidad, nuestra videncia natural, nuestra ternura. Crear a nuestro alrededor un escudo de amor para resguardar la luz que estamos materializando como magas. Ellos son los guardianes de nuestra magia. Ésa es su tarea de guerreros. No es cuestión de que "deban" proteger a una temblorosa Morgana que no asume su poder de mujer.

—¿Qué tienen que darnos ellos? —pregunté cada vez más intrigada.

—Respeto, ante todo. También tienen que darnos su tiempo, su atención y su honestidad. Ellos deben ser nuestros compañeros espirituales, y para eso a veces hay que entrenarlos. No tuvieron de dónde aprenderlo.

—¿Qué es exactamente un "compañero espiritual"?

—Es el que nos da lealtad incondicional, respeto espiritual, cuidado, presencia. Pero a veces esto no se logra inmediatamente. A veces ellos tienen que sentir la nostalgia de esta luz que anidamos en nosotros.

—¿Cómo proceder, entonces?

—A veces tendrás que retirarte temporalmente para que sienta tu ausencia.

—¿Cuántas veces?

—Hasta que comprenda. Pero sin enojarte, sin reprochar, sin venganzas. Y permanecer espléndida. Nada de arrastrarte por los rincones llorando.

—Jajaja —me vi reflejada en esas palabras. Lo había hecho muchas veces.

—Es clave aprender a soltar a un hombre, dejarlo ir y, al mismo tiempo, ser totalmente leal a ese amor. Tú debes ser ciento por ciento y enseñarle a ser ciento por ciento también. Tienes que saber estar con él y sin él al mismo tiempo. Es una tarea fuerte. Pero es la que nos toca a todas las mujeres en estos tiempos de punto final, de desapego sagrado. La gitana Shin es una potente Guardiana del Camino Blanco, así como Shemesh. Ella debe de estar por llegar a nuestra fiesta. Shin es experta en temas de amor y, por lo tanto, de desapego, que van de la mano. Lo sabías, ¿verdad?

—No. Pero entiendo lo que me dices. Aunque no es fácil desapegarse cuando uno ama a alguien.

—Nadie dijo que la espiritualidad verdadera sea fácil.

—Gracias, Ojos de Cielo. Necesitaba tanto tener esta información. Es nueva y nadie te enseña esto en los seminarios, aunque mi madre lo sabe muy bien, y lo pone en práctica. Mi padre, el soberano psicoanalista Swiatlowsky, seduce a todos con su inteligencia y siempre hace lo que quiere. Es adorable. Todos caen a sus pies, menos mi madre. Raquel siempre fue la reina absoluta, irradia una luz especial, un esplendor irresistible. Yo nunca supe cómo lo hace. Pensaba que eran sus genes judíos, y no estaba tan errada. Tú eres kabalista.

Ojos de Cielo sonrió cómplice.

—Las mujeres debemos asumir nuestro gigantesco poder y enseñarles a los hombres a hacerse cargo de su poder espiritual, no el falso poder social. A casi todos ellos tenemos que educarlos. Nadie lo ha hecho hasta ahora. Y ambos, hombres y mujeres, debemos aprender a respetarnos.

—Gracias otra vez, Ojos de Cielo —le dije emocionada. Tenía ganas de abrazarla, pero no me atrevía a hacerlo.

—¡Conquista tu poder, Morgana! Los Valientes estamos contigo.

Después de envolverme en un fuerte y celestial abrazo, se dio vuelta y salió de mi cuarto, majestuosa, como una reina. Me quedé en silencio. Meditando. Lo que Ojos de Cielo me acababa de entregar era un tesoro. Necesitaba digerir esta información. Era muy fuerte y muy nueva. Y ella había hablado con una total certeza, asegurándome que muy pronto yo tendría que poner en práctica estas revelaciones. ¿Sería cierto, entonces, que un gran amor se estaba acercando a mi vida? Mi corazón latió muy fuerte. Creo que eso es lo que más quieres en este mundo, Morgana, me dije mirándome al espejo. Me quedé sin aliento. Desde el espejo alguien me sonrió. Se parecía a mí, aunque la imagen reflejada allí no era la de ninguna de las Morganas que yo conocía. Parecía una gitana. Y detrás de mí ondulaban las dunas del desierto. Y por ellas caminaba una caravana de camellos. Los conté. Eran siete. Se estaban acercando a mí lentamente, paso a paso. Desvié los ojos del espejo. Estaba segura: se había abierto una puerta astral, estaba viendo imágenes de mi futuro. Traté de retener más detalles, pero en el siguiente instante la imagen se desvaneció.

Respiré agitada tratando de calmarme. Tranquila, tranquila, Morgana, todo está bajo control. Cerré la puerta tras de mí y corrí por los pasillos del hotel a toda velocidad. Tenía que encontrar a Sitael y contarle lo que había visto.

Capítulo 7

EL MAHARAJÁ

Aparecí en la planta baja, en plena fiesta, y me sumergí rápidamente en las conversaciones para tratar de volver a esta realidad. Busqué a Sitael. No estaba. Todavía temblando, me integré al primer círculo que encontré.

—Hay muchos humanos audaces, como tú, como yo, como miles de seres que sabemos que una revolución psíquica en la Tierra está por venir —quien hablaba era el agregado cultural del Reino Unido—. Es un cambio de paradigmas. Tenemos poderes suprasensoriales, nuestra energía se extiende por kilómetros alrededor de nosotros, somos seres inmensos. Estamos todos interconectados. Podemos sanar a distancia. Podemos ver nuestro futuro. Es imposible seguir viviendo de la vieja forma, como si nada estuviera pasándonos.

—Así es, así es —asintieron los psicólogos transpersonales que lo acompañaban—. Y la vieja forma es terrible, puros maltratos y sometimientos. Debemos cuidar nuestra energía amplificada. No es fácil para los seres despiertos tener trato con vibraciones más bajas.

Contuve el aliento. Acababa de tener una experiencia ultra-sensorial, pero no me atrevía a mencionarlo en público. De ninguna manera.

—Es cierto. Por eso convengamos que es urgente educar firmemente nuestro ego. El nuevo orden mundial, lo sabemos, no se anda con vueltas; nosotros, tampoco —acotó el hindú vestido con una túnica dorada y un enorme turbante rojo—. Tenemos que encontrar un nuevo orden interno, es la única manera de poder enfrentar la caída de todos los valores en la sociedad actual, la violencia, los sometimientos y el tiránico poder que se nos intenta imponer desde afuera.

Los acompañantes que lo rodeaban asintieron meneando sus cabezas a la manera hindú. Parecían decir no, pero estaban diciendo sí. Recordé que ellos eran de Rajastán. ¿Dónde quedaría ese lugar en el mapa de la India? Como leyendo mis pensamientos, el hindú me contestó.

—Rajastán está al noroeste de la India, en el límite con Pakistán. Es una tierra de gitanos y ascetas, de interminables desiertos, de antiguos guerreros rajputs, de maharajás. Los dioses y diosas siempre están en pareja y se los puede ver por las noches surcando los cielos de aquellos desiertos mágicos, repartiendo sus dones a los mortales.

—¡Oh! Me encantaría estar allí.

—Quién sabe. Tal vez los dioses te escuchen en este mismo momento y te lleven a conocer estas tierras tan misteriosas. A lo mejor ya te han escuchado —sugirió clavando sus negros ojos en mí.

—¿Los dioses tienen esposas? —disimulé mi nerviosismo. Me sentía desnuda. Los hindúes eran muy raros. Estaba segura de que podían leer mis pensamientos.

—Sí, Morgana —me respondió con una sonrisa de oreja a oreja—. Sólo en la India se venera de una forma tan intensa a shaktí, la energía femenina de los dioses. Es el aspecto maternal, creativo y protéctor de la divinidad. El hinduismo postula que la energía masculina es canal, trae luz a la Tierra, y que la energía femenina la pone en movimiento, le da forma, la materializa. Por eso todos los dioses tienen su consorte.

—Qué maravilla —acotó un mendigo—. ¡Recuperamos esos secretos! Todo en la Tierra se ha vuelto más intenso. La luz y la sombra están magnificadas, hay que subir el voltaje espiritual de los humanos. Los dioses hindúes son muy intensos, podríamos conectarnos más con esta cultura, guardan secretos milenarios. Recuerdo especialmente a Durga, la diosa que monta un león y porta impresionantes armas en sus ocho manos. ¿Cuál es su función cósmica?

—Durga destruye el falso mundo que nos rodea, la mentira, la tibieza. Esta destrucción de lo falso es un paso fundamental en la regeneración que se nos está pidiendo alrededor del mundo entero. Purifica lo que no es. Por eso Durga nos vuelve más fuertes —dijo el rajastaní—. Y videntes —me sonrió cómplice.

Le devolví la sonrisa temblando.

—Así es. Tenemos que volvernos más intensos, somos demasiado blandos —dijo otro de los nueve mendigos que habían venido en grupo, seleccionados por nosotros entre los que vivían debajo de los puentes, en la calle o en los parques, según estrictas indicaciones de Sitael—. Sí, somos demasiado condescendientes, tibios, negociadores, mentirosos, cómodos. No se puede ser así en los tiempos del punto final. Debemos llevar una vida más ascética, estar más concentrados, ser más veloces.

Era enternecedor ver a ese personaje de ojos luminosos como estrellas, vestido con un saco raído, pantalones más grandes que los de su talle y con la barba crecida, hablando con un nivel de conciencia extraordinario.

—Estoy de acuerdo —me animé a decir para entrar en la conversación mientras me paraba divertida en medio de aquellos andrajosos mendigos, a todas luces disfrazados—. Vivimos un quiebre mundial. El viejo mundo está pulverizándose y vienen tiempos fuertes. Ya no alcanza con tener informaciones teóricas.

—Yo también estoy de acuerdo. Somos demasiado teóricos —agregó otro mendigo sonriéndome misteriosamente—. Los humanos ya están preparados para recibir los voltajes de luz más altos que están descendiendo a la Tierra. Directamente.

—¿Qué quiere decir "directamente"? —quise indagar.

—A través de las experiencias.

—¿Y qué efecto tienen los voltajes de luz más altos?

—Nos ayudan a vivir con más intensidad, más definición, menos dudas —contestó otro mendigo con dulzura—. Nos empujan para pasar a la acción. Pero si los resistimos, entramos en crisis y sentimos una persistente angustia, como si tuviéramos un agujero en el pecho, el corazón herido de tibieza. Es entonces cuando hay que hacer cambios inmediatos. Estamos todos en tiempos de punto final. Debemos pasar a la acción.

—Punto final al egoísmo y a la competencia —dijo María apareciendo detrás de mí con los ojos brillantes—. Compañeros, en estos tiempos las situaciones intermedias se definen, se caen las máscaras. Se acabaron las medias tintas.

—Y entonces, ¿qué pasará? —yo continuaba preguntando, totalmente intrigada.

—Todas las vibraciones están intensificadas. Está naciendo un mundo más extremo, más luminoso, más veloz. No hay más negociaciones con la evolución. El corazón debe asumir el mando. ¡Y es ya! —afirmó contundente María.

—¿Cómo ajustarnos a esta completa recalibración? ¿Cómo ser guiados por el corazón y salir de la tiranía de la mente? —hablé casi sin respirar. Las informaciones que estaba recibiendo eran muy precisas.

—Son tres las claves principales —dijo uno de los mendigos—. Morgana, escucha bien. Clave uno: perfílate. ¿Quién eres de verdad? Asume tu poder espiritual y focalízalo en tus defectos para trabajar sobre ellos en forma urgente. Clave dos: define. No vivas a dos aguas, no negocies con lo que te hace sufrir. No permitas maltratos ni traiciones. Trata bien a todos y exige que te traten bien. Clave tres: elige. ¿Cómo quieres vivir? Los tiempos del punto final van al todo o nada. ¿Qué quieres? Es decir, ¿qué amas? ¿Qué te hace feliz? El corazón te dirá cómo materializarlo. Y esto tampoco se negocia.

Nos quedamos en reverente silencio. Estábamos conmovidos hasta la médula. Saqué un cuadernito que siempre llevaba en mi cartera y anoté prolijamente todo lo que había escuchado.

—Muy bien, Morgana —continuó el mismo mendigo—. Anota. Anota todo lo que puedas. Necesitarás estas claves en algún momento no muy lejano.

Me quedé mirándolo interrogante. Me sonrió y desapareció de mi vista.

—Hay algo muy importante que quiero comunicarles. Me presento. Soy clown callejero —escuché que alguien hablaba a mis espaldas y se integraba a nuestra ronda con una amplia sonrisa debajo de una enorme nariz roja—. ¿Lo sienten? Hay mucha luz, hay una lluvia de luz. Quienes estamos conectados, tenemos energías multiplicadas por mil y vemos caer, irremediablemente, las máscaras de las apariencias. No se pueden sostener con tanta luz descendiendo hacia la Tierra.

—A veces es doloroso, porque la pura verdad de quienes están a nuestro lado aparece. Y puede no gustarnos. Podemos darnos cuenta de quiénes son los que actúan por interés y quiénes son auténticos —agregó otro mendigo—. Detectamos la mentira al instante. Y también la verdad. Aparecen muchas más personas luminosas en nuestra vida que antes.

—¡Qué lindos tiempos! —y enseguida pregunté—. ¿Y qué pasa con quienes no están conectados a la luz?

—Las reacciones de quienes no están conectados a la luz porque la contraen o consideran prescindible son varias. Desde traiciones, maltratos, cambios repentinos, hasta desorientación, dudas, silencios. Finalmente, no aguantan más y se muestran como realmente son, con su real nivel de conciencia. Soberbios, violentos.

—Exacto —confirmó otro de los mendigos meneando la cabeza.

—No se descentren, no reaccionen, no se sientan tristes. Los egos se inflan ante tanta luz y se creen que son luz propia. Así, irremediablemente, se caen, tarde o temprano. Ustedes deben plantarse firmemente en el bien, en la verdad, inmutables —recomendó el payaso—. Y conéctense siempre con la gente buena, con compañeros espirituales, con gente simple de corazón puro. Es la manera de protegernos.

Me miró directamente a los ojos y me sumergió en una luz que lo inundaba todo. La fiesta parecía haber desaparecido. Sólo estábamos él y yo.

—La vida es un juego, Morgana, y tú estás en el bando de la luz, del amor, de la lealtad, del respeto y del cuidado espiritual. Recuerda esto y deja que los demás elijan su pertenencia.

—Y que se atengan a las consecuencias —comentó otro mendigo.

Al mismo tiempo que la fiesta se volvía a materializar delante de mí, noté que el payaso había desaparecido y traté de escribir a toda velocidad lo que había escuchado.

—¿Y en asuntos de amor? ¿Cómo es este juego sagrado en la nueva tierra? —sentí una voz a mis espaldas.

Me di vuelta. Era la gitana Shin. Estaba convencida. Me sonrió cómplice y, sin que nadie se diera cuenta, extendió la palma de su mano derecha mostrándome el signo del Camino Blanco. María la abrazó con reverencia.

—Shin, querida maestra. ¡Has llegado! Bienvenida a nuestra fiesta. Estamos honrados de tenerte aquí.

La gitana emanaba una fuerza tremenda. Vestida con la clásica falda larga y ataviada con pulseras y cadenas de oro, sonreía, casi atemporal, desde quién sabe qué reinos irradiantes de luz. Al instante, todos se arremolinaron alrededor de ella.

—Hablemos del amor —dijo, siempre sonriendo misteriosa—. Las gitanas sabemos mucho de este tema y hay demasiados dramas amorosos en estos tiempos de transición. Pero quienes ya vivimos en la nueva tierra sabemos que nunca se puede perder un amor. El verdadero amor siempre pasa las pruebas de la luz. Si no las pasa, no era amor. Por eso nunca podemos perderlo. Pueden hacerme preguntas. Estaré encantada de contestarlas, aun cuando no he traído mis cartas de tarot.

—¿Qué hacer si nos traicionan? ¿Si abusan de nuestra bondad? ¿Si se aprovechan de nuestra rectitud? ¿Qué hacer? —preguntó un inglés con fuerte acento, y varios invitados corearon las mismas preguntas al mismo tiempo.

—¿Qué es el amor? —la gitana se nos quedó mirando. Todos nos quedamos callados sin atrevernos a aventurar una respuesta—. Una ola de cielo descendiendo a la Tierra. Cuando el amor nos toca con su varita mágica, la vida se expande, somos gigantes, recuperamos la potencia original. La que teníamos en el Paraíso, antes de estar divididos. Sin embargo, éste no es el Paraíso y el amor está muy amenazado. Si los dos son conscientes, cuidarán este amor como algo muy sagrado. Lo protegerán de dudas, ataques, envidias. Cerrarán la puerta a las opiniones ajenas, a las interferencias, a las falsas seducciones. Cuidarán este amor como el más grande tesoro de esta Tierra: una secreta puerta al Paraíso.

—Sin embargo, no depende sólo de uno que este amor logre sostenerse y volverse interminable —volvió a hablar el inglés—. Dudo de que realmente haya un amor interminable en esta tierra.

—Haces mal. Es posible, pero requiere un elevado nivel de conciencia de ambos. Lo único que garantiza la continuidad del amor, o sea, la posibilidad de conocer el Paraíso estando en esta tierra, es que ambos sostengan un nivel de conciencia afín. Esto es lo único que puede protegerlo. En cuanto el nivel de conciencia de alguno de los dos se deslice demasiado fuerte hacia abajo, tienes que saber que la relación corre peligro porque se abren las puertas a los demonios. Y ellos están ávidos de este néctar de los dioses, el amor verdadero es quintaesencia. Sagrado elixir, inalcanzable para estados de conciencia densos. ¡Jamás abran esas puertas!

—¡Oh, no! No las abriremos —dijimos varios y nos quedamos pensativos, seguramente porque repetidas veces las debemos haber abierto de distintas formas y después nos hemos arrepentido.

—Y si te das cuenta de que el otro las abre, ponte en estado de alerta —dijo el payaso—. Y si los demonios entran, tú córrete de allí. Pero llévate contigo el elixir del amor.

—¡Ése es el punto! Los demonios tratarán de sacarte la experiencia del amor poniéndote triste, resintiéndote, haciéndote sentir un gusano. No se la entregues. El amor que viviste es tuyo para siempre y ningún demonio puede quitártelo —ratificó la gitana con expresión feroz.

—Pero ¿qué hacer si abusan de nosotros o nos traicionan? —insistió el inglés visiblemente preocupado.

—Si no es un buen amor, no tenemos otra alternativa que corrernos del lugar donde estamos, poner límites innegociables, plantarnos firmemente en la luz y no aceptar ninguna extorsión de la sombra. Ésta es la vía de la No Violencia —le respondió Shin—. No podemos permitir que los otros sean violentos con nosotros.

—A veces es difícil —coreamos entre varios.

—En la nueva Tierra no podemos aceptar medias tintas ni ambigüedades. En los terrenos emocionales, sobre todo, hay que plantarse firmemente en la luz.

—¿Cómo plantarnos firmemente en la luz en temas de amor? —pregunté rápidamente.

—Exigir respeto. Tenemos que estar internamente muy decididos para no negociar con ninguna forma de violencia. Ni psíquica ni física. El amor es sagrado en todas sus formas. Amor a nosotros mismos como custodios de la chispa divina que nos fue entregada al bajar a esta tierra. Amor de pareja. Amor fraternal, que incluye el amor a los animales y a la Madre Tierra. El amor es una quintaesencia en esta tierra, un tesoro de gran valor, y no puede ser descuidado.

Todos coincidimos. El amor es sagrado.

—Si los otros no lo saben y no nos cuidan, entonces la luz interviene directamente y nos saca de la situación. Y la persona nos abandona —continuó Shin.

El inglés se puso colorado. Tal vez le había pasado recientemente.

—En otras ocasiones, tenemos que pasar a la acción y plantarnos en una posición recta ante la otra persona. Enfrentar la situación, definirla. Debemos jugarnos a todo o nada. No desviar la mirada y sostener las consecuencias.

—¿Y cuáles pueden ser las consecuencias de plantarnos tan firmemente? —preguntó el payaso, que reapareció del brazo de una bailarina con cara angelical.

—Pueden pasar dos cosas —dijo la gitana—. Una, que ese amor se alinee definitivamente con la luz, con el respeto, la sinceridad y con la lealtad. O que se rompa del todo. Es decir, o la relación asciende de nivel o se termina.

—Me rompería el corazón terminar un amor de esta manera —se quejó la bailarina compungida tal vez con un dejo de cargo de conciencia.

—Que la relación siga o se rompa nos debe dar igual —aseguró la gitana.

—¿Por qué? No entiendo —pregunté.

Se armó una discusión acalorada. Algunos opinaban que en el amor no se podía poner condiciones. Otros estaban de acuerdo con poner condiciones firmes y claras.

—La prueba es con nosotros mismos, no con el otro —aseveró la gitana con voz profunda—. Si desde arriba nos permiten saborear el Paraíso, o sea, vivir un amor que nos da vuelta la vida, debemos saber que seremos probados en nuestra lealtad a la luz. Seguro.

—¿Por qué? No veo la relación.

—Hay dos motivos. Uno es que no podemos poner a una persona en lugar de Dios. No podemos aceptar cualquier circunstancia con tal de conservar ese amor. Seré más clara. No podemos adorar ídolos y someternos a niveles de conciencia más bajos sólo porque estemos enamorados. Podemos llegar a enamorarnos de alguien demoníaco porque vemos su luz escondida, su potencial. Nos deslumbramos y creemos que ya trascendió el ego. Puede pasarnos. Es verdad.

Un sospechoso murmullo se extendió entre los que formábamos el círculo. A varios nos había pasado.

—Hay que ser muy fuertes para soltar un amor cuando viola las leyes espirituales, o cuando nos hace descender al barro de la humillación para someternos. Nadie nos garantiza que no caigamos en la trampa y nos enamoremos de alguien manipulador o, incluso, incierto en su relación con la luz —la gitana era realmente intensa en sus afirmaciones—. Y otra razón por la que se nos somete a una prueba es que será indefectiblemente tanteada nuestra certeza en la luz, nuestra pureza y, otra vez, la capacidad de soltar. El amor no es de esta tierra, por lo tanto será atacado sí o sí, y se confrontará con energías que querrán corromperlo. Recuerden bien lo que les digo. El amor no es de esta tierra.

—¿Cómo que no es de esta tierra? —farfulló el inglés.

—Cuando hablo de "esta tierra", me refiero a la vieja tierra, no a la tierra iluminada para la que todos estamos trabajando. Por supuesto que el amor auténtico pertenece a elevados estados de conciencia. Es puro cielo. Es incondicional, puro, desinteresado. No posee, libera. No retiene, suelta. No es egoísta, es generoso. Por eso irrita, genera envidias, celos. Y a veces nos confiamos y nos olvidamos de que podemos perderlo por ataques de las energías densas que hacen justamente lo opuesto: poseen, encierran, especulan, someten. Hay que ser conscientes de que el amor es un raro privilegio en esta vieja tierra.

—Así es —dijo María—. No hay que descuidarlo.

—Pero también debemos saber que el verdadero amor vence siempre. No hay que temer perderlo. Y que el amor falso siempre se pone en evidencia cuando lo probamos. Si la relación se rompe, es porque intervino la luz y puso las cosas en su lugar. No debemos rebelarnos ante la ayuda del cielo. Y si la relación sale intacta, es porque el cielo nos permite seguir invirtiendo más luz en ella, hasta la próxima prueba. Los Conspiradores Espirituales, o sea, todos los que estamos aquí, no andamos con vueltas, ¿verdad? —dijo mirando en redondo.

—Verdad. Verdad —confirmamos todos.

—Pues bien, cofrades, hay seis mil millones de personas en el mundo. No podemos dar amor a quien no lo aprecia, porque es luz, una luz que ansían los demonios. La luz que se genera en el amor es potente y muy sagrada. Es una quintaesencia espiritual que se custodia de a dos, y los demonios están ávidos de devorarla. Pero si ambos están conectados con la luz, los ángeles los protegerán y los ayudarán para vencer en la gran batalla espiritual que tiene lugar en la Tierra. El amor y, por lo tanto, la pureza son el botín más preciado por todos, tanto por ángeles como demonios.

Se hizo un conmovedor silencio. Todos nos quedamos mirando hacia el piso, ensimismados en nuestros pensamientos. Las palabras de Shin nos habían inquietado y nos hacían reflexionar. De pronto se escucharon golpes sordos en la puerta de entrada. El acceso había sido totalmente clausurado por seguridad. Después de todo, era una fiesta oficial. Se armó un revuelo de proporciones mayores y los guardias salieron corriendo para ver qué sucedía. Regresaron pálidos y desorientados buscando a Sitael. Los conduje rápidamente a la habitación donde seguía la reunión secreta.

—Un insólito personaje que dice ser un maharajá de Rajastán se presentó en la puerta junto con su numeroso séquito y dice haber sido invitado a la fiesta. Se puso violento.

—Es muy extraño. No recuerdo haberlo invitado. ¿Te dijo su nombre?

—Sí. Me dijo su nombre, miré la lista y no estaba allí. Le pedí amablemente la invitación formal, pero me respondió con un improperio y me reprendió porque, según él, en el nuevo orden mundial no se presentan invitaciones. Dijo que quería entrar a esta fiesta y lo haría por las buenas o por las malas. Sus acompañantes se agolparon rápidamente a su alrededor. Allí había muchos guardaespaldas. Reían a carcajadas y comenzaron a empujar la puerta para entrar. La cerré de un solo golpe y llamé a los hombres de seguridad de las embajadas que estaban custodiando las cercanías del hotel. Allá afuera se escuchan gritos y forcejeos. ¿Qué hacemos?

—El muy desgraciado jamás nos deja en paz. Y ahora intenta amenazarnos con su presencia —reconoció Sitael—. ¿Cómo se atreve a presentarse aquí? Déjalo en mis manos.

Salió rápidamente en dirección a la puerta de entrada. Lo seguí corriendo por el largo pasillo del viejo hotel y, sin que me llegase a dar cuenta, se había esfumado. Literalmente. Delante de mí. Yo estaba apenas a un metro de él, no más. ¿Cómo había podido hacer esto? Busqué desorientada por todos lados. No estaba en el pasillo, ni en el ascensor, ni en ningún salón de la fiesta. Pregunté aquí y allá. Nadie lo había visto. Corrí desesperada a la puerta y el guardia me dijo que estaba esperando instrucciones, que Sitael no había llegado. Del otro lado, había un silencio abismal.

De pronto, Sitael apareció nuevamente frente a mí. Era como si se hubiese materializado. No podría describirlo con otras palabras. Emergió de la nada a escasos diez centímetros de donde yo estaba. El guardia no se dio cuenta de lo que había sucedido y nervioso, casi temblando, le preguntó:

—Sitael, ¿qué hacemos?

Ahora los golpes del lado de afuera habían recrudecido. Se escuchaban ruidos de patadas y culatazos de armas.

—Me vengaré. Te lo prometo —gritó el maharajá—. Nuestra guerra seguirá por toda la eternidad. Los tuyos y los nuestros lo sabemos. El nuevo orden mundial aplastará a tu estúpida Nueva Tierra. Ya lo verán. Tú y tus cofrades. ¡Prepárense! Nadie se burla del más grande y poderoso señor de esta tierra. Yo domino estos territorios, siempre los he dominado, y no pienso renunciar a ellos.

—Acabamos de tener una conversación que no deja lugar a dudas. Te he dicho todo lo que tenía que decirte. Te ordeno retirarte. Éste es un lugar de luz. Está custodiado por el Creador del Universo, ante quien nosotros sí nos inclinamos. Sitael se plantó firmemente. Hizo un misterioso signo mágico con su mano derecha, como si abriese una puerta invisible, inclinó su cabeza, levantó su mirada y ordenó con voz potente:

—Compañeros, ha llegado el momento. *¡Elevémonos por encima!*

—De acuerdo —corearon los mendigos y otros invitados que se acercaron a Sitael.

—¡Ya! —dijo Sitael—. Todos juntos, tres veces: "Tuyo es el reino, el poder y la gloria. Por los ángeles y arcángeles que caminan conmigo en esta Tierra, toda oscuridad se disuelve, huye, se evapora. Me inclino ante ti, Dios todopoderoso, creador de todos los Universos, y recibo la luz del Paraíso. En mi mundo se implanta ya mismo tu perfecto orden divino. Amén, que así sea. Y así es".

Se escuchó el ulular del viento allá afuera y un humo negro que se había empezado a filtrar debajo de la puerta desapareció lentamente. El maharajá y sus acompañantes emprendieron la retirada mientras proferían inquietantes aullidos. No soportaban esta oración. Escuchamos a lo lejos gritos y pasos marciales que se perdían por las calles del Distrito Federal. Cada vez más y más lejos, hasta desaparecer por completo. Nos quedamos en silencio.

—Tuyo es el reino, el poder y la gloria —volvió a salmodiar Sitael por segunda vez, y nosotros también—. Por los ángeles y arcángeles que caminan conmigo en esta Tierra, toda oscuridad se disuelve, huye, se evapora. Me inclino ante ti, Dios todopoderoso, creador de todos los Universos, y recibo la luz del Paraíso. En mi mundo se implanta ya mismo tu perfecto orden divino. Amén, que así sea. Y así es.

Una lluvia de estrellas caía desde el cielo. Se filtraban por el quicio de puertas y ventanas, emanaban de las paredes, se derramaban por el antiguo piso blanco y negro del hotel Isabel.

—Tuyo es el reino, el poder y la gloria… —corearon los mendigos y todos nosotros con ellos por tercera vez—. Amén, que así sea y así es.

Abrimos los brazos. Las estrellas despedían una luz intermitente y atravesaban nuestro cuerpo como si fuéramos transparentes. Se reflejaban en nosotros, brillantes, nos inundaban con una dulzura infinita, desconocida en esta Tierra.

—Los ángeles están aquí. Las sombras ya se retiran —anunció Sitael—. Demos gracias al cielo.

Al día siguiente de aquella fiesta, como toda consideración acerca de lo que había sucedido, recibí muy pocas explicaciones de Sitael. Hablamos de que la Oración para *Elevarse por Encima* tenía una gran potencia, que había visto una aplicación práctica del modo de uso de la Cuerda de Oración que él me había regalado, que era exorcística, que atraía ángeles de inmediato y que por eso había alejado al maharajá, quien en realidad era un Assura, es decir un demonio, y que resultaba lógico, desde un punto de vista espiritual, que él hubiera intentado derribar aquellas puertas e infiltrarse entre nosotros. Había mucha luz concentrada allí. También hizo un comentario sobre el origen de la oración, que había sido dictada por los ángeles a los humanos, y que conectaba efectivamente con el paraíso, o sea, directamente con la pureza absoluta, por eso nos permitía ponernos en resguardo y en otro nivel de conciencia. Mencionó que, cuando uno entra al estado de gracia o pureza, nada inferior puede dañarlo. Los ángeles forman una barrera protectora alrededor de nosotros y los demonios huyen espantados. Luego me sugirió que la recordara porque la necesitaría siempre, que era conveniente tener a mano esa Cuerda de Oración para pronunciarla tres veces cuando me hiciese falta alejar fuerzas oscuras, energizarme o saborear un sorbo de Paraíso en la Tierra.

Lo miré con inquietud. Quería saber más. Entonces, Sitael agregó que todas las personas que habían estado en esa fiesta se contactarían conmigo, o yo con ellos en algún momento próximamente, que había sido un encuentro internacional de los Valientes de todos los caminos, que entre ellos estaban los así llamados Conspiradores y Conspiradoras de la Gracia o Alquimistas y los Comandos de Conciencia del Camino Blanco, los magos y las magas del Camino Rojo, y los guardianes del Camino Recto o Camino Naranja.

—¿Eran los de los turbantes, los hindúes?

—Así es. También estaban presentes allí muchos otros grupos espirituales de avanzada que conocerás con el tiempo. Ya te habrás dado cuenta de que en la fiesta hubo otras presencias, no humanas, como la del maharajá, y de muchos seres de luz, que estaban puertas adentro.

Me quedé mirándolo fijo.

—No me preguntes nada. No puedo revelarte todavía quiénes son "ellos".

Y sin esperar mis comentarios, siguió escribiendo, a toda velocidad, un informe que, según me dijo, tenía que entregar, a más tardar, esa noche. Entonces, le escribí un mensaje desde mi laptop:

—Dime qué tengo que hacer para ser mejor, Sitael. He obtenido mucha información en la fiesta y sé que me falta mucho. Me lo dijeron las Gigantes, y tenían razón.

—Es normal que sientas que te falta corregirte y siempre será así, no importa el nivel en el que estés. Siempre tenemos que superarnos a nosotros mismos. El trabajo espiritual nunca termina. Somos obreros de Dios, Morgana, nunca lo olvides. Debemos reparar el mundo reparándonos a nosotros mismos. Ésa es la "Tarea" que tenemos que llevar a cabo durante nuestra estadía en la Tierra, y es eterna. La corrección nunca finaliza.

Como si estuviéramos a miles de kilómetros de distancia, Sitael escribía sin mirarme, concentrado desde su computadora, que estaba muy cerca de la mía.

—¿Es nuestra obligación reparar el mundo? No entiendo. Me parece demasiado.

—Así es. La tarea de los humanos y de los ángeles es restaurar el mundo, corregirlo, devolverlo a su estado paradisíaco. Y esto es lo que estamos haciendo los Valientes, junto con otros grupos espirituales de avanzada.

—Pero ¿cómo puedo colaborar con la restauración del mundo? Todavía no me doy cuenta. Apenas puedo intentar restaurarme a mí misma. Me faltan eones para elevarme —insistí una vez más—, y no lo logro.

—Mientras te restauras a ti misma, restaurarás el mundo. Y lo más rápido para restaurarse es apoyarse en las sabidurías espirituales auténticas, como la de nuestros caminos. Usa la Cuerda de Oración que te he regalado. Es una herramienta de restauración del mundo, porque nos permite elevarnos sobre sus límites. Ahora, para de escribir y acércate a mí —me ordenó.

Me miró directamente a los ojos y, tomándome de los hombros, me dijo con voz firme:

—Morgana, ha llegado el momento de confrontarte con mayores intensidades.

—¿Qué quieres decir?

—Estamos decidiendo cuál es el primer camino en el que te entrenaremos. Todavía no lo sé, pero pronto te daré la primera instrucción. Mañana debes partir hacia Puerto Escondido y de allí, ya sabes, tomas un taxi y llegas a Aquarius. En Zipolite te espera María. Toma, entrégale esta carta de mi parte.

Me extendió un sobre cerrado y, como muchas otras veces, tragué saliva.

—Entonces, ¿tú no vienes conmigo?

No me contestó. Me abrazó fuertemente y dio por terminada la conversación. Tomé conciencia de que tenía apenas unas horas para organizarme. Salí a tomar un café. Debía pensar qué hacer y revisar mis fondos en el cajero más cercano. Sabía que Sitael no se andaba con vueltas. Al otro día tendría que partir, me gustase o no, estuviera preparada o no, acompañada o no. En eso consistía el entrenamiento. Sitael me lo había anticipado. Me abalancé sobre una computadora en un ciber y llamé a Robert.

—Hola, querido amigo.

—¿Morgana? ¿Dónde te habías metido todo este tiempo? ¿Estás bien? —me indagaba desde la pantalla con ansiedad.

—Perfecto. Necesito que me deposites fondos de manera urgente.

—Estás loca, ¿verdad? Te mandé, por lo menos, cincuenta e-mails. Todos tienen el mismo encabezado: "¿Estás loca?".

—Robert, necesito que me ayudes.

—Pero ¿qué es lo que te pasa? —a través de la pantalla sentía que me atravesaba con su mirada tratando de entender algo.

—Nada. Necesito tiempo para reordenar mi vida de una manera diferente. Robert, estoy bien y te quiero mucho. Parto mañana hacia un pueblito a orillas del mar y seguiré viaje con dirección desconocida.

—¿Hacia dónde vas? ¿Con quién?

—Creo que voy sola. Tengo un pasaje para Puerto Escondido, y necesito estar un poco cubierta, por si acaso.

—¿"Crees" que vas sola? Y luego de llegar a Puerto Escondido, ¿por dónde continúas?

—No lo sé. Me lo dirán.

—¿"Te lo dirán"? ¿En qué andas, Morgana? Espero que no te hayas complicado con uno de esos maestros espirituales que dominan a sus discípulas. No entres en cosas raras de gurús y seminarios extraños como los que siempre haces. En el estudio te queremos de regreso sana y salva, Morgana. Vuelve a Buenos Aires.

—Quédate tranquilo, Robert. Deposítame unos fondos. Tal vez los necesite. Ya sabes, en la cuenta de Brasil, porque no puedo usar la de Argentina.

—Okay, okay. Las cosas no están de maravilla, pero todavía puedo hacer algo por ti. De paso, te comento que me acaba de llegar un e-mail muy extraño. Es del agregado de negocios de la India en Buenos Aires. Un tal Hiresh Majbadir. ¿Lo conoces?

—Puede ser —dije tratando de fingir indiferencia. No quería que se filtrara ninguna información de mis andanzas.

—Él, en cambio, sí te conoce. Y dijo que estuvo en no sé qué fiesta en el hotel donde tú paras, no me acuerdo el nombre. Era algo así como Isabel. ¿Puede ser? También dijo que quería tener una reunión con el representante del estudio de arquitectura del que tú eres socia. No sé de qué se trata pero te mantendré informada.

—Gracias, Robert.

—Aunque no sé cómo comunicarme contigo. Parece que nunca levantas los correos. Quién sabe en qué andas. Tal vez estés enamorada… No sería raro.

—Robert, te quiero. Dentro de lo posible, trataré de contarte dónde ando. Te quiero. Bye —terminé la llamada e hice desaparecer a Robert de la pantalla antes de que siguiera haciendo preguntas.

Capítulo 8

ZIPOLITE

Debía partir a Puerto Escondido. Sitael me despidió con un largo abrazo y me recomendó que tuviera fortaleza.

—Estaré siempre contigo. Parte con alegría y valor, Morgana. Tu nueva vida es apasionante. Ya lo verás. Y no estarás sola, te lo prometo.

Me solté de su abrazo y lo miré directamente a los ojos, que emanaban un resplandor difícil de sostener. Me sumergí en su dulzura infinita, tratando de retener ese instante para siempre.

—Sitael, tiemblo de solo pensar que tal vez no volvamos a vernos.

—Parte bajo el amparo del arcángel Rafael. Ningún viaje iniciático se realiza sin su protección. Recuerda su letanía. Te la he enseñado completa. Cuando más lo necesites, te será entregada nuevamente la Cuerda de Oración. Ésa será la señal que dará inicio al entrenamiento con los Valientes, sea cual fuere el camino que te designemos. Paz y bien, Morgana —dijo antes de desmaterializarse delante de mí en medio de un relámpago luminoso.

Abrí y cerré los ojos para cerciorarme de que no estaba allí. El taxi ya me esperaba en la entrada. El portero del hotel Isabel puso mi mochila en el baúl del auto. Las recepcionistas agitaron sus manos en señal de despedida, el portero me sonrió. Todas las escenas pasaron como en cámara lenta. Giré mirando hacia todos los lados. No había lugar a dudas, Sitael había desaparecido.

Apenas subí al avión, descubrí con sorpresa que ese vuelo doméstico estaba casi por completo, excepto una decena de butacas, ocupado con un bullicioso casamiento. La novia, el novio, los padres, los invitados, festejaron anticipadamente la boda descorchando botellas de champán y, con el alocado entusiasmo mexicano y la suave ligereza de los ricos, nos convidaron a todos los pasajeros. Me sonrieron, intentaron sumarme a la fiesta.

—Ésta es una señal —pensé—. Una señal segura. Tenemos que estar tranquilas y no asustarnos por la incertidumbre. Una fiesta para el alma está cerca —me convencía la Buscadora Espiritual, que reaparecía después de mucho tiempo.

—Estás loca, Morgana —acotó la Arquitecta con el ceño fruncido—. El estudio no logrará sostenerse por sí solo. Hay que regresar de manera urgente a Buenos Aires. ¿Qué se puede encontrar en Zipolite?

—Quién sabe —dijo la Soltera Desorientada—. ¿Y si allí conozco al amor de mi vida?

—Cállense todas —gritó la Niña—. Déjennos en paz. Vuelvan a sus mundos, por favor. No las necesitamos.

Las azafatas anunciaron el próximo descenso. Me abroché el cinturón de seguridad y respiré hondo. Cómo extrañaba a Sitael, su asiento se encontraba vacío. No era fácil estar sin él. El agujero en el pecho había reaparecido. No entendía nada. ¿Por qué nuevamente sola? ¿A dónde iría después de Puerto Escondido? ¿Qué tenía que hacer allí? Después de aterrizar acompañada por los integrantes de aquella boda, esperé que llegara mi mochila en la cinta de los equipajes, rodeada siempre por la novia, el novio, los suegros y todos los bulliciosos invitados que seguían festejando. Busqué un taxi y me dirigí rápidamente a Zipolite, ansiosa por encontrarme con María, entregarle la carta y saber algo sobre mi futuro próximo. Aquarius me trajo más nostalgias y más recuerdos. Busqué a María de inmediato y, apenas apareció, me largué a llorar sin poder articular palabra. Al verme tan triste, no me preguntó nada. Sólo me abrazó en silencio y me susurró al oído:

—Morgana, todo estará bien. Estás en casa. Ya me contarás.

—Me cuesta mucho quedarme sola después de tanto tiempo con mi maestro. Y no tengo la menor idea de qué hago aquí ni adónde ir.

—No te preocupes. Relájate. Yo te haré saber cuáles son las instrucciones cuando lleguen.

—Toma esta carta. Te la envía Sitael.

La abrió rápidamente, la leyó en silencio y no dijo nada.

—Ven, Morgana, te llevaré a tu cabaña. Es la que está frente al mar.

Después de quedarme un largo rato mirando el horizonte lejano, tomé mis cosas y comencé a organizarme armando mi casita de gitana en aquella simple cabaña de madera encaramada en la montaña. Acomodé los pocos libros que había traído, los más amados, un cuaderno de notas, mi computadora, mi música, la mochila que había recorrido con nosotros los más recónditos lugares de Centroamérica, un par de bikinis, poca ropa y varios anteojos de sol de diferentes colores, pero con vidrios bien oscuros, en caso de que me asaltaran las lágrimas. Ése era todo mi equipaje.

Por unos cuantos días me quedé en el refugio, y dormí, dormí y dormí. Ayudé un poco en la cocina, nadé de vez en cuando y durante mucho tiempo me sumergí en mis oraciones letánicas. No había noticias de Sitael y María no tenía nada que informarme.

—Quédate tranquila, Morgana —me dijo con cariño—. Reza.

Muchas veces llamé al arcángel Rafael, mi protector en este viaje, tal como me lo había anunciado Sitael. Le rogué que, por favor, me guiara y asistiera en esta travesía hacia lo desconocido, que me curara para siempre de las medias tintas y que me diera el don de la paciencia. Por cierto, no era mi virtud más desarrollada.

—Rafael Arcángel es el ángel de los viajeros —había dicho Sitael—. Ningún viaje iniciático se realiza sin su protección. Y por cierto Rafael también nos guía en nuestros viajes internos. Así es. Cada vez que cambiamos, cada vez que iniciamos un éxodo de una situación vieja y partimos hacia una nueva circunstancia, es Rafael quien nos conduce y guía para encontrar el camino y permanecer en él.

La voz de Sitael seguía resonando en mis oídos como si él todavía estuviese a mi lado. Y tal vez fuera así, me dije cerrando los ojos para escucharlo mejor.

—Las milicias celestiales giran, al igual que todas las criaturas, incluidos nosotros, giramos alrededor de Dios. ¿Lo sabías, Morgana?

No, no lo sabía. Sitael había dibujado una serie de nueve círculos concéntricos y señalaba el centro:

—Todos giramos alrededor del Creador. La diferencia entre ángeles y humanos es que ellos lo saben y nosotros no. Nosotros, las órdenes angélicas, llamadas Coros, y toda la creación, giramos en círculos concéntricos alrededor de este punto central, Dios, origen de toda vida. Y así es como todos tomamos y distribuimos la Luz Divina a todo el Universo.

Entre el suave sonido de las olas del Pacífico, seguía escuchando la voz de Sitael. Cerré los ojos y entré en un dulce ensueño. Entonces, poco a poco, la naturaleza me tomó en sus brazos y yo descansé en ella. Los ángeles estaban muy cerca.

La antigua letanía bizantina a Rafael que Sitael me había enseñado se transformó, desde ese momento, en mi mantra. La salmodiaba día y noche, noche y día, y cada vez entraba más profundamente en mi corazón, acompañándome. Creo que Rafael se hacía en verdad presente cuando lo llamaba. Más de una vez sentí el batir de sus alas a mis espaldas. "Salve, arcángel Rafael. Santo Peregrino, bendito seas. ¡Óyeme! En cuerpo y alma, cúrame. Borra mis tristezas. Alégrame." Muchas veces sentí su mano sobre mi corazón y su calor en mi pecho. Agradecí desde las entrañas, desde lo más profundo de mi ser, el intenso entrenamiento espiritual que había atesorado con Sitael. Y también volvían a mí los conocimientos recibidos en tantos seminarios y retiros. Ahora quedaba la esencia de cada enseñanza, y ya no necesitaba atiborrarme de novedades ni coleccionar másters. Ahora la novedad era la vida misma.

Pasaba horas simplemente mirando el mar. Había comprendido muchas cosas, entre ellas el desapego, pero el futuro era un vacío inexpugnable, un desierto. ¿Cómo podía continuar? ¿En qué dirección ir? ¿Siguiendo qué estrella? Pensé seriamente en internarme en un monasterio budista si no llegaban noticias en un tiempo prudencial. O en viajar a la India con el resto de mis ahorros y quedarme en algún áshram para siempre. La vida solitaria y sin un guía me resultaba insoportable. Ésa era la verdad. Mi sueño se había derrumbado en poco tiempo. No tenía la menor idea de a quién recurrir si Sitael no se contactaba conmigo. Una mañana me desperté llorando angustiada. Estaba perdida. Hacía más de quince días que había llegado a Zipolite y no sabía qué hacer. Creí haber llegado a altos estados evolutivos. Creí haber alcanzado una cierta fortaleza espiritual. Creí haber comprendido muchas cosas, y tal vez las había comprendido, había saltado a lo desconocido, había conocido a mi maestro espiritual. Y él me había abandonado. Y entonces, una noche, sentada frente al mar, desde lo más profundo de mi corazón, grité:

—Cielo, ¿qué quieres de mí? ¿¡Qué quieres de mí!? ¿Qué quieres? No puedo entenderte.

En ese preciso momento, María apareció de la nada. Me sobresalté cuando escuché su voz.

—Ven, Morgana, tenemos que hablar.

Subimos por un empinado sendero iluminado por la luna hasta llegar a su casa, que se encontraba en la cima de la loma. El mar rugía allá abajo, como anunciando revelaciones y misterios. Compartimos un té de hierbas, María encendió unas velas.

—Tengo que darte algo muy importante para ti. Y muy poderoso. En su carta, Sitael me encargó, especialmente, que te lo entregara en el momento adecuado y que te revelara su significado —dijo extendiéndome un medallón precioso, grabado y esmaltado con colores fuertes. Parecía muy antiguo.

—¿Sitael te indicó que me lo entregaras? —mi corazón dio un vuelco. No me había dejado desprotegida—. ¿Qué es?

—Un talismán. Los magos lo conocen muy bien. Se llama rebis. Es un hermafrodita, un signo alquímico, mitad hombre, mitad mujer. Es poderosísimo, y más si está consagrado, como éste.

—¿Y para qué sirve?

—Para atraer magnéticamente un amor elevado. Observa los símbolos: el sol y la luna, lo masculino y lo femenino, parados sobre el dragón, es decir, el fuego del sexo y de la gran transformación que trae un amor. En los orígenes, las almas eran una, masculino y femenino estaba integrado. En la "caída" a la materia, o sea, en la encarnación, se dividieron en dos. Y quienes formaron parte de la misma alma siempre se están buscando. Es raro, aunque no imposible, volver a encontrarnos con nuestra mitad perdida en alguna parte del Universo. El rebis es un talismán utilizado por los magos medievales y luego prohibido cuando comenzaron las persecuciones a todas las prácticas ocultas. Es un llamador de nuestra alma gemela. Si tienes la dicha de encontrarte con él, y esto nadie puede asegurarlo, el rebis los protegerá a ambos. También tiene símbolos masónicos, ya que ellos lo han resguardado desde tiempos inmemoriales. Por hoy, esto es todo lo que tengo para decirte. Tómalo. Recibe su poder.

María puso su mano sobre mi puño cerrado sonriendo divertida. El talismán ardía. Y esto no es una metáfora. Me quemaba la mano. Estaba vivo.

—Y aquí están su significado y las instrucciones de cómo usarlo —agregó entregándome un papiro doblado en cuatro.

Mi corazón empezó a latir con fuerza. Sitael era masón grado treinta y tres. Recibir este talismán era un altísimo honor. Corrí hacia mi habitación y leí ávidamente el texto.

Rebis

Instrucciones

Porta este talismán sobre tu pecho. Sé consciente de sus poderes y percibe cómo enciende el fuego del amor en tu vida dándote un magnetismo único. Úsalo si quieres atraer un gran amor o si necesitas protegerlo o si quieres ascender a otro estado de conciencia donde el amor sea la principal fuerza.

Cada nueve días, cárgalo al sol. Y cada veintisiete días límpialo sumergiéndolo en agua y sal.

Contémplalo encendiendo una vela blanca frente a él, y absorbe sus tremendos poderes; belleza, magnetismo, unión, fuerza, protección divina. Amor. Amor. Amor.

Significados

Hermafrodita. Símbolo de la "Gran Obra" alquímica. Irradia el tremendo poder que se recupera en la reunión indisoluble entre el hombre y la mujer. El amor nos devuelve ese poder original que todos teníamos antes de la "caída" del Paraíso. Allí éramos originalmente una sola alma; en la caída a la materia, nos dividimos en dos y perdimos nuestra fuerza primigenia.

Este talismán es masónico y es entregado por los maestros masones a sus aprendices. Si llega a ti por cualquier vía, significa que estás en condiciones de recuperar el tremendo poder que da el amor, ya sea atrayendo a tu vida el verdadero amor o potenciando el que ya tienes. El ser masculino porta un compás; el femenino, la escuadra. Ambos elementos combinados nos dan la capacidad para construir juntos un mundo nuevo, una vida nueva. Este talismán también te concede este poder. Sobre él se representa el sol para que otorgue brillo y potencia espiritual. También hay dos estrellas, que otorgan el magnetismo y la belleza de Venus, y el poder guerrero de Marte. La Luna, que otorga las capacidades mágicas. Júpiter, que otorga gran protección. Y también Saturno, que otorga fortaleza espiritual y resistencia. La estrella de Mercurio brilla entre ambos, otorgando a todo quien porte este objeto claridad, luz y la unión permanente entre el Cielo y la Tierra, y el hombre y la mujer. Ambos están parados sobre un dragón alado, el extraordinario poder de materialización dado a quienes se reúnen en esta vida a través del amor. El dragón es un símbolo de la materia prima de los alquimistas, o sea, de la realidad terrestre en la que vivimos, y de la que vinimos a ascender y transformar. Hombre y mujer están parados sobre la Tierra, el lugar del encuentro. En esta sagrada Tierra en la que nacemos (círculo) se unen el espíritu (triángulo), la cruz (las experiencias) y el cuadrado (la materia). Todas las bendiciones desciendan sobre quien reciba esta información y tenga el honor de portar sobre su pecho este talismán sagrado.

Capítulo 9

EL NÓMADE

A los pocos días de recibir el talismán mágico, fui hasta San Pedro Pochutla, una pequeña localidad mexicana, cerca de Zipolite, con la idea de pasear por los cálidos y caóticos mercados que amo tanto. Quería comer sopa de camarones con picante, comprar chocolate oaxaqueño, tés de flores, agua de horchata y otras delicias tropicales. A pesar del talismán, me sentía sola. El universo se derramaba sobre mis espaldas y yo no podía compartirlo con nadie. Había fracasado. "Todo ha sido un sueño, y ahora te enfrentas a la cruda realidad", escuché que la Arquitecta murmuraba a mi oído.

—Tu maestro te ha abandonado —dijo después la Buscadora Espiritual tomándome por sorpresa en uno de los atiborrados pasillos del mercado.

—Estás sola, sola, sola —repitió su conocida frasecita la Soltera.

—Cállense —les grité parándome en seco en medio del mercado. Los vendedores de los puestos me miraron con curiosidad.

—No les hagas caso —me defendió la Niña—. Veamos lo que nos depara el destino. Vamos por buen camino —susurró tomándome de la mano y sonriéndome dulcemente. Sus ojos azules brillaban como zafiros.

Respiré hondo, apreté el talismán que llevaba sobre mi pecho, enderecé mis hombros y salí valientemente del mercado encaminándome hacia la parada de las camionetas para volver a Aquarius. La aparición de las Morganas me descolocó y me trajo otra vez esa vieja sensación de no saber qué estaba haciendo yo en esta tierra. Justo una de esas típicas camionetas abiertas que usan los mexicanos para trasladarse, unos pequeños vehículos con asientos en la parte trasera, estaba estacionada en la esquina cargando pasajeros. Indígenas, animales, mochileros, bultos. Nos acomodamos todos juntos en los dos largos bancos de madera en medio de un completo caos. Me ubiqué adelante, cerca del borde, para mirar el paisaje. Ni bien arrancó la camioneta, y antes de que adquiriera velocidad, alguien, a último momento, se colgó del estribo. Su cara quedó casi pegada a la mía; sus ojos azules, a unos centímetros de los míos. Nos miramos azorados. Traté de disimular mi turbación, pero esa mirada me penetraba y llegaba hasta el fondo de mi alma. Era enigmática, indescifrable.

—Where are you from? —aventuré en inglés, sólo para decir algo.

—Great Britain —contestó mientras entraba de un salto en la camioneta y se sentaba frente a mí—. Arthur es mi nombre —se presentó con un perfecto castellano.

—Morgana —le dije turbada.

No podía dejar de mirarlo. Era él, lo reconocí. Parecía imposible, una locura, pero estaba convencida de que sí. Lo había visto en un sueño hacía un par de años. Era él, el mismo que había aparecido en ese espejo en el que yo me estaba mirando cuando, en lugar de mi imagen, vi a un hombre joven observándome. Tenía esos mismos ojos, de un color gris que se transforma en azul casi sin que se note. Indescifrables. Era él. No había dudas. Lo recordaba exactamente.

Bajamos en la misma parada. Yo estaba un poco mareada y desorientada. La camioneta no había hecho el mismo camino que a la ida y no reconocía la parada de Aquarius. Él dibujó un círculo en la arena y dijo simplemente:

—El recorrido acaba en el punto en que empieza. Estamos aquí, en el mismo lugar de tu partida. La camioneta salió de aquí, llegó a Pochutla, siguió avanzando y te trajo de regreso a la parada de Aquarius.

Caminamos juntos un trecho. En una divisoria de senderos, nos despedimos amigablemente y nos separamos tomando distintas direcciones. Me quedé observándolo mientras se alejaba y preguntándome, como en el sueño, quién era.

Alto, muy masculino, se alejaba con paso enérgico, aires de príncipe, como si México fuera parte de sus dominios coloniales. Tenía ganas de salir corriendo detrás de él. Estamos en problemas, Morgana, me dije. El inglés me gusta demasiado. A la mañana siguiente se apareció en mi posada y tomó un dormy en Aquarius.

Pasaron varios días. En ocasiones nos veíamos en el desayuno, pero aparentemente nada sucedía más allá de una conversación casual. Cada vez que lo cruzaba, quedaba absorta. Esto no está bien, Morgana, me cuestionaba continuamente. Pero mis emociones y sensaciones no cambiaban.

Una tarde, lo encontré en la recepción hablando de filosofía, completamente ebrio. Todos le hacían bromas y obviaron el incidente, justificándolo por sus genes ingleses. Él siguió la fiesta hasta bien entrada la noche, pero en la playa, porque el hostal de María no permite consumo de drogas ni de alcohol. Me fui a dormir, pero no podía. No podía quitármelo de mi mente. La imagen del espejo se me aparecía una y otra vez. Era él. No tenía dudas. Se había infiltrado en mis sueños sin pedir permiso. Y ahora se estaba infiltrando en mi vida sin que yo pudiera evitarlo. ¿Sería así el amor a primera vista? Nunca me había pasado. Pensaba y pensaba. Las horas fueron pasando, y yo no podía dormir. De pronto, sentí golpes en la puerta. Contuve el aliento. Era el inglés.

Mi corazón empezó a latir con fuerza. Dudé por unos segundos. ¿Qué hacer? Me daba miedo abrirle. Sin embargo, mi curiosidad me empujaba y temblando lo dejé entrar en la cabaña. Se desplomó en mi cama sin decir una palabra y luego, abriendo los brazos, me invitó a dormir con él. Desconcertada, pero divertida ante su irreverencia y su desparpajo, me acurruqué junto a él y caí bajo su embrujo.

Comenzó a acariciarme lenta, suavemente. Su mano tibia recorrió mi pelo, mi frente, mis labios, mi pecho. Respiramos juntos, con los labios entreabiertos. Y al mezclarse su aliento con el mío, todo alrededor comenzó a dar vueltas. ¿En brazos de quién estaba? ¿Dónde? ¿En qué país? ¿Era de día o de noche? Se detuvo el tiempo, desapareció la cabaña, el mar, el cielo, México. Aquarius. Como llevada por alguna extraña fuerza, comencé a acariciarlo sintiendo el calor de su piel, su cuello, sus hombros, su espalda, sus piernas. Dios mío, alcancé a murmurar, ¿qué me está pasando?, ¿qué es esto?, los límites se disuelven, la piel desaparece, no sé quién soy, no sé quién eres. Abrí apenas los ojos, todo giraba alrededor. Volví a cerrarlos hundiéndome en ese abrazo irresistible y ardiente. Estaba cada vez más mareada. Volví a sentir su aliento sobre mi cara, su piel, su pecho fuerte, su calor, su presencia, su beso interminable. En ese momento exacto, inesperado y fatal, envueltos en un abrazo que no era de esta tierra, giramos y giramos cayendo más y más en un éxtasis que yo jamás había conocido. Con un resto de lucidez, me di cuenta de que estábamos hundiéndonos juntos en un Abismo de Amor, fuera del tiempo y del espacio. Un abismo infinito, delicioso, incomparable. Me lo había vaticinado la Mujer Gigante. Entre sueños, la maga vestida de color violeta y oro susurró: "Nunca dejes ir a quien caiga contigo en un Abismo de Amor". Dios mío, Dios mío, susurraba por momentos, ¿qué está pasando? Pierdo el control. El efecto era más fuerte que el de cualquier alucinógeno. La maga me sonreía desde un cielo estrellado lleno de flores violetas. Alcancé a sonreírle antes de marearme por completo. Caí y caí más y más hondo. En éxtasis. El olor de su cuerpo, su calor, su voz susurrando en mi oído, las yemas de sus dedos, su aliento, su mirada resplandeciendo en la penumbra. Me inundó con un río de fuego. El mundo se volvió perfecto, y estalló en pura luz.

Apenas amaneció, volvió a su dormy sin decirme si regresaría. Contuve el aliento. ¿Y si no volvía más? En unos minutos llegó con dos tazas de café caliente, se sentó a mi lado, en silencio y me sonrió seductor. Tomamos el café callados, mirando el mar. Ninguno de los dos podía pronunciar una sola palabra. Lo supe en ese instante: siempre habíamos estado juntos. Era una certeza, no una sensación. Nuestro reverente silencio lo atestiguaba. Dios mío, Dios mío, que nada ni nadie quiebre este encantamiento. Que nada nos separe jamás, que las estrellas desciendan a la Tierra y nos envuelvan en un halo protector.

Allá abajo Zipolite despertaba de las sombras de la noche y comenzaba nuevamente la vida en medio del cielo rojo sangre del amanecer. Igual que yo.

—Me llaman "el Nómade" —dijo el inglés abriendo fuego con las primeras palabras que pudo pronunciar.

Disimulaba su perturbación con cierto aire soberbio, muy británico. Me di cuenta de que no habían quedado rastros de su exceso con la cerveza. La borrachera de estar juntos era más fuerte que la le había provocado el alcohol. Me miró fijo atravesándome el alma con sus nórdicos ojos azules.

—Sabes que me llamo Arthur, pero no importa mi nombre. No dice nada de mí. En cambio, la de los nómades es mi verdadera pertenencia. Por eso todos me llaman así —aclaró sorbiendo tranquilamente el café, equilibrado y distendido, como si nunca hubiese caído en ningún Abismo de Amor.

Yo estaba colorada como un tomate y seguía sin poder hablar. Mejor, porque habría dicho muchas tonterías que después no me hubiese perdonado, como por ejemplo: "me robaste el alma" o "estamos juntos desde hace cinco vidas". Traté de recobrar mi cordura y un mínimo de control. "No te quedes así, admirándolo embelesada, Morgana", me decía en tono bajo, y en español.

—What?

—Nada. Nothing. Nómade —musité.

Me miró serio, como en el espejo del sueño. Sus ojos me confirmaron que él también había caído conmigo en ese vértigo de amor y que tampoco entendía nada.

Intenté hacerle algunas preguntas lógicas, pero resultaron de una incoherencia total, casi bordeando el ridículo. Cómo vivía, si estaba solo, por qué estaba en México, qué estaba buscando en su vida, si sentía que ya nos conocíamos, si alguna vez en Inglaterra me había visto en un espejo, porque yo sí lo había visto hacía ya bastante tiempo atrás.

Me observó algo extrañado, y se sonrió. Él tampoco estaba muy lúcido.

—Lo cierto es que no sé bien hacia dónde voy, Morgana. Y antes de que me interrogues sobre los temas habituales, te diré lo principal sobre mí. Soy absolutamente británico, nómade, periodista independiente, y hago notas especiales para diferentes diarios de Inglaterra. No tengo jefes. Tampoco tengo ingresos continuos ni seguros. Pero soy fiel a mis convicciones. Algo tiene que cambiar en este mundo tal como está ahora. ¿No crees?

—Sí, lo creo. Pero estoy más preocupada en qué hacer conmigo misma en este momento que por lo que pase en el mundo, aunque suene superficial lo que te estoy diciendo. Me descolocaste por completo. El eje de mi vida se torció como el de la Tierra y no sé si jamás podré recuperarme después de lo que sucedió anoche.

—¡Jajaja! Jamás podrás recuperarte, y yo tampoco. Lo sé —me quiso tranquilizar acariciándome la mejilla.

Me estremecí. Las yemas de sus dedos parecían irradiar luz. Miré mis manos. Les pasaba lo mismo. Una extraña iridiscencia se desprendía de mis dedos. Era apenas visible, pero muy real.

—También me preocupa qué hacer conmigo mismo, Morgana. Coincidimos. Ya veremos qué nos depara la vida. Mañana todos comienzan a partir hacia algún punto cardinal de esta Tierra, y yo todavía no sé hacia dónde ir.

—Tampoco yo —le dije sonriendo despreocupadamente. Pero, por dentro, sentía que el corazón se me oprimía sólo de pensar que tomaríamos caminos diferentes.

Tal cual lo había anticipado Arthur, esa mañana todos en Aquarius se estaban organizando para dispersarse por grupos hacia distintas direcciones. El Nómade había desaparecido y nadie sabía dónde se encontraba. Yo me sentí perdida y desprotegida. Los tiempos del hotel Isabel parecían haber sido sólo un sueño. ¿Qué planes tenía Sitael para mí? ¿Qué hacer?

—No sé qué hacer —confesé a mis amigos del hostal, conpletamente desorientada.

—Ven con nosotros —me invitó Jesús, un querido amigo mexicano, masón y aprendiz de chamán—. Nos vamos hacia el sur, hasta las pirámides de Palenque. Hay un hostal en la selva que tiene un estilo similar al de Aquarius. Y allí nos encontraremos con mi maestro.

—No, vente con nuestro grupo —dijo otro amigo, un bailarín gay, mientras se pintaba las uñas de rojo—. Te divertirás, te lo garantizo. Somos como siete y vamos en dos autos. Además, no todos somos gays —acotó para tentarme—. Hay unos periodistas franceses que no nos dan ni la hora. Son tuyos, todos tuyos, de los pies a la cabeza. Ya intentamos de todo, pero no nos siguen el juego.

Era uno de esos desayunos inolvidables en la rústica terraza de Aquarius, con vista a ese mar impresionantemente turquesa. Amaba esos desayunos. La convivencia con estos personajes había transformado mis solitarios días en una pequeña fiesta. Pero ahora se terminaría todo. Cada uno partiría en direcciones distintas. Los miré con cariño. Yo era una de ellos, definitivamente. Todos teníamos una cosa en común: éramos pájaros perdidos, no pertenecíamos a ninguna bandada, y siempre parecíamos estar buscando dónde anidar con otras especies raras y también sin pertenencia definida como nosotros. Aquarius era el nido perfecto para quienes desconocíamos nuestro próximo destino. Agarré el talismán con fuerza. Sitael tenía dones de videncia, claro que sí, y supo que, enviándome a Aquarius, yo me encontraría con el Nómade. Pero ¿por qué no me había dejado instrucciones de cómo seguir adelante?

Observé a mis compañeros, sentados alrededor de la mesa, tomando su café, con la mirada perdida en el horizonte. Los observé uno a uno, con mucha ternura. Todos estábamos igualmente desorientados, aunque algunos parecían tener un poco más de claridad en sus movimientos futuros. Allí estaba William, el australiano, con sus seis meses de trabajo duro en el ferrocarril y otros seis de viaje por Centroamérica, como si fuera un muchacho de veinte años, aunque ya tuviera más de cuarenta. Y Peter, calculando los kilómetros recorridos como mochilero, alrededor del mundo, en treinta años, y registrando rigurosamente cada viaje en sus cuadernos, al mejor estilo inglés. Su meta era obtener el récord de mochilero en Guinness. También estaba J. C., el actor de Hollywood de los años sesenta, que nos hacía reír mucho con sus siempre asombrosos chistes profesionales, aunque esa fuera, como lo supimos más tarde, su última aventura en Zipolite. J. C. jamás regresaría a México. Partió hacia otras realidades a los pocos días de habernos despedido. Y en esa legendaria mesa comunitaria había muchos otros personajes muy jóvenes, con el mismo fuego nómade y rebelde que nosotros. Jeremy, con su búsqueda incesante de un lugar en las comunidades y hostales para encontrar un hogar; Alice y Richard, que viajaban siempre con su perro y vivían en el auto, hasta que los ahorros aguantasen y los shows de malabares siguieran aportando las monedas para financiar la comida. Todos teníamos en común una especie de dignidad aventurera, de orgullosa rebeldía inconformista que seguía intacta desde la adolescencia. Y yo la había descubierto nuevamente al desprenderme de las mentiras y de las formalidades que me habían ahogado en Buenos Aires. Todos vivíamos nuestros sueños, aunque no siempre fuera fácil ni cómodo. No íbamos a renunciar a lo que amábamos: la libertad, la amistad, el completo desprecio del consumismo feroz y las comodidades burguesas, nos repetíamos juntos una y otra vez. Sosteníamos estos valores. Y yo trataba de ocultar mi pasado cinco estrellas y mencionar solamente mis recientes aventuras espirituales con Sitael.

—Juntos es más fácil rebelarnos, persistir en la búsqueda de una vida alternativa, aunque sólo sean ensayos transitorios —aseguraba J. C.

—Ésta es la misión de Aquarius. Ser refugio, casa, para quienes como yo y ustedes, mis refugiados, seguimos creyendo en los imposibles —aseveró María, que tomaba el desayuno en una mesa vecina—. Y es especialmente un refugio para los Valientes, mis grandes amigos —deslizó guiñándome un ojo.

148

—¿Los Valientes? ¿Quiénes son ellos? ¿Quiénes son los Valientes? —preguntaron insistentemente los del grupo de bailarines.

—No puedo darles mayor información.

—Pero se cuenta por aquí que has refugiado a zapatistas en Aquarius.

—Esos fueron otros tiempos. Es cierto. Estuvieron aquí y los alojé en mi casa. Ahora milito en otra revolución. Pertenezco a las filas de los Comandos de Conciencia.

—Cuéntanos. Cuéntanos —rogaron todos.

—No puedo revelarles una sola palabra al menos que ellos me autoricen a hablar —dijo sonriéndome con disimulo—. Y en este momento no se encuentran aquí.

—¿Comandos de Conciencia? ¿En qué andas, María? Te conocemos.

—Ando en la revolución de la vida. ¿Necesitan más explicaciones?

Todos festejaron con risas y comentarios las palabras de María, sin llegar a imaginarse que lo que estaba diciendo era completamente cierto.

—En Aquarius uno siente haber alcanzado la cumbre de la libertad. Ésta es una verdadera comunidad de pájaros perdidos, María. Gracias por sostenerla —dijeron los bailarines emocionados.

—También es un lugar secreto de contactos y encuentros de seres especiales, muy especiales —agregué mirando el mar, que se había vuelto tremendamente azul.

Presentí que se avecinaban en mi vida mares más profundos a través de los cuales tendría que aprender a navegar, cadenas más fuertes que tendría que romper, fronteras más desafiantes que debería atravesar. La firme decisión de haber aceptado este reto con la vida me llevaría a impredecibles aventuras que me quitarían el aliento. Me lo había anunciado Sitael, y ahora lo sentía en mi sangre. Todas las Morganas parecían haberse vuelto una sola y la Aventurera que se había despertado en aquel café de Buenos Aires quedó al mando. Sin duda alguna.

De pronto me sobresalté. Sentí su presencia. Parado frente a mí, tenía los ojos extraños y parecía estar muy cansado.

—Me voy a Guatemala —dijo sentándose a mi lado—. ¿Me acompañas?

—Mañana te contesto —le dije jugando con la taza de café—. No decidí todavía qué voy a hacer.

—Okay.

Levantó la mano como restándole importancia a mi comentario y se puso a conversar con nuestros amigos, sin dirigirme más la mirada. Esa noche no dormí. Eran las tres, las cuatro. Pronto saldría el sol, y yo estaba más y más confundida. Una parte de mí quería irse con el Nómade por todos los caminos de la vida. Y la otra me frenaba con insistencia. ¿Correspondía seguir esperando instrucciones de los Valientes? ¿Qué hacer? ¿Qué hacer? Estaba confundida. Rogué que el amanecer no tiñera el cielo de rojo, porque eso significaría que tendría que optar. Irremediablemente. El solo pensamiento de no ver nunca mas al Nómade me estrujaba el corazón, pero la idea de irme con él también me aterraba. Sus hábitos no estaban nada claros. Y muchas veces mis amigos lo habían escuchado recitar poesías y meterse al mar bajo la luna llena a altas horas de la noche, con muchas cervezas encima. Además, tenía un cierto aire principesco y arrogante. Al parecer, trató bastante mal, despectivamente, a los bailarines en una conversación que habían tenido sobre la danza clásica.

—Es prejuicioso, aunque se considere tan liberal —me habían dicho muy amorosamente los bailarines durante la cena tratando de convencerme de que desistiera—. Es arrogante. Se cree el príncipe de Gales. No nos gusta para ti, Morgana, no te metas en líos, no sabemos quién es. Haznos caso, vente con nosotros si quieres evitarte un problema. El inglés se pasa demasiado, demasiado con el alcohol. Es un aventurero, y no podemos garantizar su calidad espiritual —insistieron—. ¿Te parecen bien estas características a ti, que eres tan espiritual?

Tal vez fuera cierto. Eso también me decía mi mente, y les podía dar la razón. Pero ¿qué haría yo con el Abismo de Amor que me estaba creciendo adentro, inundando mi alma de dicha cada vez que lo veía? Salió el sol, y yo seguía dudando. Bajé a tomar el desayuno. Todos estaban allí, menos el Nómade. Me quedé tomando el café, ensimismada, sin mirar a nadie. Los bailarines revoloteaban alrededor de mí nerviosos. Ya se iban y, viéndome totalmente perdida, decidieron quedarse una hora más para darme una oportunidad.

Como en trance, miré con sumo interés a una oruga verde, muy verde, paseándose sobre la mesa. De pronto lo sentí. No me atreví a levantar la vista. El Nómade estaba parado delante de mí, interrogándome sin decir palabra. Esta vez tenía que decidir. Vi su mochila apoyada en el piso. Le contesté con una sonrisa. No tenía duda alguna.

—En quince minutos tendré mi equipaje listo, y partiremos juntos hacia Guatemala.

El mundo se volvió luminoso. Se disolvieron mis temores. Entre las altas palmeras, se filtraban cálidos rayos del sol. Y el mar estaba más azul que el cielo. Mientras acomodaba rápidamente mi pequeña mochila, alguien golpeó la puerta de mi cabaña. Era María.

—Toma este sobre, Morgana. Entrégalo al guardián de la Fuerza, en Chichicastenango.

—¿Cómo sabías que iré allí?

—Tenías que decidirlo por tu cuenta. Pero también estaba escrito en las estrellas. Estás eligiendo uno de tus siete futuros. El más espléndido. Sin embargo, habrá varias encrucijadas en las que tendrás que elegirlo una y otra vez, y no perderte en los desvíos ni tomar una dirección equivocada.

Nos abrazamos entrañablemente.

—Parte con Dios —susurró en mi oído.

Capítulo 10

GUATEMALA

La camioneta que nos llevaba al bus saltaba en los pedrego-
sos caminos de montaña y nos golpeábamos la cabeza
contra el techo. Pero el Abismo de Amor nos envolvía en su
ensueño. Yo había enviado mis libros y otras cosas que llevaba
conmigo y ya no necesitaba al hotel Isabel, en la Ciudad de
México. Ahora sólo tenía mi vieja mochilita, liviana, tan liviana
como mi corazón. Miré al Nómade embelesada. Era un vikingo de pelo enrulado, tan corpulento y protector, con ojos
de niño, o de brujo, según cómo lo mirara. ¿Por qué preocu-
parme? Todo era perfecto. El bus paró en Juchitán. No podía
creerlo. En dos minutos, convencí al Nómade de que bajára-
mos unas horas para visitar a Florinda y tomar, al día siguiente,
otro bus hacia Guatemala. Toqué la puerta de su casa con el
corazón en la boca. Me recibió con gritos de sorpresa y alegría.
Al buscar a Sitael con la mirada, clavó sus negros ojos en los
míos.

—Pasen, pasen. Bienvenidos —musitó sin hacerme ninguna pregunta sobre Sitael.

Nos dio una habitación llena de hamacas y helechos. Y dos
camas. Esa noche dormimos sin dormir, meciéndonos en una

sola hamaca, abrazados. Entre besos y caricias, balanceándonos la noche entera, en un éxtasis sagrado, caímos otra vez al fondo del Abismo de Amor. Esta vez más profundo, hasta disolvernos por completo uno en el otro, temblando de pasión, olvidando nuestros nombres y apodos, nuestra historia, nuestro pasado y nuestro incierto futuro. La noche interminable duró hasta que el sol nos trajo de regreso a la Tierra y Florinda tocó la puerta para avisarnos que el desayuno estaba servido. Entre chocolate caliente y tortillas doradas, conversamos bastante con Florinda sobre su vida. Y muy poco sobre la mía. Antes de irnos, nos abrazó emocionada con los ojos llenos de lágrimas. Era una maga. Ella sabía todo sobre mi futuro. Estaba segura, pero esta vez no me animé a preguntarle nada. Por si acaso.

Caminamos por las callecitas de Juchitán, entre las miradas de las Mujeres Gigantes que detenían sus conversaciones a nuestro paso, en cada esquina, en cada vereda, en cada patio donde se asomaban por las puertas abiertas. Era un silencio cómplice, aunque yo no podía revelarlo. Sonreían y levantaban las manos en señal de reconocimiento. Yo les contestaba con otra sonrisa, también muda. Las Gigantes sabían lo que estaba pasando. No hacía falta explicar nada. Apreté el talismán que siempre llevaba colgado en mi pecho. Ardía. Parecía encenderse con más y más poder. Sumergida en el Abismo de Amor, lo único que yo quería en este momento era seguir a mi corazón, donde sea que este me llevara. Y eso era todo.

Partimos de Juchitán. Desde el bus crucé las últimas miradas silenciosas con las Gigantes. Sentí que me estaban bendiciendo. Cruzamos la frontera y nos sumergimos en Guatemala. Entre anécdotas de viajes y los primeros tibios acercamientos a nuestras vidas, llegamos a Antigua, casi sin darnos cuenta. Estaba habitando un sueño. Un sueño de sensaciones y percepciones infinitas que prescindía de palabras. Inquietante, misterioso, perturbador. Nada de reyes coronados, ni de pedestales, ni de Morganas derretidas a los pies de su enamorado. Esta vez estaba en los brazos de un amor apasionado y hundiéndome cada vez más profundamente en un abismo insondable, en una pasión volcánica. No más aventuras bajo las alas protectoras de un maestro. Esta vez, no había a quién preguntarle nada. Sólo contaba con la guía del cielo y de mi corazón. Y con un sobre que, un día domingo, tenía que entregar a alguien de quien ni siquiera tenía el nombre y que estaría en Chichicastenango.

Y desde el primer día, Antigua fue una fiesta. Alquilamos dos habitaciones, baño y cocina al fondo de un interminable pasillo, en una escuela de español para turistas. Fuimos a hacer las compras al supermercado, como si toda la vida hubiéramos estado en pareja. Cocinamos, arreglamos las habitaciones y hasta regamos las plantas. Parecía que nos conocíamos desde hacía cientos, miles de años. Todo era muy extraño. Jamás nos había pasado algo igual. Yo contenía el aliento. Por si acaso.

Capítulo 11

LA GUARDIANA DEL CAMINO BLANCO

—Es domingo. Día de mercado. ¡Vamos a Chichicastenango! —me dijo el Nómade algunos días después de haber llegado. Estaba de muy buen humor—. Es una muy buena oportunidad para enviar un artículo al diario sobre un misterioso rito sincrético que se practica en esa iglesia. ¿Sabías que los fieles hacen ofrendas de maíz y ron, y cientos de velas arden en los altares que los indígenas arman sobre el piso?

Lo miré embelesada, como si flotase en medio de una nube espumosa. Las sincronías están funcionando en forma perfecta, me dije apretando el sobre en mis manos. Tomamos un desvencijado y colorido chicken bus lleno de indígenas y mochileros. Íbamos abrazados. No nos despegábamos ni un segundo, y saltábamos juntos, riéndonos y abrazándonos más y más con cada piedra que el bus encontraba en el camino. Finalmente, arribamos a Chichicastenango, la tradicional población maya a la que llegaban turistas de todas partes para conocer su famoso mercado. Allí, lugareños de distintas aldeas, ataviados con sus trajes ancestrales, llegan muy de mañana para ofrecer sus comidas, artesanías, tejidos bordados con hilos multicolores. Era también día de misa, día de ceremonias y misterios. Las frutas, los vegetales, las especias, los dulces nos sumergieron en un conjunto de colores, olores, sabores y aromas. El chocolate caliente humeaba tentador en los puestos, junto a los dulces tradicionales. Anduvimos por las callecitas de la feria tomados de la mano, entre nubes de incienso y flores. Las prendas que se vendían eran inmaculadamente blancas, o rojo sangre, y de puro algodón, o lana tejida a mano. Todas estaban ricamente bordadas con hilos verdes, amarillos, naranjas, oro. Yo sentía que nuestro amor sería sin tiempo, como el sol que brillaba sobre nosotros en el cielo de Guatemala con la fuerza de los dioses primitivos y eternos. Enormes papagayos de colores caminaban por los techos de los puestos. Se asomaban con sus cabezas colgando hacia abajo y proferían chillidos estremecedores. Las mujeres y los hombres fumaban unos extraños cigarros perfumados. Nos miraban inmutables, con una expresión atemporal y ausente. A veces parecían no estar allí, o mejor, estar allí y en algún otro lugar indescifrable en el mismo momento. No hablaban con nosotros en español. Sólo hablaban entre ellos en sus dialectos mayas y, condescendientes, contestaban con un monosílabo alguna pregunta referida a los precios. Parecían no tener el más mínimo interés en vendernos nada. Era casi un favor que nos estaban haciendo el permitirnos circular entre ellos. Mayas de todos los alrededores y procedentes de quién sabe qué alejados pueblitos compraban y vendían, o más bien intercambiaban. Pocas veces vi dinero. Traían tejidos, cerámicas, objetos de plata elaborados artesanalmente, y los trocaban por frutas, verduras, ollas, harina de maíz, cueros, lanas.

—Aquí todavía funciona el método del trueque —dijo Arthur entusiasmado—. Es increíble para un europeo constatar que este sistema todavía sigue vigente. Voy a tratar el tema en mi artículo. Espérame unos minutos, Morgana, sacaré unas fotos ya mismo —dijo desapareciendo entre los puestos.

Deambulé un poco más por el mercado y me dirigí a la iglesia, que permanecía con las puertas cerradas, aunque adentro se celebraba una misa. Situada sobre una especie de gran plataforma, se accedía a su interior a través de una gran escalinata que casi no se podía divisar por el espeso humo de incienso que provocaban unos misteriosos personajes vestidos de negro y ataviados con penachos y collares rojos. Balanceando unos inmensos incensarios, cantaban y repetían letánicamente oraciones y ruegos, lamentos y demandas en su idioma, intercalando algunas palabras en español, como por ejemplo "vos me prometiste, y ahora cumple". A veces exigían a los santos que les otorgasen lo que se les pedía, bajo la amenaza de colocarlos dados vuelta y cabeza abajo apenas se abrieran las puertas de la iglesia. Tenían un sorprendente diálogo con la divinidad, se diría íntimo, y además parecía que los santos les tenían que rendir cuentas.

—¿Son sacerdotes mayas? —pregunté a un indígena de piel oliva y ojos achinados que se encontraba parado cerca de mí.

—Son brujos, Morgana, son chuchkajanes —dijo, como si todos debiesen haberlo sabido, y especialmente yo. Además, conocía mi nombre. Contuve el aliento.

—¿Acaso eres tú el guía que custodia La Fuerza del Camino Blanco? —me arriesgué a preguntar nerviosa.

—Clavó sus ojos negros en mí sin contestarme.

—¿Qué están haciendo los brujos? —balbuceé perturbada por la tremenda energía que emanaba.

—Cumplen los encargos de sus clientes. Hacen pedidos a los santos, dialogan con el Cielo. ¿Entiendes?

—¿Y por qué están en las escaleras de la iglesia?

—Porque en unos minutos se desatará La Fuerza —acotó enigmático—. Shhhhh. Calla. Ya lo verás.

Sus ojos irradiaban un resplandor que no era de este mundo. Me quedé petrificada. Una onda de energía me atravesó de la cabeza a los pies. Conocía esa luminosidad de diamantes. Los ojos de Sitael eran iguales. Me mostró el signo.

—Mi nombre es Anastasio. ¿Tienes algo para mí?

Le extendí el sobre temblando. Lo guardó en un rápido movimiento mientras miraba hacia todos lados.

—Ven —me indicó que lo siguiera.

Subimos por las escaleras y entramos a la iglesia a través de una puerta lateral. El espectáculo era deslumbrante. Allí no había bancos ni personas de pie. Todos estaban sentados o arrodillados sobre el piso. En medio de una suave penumbra y nubes de incienso de copal, rodeando los altares iluminados por cientos de velas, los mayas oraban, rogaban, lloraban, pedían en misteriosas y oscuras lenguas la asistencia del cielo en su propio idioma. El sacerdote católico, casi arrinconado en el altar, celebraba misa frente a una virgen vestida de blanco. El piso estaba cubierto de ramas de pino, botellas de alcohol, maíz, frutas e infinidad de velas y flores.

—Ella es la reina —susurró Anastasio en mi oído. Su voz reverberó en mí como un eco—. Lo sabes, ¿verdad? Ella es la reina de todos los ángeles. Su poder es inconmensurable. Ya lo verás. Ven. Esperémosla afuera. En unos minutos termina la misa y ella saldrá de la iglesia para darnos La Fuerza. El Camino Blanco es el camino de la bienaventuranza y la paz del corazón. Ella es nuestra guía suprema.

Nos quedamos parados al inicio de la escalinata. De pronto, las puertas de la iglesia se abrieron de par en par y dieron paso a una enorme banda de tambores, platillos, trompetas. Descendieron lentamente mientras los brujos se apartaban con rapidez hacia los costados y arrojaban decenas de papeles doblados sobre las escalinatas de piedra.

—Son pedidos —aclaró Anastasio—. Los arrojan a los pies de La Fuerza. Así llamamos los Valientes del Camino Blanco a la soberana que aparecerá ahora en el vano.

No tuve tiempo de preguntarle nada. La escalinata empezó a estallar en mil explosiones. Asustada, me tapé los oídos. Una decena de indígenas, todos vestidos de blanco, avanzaban ahora por las escaleras haciendo explotar cohetes y pólvora cruda, mientras el gentío se apartaba a su paso.

—"La Fuerza" se está acercando. Siéntela. Allí viene. Los servidores de la Virgen, los mayordomos; están anunciando su sagrada presencia. Ella es la fuerza que une los dos mundos, el angélico y el humano, que en verdad son uno solo. Pero lo hemos olvidado —dijo Anastasio conmovido atravesándome con una mirada de indescriptible dulzura—. Sitael te debe de haber informado esto.

Dije que sí, inmovilizada por la luz que emanaban sus ojos. No eran de este mundo. Desvié mi mirada hacia el piso haciendo un esfuerzo. Era una energía magnética. Me mareaba y me hacía perder toda noción del tiempo. Me quedaría horas mirándolo, pero tenía que tratar de ubicar al Nómade y allí estaba, sacando fotos y más fotos. Le hice señas saltando entre la impenetrable masa de indígenas que parecían ser un único compacto cuerpo. Me contestó encogiéndose de hombros. Imposible acercarse.

En un momento, sentí una potente ola de calor. Allí arriba, brillando bajo el sol, cuajada de piedras, coronada y resplandeciente, se estaba acercando Ella. Los mayordomos la acarreaban sobre sus hombros. Era llevada muy despacio entre los fieles sobre una enorme plataforma cubierta con un largo terciopelo rojo y techada con un baldaquino dorado bordado en oro y plata enmarcado con plumas. Todos se inclinaban a su paso, o caían de rodillas en señal de respeto y devoción. O tal vez porque los volteaba esa tremenda energía. Detrás venía el sacerdote y varios ayudantes mayas vestidos de monaguillos. Y un poco más atrás, una docena de mujeres jóvenes con trajes blancos y grandes ramos de flores en sus brazos. Luego, avanzando muy lentamente, seguía una fila de seres enmascarados. Con sus rostros fijos, inmutables, estremecedores, avanzaban solemnes, en ordenada procesión, como absorbidos por la Virgen, en bloque, con un solo ritmo y un mismo movimiento, siempre en silencio. Un profundo y espeso silencio sólo interrumpido por los tremendos estruendos de la pólvora.

La Virgen emanaba una potencia tremenda. La sentí acercarse. Me costaba respirar. Su fuerza era arrolladora. La energía aumentaba momento a momento. Era como una onda magnética que atraía todo hacia ella y, al mismo tiempo, nos irradiaba con una luz especial. Ya estaba a unos pasos de mí. Más cerca, más cerca. Me sacudió tanto con su presencia que casi me caigo al piso. Quedé mareada. Cerré los ojos y respiré hondo, tratando de calmarme.

—La Fuerza es colosal —gritó el guía—. ¡Ahora recibe sus dones! Éste es un momento único. Necesitarás esta fuerza, querida Morgana. Es la Madre Tierra quien viene a bendecirnos.

Caímos todos de rodillas tocando el piso con la frente. Una oleada de luz y poder me hizo vibrar de pies a cabeza. El aire olía a rosas y jazmines, a frutos maduros, a mar, a bosques, a campos de trigo y de maíz. Perdí la noción del tiempo que pasó. Cuando abrí los ojos, me encontré arrodillada y sola en medio de la calle empedrada. Anastasio había desaparecido y Arthur me miraba desorientado, sin saber qué hacer. A él no le había pasado nada.

—¿En qué andas, Morgana? No sabía que eras tan religiosa —dijo ofreciéndome la mano para ayudarme a levantarme. Me miraba con sospechas.

—No puedo ni quiero explicar nada.

—¡Jajaja! La típica sensiblería latinoamericana.

—Me ofendes. Cállate de una vez, cierra la boca y no me preguntes nada más, porque aquí mismo nos separamos.

—Perdóname, Morgana. Yo también creo en las fuerzas espirituales, pero mi educación inglesa, un tanto escéptica, y mi formación de periodista e intelectual a veces me dominan. Y reacciono así. Perdóname. No volverá a suceder —y nos abrazamos muy fuerte.

—Ojalá sea cierto —le dije al oído.

—Te amo —y me estrechó aún con más fuerza.

Regresamos a Antigua tomados de la mano y en silencio. Tratando todavía de reponerme de aquella experiencia mística, me pregunté qué hacer, adónde ir. Al menos había recibido una señal de que los Valientes no me habían abandonado, pero el guía no llegó a darme ninguna pista. Tendría que estar atenta al próximo contacto. Éste sí que era un entrenamiento práctico. Y de alto voltaje, como me había anunciado Sitael. No había dudas.

En la ciudad, Arthur se dedicó a escribir su artículo y yo seguía sin saber qué hacer. Y no era inteligente movilizarme, porque no tenía la menor idea de hacia dónde. Así que decidí fijar mi domicilio allí en Antigua, por tiempo indeterminado, hasta que surgiera alguna señal. Todo funcionaba bien hasta que una noche el Nómade sugirió ir a tomar unas cervezas al bar más cercano. Después de todo, había que celebrar nuestro encuentro, y a la manera inglesa. Dudé y traté de convencerlo de cambiar de planes, recordándole que yo no celebro de esa forma. Además, ya habíamos tenido un problema anteriormente. Insistió argumentando que se sabía controlar cuando quería y que no había motivos para preocuparse. Sentí un resquemor, pero qué podía decirle. Nada. Tendría que comprobarlo.

La noche estaba espléndida y el bar, lleno de turistas de todo el mundo. La cerveza se transformó en dos, en tres, en cinco. Luego un bar tras otro, y era la una de la madrugada. Yo ya no sabía cómo volver a nuestro departamento. Arthur estaba exaltado, irreconocible. Lo seguí aterrada por las calles empedradas, hasta llegar a la puerta del lugar donde vivíamos. La abrió de una vez y, cerrándola, me dejó afuera. Empecé a temblar. Guatemala de noche, sola. Los bailarines, los bailarines. Temblando como una hoja recordé que también para ellos Arthur era un demonio encarnado.

Al rato apareció en la puerta y me llevó de la mano atravesando el pasillo hasta llegar a la cocina. Recitaba en inglés poemas que yo desconocía. Estaba alcoholizado y, cuando su mirada se clavó en mí, empecé a temblar otra vez. Sentí una aterradora sensación en mi plexo y salí corriendo a toda velocidad hacia afuera. Cerré la puerta tras de mí, me lancé sin rumbo por las calles desiertas y en un segundo fui tragada por la oscura noche de Antigua. Traté de encontrar un zaguán, un hotel abierto, un refugio. Nada. Aquí y allá se escuchaban voces, gritos, corridas. Toqué todos los timbres de hostales y hoteles que hallé por el camino. Nadie atendía. De pronto me encontré frente a una iglesia protegida por un muro y un portón cerrado. Sin pensarlo dos veces, me trepé hasta el borde y salté hacia el otro lado, y caí sobre algo blando, una parva de pasto seco. Me arrastré hacia la pared y, tapada con el poncho que traía encima, me acurruqué como un indio. Esperaría allí hasta el amanecer rezando, rezando, rezando. Una ventana se abrió arriba y se cerró inmediatamente. Los indígenas suelen refugiarse en las iglesias para dormir y a la mañana, con las primeras luces, desaparecen. Como en un sueño, me pregunté quién era esta Morgana que acurrucada bajo un poncho de colores estaba esperando a que amaneciera. ¿Qué había pasado conmigo? Parecía una adolescente desorientada, enamorada y tonta. Esto era el colmo. Después del coraje de haber dejado el estudio y vivir las más grandes aventuras que jamás hubiera soñado, después de pasar por las más increíbles vivencias espirituales con Sitael, después de estar custodiada por los Valientes, y casi ser una de ellos, ahora estaba acurrucada contra el muro de una iglesia, a las tres de la madrugada, en Guatemala, sola y aterrorizada. Algo no estaba bien.

¿Por qué Sitael me había abandonado a mi suerte? Cielo, ¿qué quieres de mí? Las estrellas titilaron allá arriba, pero no tenía ninguna respuesta. De pronto, escuché un canto. Venía del interior de la iglesia y era el *Ave María*. Empujé apenas la puerta calculando que estaría cerrada pero, para mi sorpresa, se abrió de par en par. Un altar de oro puro, tan habitual en las iglesias de la época colonial, resplandecía iluminado por cientos de velas. Y una mujer de espaldas, íntegramente vestida de azul, levantaba sus manos a la Virgen cantando con una aguda voz de soprano. Me detuve repentinamente, sin respirar, sin moverme, porque no quería despertarme si es que esto era sólo un sueño. Arriba y en lo que sería el fondo de la iglesia, donde estaba el coro, alguien tocaba el órgano. Pero en un segundo todo quedó en silencio. Podía escuchar mi propia respiración como un eco. La mujer se dio vuelta. Tenía un rostro bellísimo, celestial, pero a la vez con rasgos muy definidos y fuertes. Emanaba paz, sosiego.

—Bienvenida, Morgana. Soy Hahaiah —dijo y me extendió la palma de su mano, que brillaba en la penumbra con el signo de la estrella—. Soy una de las Guardianas del Camino Blanco. Anastasio, es decir Yamiel, ha estado aquí hace algunos minutos informándome que estabas afuera. Te siguió los pasos, aunque evidentemente no fue necesario guiarte. Es curioso que hayas llegado aquí por tus propios medios.

Le sonreí con una chispa de esperanza. Tal vez había algún mensaje para mí.

—Sabía que entrarías. La Fuerza es irresistible —afirmó mientras señalaba a la Virgen—. Ella te guiará en tu viaje hasta que llegues a destino. Ven, siéntate conmigo —me condujo a uno de los antiguos bancos de madera—. Tengo que darte una información que necesitas.

—¿Qué han decidido los Valientes acerca de mi entrenamiento? ¿Cuál es el camino por el que debo empezar? ¿Tienes alguna noticia para mí?

—Antes que nada, debo recordarte que a nadie debes entregarle el poder de manejar tus estados de conciencia, aunque te hayas enamorado hasta lo más profundo de tu alma.

Me puse colorada. ¿Cómo sabía ella esto de mí?

—Tú tienes que tomar el control de tu propia evolución. Tú, y cada uno de nosotros tenemos la Fuerza. ¿Entiendes? Ella —señaló a la Virgen— nos muestra el poder que todos tenemos dentro de nosotros. La luz es invencible. No puedes perderte tan rápido ante el primer desafío.

—Sí, es decir, estaba tratando de juntar fuerzas para alejarme de un amor que parece ser de la especie de los ingratos. Justamente me preguntaba qué hacer. No es tan fácil tomar una decisión cuando el corazón te dice una cosa y la realidad te muestra lo contrario.

—El corazón nunca se equivoca. La realidad, en cambio, suele ser engañosa, puede confundirnos, porque, querida Morgana, ¡nada es lo que parece!

—Me temo que, en mi caso, todo es como parece ser, Haha.

—Hahaiah. Ése es mi nombre espiritual del Camino Blanco de Los Valientes. Te escucho.

—Hahaiah, he encontrado al amor de mi vida. Estoy segura. Pero él es cósmicamente inmaduro. Creo que le faltan algunas vidas para comprender ciertas cosas. Se alcoholiza, está perdido, quiere darme órdenes, como cuando me llevó arrastrándome por el pasillo al ritmo de sus pasos de inglés marcial.

—Quién sabe.

—Es inteligente, creativo, aventurero y, en cierta forma, hasta espiritual. Pero no me conviene.

—Quién sabe.

—Es leal, creo.

—¿Y a ti qué te importan todas estas cosas? Tú tienes la fuerza espiritual femenina, y es invencible. "Ella" te la ha mostrado en Chichicastenango para que no te equivoques y para que no asumas una aparente debilidad que no tienes. No te debe importar en absoluto cómo es él.

—¿Qué quieres decir?

—Que no debe importarte si él es cósmicamente inmaduro o si es un sabio. Lo que sí debe importarte es que te respete. Y debe importarte mucho cómo te comportas tú y cuánta madurez cósmica realmente tienes.

—Pero él tiene que estar a mi altura espiritual.

—Tonterías de seminarios New Age, Morgana. ¡Asume tu poder de una vez por todas! Y pon las condiciones, sin vacilar. Si no se respetan, ¡déjalo! Pero hazlo sin sombras de duda. Tus decisiones tienen que ser absolutas, terminantes. Ciento por ciento. Nada de medias tintas.

—No vivo con términos medios, ya los dejé atrás —balbuceé no muy convencida porque sentí que había tocado mi punto débil.

—Morgana, mírala, la Fuerza no se anda con vueltas. Ella, la Virgen, es la más audaz entre las audaces.

El rostro moreno de la Virgen resplandeció con el fulgor de las velas, como si estuviera escuchándonos.

—El ángel Gabriel se quedó mirándola embelesado, esperando su respuesta, cuando le preguntó a María si aceptaba albergar en su seno a Cristo. Toda la Creación contuvo el aliento en el momento en que Ella respondió "Sí, acepto". Los ángeles y los arcángeles se inclinaron ante su valor, su osadía, su decisión inalterable de dar nacimiento a la Luz Nueva encarnada en esta tierra. Morgana, no vaciles, planta la Luz en todos los desafíos que se presenten en tu camino. Asume tu sagrada fuerza femenina. ¡Asúmela, Morgana! Ya mismo. Sé audaz, libre, sabia, expándete, extiéndete, ejerce tu poder. Que el miedo nunca te contraiga. Expándete, expándete.

Con cada una de sus palabras, que resonaban en la iglesia con un fortísimo eco, yo crecía librándome, amplificándome. Me tomó de la mano y me llevó con ella frente a la Virgen.

—Respira, respira, respira. Hondo, más hondo. Desenfoca tu mirada y fíjala en la Virgen. Ahora sí. ¡Adelante, Morgana! ¡Toma la decisión! ¿Qué harás con tu vida?

—Hablaré con el Nómade y le pondré mis condiciones.

—No esperes que las acepte sin cuestionamientos. Ésa no será la prueba. La prueba es que tú te mantengas inmutable y no negocies jamás tus valores. ¿Es él un amor verdadero? Tienes que comprobarlo, debe pasar las pruebas de la Luz, y serán varias. Él ni se imagina en qué lío se ha metido al enamorarse de ti. Y, por otro lado, creí que estabas interesada en seguir con el entrenamiento de los Valientes. ¿Qué has decidido?

—Estoy pendiente de las noticias de los Valientes, pero esta incertidumbre total me altera. Por favor, dame las próximas instrucciones si es que las tienes.

—En primer lugar, debes resolver tu vida personal. Luego hablaremos.

—¡Oh! Claro, claro —carraspeé—. Gracias por recordármelo.

—Todo es perfecto, Morgana, no te llenes de preocupaciones. Resuelve los temas uno a uno a medida que la vida te los presente. Confía y haz tu parte. El resto déjaselo al cielo —me abrazó entrañablemente—. Ya está amaneciendo. Puedes volver a tu Nómade rebelde. Ponle las condiciones, pero primero póntelas a ti misma, Morgana. Recuerda mi nombre.

—Hahaiah.

—Así es. Puedes invocarme cuando lo necesites. Te escucharé.

—¿Quién eres realmente? ¿Y cuál es el Camino Blanco?

Sonrió iluminándose, inclinó su cabeza, se dio vuelta y desapareció, sin dejarme ninguna pista, ninguna instrucción, ninguna orientación. Respiré hondo. Ya estaba acostumbrándome a estas desapariciones. Ojalá me enseñen su arte, sería genial poder desmaterializarme a mi antojo, pensé en voz alta.

Mis palabras resonaron en la capilla como un lejano eco. El organista me saludó desde arriba agitando su mano e indicándome la salida. Volví a treparme por el muro y traté de encontrar el camino de regreso a la escuela de español. Hallé la puerta abierta, una música de Bach sonaba desde el fondo y el pasillo estaba iluminado por una larga hilera de velas puestas sobre el piso. Seguí el camino temblando. El Nómade me esperaba pintando. Una de las paredes de la cocina se había transformado en impactante mural. El Nómade, el Nómade, caí en sus brazos sin pensar en nada, sólo quería sentir su calor.

—¿Dónde te has metido? Te estuve esperando toda la noche.

—Fui a un convento —le contesté sumergiéndome más entre sus brazos.

—Todo bien. Después de todo eres tan aventurera como yo —dijo sin darle importancia al evento—. ¿Vamos a tomar un café?

Inocentemente, lo seguí. Ni bien entramos en el primer café abierto, pidió una cerveza. En esas circunstancias, no tendría conversación alguna con él. Me levanté dejándolo boquiabierto. En un segundo había decidido volver de inmediato a Aquarius. Saqué el pasaje de regreso para el día siguiente. Junté mis cosas y me fui a un hotelito, decidida a abandonarlo para siempre. Al menos, eso creí. A las dos horas estaba de vuelta en nuestro departamento para verlo por última vez. Pero él ya no estaba allí. Me quedé dormida sobre su pulóver. Aspirando su olor, su energía, su aura, y cayendo de nuevo en el Abismo de Amor.

Me desperté sobresaltada. ¿Qué estaba haciendo yo allí? Tenía que darle una lección. Sabía dónde guardaba el pasaporte y sus travelers checks. Los encontré y, apurada, volví corriendo a mi hotel. Dejé pasar unas horas y disfrutaba imaginando la escena. La repasaba una y otra vez. El Nómade volvía a la casa, yo había desaparecido, me había llevado su pasaporte y sus travelers también. Así aprendería a no jugar conmigo, de una sola vez y para siempre. Lo dejaría, estaba decidido. Lo abandonaría sin piedad, sin lágrimas, sin dudas ni pena, y sin un céntimo.

—Basta, Morgana. Esto se terminó —acotó la Soltera, que retornó a mi vida y tomó rápidamente las riendas de la situación—. No juegues. Saca el pasaje para regresar a Aquarius y déjalo. Te enloquecerá.

No le hice caso. El plan era perfecto. Regresé a mi hotelito y escondí el botín. De inmediato, volví a nuestro nidito de amor, fuerte y segura de lo que quería hacer y dispuesta a ponerlo en su lugar. Caminé despacio y con paso firme por el largo pasillo hasta el fondo. La puerta estaba abierta. El inglés rugía de furia, aunque contento de verme. Me envolvió en uno de sus interminables abrazos y, hablándome directamente al oído, me susurró las palabras de amor más hermosas que jamás me habían dicho. Me arrastró a la cama, me contó compungido que le habían robado los cheques y que ya había hecho la denuncia. Me preguntó qué había pasado conmigo, que me había extrañado y que dónde me había metido. Comencé a disolverme, literalmente, a derretirme en sus brazos mientras el Universo desaparecía a mi alrededor, sin poder evitarlo. Ya no puedo razonar, esto es un problema. Alcancé a emitir un último pensamiento antes de quedar totalmetne mareada y embelesada con el Númade otra vez. En medio de un ataque de risa nerviosa, le conté todo y me olvidé de que pensaba dejarlo. Todo quedó en la nada, sólo había que cancelar la denuncia. Y allí estaba yo, nuevamente envuelta en su encanto, y en su problema, aunque sabía que tenía que hablar con él para ponerle mis condiciones. Sólo tenía que esperar el momento de estar más fuerte. No ahora, no ahora. Tal vez mañana. O pasado.

Capítulo 12

LONDRES, KUWAIT, INDIA

Tenía que tomar una decisión. El pasaje de regreso a Inglaterra del Nómade vencía en unos pocos días, y el mío hacia Buenos Aires también. La conversación con Hahaiah me había aclarado muchas cosas. Sin embargo, no sabía dónde ir ni qué hacer. Había que tomar el toro por las astas. Tenía que plantarme frente a él y ponerle mis condiciones. Pero ¿tenía en claro cuáles eran mis condiciones? No todo era tan fácil como me había parecido en la iglesia a la luz de las velas. Y el Nómade estaba tanto o más perdido que yo, tal como me lo habían anticipado mis amigos, los bailarines. No tenía noticias de su diario, no le encargaban ninguna nota y sus travelers checks alcanzaban para un tiempo, pero no para siempre. Los míos también se estaban agotando. Debíamos tomar una decisión. ¿Qué hacer cuando el Abismo de Amor se mezcla con fuertes dosis de desorientación? El Nómade no me resultaba confiable, pero era tan dulce hundirme en su abrazo… Y cambiaría, estaba segura, él cambiaría. Y yo estaba perdidamente enamorada. Por otro lado, no quería volverme a Buenos Aires como si nada hubiera pasado. Y además, estaba comprometida con el entrenamiento, aunque los Valientes no daban señales de haber decidido mi admisión en su grupo como aspirante. ¿Qué hacer? ¿Qué hacer? Ni noticias del color de mi Camino. ¿Sería el Naranja? ¿O tal vez fuera el Blanco o el Rojo? Mi vida personal… Recordé que Hahaiah me había indicado claramente que tenía que empezar resolviendo mi vida personal. Totalmente desvelada, miraba el techo de la habitación del pequeño hostal, mientras el Nómade dormía muy distendido. ¿Qué hacer? ¿Qué hacer? Mi corazón latía muy fuerte cada vez que miraba al Nómade. Sin embargo, tenía que asumir que él estaba en medio de una gran crisis, tal como lo había estado yo en aquel café cuando me rescató Sitael. No podía apoyarme en él. Estaba más perdido que un ángel en un shopping, recordé el chiste de los bailarines. Resultaba evidente que lo tendría que contener yo y, al mismo tiempo, frenarlo con el alcohol. Yo sí tenía una dirección, un sentido espiritual que seguir; el Nómade, en cambio, sólo tenía su fuego revolucionario, sus ganas de cambiar el mundo, pero desde una perspectiva parcial y sin impecabilidad. La rebeldía no es suficiente, pensé. Sin conciencia espiritual, uno anda a los tumbos, desorientado, pone expectativas donde no hay que ponerlas, y se pierde en los caminos de la vida. ¿Qué hacer? Pensé que tal vez no era tan mala idea volver a Buenos Aires, en caso de no tener noticias de los Valientes. Y podía invitarlo al Nómade a quedarse un tiempo conmigo. No tenía cómo saber dónde estaba Sitael, aunque supuse que si él lo consideraba necesario, se contactaría conmigo nuevamente.

—¿Y el camino que te ha de ser revelado? ¿Abandonarás todo así como así? —reapareció la Buscadora Espiritual. Escuché claramente su voz dentro de mi cabeza.

—Deberías estar avergonzada de circular sólo alrededor de un amor que bien parece transformarse en uno de tus "amores perros". Y no una relación espiritual avanzada —dijo la Soltera Desorientada enojada—. ¿Y esos desbordes de cervezas? ¿Los

172

tolerarás más adelante? ¿Qué diría de ti Sitael en este momento? Mejor, ni preguntárnoslo —finalizó con voz crítica.

Un torbellino de pensamientos confusos me envolvió en una enorme nube gris. Las Morganas querían hacerme volver a los viejos carriles, a las viejas situaciones. Estaba perdida, y ni siquiera me animaba a preguntarle al cielo qué quería de mí. Quizás por temor a que se le ocurriera indicarme dejar al Nómade. Y, en ese caso, qué haría. Mejor no averiguar, me dije. Mis contradicciones eran brutales, mi cabeza bullía como una olla a presión a punto de explotar. Las dudas habían retornado con mayor virulencia que nunca. Resultaba increíble que, después de haber vivido las asombrosas experiencias de los últimos tiempos, después de ver misteriosos personajes que aparecían y desaparecían, después de haber sido entrenada en conciencia directamente por un verdadero maestro espiritual, estuviera tan perdida. Debía enfrentarlo. Hahaiah tenía razón. Seguí mirando el techo. Serían las tres de la madrugada. Las campanas de las iglesias pronto anunciarían el amanecer. Y yo seguía desvelada sin saber qué hacer. Arthur, como siempre, dormía plácidamente y, al parecer, no tenía tantos cuestionamientos como yo. Era hombre, al fin y al cabo. Diferente.

Esa tarde, ante mi horror, había remarcado orgulloso que respetaba a las mujeres fuertes, que eran las únicas que podían tratar con él, que las otras salían corriendo asustadas. Me dijo que me admiraba tanto porque yo sí sabía hacia dónde iba; en cambio, él era tan loco como cuando adolescente, que nunca sería un adulto y que además era lindo vivir así. Estaba totalmente asombrada. Escuchar estas palabras de la boca de un hombre no presagiaba nada bueno. ¿Estaría bromeando? Sí, estaba haciendo chistes. Él no podía pensar eso. Tenía que tener cuidado. Sin querer, podía tal vez asumir el rol que nunca, por ninguna circunstancia, una mujer debe aceptar: el de la mujer ultra fuerte, la poderosa, la invulnerable, la que todo lo puede, siempre. ¡Ayyyy! Pero era tan lindo dormirme en sus brazos…

—¿Y si hiciéramos juntos un viaje a la India? —sugirió la Aventurera imprevistamente desde dentro mío.

—No es mala idea —le contesté.

Había conocido al encargado de negocios de la India en la fiesta que hicimos en el hotel Isabel. Él me había contado maravillas de su tierra. Y recuerdo que mencionó muy especialmente un festival hinduista, Holi, que se realizaba en la primavera y que justamente estaba por comenzar. Entonces sentí la voz de Hahaiah resonar en la habitación. No sabía si sólo estaba en mi mente. Sin embargo, escuché con toda claridad estas palabras:

"Sólo en las situaciones nuevas podemos encontrar la luz nueva. En lo que no entendemos, está oculto el próximo nivel de conciencia a alcanzar. La luz se esconde en aquello que no conocemos, en las desorientaciones, en las situaciones que nos desafían a cambiar. Atrévete a buscarla. La Fuerza está contigo."

Las campanas anunciaron el amanecer. Hoy hablaría con el Nómade. Le pondría mis condiciones y me atendría a las consecuencias. Me levanté despacio para no despertarlo. Abrí la puerta y salí al pasillo para inhalar el fresco aire de las primeras horas del día en Antigua, esta bella ciudad de volcanes, calles empedradas e iglesias coloniales. En el piso, alguien había dejado un sobre. Mi corazón latió desbocado. Estaba segura. Debía de ser de los Valientes.

Aquí Sitael. Morgana querida, ¿cómo has estado? Aunque tú no hayas tenido noticias mías, yo sí te he seguido los pasos. Te dije que nunca te abandonaría. Te comunico que los Valientes hemos evaluado tu comportamiento y tu templanza, y sabemos que estás en condiciones de iniciarte ya mismo en un Camino, que será el Naranja. Lo hemos decidido por unanimidad. Así es. Serás forjada, probada, instruida espiritualmente e iniciada en los principios de la Conducta Recta, a la manera tradicional y de otros tiempos, tal como eran forjados los discípulos verdaderos. Morgana, quiero que sepas que es un gran privilegio ser invitada a colaborar con nuestra comunidad de Valientes. Ya sabes que hay tres caminos: el Naranja, el Blanco y el Rojo. Cada aspirante a Valiente los hace en un orden diferente. El Camino Naranja, el primero que tú recorrerás, educa fuertemente el ego y lo somete al espíritu. Está conducido por los Sadhus, hombres santos jainistas, y tiene más de ocho mil años de antigüedad. El mahatma Gandhi fue iniciado por los hombres santos en el principio del Áhimsa, que aboga por la No Violencia contra ningún ser vivo y que proviene del jainismo. Las condiciones actuales del mundo nos exigen salir ya mismo de los valores sociales aceptados: la violencia, la traición, la negociación, el sometimiento, la manipulación. Debemos liberarnos del sistema y de su esclavitud, pero no es fácil. Cada día está más omnipresente. Tenemos que transformarnos en seres valientes capaces de vivir en paz, de ser verdaderos, íntegros, libres y conectados radicalmente con Dios. Insobornables, incomprables, luminosos, rectos.

Me detuve emocionada. Se me llenaron los ojos de lágrimas. Me encantaba este Camino. Estaba dispuesta a empezarlo ya. Seguí leyendo:

Nos guían los Sadhus. Como te comenté, ellos tienen más de ocho mil años de experiencia en salir del sistema pero permanecer dentro de él de otra forma, sin ser tocados por su violencia y su materialismo. El Camino Naranja es perfecto para quienes están en profunda crisis existencial y no saben que hay alternativas diferentes de las establecidas. Para quienes están desorientados, para quienes sienten que tienen que hacer un cambio ya, porque de lo contrario se morirían de tristeza, para quienes están hartos de las mentiras, de las medias tintas, de las falsedades y de la falsa espiritualidad sin compromisos. Es un camino de total rectificación, purificación y educación del ego. No es fácil. Por cierto, es exigente. Un entrenamiento espiritual del alto voltaje. Tú y muchos que conocerán el Camino Naranja a través de ti lo necesitan en forma urgente. No te hagas preguntas. Éste no es el momento. Las respuestas vendrán por sí solas. En el sobre encontrarás un pasaje a la India, más precisamente a Trivandrum.

No podía creerlo, la sincronía era perfecta.

En Trivandrum deberás buscar una fogata donde se realiza ritualmente una quema de demonios. Allí te contactará uno de los nuestros. Te aclaro que es tu decisión ir acompañada o no, pero te recuerdo que la ascensión en conciencia es una decisión personal. A nadie debes darle el control de tu evolución. En otras palabras, tú estás invitada para hacer nuestro entrenamiento, no tu compañero. Maneja esta situación con altura y claridad. ¿Por qué sólo tú? Porque estás preparada. Él deberá demostrarnos coherencia, deseo de elevarse, compromiso. Te anticipo que deberá pasar una prueba muy importante: la de apegarse al esfuerzo o seguir los resultados rápidos. El mahatma Gandhi reafirmó uno de los más importantes principios del Camino Recto o Camino Naranja: "Nuestra recompensa se encuentra en el esfuerzo, y no en el resultado. Un esfuerzo total es una victoria completa". Por eso no cualquiera recibe esta invitación. Los tesoros espirituales verdaderos se ganan con esfuerzo sostenido, persistencia y una probada audacia. Y tú la tienes. Muévete como hasta ahora, siguiendo la voz de tu corazón. Él nunca se equivoca. Y recuerda siempre pedirle al cielo qué quiere de ti. El cielo y el corazón son la misma cosa.

Conmocionada, hice otra pausa para reflexionar sobre el mensaje. Me asaltaron miles de preguntas. Una vez llegada a la India, ¿cómo y dónde encontraría esa fogata que había mencionado Sitael? ¿Qué hacer allí? ¿Qué le diría al Nómade en caso de que viniera conmigo? Como si estuviera frente a mí y me hubiese escuchado, Sitael me explicaba:

Te dije que no te hagas las preguntas previsibles: ¿cómo y dónde encontrar la fogata?, ¿qué hacer allí? Éste es, te repito, un entrenamiento de alto voltaje y esas preguntas nunca tendrán respuesta. Sigue tu sexto sentido. Acostúmbrate a seguir tu instinto espiritual. Te estás liberando de las leyes del karma, y comienzas a vivir bajo otras leyes, las leyes del dharma, las leyes de la gracia. El nuevo mundo es ligero e intenso, veloz y fuerte, y te estamos entrenando para una misión que te revelaremos a su debido tiempo. Nadie que se contacta con nosotros de alguna forma vivirá sin sentido. Hay muchas misiones en la nueva tierra. Hay que comenzar todo desde el principio, restaurar la luz en toda su potencia original. Los Valientes necesitamos colaboradores y muchos contactados se están sumando a la tarea, día a día. Ahora te enviaré una señal, para que veas que este mensaje es auténtico y que los Valientes estamos contigo asistiéndote.

No me animé a levantar los ojos. Todo se había iluminado con un fuerte resplandor, una lluvia de estrellas caía desde el cielo cubriendo el piso con puntitos brillantes. Era la misma que había inundado la fiesta en el hotel Isabel. Respiré hondo inhalando esa dulzura infinita que disolvía todas mis dudas y las transformaba en bienaventuranza.

Puedes rehusar esta invitación y regresar a Zipolite, o a Buenos Aires, sin ninguna justificación. Eres libre de decir sí o no. En caso de que aceptes realizar el entrenamiento, te aviso que siempre seguirás enfrentándote a nuevas pruebas. A mayor información, más compromisos asumes. Debes saberlo. Y si Arthur viaja contigo, él también será probado. No hay escapatoria a esta ley espiritual.

Quien esté contigo, será evaluado en su calidad moral, ética y espiritual. Lo sepa o no. Si resiste las pruebas, continuará su evolución a tu par; si no, el cielo lo conducirá hacia otros rumbos, otros caminos, acordes con su nivel de conciencia. Y si esto sucede, deberás soltarlo.

Del resultado de tu lealtad a la luz dependerá que sigas avanzando a mayores alturas espirituales y que adquieras los poderes correspondientes. Ya entenderás de qué estoy hablando. Ahora no puedo darte detalles. Tú sabes. Los pasos se van revelando uno a uno. Tienes la prueba y certeza de que los Valientes estamos contigo. Cuentas con nuestra asistencia todo el tiempo, aunque a veces no seamos visibles.

—Lo sé —me dije divertida—. Ojalá me enseñen a aparecer y desaparecer con la gracia con la que lo hacen ellos.

Es parte del gran entrenamiento enamorarse perdidamente de algo o de alguien. Las Mujeres Gigantes te lo advirtieron, ¿recuerdas? El Abismo de Amor. Ya lo has conocido. No luches con tus sentimientos. Ellos son el motor de esta encarnación. Respeta lo que sientes, Morgana, aunque resulte incómodo. Pero respétate también y hazte respetar. Dirige este fuego sagrado, concéntralo, no lo apagues con la mente y sus conveniencias. Se trata de una iniciación. Arriésgate a vivir un gran amor. Confía en la vida. No temas, suelta. Deja que se revele por sí mismo. No pretendas manejar todo. Siempre hay una cuota de incertidumbre y de riesgo.

Tu existencia concreta es un laboratorio espiritual y todo lo que te sucede tiene un sentido, alguna misteriosa razón que no conocemos. La Vida es un complejo entrenamiento en sí. Pocos lo saben, y se quejan en lugar de aprovechar la oportunidad de elevarse con las confrontaciones concretas. Notarás que te adiestras espiritualmente a medida que tienes experiencias. Nada de teorías sin prácticas, nada de abstracciones mentales ni formulitas. Los conocimientos espirituales sólo pueden crecer con las vivencias. Te lo dije apenas nos conocimos. Esto es seguir al corazón.

Te contactaré personalmente cuando sea necesario. Nos encargaremos de asistirte en caso de que necesites ayuda. Siempre te estamos custodiando. Recuérdalo. Jamás estás sola. ¡Sé Valiente, Morgana! Esto es lo que esperamos de ti. Los Valientes te estamos enviando mucha fuerza a través del talismán. Todos lo tenemos. Ése es nuestro vínculo mágico. ¡Victoria y paz! ¡Por la Tierra Iluminada, venceremos!

Sitael
A. C. E. M.

Dentro del sobre había un pasaje a la India. La partida estaba organizada para dentro de dos días. No había tiempo que perder. Tenía que hablar con el Nómade de inmediato.

—Yo apuesto a nuestro amor, Arthur, creo en nosotros. A pesar de ciertas diferencias en nuestra visión de la vida. No sé qué idea tienes tú sobre nuestro futuro, pero hay ciertas condiciones que tendrás que aceptar si quieres seguir conmigo.

—Escucho —dijo con una sonrisa seductora.

—Nada de alcohol y lealtad absoluta.

—Acepto.

—Si quiebras tu palabra, todo se termina en ese mismo instante.

—¿Serías capaz de dejarme varado por ahí?

—Soy capaz de muchas cosas, Arthur. Pero deberás comprobarlo tú mismo. Hay algo más que quiero decirte.

—Me encantan los desafíos. Adelante.

—Estoy comprometida con un grupo espiritual. Es secreto y tal vez me envíen sus mensajes. No los podré compartir contigo. Nada debes preguntarme si esto sucede. Mi lealtad hacia ti será total, pero tú deberás confiar en mí al ciento por ciento.

—Acepto, aunque me concedo un margen de libertad si la situación se pone demasiado tensa.

—¿Qué quieres decir?

—Morgana, yo también tengo mis compromisos. Y a veces no es fácil coordinar dos destinos fuertes y las vidas de dos seres apasionados como nosotros. Probemos.

—De acuerdo. Te propongo hacer juntos un viaje a la India —le dije y sentía que mis ojos brillaban—. Necesitamos una vida más espiritual. Esa tierra es sagrada y tal vez encontremos algún áshram para refugiarnos juntos.

—¡Qué buena idea! —se entusiasmó rápidamente—. Tengo mis travelers, pero no creo que alcancen.

—Yo ya tengo el pasaje. Tú podrás comprar el tuyo con tus travelers, y ahora mismo le escribiré un e-mail a Robert. Está a cargo del estudio. Tiene que apoyarme en esta aventura. Confío en él. Me enviará fondos y podremos completar lo que nos falte para la estadía.

—Okay. Trata de arreglar las cosas por tu lado, yo les escribiré a los del periódico —propuso mientras lanzaba al aire una bocanada de humo en el más clásico estilo de Humphrey Bogart.

Me abalancé de inmediato sobre una computadora en el primer cibercafé que encontré. Mi corazón latía alocado. Ir a la India juntos era una gloria. Y me daba tiempo para seguir viviendo este amor loco y apasionado que desbarataba todos mis planteos racionales. Abrí mi cuenta de Yahoo. Hacía un buen tiempo que no la miraba. Parecía increíble. Exactamente hoy Robert me había enviado un correo. Lo abrí a toda velocidad.

"Morgana, estás loca como una cabra, me preocupas cada vez más. Estás loca de remate, te lo dije antes de tu partida. Y ahora estoy seguro, pero tengo que contarte algo extraordinario. Dos exóticos personajes se presentaron hoy en el estudio sin solicitar entrevista. Simplemente tocaron a la puerta preguntando por el representante de Arquitectos sin Fronteras. No es el nombre de nuestro estudio, pero me resultó gracioso y les abrí. Cuando los vi, casi me desmayo. Eran dos hindúes imponentes, de piel oscura y turbantes rojos. Me entregaron sus tarjetas. Hiresh Mahbatar y Gwananta Rihesh, de la embajada de la India. Ya me habían enviado un e-mail y se presentaron en el estudio directamente, sin más trámites. Los hice entrar un poco impresionado, pero muy pronto me tranquilicé. Mencionaron la fiesta en México. Te conocían. ¡Ah, Morgana! Estás loca, pero no has perdido la habilidad para los negocios. Supongo que sabrás que han decidido encargarnos un proyecto monumental, único en el mundo, una comunidad experimental para convivir en medio del desierto con características muy novedosas. Dijeron algo de arquitectura fractal, y de que todas las formas responderían a la geometría sagrada y serían de color naranja. ¿Tú sabes de qué se trata? No importa si no me contestas pronto, yo me pondré a investigar ya mismo. El hecho es que nos dejaron un fuerte anticipo para que ya nos pongamos a trabajar. Morgana, eres una leona en los negocios, te felicito. ¿Cómo lograste que nos entregaran esa suma sin siquiera haber firmado el contrato? Estarás loca pero no tanto, te felicito y me quedo más tranquilo. De todas formas, te he depositado la mitad. Corresponde. Tú hiciste tu parte, yo haré el resto. Los dólares ya están en tu cuenta. Haz con ellos lo que quieras. Pero, por favor, Morgana, cuéntame por dónde andas. Te quiero. Robert."

Partimos desde Guatemala al día siguiente. Hicimos un día de escala en Miami, paseamos por la zona donde están los mejores exponentes de la arquitectura art déco, tomamos café fashion, nos bañamos alegremente en aguas donde se sospecha que hay tiburones, nos reímos de todo y de todos. La vida tenía un sabor dulce y despreocupado. ¿Por qué hacerme preguntas? Sitael tenía razón. El vuelo siguió luego a Londres. Debíamos gestionar allí las dos visas en la embajada de la India. Sentados entre una multitud de personajes con turbantes y ojos negros como carbones, nos sonreíamos embelesados, disfrutando de este sorbo de eternidad. El amor tiene el absoluto poder de liberarnos del tiempo. Lo estaba comprobando. Los minutos se alargaban y parecían horas, y las horas se acortaban en minutos si estábamos juntos.

Teníamos dos días más en Londres antes de seguir viaje a la India. Los Valientes, por alguna razón tal vez estratégica, habían dividido el viaje en escalas. Aprovechando este regalo inesperado, paramos en un hostal muy loco, lleno de frikis, cerca de Piccadilly Circus. Arthur era el guía perfecto, estábamos en su territorio, Londres. La recorrimos entera en los clásicos buses de dos pisos, visitamos el Palacio de Buckingham, caminamos por las callecitas angostas bordeadas de fachadas victorianas. Y por las noches, siempre caíamos en nuestro Abismo de Amor, cada vez más profundo y más hipnótico. Nosotros nos conocíamos de otras vidas, de otras existencias, porque nos comunicábamos telepáticamente, y cada vez era menos importante lo que decíamos. Yo explotaba de felicidad.

Los Valientes se habían esfumado como por arte de magia, lo cual me resultó muy conveniente. Los amaba, pero ¿quién querría hacer un entrenamiento espiritual en medio de un romance de este tamaño? Flotábamos en una nube de amor interminable, y la vida se había vuelto dulce y generosa. Ya habría tiempo de preguntarle al cielo qué quería de mí. Ahora yo quería que el cielo me ayudara a sostener esta intensidad, sin preguntas, sin cuestionamientos.

A la noche, celebramos con dos hamburguesas vegetales y una sola Coca-Cola, que en libras era el equivalente a una cena con velas en un buen restaurante de América. Luego caminamos lentamente por las callecitas de Londres en dirección a Piccadilly, empapados por la llovizna, mareados de puro placer, sin haber probado una sola gota de cerveza. Llegamos al hostal y nos metimos en la cama zambulléndonos en el Abismo de Amor.

Nos despertó una sirena. Abrazados, miramos con dificultad la hora en su reloj fosforescente: eran las tres de la madrugada.

—¡Alerta de incendio! —gritó alguien en diferentes idiomas a través del pasillo y golpeaban las puertas como para tirarlas abajo—. Salgan pronto, no lleven nada, apúrense y bajen por las escaleras ya mismo.

Nos pusimos algo encima a tientas, las luces habían dejado de funcionar. Descendimos a toda velocidad junto con un montón de sombras que hablaban extraños lenguajes. Y en unos minutos estábamos parados en la vereda, mirando hacia la antigua fachada del hostal, sin que se viera una sola llama, ni un rastro de humo ni nada que indicara un incendio.

Los personajes que salían del interior del hostal parecían representantes de una obra de teatro. Uno rubio, casi albino, con aire noruego, se presentó en pijama con sombrero de playa, fumando un cigarrillo de marihuana. Un morocho de aspecto árabe, piel aceituna y ojos encendidos se plantó en la puerta como un dios, semidesnudo, envuelto parcialmente con una pequeña toalla alrededor de la cintura. Una pelirroja espléndida desvió todas las miradas cuando surgió desde las tinieblas de la escalera con sus cabellos larguísimos rojos como llamaradas. Estaba en ropa interior, mínima, y también de color rojo. Fumaba despreocupadamente un cigarrillo en una larga boquilla y se movía parsimoniosamente como si estuviera entrando a una fiesta.

Miré de reojo al Nómade. Impasible e inmutable como la estatua de un vikingo, observaba la escena sin que yo pudiera descifrar lo que estaba pensando. La pelirroja pasó a nuestro lado y dejó una estela de perfume oriental. Me lamenté profundamente de haber bajado con lo primero que alcancé a manotear en la oscuridad: unos aburridos pantalones cargo verde militar y una blusita sencilla. Y también presentí, más bien tuve la certeza, de que jamás conocería realmente al Nómade. Era tan indescifrable.

Del incendio, ni señales, pero avanzando por la estrecha callecita, se vio aparecer a lo lejos, tranquilizador, un enorme camión de bomberos. Impecables, organizados. Ingleses. Enfundados en sus trajes azules y con cascos dorados, en formación, estáticos y correctos, parecían haber sido enviados directamente por la Reina, listos para combatir el mayor incendio de Londres. Miraron, buscaron, investigaron, adentro y afuera, y finalmente nos arengaron a través de altoparlantes a volver ordenadamente a nuestras habitaciones.

—Fue una falsa alarma —le dijo en inglés otro vikingo a mi Nómade—. Parece que varios estaban fumando una buena cantidad de cigarrillos de hierba y los detectores de aquí son muy sensibles. Creyeron que era un incendio. Je, je. Era un incendio, pero de ideas y visiones.

Capítulo 13

TRIVANDRUM

Dos días después, el avión aterrizó suavemente en el aeropuerto de Kuwait, que estaba repleto de árabes con velos a cuadros y túnicas blancas. ¡Estábamos en nuestra salsa! Luego de una larga escala de varias horas durmiendo en los bancos del aeropuerto, hicimos conexión con el avión que nos llevaría a Trivandrum, el punto más al sur de la India, nuestro punto de partida. Habíamos arribado exactamente en la fecha del Holi, el festival de los colores que me habían descripto los funcionarios de la embajada en aquella memorable fiesta del hotel Isabel. Desde allí, quién sabe a dónde nos llevarían los mensajes de los Valientes. Pero ya lo habíamos decidido. Trataríamos de vivir en los trenes. Era una opción fabulosa para que los fondos durasen mucho más tiempo, tal como nos habían revelado unos aventureros australianos que volaban con nosotros.

Era la madrugada. Esa tierra tantas veces soñada se hacía realidad ante mis ojos a medida que el avión descendía. Todavía no se distinguía el mar, ni los pueblos, ni las montañas. Pero cuanto más nos acercábamos a la India, más me sentía flotar. Descubrí una extraña percepción en mí, una visión oceánica, profunda. Y ese amor loco también había contribuido a que se me despertase esta percepción expandida. Arthur había logrado que yo cerrara completamente mi mente y abriera mi corazón sin medir riesgos. Tal vez, por primera vez en mi vida.

—El traspasar los propios límites nos lleva a algo más grande y nunca hay que tener miedo de perder la cabeza. En realidad, es recomendable perderla, porque el instinto nos protege más que cualquier razonamiento —dijo de pronto la Buscadora Espiritual reapareciendo de la nada—. ¿El Nómade habrá saltado a este nivel? —siguió insistente.

—No lo sé, pero estoy segura, totalmente convencida, de que él también está envuelto en esta arrasadora pasión. Vete, Buscadora, no te necesito por ahora; estoy siguiendo a mi corazón. Por primera vez en mi vida y sin preguntarme nada. Y me encanta. Vete.

El avión se detuvo. Viajero experto y perfectamente organizado, el Nómade ya estaba bajando las pequeñas mochilas de mano, buscando los tickets para retirar las mochilas grandes y pensando dónde cambiar rupias. Lo observé con curiosidad. Sus movimientos eran precisos, nada de menos, nada de más. Su eficiencia inglesa estaba grabada en sus genes y él ni siquiera debía hacer un esfuerzo para que las cosas se organizaran, una tras otra, en el orden exacto y como por arte de magia. Por fin, se abrieron las compuertas del avión. ¡Estábamos en la India!

Avanzamos lentamente por el pasillo para pisar muy pronto tierra firme, rodeados de turistas ingleses, españoles, franceses, alemanes. Todos igualmente emocionados. Cada vez que yo miraba al Nómade, flotaba de felicidad. Preparé el pasaporte y empecé a llenar el formulario de migraciones con bastante dificultad. Estaba mareada de vida.

—Recién llegamos a la India, hace tres semanas que nos conocemos y nos movemos con la coordinación de un matrimonio de veinte años. ¿Qué te parece? —comentó seductor.

Me derretí como un helado de vainilla. Había pronunciado las exactas y fatales palabras que hacen tambalear a una mujer enamorada, en cualquier circunstancia. Al salir del aeropuerto, una oleada de aire cálido nos dio la bienvenida. Las mujeres vestían saris de colores, cubiertos de oro. Los hombres llevaban extraños turbantes blancos. Todos los ojos eran de color negro carbón y brillaban como misteriosas estrellas.

—A la estación de trenes —ordenó Arthur.

El taxista partió sin decir palabra. Nos sumergimos en la noche, respiré hondo. El viento cálido nos envolvió en una oleada de perfumes de jazmines, especias, mar. Al salir de la ruta, el taxi pasó por un pequeño pueblo. El viento ahora trajo una profusión de mantras hipnóticos, dulces, profundos, que se nos metían debajo de la piel. Los conocía: Om Namah Shivaya. Om Namah Shivaya. La India ya nos estaba entregando sus sagrados tesoros.

El tren a Trivandrum salía en quince minutos. Las instrucciones que Sitael me había dejado no eran muy explícitas: tenía que buscar una fogata que quemaba los demonios. No me había atrevido a comentárselo al Nómade. Sólo le dije que era conveniente empezar nuestro viaje por ese lugar, ya que estaba situado en el punto más al sur de la India. Compramos los pasajes y nos quedamos en la estación, al borde de las vías, para esperar el tren. El andén estaba repleto. Nos paramos en medio de un centenar de hindúes, vestidos de blanco y con turbantes. Sin excepción, todos acarreaban bultos y cajas que podían incluir cualquier contenido. Las mujeres llevaban los tradicionales saris de seda, con lentejuelas y fuertes colores vitales. Si eran de una casta más alta, como lo había leído, estaban cubiertas de anillos, colgantes, aros, pulseras y cadenas de oro.

Abriéndose paso entre el gentío, un mendigo vino caminando directamente hacia nosotros. Tenía la piel completamente cubierta de un eccema aterrador. Apurados por evitar su contacto, la mayoría de las personas le daban unas rupias con tal de que se alejase. El horror era más fuerte que la pena. Y él lo sabía. Por eso extendía su mano cubierta de enormes y rojizas ampollas con total seguridad y la sostenía desafiante ante cualquier mirada que osara dudar de entregarle una limosna. Yo me escondí, cobarde, detrás del Nómade. La India recién estaba empezando. Debería fortalecerme. Me avergoncé de mí misma. Pero, aún escondida, no podía dejar de observar a mi alrededor, abstraída por esos ojos tan negros, tan profundos, tan antiguos. Ellos casi ni advertían nuestra presencia. Los turistas éramos parte de su paisaje cotidiano.

—En la India estaremos en alerta permanente y en éxtasis continuo —le revelé al Nómade—. Lo sé.

—Sin duda alguna, pero sal ya detrás de mi espalda y enfrenta la vida.

El tren partió tranquilo. Poco a poco fue tomando más y más velocidad mientras por la ventanilla aparecían templos, aldeas, palmeras, vacas, procesiones, elefantes… ¡Un paraíso para aventureros como nosotros!

—Bajaría en cada estación y me quedaría a vivir en cada aldea, por lo menos, un mes —le confesé a Arthur embriagada de amor—. Todavía no puedo creer que estemos aquí. Ni puedo creer que todavía sigamos juntos, y que este anhelo de siempre estar cerca sea tan fuerte.

—Yo tampoco.

—Brahma, Shivá, Vishnú, ¡escúchenme! —susurré por lo bajo—. Me postro ante ustedes ahora mismo y les suplico que el reloj se haga lento. Que el tiempo se detenga y que cada hora se multiplique por mil. Ganesha, ¡oh, Ganesha!, tú, poderoso dios elefante, te ruego que avances delante de nosotros y demuelas todos los obstáculos que osen interferir en nuestro amor.

De pronto, sentí que alguien me estaba observando. Abrí los ojos lentamente y me encontré con su mirada negra como la noche clavada en mí. Me traspasó con un fuego abrasador, la piel se me erizó y me quedé sin aliento desviando la mirada. Su cabello era de un color indefinido, largo y desordenado, vestía una túnica naranja y su frente estaba marcada con tres líneas de color rojo sangre. Me di cuenta de que las personas que pasaban a su lado se detenían, se inclinaban en silencio y seguían caminando por el pasillo. El aire parecía vibrar a su alrededor, su aura era como un halo que lo envolvía todo e incluía a todos en él.

—Tal vez estemos sentados frente a un Sadhu —musitó el Nómade en mi oído—. Si es así, estamos con un hombre santo que ha abandonado todas sus pertenencias.

—Sí, es uno de ellos —le confirmé en un susurro sin atreverme a levantar la vista y volver a mirarlo a los ojos—. Tiene las marcas rojas en su frente y lleva una túnica de color azafrán, que corresponde a los Sadhus jainistas. Sé que son viajeros eternos, sin hogar, que rechazan todo arraigo y apego, que viven en soledad y sostenidos por limosnas. Van de aldea en aldea irradiando luz. Somos muy afortunados por habernos cruzado tan pronto con uno de ellos.

—¿Qué más sabes sobre estos hombres santos? —preguntó el Nómade deslumbrado.

—Este estadio de verdadera santidad es alcanzado por unos pocos y corresponde a un elevado nivel de evolución, el cuarto en la vida de un hombre. En primer lugar, está la etapa del estudio: deben alcanzar el yoga, la unión del cuerpo con el ser cósmico, y sumergirse en el estudio de los vedas —seguí mirando el piso y hablaba en voz muy baja, sin moverme—. El segundo nivel corresponde al del patriarca. Allí aprenden todo sobre la vida, sobre el amor, el sexo, los placeres y las responsabilidades terrestres. Las familias buscan una joven virgen y se arregla el matrimonio. Luego vienen los hijos y se constituye una familia. Pero la evolución no termina aquí, como para nosotros, los occidentales. A este estadio sigue el tercer nivel, el del asceta —el Nómade me miró embelesado.

—No sabía cómo se llega a Sadhu. Pensé que era una decisión repentina, simplemente salir a recorrer los caminos, a vivir la vida sin pesos ni obligaciones con el sistema. Como lo que a mí se me ocurrió hacer. Una vida muy romántica, a mi manera de ver, pero para la que hace falta prepararse. Por algo mi apodo... Pero ¿de dónde sabes tú todo esto?

—Hace tiempo sueño con conocer la India, y una manera de hacerlo, cuando no puedes concretar el viaje hacia algún lugar que te fascina, es estudiando sus costumbres y, sobre todo, su cosmovisión —le respondí sonriendo con levedad.

—Cuéntame más... —me pidió mientras observaba al Sadhu, que estaba con la mirada perdida en el horizonte.

—El patriarca delega, entonces, toda la responsabilidad de la familia en su hijo mayor y él se dedica a estudiar los santos libros. Se desliga de la vida cotidiana y se aleja de todo lo mundano, es decir, se retira de su vida anterior y se queda un tiempo, generalmente un año, viviendo con su maestro o gurú. Ésta es la tercera etapa, la del asceta o ermitaño. Después de un tiempo, salen otra vez al mundo, como nómades, peregrinos. La cuarta etapa. En ella buscan la iluminación. Siempre se mueven, duermen en templos, en bosques, en las calles, y se sostienen con la beneficencia, la caridad de quienes se cruzan con ellos en los caminos de la vida.

—¿Como nómades? —preguntó sumamente interesado.

—Sí, ellos consideran que es fundamental moverse, cambiar de lugar. Nunca permanecen en un solo sitio por mucho tiempo, ya que saben que moverse mantiene al cuerpo vivo y despierto, y al alma alerta. Mientras que, al quedarse en un solo lugar, se vuelven cómodos y miedosos, además de sedentarios.

—¿Nunca se detienen?

—Sólo por cuatro meses al año, en la época de los monzones. Y en ese tiempo se dedican a sostener espiritualmente a la comunidad que los aloja, viviendo con lo mínimo. Llegan al desapego total, el de quien lo ha abandonado todo, incluso todos los afectos para vivir en el nivel de conciencia llamado santidad.

—Me fascina esta visión —susurró Arthur—. Debo de haber sido Sadhu en mi vida anterior, por eso me atrae vivir como un nómade.

—No creo que hayas sido Sadhu, sinceramente. Te falta mucha compasión —él se sonrió divertido—. Después de un tiempo considerable de comprobar a través de la práctica que es posible vivir sostenidos sólo por Dios, se transforman en Sadhus, hombres santos a quienes se puede pedir orientación y consejos. Hay todavía Sadhus hoy en día en la India, y hemos tenido la gracia de encontrarnos con uno de ellos. Por lo que sé, también hay sadhvinis, mujeres renunciantes. Se pelan la cabeza, son como verdaderas monjas. Las que pertenecen a una tendencia radical, con la secta digambara, andan semidesnudas, sólo con un cuenco de agua y con abanicos de plumas de pavo real para barrer los seres microscópicos vivos en los lugares donde se sientan. No los quieren matar por descuido. Ellas reverencian todas las formas de vida.

—¿A qué religión pertenecen?

—La mayoría, a una doctrina llamada jainismo, aunque los hay también vishnuistas. Se los llama renunciantes.

—¿Qué es el jainismo? No sé nada de esta religión.

—Sé que el mahatma Gandhi se inspiró en el jainismo y recuerdo que uno de sus principios era la humildad. Decía que uno debe ser tan humilde como el polvo para descubrir la verdad. Tan humilde y esencial como estos hombres santos, que él conocía muy bien.

—Shhh —dijo el Nómade—. Calla, se está levantando…

Se paró erguido en su imponente estatura, justo delante de nosotros, y nos miró fijamente a los dos. Le sostuvimos la mirada con dificultad y respeto: era como una brasa ardiente que quemaba todas las tonterías mentales que siempre llevamos encima. Contuve la respiración, esta vez, sin desviar mis ojos de los suyos. El tiempo pareció detenerse, tal como se lo rogué a los dioses. Y entonces, juntando sus dedos índice, medio y pulgar me tocó el entrecejo y murmuró unas palabras que no comprendí. Hizo lo mismo con el Nómade. Luego simplemente se alejó por el pasillo sin mirar hacia atrás.

Medio mareados, como dos zombies, nos levantamos al mismo tiempo para seguir al hombre santo. El último destello de su túnica naranja desapareció al entrar en el vagón vecino. Corrimos para alcanzarlo, pero no había rastros de ningún Sadhu, ni en el vagón vecino ni en el siguiente, ni en el otro, ni el otro. El tren corría a toda velocidad por los antiguos rieles ingleses sin intenciones de detenerse y nosotros también corríamos como locos por los vagones buscando al Sadhu. Nada. El extraño ser se había evaporado como por arte de magia.

Volvimos a nuestros asientos sin poder articular una sola palabra. El hombre santo nos había transmitido, a través de ese gesto mágico, su insondable silencio y el atisbo de una profunda paz. Una paz desconocida, visceral, bendita. Jamás la había sentido. Era una felicidad absoluta y lo penetraba todo.

Capítulo 14

LA PROCESIÓN DE ELEFANTES

Llegamos a Trivandrum. Era una India diferente. Ayurveda, más ayurveda y ayurveda. Clínicas, enormes hospitales donde todos los pacientes son tratados con medicinas de hierbas. Allí una farmacia occidental sería casi ilegal, una ofensa, o una vergüenza.

Era extraño que Sitael me hubiera enviado aquí, pensé divertida. No me sentía en la India, pero Trivandrum nos envolvió enseguida en su encanto. Tal vez era el sitio ideal para evitar el primer choque cultural que se espera tener al llegar a este país tan extraño y mágico. Esta aldea turística estaba frente al mar, y tenía una onda relajada e informal, con bungalows, pequeños restaurantes, tiendas rústicas. Y en esta India suave y semioccidental, arrullados por las olas del océano, los defectos y las debilidades de cada uno se dulcificaban y disolvían. Habíamos empezado a tocar el alma del otro, hasta llegar a profundidades abismales que la mente no alcanza. Era algo que iba más allá de las diferencias culturales, de las diferencias del idioma, de las vivencias, de los estudios espirituales. Algo que iba más allá de todo eso y que ninguno de los dos podía manejar, ni dominar, ni reconocer, porque jamás nos había pasado.

Mientras tanto, la India nos envolvía lentamente en sus ensueños milenarios. Allí todo podía suceder, y no había necesidad de explicarlo. Todos mis temores se habían esfumado. Los desbordes con el alcohol habían desaparecido. Arthur era cariñoso, dulce, masculino, protector. Paramos en un hotelito simple, con el estilo de los años cincuenta, ubicado en medio de un enorme jardín con palmeras. Por unas pocas rupias, nos dieron una enorme habitación de techos altos, decorada con telas, tapices y lámparas antiguas.

Los días pasaban tranquilos, muy tranquilos: playa, cenas vegetarianas, tiendas de ayurveda, masajes de ayurveda, gotas de ayurveda. De la fogata, no tenía ni noticias, y menos de los demonios. Éste parecía ser un lugar sólo habitado por ángeles. Por momentos, sentíamos que estábamos más en San Francisco que en la India. Parecía un enclave new age, excepto por los brillantes colores de los saris, los rezos mántricos que resonaban en la aldea durante la noche y el llamado a oración de los musulmanes hacia la madrugada.

En uno de los atardeceres junto al mar y mientras sorbíamos lentamente un jugo de frutas mirando cómo las palmeras se mecían con el viento, por primera vez, noté que la tranquilidad ponía muy nervioso al Nómade. Ese personaje equilibrado, sabio, confiable que me había inventado empezó a resquebrajarse un poco. Me contó de su adicción a la adrenalina, al vértigo, al movimiento perpetuo y a la inestabilidad. Era su forma de vida, simplemente una elección propia.

—Me resulta intrigante esta decisión tuya de estar de paso en todas partes, Arthur.

—Es una característica de los nómades modernos, y es también síntoma de formar parte de una cultura que no concibe natural el hecho de quedarse, de detenerse, y por eso impide sentir una sola cosa en profundidad, sin distracciones —dijo distante.

Me estremecí. Yo sí sentía una sola cosa en profundidad, sin distracciones: me concentraba totalmente en él. ¿Sería eso bueno? No podía evitarlo. Estaba demasiado pendiente de él. Y sin que me hubiera dado cuenta, desde que estábamos juntos, yo asumí la titánica tarea de ahuyentar todas las sombras, todas. Las mías y las de él también. Compartía siempre mis reflexiones con él, hacía comentarios, le daba consejos, observaba sus estados de ánimo. Es un trabajo pesado si lo asume solo uno, me confesé a mí misma mientras reflexionaba, sin abrir la boca. ¿Estaría bien detectar la más leve señal de malestar del Nómade? Nunca me había pasado esto con nadie. ¿Estaría cumpliendo una misión espiritual con él? ¿Debería ser siempre su sostén emocional? Él parecía tener las emociones bloqueadas por tantos años de escape permanente. Sentía que dedicaba enormes dosis de energía para enseñarle a este nómade y rebelde trotamundos cómo es quedarse y sostener un amor y no huir. Sus silencios eran más inquietantes que sus palabras filosas y precisas. Continuaba yo con mis reflexiones, sin poder parar. Mientras tanto, el Nómade miraba fijamente el mar con esa expresión indescifrable que lo hacía más y más atractivo.

Lo miré de reojo. Me bloqueaba por completo cuando lo miraba. No podía pensar. Esto me preocupaba un poco. No tenía nada que ver con entregar el mando al corazón, ya lo estaba haciendo. El tema era que la mente quedaba anulada, y tal vez esto no era bueno. Éste era un amor apasionado e irracional, nunca había sentido nada así. ¿Qué hacer? Estaba entrando en una dependencia aterradora. Enredarme en este amor perturbador y loco, en nada parecido a mis anteriores experiencias, hermosas pero, al fin y al cabo, siempre bajo control, me empujaba a otro nivel, a otra vibración, desconocida. Seguía pensando y pensando a toda velocidad. Qué hermoso que sería poder simplemente estar con alguien que no cambia, que es leal, que comprende. Recordé las palabras de la gitana: el amor no es de esta tierra. Tenía razón. Me parecía estar flotando en una nube. Miré al Nómade. La brisa hacía ondear sus cabellos rubios, largos y enrulados como los de un vikingo. Y su perfil nórdico… ¡Ahhh! Era tan perfecto. Jamás había sentido esta fascinación. Me bastaba mirarlo para sentirme completamente feliz. Sitael, los embajadores, el maharajá, María, Guatemala y el guardián de la Fuerza eran recuerdos lejanos. El Nómade lo abarcaba todo, no había espacio para otra cosa. Encendió lentamente un cigarrillo sin dejar de mirar el horizonte, mientras yo no dejaba de mirarlo a él, cada vez más aturdida.

Sin embargo, Arthur no me miraba. Él parecía admirarse a sí mismo, estar ensimismado en él, él, él, y su situación, rondando y elucubrando quien sabe qué pensamientos que cada vez crecían más hasta ocupar toda la playa y meterse mar adentro. Lenta, inexorablemente, se me fueron borrando todos los pensamientos propios. ¡Esto era alarmante! Estaba completamente embobada con él, en un estado —como yo lo llamaba— de helado de vainilla, por la facilidad con la que me derretía. Un bochorno. Arthur, en cambio, parecía estar muy consciente y bajo control.

—Sé de qué huyo, pero no sé qué es lo que busco, Morgana. Ni sé realmente hacia dónde ir —murmuró mirándome fijo—. Desde mi lugar de periodista, lucho contra las injusticias del mundo, pero el sistema es tan omnipresente que yo mismo dudo si tiene sentido la denuncia a la manera clásica. No sé, Morgana, no sé cuál es el camino para no perder la libertad.

Volví en mí saliendo del embobamiento y traté de recuperar el control. Pero lo único que salió de mi boca fue:

—Yo tampoco lo sé.

—El mundo parece encaminarse hacia la terrible organización de un gran hormiguero. Las hormigas son la única especie animal que esclaviza a sus semejantes. ¿Hasta cuándo podremos tomar nuestras propias decisiones? El mundo está más y más controlado, ya no se puede respirar. Tengo miedo de explotar de indignación. Tengo miedo de que los demonios del mundo astral me rapten a sus reinos de alcohol y evasión, no quiero ver lo que está aconteciendo con el mundo, Morgana.

—¿Y el mundo espiritual? ¿Nunca se te ocurrió pedir al cielo que intervenga en tu vida? —le pregunté algo repuesta.

—Sí, busqué y busqué por todos lados, con una mente racional, por supuesto, no quiero caer en facilismos y en fantasías. Estudié bastante los principios fundamentales de las religiones tradicionales. Conozco las oraciones, las practico a veces, pero no pude saltar la barrera que separa el Cielo de la Tierra, no sé cómo conectarme de verdad con la Luz.

—Yo estoy en la misma búsqueda, Arthur, te lo aseguro. Y sé que no nos conectamos con la divinidad sólo adquiriendo conocimientos teóricos. Hay que lanzarse a la vida y a las experiencias, y corregir nuestras conductas, fortalecer nuestros principios, en fin, parecernos más a los ángeles, volvernos más puros, más buenos. No te conectarás con lo divino solamente acumulando información. Mis másters en distintas corrientes new age lo atestiguan.

Me sonrió, lo sabía. Pero no podía vencer esa barrera intelectual todavía. Y el mundo lo preocupaba demasiado. Respiré hondo y me encogí de hombros. No quería pensar en el mundo en estos momentos, pero Arthur lo ponía delante de mis narices como si la rebeldía política, la conciencia social pudieran darle las únicas respuestas a su angustia existencial. Y peor, como si el escape al mundo astral fuera una solución. Mi embobamiento cedió un poco, pero no tanto. Estaba tentada de contarle algo sobre los Valientes pero me controlé.

—Hay una ceremonia de quema de demonios por aquí. Tal vez te interese quemar algunos.

El Nómade me miró muy serio.

—¡Tengo tantas penas para tirar al fuego, Morgana! Ojalá que este fuego hindú pueda hacer arder esos demonios que me atormentan.

Lo mire un poco aterrada. Yo quería sostener a toda costa una imagen principesca, británica, protectora y aventurera del Nómade, pero lo veía sufriendo bajo el dominio absoluto de la mente, como muchos europeos.

—¿Qué demonios son los que te atormentan exactamente? —pregunté con sigilo.

—La desorientación. Esclavitudes diversas. Un marcado escepticismo. Cierta ambigüedad en mis principios. La costumbre de escaparme de todo y de todos ante la primera confrontación. Y el peor demonio de todos: siempre escaparme de mí mismo.

—Los conoces muy bien.

—Eso no les quita poder, Morgana, pero me ayuda a reconocerlos cuando se están acercando. Ya aprenderé a domarlos, algún día —dijo sonriendo seductor.

—Gracias por tu honestidad —le contesté algo inquieta—. Yo no conozco tan bien como tú a mis demonios.

—Mal hecho, Morgana. Ellos se especializan en esconderse. Y son expertos en el autoengaño. Quién sabe, tal vez puedas agarrar a alguno de ellos del cuello y arrojarlo a esa famosa hoguera de una vez. Pero ya hablamos demasiado, ¿no te parece?

Mire al Nómade de reojo. Las confesiones habían terminado, y él se había vuelto otra vez fuerte e inmutable. Impenetrable. Impecablemente inglés.

—Procesión. Procesión. Procesión.

Una decena de jóvenes indios pasaron corriendo por la playa agitando las manos y gritando en inglés. Los turistas se miraban desorientados, hasta que un americano con aspecto de hippie de los sesenta, con una larga trenza gris y una vincha roja, nos reunió en un círculo en la playa para darnos información.

—Se está acercando una procesión de elefantes, nos acaban de avisar los muchachos. Esta noche es la noche previa a la luna llena, los elefantes marchan demoliendo simbólicamente todos los obstáculos que nos detienen en nuestra vida. La sagrada festividad de Holi ha dado comienzo.

Los turistas preguntaban y preguntaban todos juntos, sin dejarlo hablar.

—¿De qué se trata? ¿Qué tenemos que hacer? ¿Es seguro participar?

—Esta noche, cuando salga la luna, se quemarán los demonios —dijo con aires expertos.

Era la señal. Contuve el aliento.

—Y mañana es el día de la Fiesta de los Colores —siguió gritando el hippie para ser escuchado en medio de la algarabía generalizada. Se había juntado casi una multitud en la playa—. No se la pierdan, les recomiendo untarse la cara y el cuerpo con aceite de almendras para evitar que los colores se fijen en la piel. Holi es imperdible. Pero ahora hay que llegar a la procesión cuanto antes. Viene por ese camino de tierra, detrás de las palmeras. Es una procesión de más de cien elefantes ataviados con los más ricos mantos que se puedan imaginar. En unos minutos el camino estará completamente bloqueado con una multitud que va en busca de la procesión. ¡Vamos ya!

Corrimos hasta el hotel para ponernos unos jeans, en unos minutos estuvimos listos.

Capítulo 15

LA QUEMA DE LOS DEMONIOS

—Procesión. Procesión. Procesión —seguían gritando en inglés los hindúes corriendo desordenadamente entre las palmeras en dirección al camino haciéndonos ampulosas señas con las manos.

Los seguimos. Cuando llegamos, ya se habían apostado allí cientos de asistentes. Nos abrimos paso entre mujeres, engalanadas con saris ricamente bordados en oro, atravesando un mar de velos violetas, rojos, verdes, azules, naranjas. Y preciosas niñas adornadas con coronas de flores rojas en sus cabezas portando bandejas ricamente decoradas con frutas y flores con ofrendas para los dioses. Nos acomodamos expectantes al borde del polvoriento camino de tierra, a último momento. Un fuerte retumbar de tambores anunciaba el acontecimiento. Una procesión de unos cien hindúes, de turbantes blancos y torsos desnudos se hizo presente avanzando a paso marcial, con coronas de flores alrededor de sus cuellos oscuros y miradas perdidas en quién sabe qué ensueños.

—Las miradas de los hindúes no son de esta tierra —musitó el Nómade hipnotizado por aquella visión.

—Ya lo creo.

Los seguía una enorme carroza habitada por dioses que movían los ojos y giraban sus cabezas como enormes muñecos místicos. Shakti, Ganesh, Sarasvati. Los fui reconociendo uno a uno y nombrándoselos al Nómade, que me miraba admirado. Los hindúes se inclinaban a su paso en señal de profundo recogimiento y entonaban cánticos devocionales, pidiendo gracias y favores. Los dioses seguían girando sus cabezas en todas direcciones, activados por mecanismos secretos, mientras las niñas arrojaban flores a su paso. Era una visión entre enternecedora y naif, mezclada con una sensación de misterio, siempre presente, cada vez que nuestros ojos se cruzaban con esos ojos hindúes, abismales y milenarios.

Otra procesión de tambores irrumpió en la calle, ellos iban todos vestidos de rojo y hacían sonar a su paso grandes campanas de bronce y otros instrumentos que yo no conocía. Pasaron orgullosos, con expresiones majestuosas. De pronto, todos se quedaron en silencio observando el camino. No volaba ni una mosca, sólo escuchábamos el sonido apacible de las hojas de las palmeras ondeando en el viento.

—¡Mira… allá vienen!

Una imponente procesión de elefantes ricamente adornados con largos tapices rojo sangre, piedras, cadenas doradas, flores en su entrecejo avanzaba lentamente por la calle de tierra. De pronto la tierra pareció temblar. Allá venían, era una compacta manada de enormes elefantes grises. La hilera era de cinco en cinco, y a los costados de las bestias marchaban escoltas, ataviados con enormes turbantes violetas. Parecía ser una visión de otro tiempo, de otras épocas, de otros mundos ya perdidos. Yo sabía que los elefantes eran manejados con palabras secretas por conductores especialmente adiestrados desde niños. Los domadores venían de generaciones y generaciones familiares, y existían sólo en ciertos lugares secretos de la India. Ellos eran los únicos que conservaban las claves para comunicarse con los animales. Allá iban ellos, manejando a los elefantes con susurros, sentados en las alturas sobre sus cabezas. Mientras tanto, los grandes maharajás venían sentados en ricos baldaquinos rojos y dorados que lanzaban miles de destellos iluminados por la luz del sol. Se balanceaban ondulantes sobre los lomos de las bestias, al ritmo de sus pesados pasos, creando un espectáculo deslumbrante, magnífico. Todos sus jaeces simulaban ser de oro macizo, como lo habían sido en otros tiempos, así como los pesados brazaletes en las cuatro patas y las cadenas que colgaban de las orejas.

—Arthur —susurré en su oído—, los elefantes han sido el medio de locomoción favorito de los príncipes y de los maharajás. Y son considerados símbolos del orden cósmico, pilares del Universo, el sostén del Cielo y de la Tierra.

—Qué fascinantes son —dijo conmovido.

En ese momento, y al unísono, como siguiendo una orden invisible que nadie había dado, comenzaron los hipnóticos cantos mántricos.

—Jamás he escuchado a cientos de seres cantando juntos, como una sola voz.

—Son cantos en honor a Ganesh, el dios elefante.

La imponente caminata de las bestias prehistóricas abriéndose paso entre la multitud de rostros y ojos oscuros, las palmeras que seguían ondeando con el viento, los suaves cánticos devocionales mezclándose con el sonido de las olas del mar cercano, y el calor del cuerpo del Nómade abrazándome, era lo más parecido al paraíso. Un vaho de incienso y de pachuli nos sumergió en una ola seductora y mágica. Nos fundimos en ese mar de ensueños y perfumes sensuales y sagrados. Mareados de amor, arrullados por los cantos y abrazados, seguimos viendo desfilar ante nosotros, como en un sueño, más de cien elefantes sagrados. Todos los tiempos se fundieron en un solo tiempo.

Y estoy segura, en ese preciso momento probamos juntos un pequeño sorbo de eternidad

Después de quién sabe cuánto tiempo, pasó el último elefante sagrado y tras él los escoltas haciendo sonar sus tambores. Y tras ellos, todos y nosotros también, siguiéndolos hipnóticamente, casi en trance. Avanzamos tal vez unos mil metros por el camino de tierra, ya se había hecho de noche, y la oscuridad era casi total. La procesión de elefantes dobló en un recodo del camino y nosotros seguimos alegremente caminando en medio de la multitud, sin saber hacia donde nos dirigíamos. De pronto una enorme fogata se recortó en llamas en un descampado cercano. Todos doblaron al unísono, como siguiendo una misteriosa consigna y se sentaron en un gran círculo, en varias filas paralelas alrededor del fuego. Parecíamos formar parte de un enorme organismo, y así era. Sentí que los acontecimientos míticos nos unen en una totalidad que nos contiene y fusiona, y cualquier ceremonia milenaria como esta, tan antigua y tan auténtica nos hace entrar en un estado de trance donde desaparecen las individualidades, las historias personales, los idiomas y las edades. La marea nos llevó sin esfuerzo depositándonos suavemente al borde de la hoguera, detrás de unas dos filas de hindúes sentados en posición yogui, meditando en silencio.

Respiré hondo mirando a las estrellas que allá arriba brillaban impasibles en el oscuro y deslumbrante cielo de la India. Cerré los ojos dejándome llevar por los cánticos que poco a poco iban subiendo de intensidad. Cuando los abrí, el Nómade había desaparecido. Lo busqué entre los meditadores, no estaba. Miré a mi alrededor, tampoco. Volví a insistir buscándolo con la mirada entre los rostros oscuros y los turbantes blancos, esperando ver aparecer sus cabellos rubios y sus ojos azules, nada. Me encogí de hombros resignada. Ya aparecerá, me dije prestando atención a los cánticos que ahora claramente repetían un solo mantra… Prahalda. Prahalda, Prahalda.

—¿Quién es Prahalda? —me pregunté en voz alta.

—La invencible fuerza del bien —contestó alguien a mis espaldas.

Me di vuelta. Los miré uno por uno, pero nadie reaccionó. La compacta fila de hindúes estaba en otra dimensión, algunos oraban con los ojos cerrados y otros miraban fijamente el fuego.

—Prahalda tiene muchos secretos para ti. ¿Quieres escuchar su historia?

—Sí —susurré mirando el fuego—. Seas quien fueres, adelante. Te escucho.

Me quedé inmóvil, respirando apenas. Esta vez, sin darme vuelta.

—Había una vez un niño hermoso y radiante. Hete aquí que por coincidencias inexplicables del destino el niño había nacido en una familia de Assuras. O sea, de demonios. Tanto sus progenitores como todos sus parientes eran todos potentes diablos. Su padre, el temible rey-demonio Hiranyakashipu, reinaba bajo las leyes del terror y el abuso en un vasto territorio de la antigua India, instalando el miedo y el desánimo por doquier. Él aborrecía sobre todo al dios Vishnú, el preservador, el bondadoso, ya que él era justo lo opuesto. Es importante saber que según los antiguos textos del Padma-Purana, la literatura escrita del hinduismo, Vishnú es el principal dios de la tríada sagrada. ¿Sabes quiénes forman esta tríada?

—¿Brahma, el creador, Shivá, el destructor, y Vishnú, el preservador? —susurré mirando el fuego.

—Así es el conocimiento superficial —dijo la Voz—, pero hay un secreto que pocos conocen. Vishnú es en realidad el

Creador, el Preservador y el Destructor al mismo tiempo. Cuando él decide crear el Universo, se divide a sí mismo en tres partes: la derecha estará destinada a crear, y así nace Brahma; la izquierda estará destinada a proteger y preservar su creación, y Vishnú se pone en este lugar. Pero hace falta una tercera fuerza que pueda destruir todo lo superfluo, lo agotado y lo malo, y entonces él mismo se divide en dos partes. Una sigue siendo Vishnu, y la otra se transforma en Shivá, el destructor. Este relato nos enseña que la Luz se manifiesta en varios aspectos, pero es en realidad una sola, los tres aspectos de la Luz original, o sea de Vishnú, son una sola cosa, una unidad. Nosotros interpretamos lo que nos sucede en forma limitada, pero tanto la creación como la preservación y la destrucción de lo que ya no sirve son Luz. Lo que no es Luz es todo aquello que da miedo, divide, crea fragmentación, odio, separación. Y debes saber que todo aquello que no es Luz, es un demonio, un Assura. Es importante que vayas reconociendo qué demonios alojas en tu vida para poder echarlos al fuego en esta noche santa, porque en esta noche sagrada ellos serán quemados en el nombre del Señor Vishnú, el Supremo.

Los hindúes redoblaron sus cantos mántricos. De pronto la Voz calló, y los mantras se acallaron también. Un misterioso silencio se instaló alrededor de la fogata. Todos parecíamos haber quedado suspendidos de un hilo. Todos contuvimos el aliento.

—En unos instantes deberemos reconocer a los demonios a quienes entregamos nuestro poder: la ira, la tristeza, la duda, la envidia, el desánimo, la competencia. Ninguno de estos sentimientos nos unifica, sólo nos divide y enfrenta con los otros y con nosotros mismos —dijo la Voz—. Y el pérfido Rey Demonio lo sabía muy bien y quería transmitir a su pequeño hijo, el luminoso Prahalda, como hacer crecer en si estas siniestras fuerzas. Entrenarlo en ser envidioso, egoísta, iracundo, desleal. A tales fines contrató como instructor personal a un renombrado personaje de su corte, un siniestro diablo conocido por su poder de infiltración en las mentes humanas. " Haz de Prahalda un demonio feroz —ordenó el Rey— y asegúrate de que odie a Vishnú con todo su ser. Inícialo en todos los senderos del mal, enséñale a ser desagradecido, a despreciar la Luz, a crear desavenencias y a sembrar dudas. Enséñale a ser traidor, y a no amar, ni siquiera a el mismo. Hazlo fuerte, a la manera de nosotros, los demonios, enséñale a ser insensible, feroz, intrigante, depredador. Entrénalo en ser despiadado y cruel, tu sabes como hacerlo". La educación comenzó de inmediato, y con altísima intensidad. La instrucción se dirigía sobre todo a la mente, y al Ego, tratando en varias formas de enfriar su corazón y crear en Prahalada, un ser egoísta, utilitario y desalmado. Pero los días pasaban y el instructor Assura no veía avances ni resultado alguno. Al contrario, Prahalada se volvía más y más luminoso. Nervioso y desorientado, el Assura lo ocultó ante el Rey, aterrado de no poder dar explicaciones sobre lo que estaba sucediendo y temeroso de ser castigado por ello. Hete aquí que ante cada enseñanza del demonio, Prahalada recibía la instrucción contraria directamente del Señor Vishnú. El dios lo guiaba susurrándole sus mensajes directamente al oído, y así la voz de Vishnú llegaba a su corazón, sin pasar por la mente. Y así Prahalada fue aprendiendo qué era el Bien comparándolo con su opuesto, el mal. Y dándose cuenta de que siempre podía elegir. Su instrucción avanzaba a pasos agigantados, ya que al mismo tiempo que elegía la Luz, iba conociendo las estratagemas de la sombra, volviéndose cada vez más impermeable ante ella. Vishnú le enseñó a comprender el accionar del mal, sus intentos de corromperlo, y a transformar esta circunstancia en un aprendizaje, en lugar de ser una víctima del destino.

—Esta historia me parece muy actual —dije a la Voz sin darme vuelta—. Los medios casi nos están convenciendo de que la violencia, la maldad y el egoísmo son la única alternativa.

—Muy buen paralelismo. Sigue escuchando, hay más claves. Cada confrontación era para Prahalada un nuevo desafío para sostener la Luz. Cuanto más se lo trataba de convencer en las leyes del mal, más crecía en él el deseo de sostener el bien. Finalmente el instructor comprobó horrorizado que su educación lograba el objetivo contrario. Y que a través de su instrucción Prahalada aprendía, por confrontación, a fortalecerse más y más en la Luz. Y que cuanto más conocía las trampas y estrategias que el Assura trataba de enseñarle, más fuerte se volvía. Aún más fuerte que los simplemente buenos, que ignoraban las pérfidas estratagemas de las sombras no dándoles importancia.

—Yo también era así.

—Muchos lo somos hasta que nos damos cuenta de que la confrontación nunca termina, y de que jamás podemos bajar la guardia. Finalmente llegó el día en que el rey pidió ver los resultados de tan ardua educación, y llamó al niño y a su instructor ante el trono real para que rindieran cuentas de los avances logrados. "¿Qué has aprendido, hijo mío?", preguntó el rey mirándolo con el ceño fruncido. El niño presentaba un aspecto demasiado beatificado, esto no complacía al rey en absoluto. "Me inclino en reverencia ante el venerable Señor Vishnú", dijo el niño sonriendo. "¿Cómo has dicho? ¿Dónde has aprendido esto?", vociferó el rey. "¿Qué clase de enseñanza ha recibido este niño?", gritó señalando al instructor. "Señor, jamás he mencionado su nombre, he ordenado quemar todas las estatuas de Vishnú, pero el niño repite una y otra vez que recibe enseñanzas directamente del Dios." "Que le corten la cabeza", ordenó el rey enfurecido señalando al niño. "Tú no mereces ser mi hijo. Mátenlo", ordenó a su ejército de soldados demonios. De inmediato los arqueros prepararon sus flechas y le dispararon sin piedad. Sin embargo las flechas resbalaron sobre Prahalada, quien invocaba a Vishnú por su nombre como un mantra sin cesar y sin dudar un solo segundo de su protección. "¡Sumérjanlo en las profundas aguas del océano!", decretó el rey. Así lo hicieron. Sin embargo, Prahalada emergió victorioso de las aguas, elevándose desde las profundidades marinas, invocando una y otra vez y sin cesar el sagrado nombre de Vishnú. "¡Arrójenlo al temible hoyo de serpientes venenosas que usamos para matar a los enemigos más feroces!", ordenó cada vez más furioso el demonio soberano. Prahalada invocó entonces a su dios Vishnú como Shesha-shai Vishnú: el Señor del Universo, acostado sobre Ananta Shesha, la Gran Serpiente portadora de la energía primordial. Esta serpiente gigantesca de veinte cabezas coronadas flota sobre el indiferenciado Océano de la Energía Universal, llamado Mar de Leche, y sostiene al Señor Vishnú, quien descansa sobre ella y maneja sus poderes. Quiero aclararte, Morgana, que todos podemos invocar al Señor Vishnú con el mantra mágico Shesha-shai Vishnú, cuando estamos sumergidos en situaciones venenosas y tóxicas y necesitamos ser rescatados. "¡Arrojen a Prahalada de la punta más alta de aquella montaña que ven en el horizonte!", ordenó Hiranyakashipu. Así fue hecho, pero ante el asombro de los soldados demonios, Prahalada se deslizó suavemente cuesta abajo sin recibir un solo rasguño. ¿Cómo lo hizo? Invocando al Señor Vishnú como Shalágram Shilá, en su forma de piedra sagrada, transformándose él mismo en piedra rodando alegremente por el despeñadero. Podemos mantralizar a Vishnú como Shalágram Shilá, ante situaciones sorpresivas en las que nos veamos arrojados sin aviso. Al igual que Prahalada, saldremos indemnes ante aquellos que pretendan destruirnos por sorpresa, atacándonos en forma imprevista y a traición. Finalmente, y no dándose por vencido, Hiranyakashipu convocó a su hermana, la terrible y engañosa demonia Holika, conocida por su inmunidad al fuego. "Entra en la fogata sagrada teniéndolo en tus brazos mediante engaños. Dile que allí encontrarán la bendición del dios Agni, el Fuego. Convéncelo de tu deseo de volverte bondadosa, engáñalo, envuélvelo en tus artilugios." Holika así lo hizo, pero al entrar a la fogata en brazos de su tía, Prahalada invocó a Vishnú en su forma más potente: Maha Vishnú, el Gran Vishnú, el Omnipenetrante. Él se presenta en un rincón del Vaikunthá, el así llamado Mundo Espiritual, donde se originan todas las formas y sucesos. Maha Vishnú está acostado sobre el Océano de las Causas, donde se originan todas las cosas. De su inmenso cuerpo emanan todas las vidas, todos los universos, todas las situaciones. Nada en este universo puede resistírsele, él lo penetra todo. Prahalada entró en brazos de Holika a la fogata impasible, pronunciando en forma de mantra el sagrado nombre: Maha Vishnúuuuuuu. Hete aquí que Holika ardió instantáneamente quedando consumida por la hoguera, recibiendo su castigo. De nada le sirvieron sus supuestas inmunidades, ya que ella sólo era inmune al fuego si entraba sola a la fogata. En cambio Prahalada, invocando sin cesar a Vishnú, se mantuvo intacto emergiendo del fuego sano, salvo y purificado. Puedes invocar a Vishnú con este sagrado nombre: Maha Vishnúuuuuuu mantralizándolo para quemar todos los engaños, las traiciones, para purificarte y para liberarte de los demonios.

Estaba fascinada. Recordaría estos mantras uno a uno. Deberían de ser poderosísimos, estaba segura.

—Ahora comprendes por qué esta ceremonia se llama Holika —dijo la Voz—. Nos recuerda el triunfo de Prahalada sobre todas las fuerzas oscuras que quisieron doblegarlo y la quema de la demonia y su reducción a cenizas. Ésta es una antiquísima ceremonia sagrada donde se comprueba y establece una y otra vez que el Bien prevalece siempre sobre el Mal. Siempre. Siempre, aunque a veces las apariencias muestren lo contrario. A esto llamamos "Certeza", y el más fuerte entrenamiento en esta fuerza se realiza en el Camino Blanco. Pero nosotros, los Valientes del Camino Naranja, también practicamos la Certeza, y ahora estás asistiendo a una de nuestras ceremonias más fuertes para inmunizarte ante las pruebas, querida Morgana.

—¿Los Valientes? ¿Morgana? ¡Tú eres el contacto anunciado en la India! —dije segura, dándome vuelta rápidamente. Pero sólo me encontré con los mismos hindúes, hieráticos y con los ojos cerrados que seguían inmóviles como oscuras estatuas de piedra coronadas por enormes turbantes blancos.

—Holika es una de las más atávicas celebraciones de la India. Los jainistas la conocemos muy bien. Es mencionada en nuestras más antiguas tradiciones orales —siguió la Voz, como un eco resonando adelante, atrás, dentro de mí—. La Luz es siempre más fuerte que la sombra —susurró directamente en mi oído.

¡Estas habían sido las exactas palabras que Sitael había pronunciado en el café, cuando recién nos conocimos! Sentí la loca esperanza de que tal vez, quizás, el mismísimo Sitael estuviera allí, jugando conmigo, como siempre. Mi corazón empezó a latir a toda velocidad. Sí, por supuesto, Sitael estaba allí. Me di vuelta lentamente, casi jugando, estaba segura de encontrarme con su sonrisa y sus ojos luminosos como estrellas. Pero me topé frente a frente con otros ojos, negros como carbones y oscuros como una noche sin luna

—Morgana, bienvenida a la vía de la No Violencia. Al Camino de la Paz que arroja al fuego todas las injusticias —dijo el Sadhu. Su frente estaba marcada en rojo sangre. ¡Era el mismísimo hombre santo que habíamos perdido de vista en el tren!

—¿Qui… quién eres? —balbuceé temblando.

—Soy apenas un viejo Sadhu que recorre los caminos buscando más y más paz, más y más justicia, más y más conciencia —dijo mirándome con infinita ternura e invitándome a descansar en su Luz. En la paz inconfundible de quien ha soltado las amarras del ego y navega hacia el infinito.

Extendió la palma de mano derecha en silencio. El signo de los Valientes brillaba como un sol.

—Así es, Morgana, ya nos habíamos visto en el tren. Te venimos monitoreando. Yo soy un antiguo guardián del Camino Naranja. Ven, siéntate a mi lado, te doy la bienvenida a la fiesta de los colores. Esta fogata sagrada se enciende exactamente en la noche previa a Holi, en luna llena. Ya conoces los secretos de Prahalada y su inmutable certeza en la luz. Como él, nos liberaremos de todas las estratagemas de la sombra, y esta misma noche arrojaremos al fuego los demonios que aún nos habiten —su mirada se iluminó con un intenso resplandor, como si también en sus ojos se estuviera encendiendo el mismo fuego—. Dime, ¿qué te apena? —susurró mirándome con dulzura—. ¿Qué te inquieta? ¿Qué es lo que no puedes aceptar? ¿Qué te atemoriza?

—Me aterra haber tomado la decisión de cambiar y tal vez no estar tan preparada para ello —confesé con absoluta sinceridad—. Pero me angustiaría más terminar este viaje mágico, y tener que volver al estudio. Me siento orgullosa de haber salido de la jaula de oro en la que vivía, pero no sé cómo manejarme en esta vida tan libre —dije atropellándome con las palabras—. Estoy profundamente hechizada por el Nómade. Pero me da miedo descontrolarme con él, y también a la vez me da miedo volver a dormir sola. Me apenan sus vacilaciones, sus dudas, sus prejuicios… Y me apena que él no esté aquí conmigo ahora, cómo me habría gustado que te conociera. Sin embargo, nada de esto me hará cambiar mi decisión de ser libre —dije firmemente y a toda velocidad.

—Ah, Morgana, ¿en qué laberintos estás atrapada? Hay demonios de la duda agazapados dentro de ti. Debes echar a estos demonios que te confunden. ¡Y es urgente! Tu corazón debe estar libre para vivir una vida extraordinaria. Los Valientes estamos contigo. Escúchame bien, presta mucha atención, haremos una antigua ceremonia perteneciente a la tradición védica.

Me condujo suavemente de la mano hasta sentarnos juntos en la primera fila, junto a la hoguera, entre los meditadores que seguían en trance cantando mantras. Miré alrededor, peo el Nómade había desaparecido definitivamente.

—Hoy, en Holika Dahan, entre las diez de la noche y el ascenso de la luna, dentro de algunos minutos presenciarás algo que jamás has visto. Verás una cara de la India que pocos conocen. Ahora ves a todos meditando y cantando, están preparándose para el gran momento. En unos instantes llegará Holika, la diosa oscura, quien como sabes trae en sus brazos a Prahalada, el dios niño. Ya verás lo que sucederá aquí en unos momentos. Sólo quiero aconsejarte algo. Cuando te dé la orden, baja a tus vísceras y grita.

—¿La orden de qué?

—De arrojar los demonios al fuego.

—¿Y cómo lo haré?

—Grita, Morgana, lo más fuerte que puedas, nombrando tus penas y pidiendo libertad. No pienses, sólo hazlo. Grita a toda voz. Sácate de adentro todas las trabas, vomítalas, ruge, patea, ordénales irse, sacúdete con todo tu cuerpo, golpea la tierra con tus pies, rebélate contra la congoja y las dudas. Sácate de encima todas las angustias, escúpelas, arráncatelas, nómbralas una a una por última vez y luego insúltalas.

Lo miré entre aterrada y divertida. Éste no parecía ser un hombre santo, pero yo sabía que lo era.

—¿Insultarlas? —murmure.

—Tal como lo harán los hindúes. Shhhh —el Sadhu me ordenó callarme.

Los cantos mántricos estaban subiendo de intensidad.

—Están llegando —señaló una compacta procesión que se abría paso entre los cientos de meditadores que seguían apareciendo de todos lados.

Una caravana de hindúes vestidos con largas túnicas ceremoniales se estaba aproximando. Y acarreaban un gran leño, que seguramente representaba a Holika. Todos de blanco y portando turbantes dorados, avanzaban con expresión feroz, recitando mantras que conjuraban demonios.

Colocaron el leño en medio de la fogata, en forma vertical. Adosada al leño, brillaba entre las llamas una pequeña escultura metálica que representaba a Prahalada. Como arrastrados por una fuerza invisible, todos al mismo tiempo nos pusimos de pie y comenzamos a girar en círculo alrededor del fuego. Los hindúes gritaban, se sacudían, se arrancaban del pecho quién sabe qué demonios, profiriendo maldiciones e improperios, al mismo tiempo que arrojaban al fuego estiércol seco.

—¡Ahora! ¡Atrévete, Morgana! ¡Nómbralos y arrójalos al fuego! —gritó el Sadhu en medio de los atronadores alaridos de los ex meditadores, ahora todos de pie y pateando el suelo con furia—. ¡Es ahora! ¡Échalos de tu vida! ¡Basta de sufrimiento! ¡Basta de medias tintas!

—¡Basta de medias tintas! —grité—. ¡Bastaaaaaaaaaaaaa!

Una tremenda ola de enojo subió desde mis entrañas, desde lo más profundo y desconocido de mí. Un golpe de calor y de frío al mismo tiempo me hizo temblar hasta los huesos. Estaba harta de las negociaciones, de las especulaciones, de las dudas. De la falta de compromiso. De las medias tintas propias y ajenas, tan dolorosas. Con toda mi alma eché al fuego estos viscosos demonios, arrancándomelos del pecho uno a uno. Los hindúes agitaban los brazos cayendo de rodillas, llorando y profiriendo gritos cada vez más fuertes.

Y entonces, como una fiera salvaje, una Morgana que yo todavía no conocía comenzó a gritar y patear con una furia descontrolada. Mi indignación crecía y crecía como un volcán que ahora ascendía desde debajo de mi vientre haciéndome sentir todas las heridas tapadas, negadas, olvidadas. Aullé como un animal herido, la vida a medias me dolía. La ausencias justificadas mentalmente me dolían, la soledad irremediable y mísera me dolía, los abandonos, las vacilaciones, las falsedades, las traiciones me dolían. No quería más este dolor, ni nunca más esa soledad aceptada entre todos, ni el estúpido miedo a cambiar de verdad. Me arranqué esos demonios de adentro gritando a viva voz. Los arranqué de mi espalda, de mi garganta, de mi pecho, de mis vísceras y los eché al fuego con toda mi fuerza llorando y rugiéndoles amenazadoramente: "¡Váyanse! ¡Váyanseeeeeee! ¡Afueraaaaaaaaaaaaaaaa!".

Los demonios se presentaron delante de mí con toda su carga de miserias y penas. Borrosos y oscuros. Enormes y pegajosos tentáculos, antiguas y siniestras garras se trataban de agarrar a mi cuerpo sin querer soltarme. Me ahogaban en su abrazo, se enroscaban alrededor de mi cuello, me apretaban el pecho, como tantas veces lo habían hecho. Manteniéndome en el medio, ni aquí, ni allá.

—¡Fuera! ¡Les ordeno retirarse en el nombre de Dios! —gritó el Sadhu con una voz atronadora que se elevó sobre el estruendo general. Todos alrededor seguían aullando a viva voz—. ¡Morgana ya ha tomado la decisión de ser libre, déjenla en paz! —decretó el hombre santo levantando la mano derecha a los cielos con un misterioso mudra y dirigiéndola luego directamente al centro de mi corazón—. Morgana ha osado enfrentarlos —gritó a toda voz—. Déjenla en paz en el nombre de Dios. Éste es el momento crucial. Pide ayuda a tus dioses ya mismo —ordenó.

—Santo Dios, Santo Fuerte, Santo Inmortal, ten piedad de mí. Miguel Arcángel, defiéndenos en la batalla, sé nuestro amparo contra el enemigo —imploré entre sollozos pateando la tierra con furia y arrancándome con las manos las últimas medias tintas que trataban de agarrarse a mi pecho.

La fogata se elevó hacia los cielos, y yo caí al suelo, liviana como una pluma, y envuelta en una ola de luz, en una desconocida bienaventuranza. El Sadhu se sentó tranquilamente a mi lado en posición yogui, y comenzó a cantar rítmicamente unas ovaciones mántricas con los ojos cerrados.

Abrí los ojos, tratando de recobrar el aliento. Mi corazón latía desbocado y entonces, deslumbrada, vi la gran luz azulada irradiándome desde su tercer ojo, marcado en el entrecejo con un gran círculo carmesí. Lentamente se fue instalando un balsámico silencio. Las llamas crepitaron consumiendo los restos del gran leño, y el humo se volvió perfumado con polvos de sándalo, hierbas e incienso que los hindúes arrojaron sobre el fuego, mientras retomaban sus cantos devocionales nuevamente, como si allí jamás hubiera pasado nada fuera de lo común.

La poderosa presencia del Arcángel Miguel, a quien yo había invocado con esa antigua e infalible letanía medieval, no se había disipado. Al contrario, se volvía más y más fuerte, un resplandor azul que extendía suavemente sus grandes alas sobre mí, bendiciéndome. Sentí otra vez esa infinita confianza en la vida que tenía cuando era niña. Era inagotable, una catarata de confianza que brotaba de mi pecho y jamás se detenía. Respiré profundamente, estaba en paz conmigo misma.

Entre las llamas se dibujó la silueta de Prahalada irradiando luz y certeza. Y también divisé a los dioses que los hindúes habían invocado, Ganesh, el poderoso elefante, y Shaktí, y Saraswati, y Krishna, quien danzaba en el centro de la fogata sagrada, celebrando la victoria de la luz tocando alegremente su flauta mágica.

—Áhimsa. Nos veremos muy pronto, Morgana —dijo el Sadhu extendiendo la palma de su mano derecha.

—Áhimsa —contesté conmovida.

Entonces, literalmente, el Sadhu desapareció. Se evaporó. Como tantas veces lo había hecho Sitael.

Capítulo 16

HOLI, LA FIESTA DE LOS COLORES

El Nómade había reaparecido en el hotel ya bien entrada la noche, sin dar explicaciones. Yo estaba feliz por haberme encontrado con el Sadhu, pero muy molesta por el inexplicable abandono de Arthur. Sin embargo, esta vez no me repetí. Una fascinante paz se había instalado en mi pecho, y no quería perderla.

—¿Cómo te fue anoche con la quema de los demonios? —pregunté al pasar.

—Digamos que bastante bien. Pero veo en tus ojos que a ti tal vez te haya ido mejor, Morgana, tu mirada deslumbra. Disculpa por haberte dejado sola, pero en un momento regresé y te vi muy entretenida con un hombre santo, o al menos parecía ser uno de ellos, y no quise interrumpirte —dijo como esperando explicaciones.

—Ah, sí. Estuve muy entretenida —contesté sonriendo sin alterarme en lo más mínimo.

Arthur estaba desconcertado. Lo esperado habría sido hacerle un reproche, pero yo le seguía sonriendo. Disimuló su sorpresa.

—"Casi ninguna mujer reaccionaría de esta manera", pensó para sí. Y yo leí claramente su pensamiento. ¿Estarían despertándose nuevos poderes en mí? Podía leer su mente—. Oh, escucha los gritos allá afuera. ¡La fiesta está empezando! —lo arrastré hacia el balcón cambiando de tema—. Vámonos ya. Mira, mira, Arthur.

Una bandada de niños, mezclados con varios adultos se estaban arrojando polvos de todos colores.

—Pongámonos ya este aceite de almendras en la cara y en todo el cuerpo Arthur —le dije desnudándome y volcando una buena cantidad sobre mi pecho—, es una manera de poder resistir los que nos espera.

El Nómade se quedó sin habla, mirando hipnotizado cómo el aceite caía lentamente hacia abajo.

—Ningún hombre resiste esta provocación. Hagamos el amor ahora mismo.

—No, Arthur. Ahora no —le dije enigmática, extendiendo suavemente el aceite por mi pecho y apartando sus manos—. Sabes, hay que protegerse de posibles alergias provocadas por los colores, ellos tienen la piel oscura y resistente a todo, nosotros somos unos debiluchos europeos, blancos como la nieve y delicados como pétalos de rosas —terminé rápidamente la operación del aceite sin hacer caso a la mirada embobada del inglés. Me puse un par de jeans, sin ropa interior, y enrollándome un pareo salí de la habitación dejándolo boquiabierto.

La ceremonia con el Sadhu estaba empezando a dar sus efectos. Estaba aprendiendo a plantarme en mis trece. Las medias tintas, en todas sus graduaciones, habían quedado definitivamente atrás. El Nómade me siguió embobado, como un corderito.

La calle era un jolgorio de corridas, risas, escapes y persecuciones. El sol brillaba entre las nubes de colores anunciando días de felicidad y de alegría.

—¿Sabías que este festival que siempre se realiza en la primavera es celebrado en la India, Guyana, y Nepal? ¿Y que se trata de una fiesta en la que se borran las castas, las clases sociales, las edades, las historias personales? ¿Y que los magos salen a las calles? —le dije trotando alegremente a su lado—. Hoy nos dirán muchas veces "Buka na, Holi Hai", que quiere decir: "No te ofendas, es Holi". Enojarse cuando te arrojan los colores es considerado una grave ofensa.

—No lo sabía. ¿Quién te lo dijo, tu amigo el Sadhu?

—¿Estás celoso? No puedo creerlo. Un británico aventurero y seductor como tú debería estar por encima de estas pequeñeces.

—Claro estoy por encima de esas tonterías —mintió.

No pudimos seguir con la amable conversación porque una nube de polvo amarillo cayó sobre mi cabeza transformándome en una especie de muñeca fantasma. A los dos segundos el Nómade estaba completamente verde. Nos escapamos por una callecita lateral, rogando no encontrarnos con mas bandas armadas con polvos de colores. Una vaca se asomó desde la puerta de una casa, o sea desde adentro, mirándonos con indiferencia. La acariciamos al pasar, arrepintiéndonos un segundo después y rogando que nadie nos hubiera visto porque las vacas son realmente animales sagrados en la India. Y son intocables.

—¿Cómo será convivir con una vaca? —pregunté divertida.

—No muy cómodo, supongo, pero tendrá sus encantos. Por ejemplo, su sólida presencia. Los humanos somos casi virtuales, Internet nos succiona hacia su mundo, y ya casi no recordamos cómo es estar en este universo a la manera de una vaca.

—Simplemente presentes. Demoledoramente reales y vivos, como ahora —le dije abrazándolo muy fuerte.

—Demoledoramente real y viva eres tú —susurró abrazándome emocionado y pasándome su color verde, mientras yo lo embadurnaba con amarillo—.

—¡Estamos perdidos! —grité mirando bajo su hombro. Una bandada de niños, mezclados con varios adultos, nos había divisado, éramos el blanco perfecto. Avanzaron hacia nosotros desde el fondo de la estrecha callejuela, despiadados, preparando sus colores para el ataque. No teníamos salida.

—Holi. Holi. Holi —gritaron todos juntos—. Vivan. Rian. La Vida es bella, disfrutemos la pasión —remataron en inglés mientras arrojaban sobre nosotros una nube de polvo rojo.

Corrimos a toda velocidad hasta llegar a la calle principal, casi sin aliento. Allí todo era celebración y fiesta. Era real. Holi disolvía todas las reglas de convivencia y borraba las barreras. Se podía sentir la contagiosa alegría y la libertad de romper todas las convenciones. Se había apoderado de todos. Y era imposible resistir la tentación de romper más y más reglas sociales. Ellos y ellas se besaban apasionadamente en medio de las nubes de colores. Las mujeres también tomaban la iniciativa. Todos reían. Por los aires volaban nubes de caramelos y una lluvia de azul. La corriente humana nos empujaba ahora hacia adelante. Un grupo de exaltados hindúes me rodearon curiosos, tocando mi pareo y arrojándome más y más polvos de colores. Gritando sin parar, me arrastraron a danzar con ellos. Y me dieron a probar una bebida dulzona que dijeron era bhang.

—¿Bhang? —pregunté mareada ante el primer sorbo—. Agua, leche, almendras, cardamomo, jengibre, agua de rosas y hojas de marihuana —dijeron riendo. Por suerte el vasito circulaba rápidamente entre ellos y no regresó a mí.

Los hindúes eran como niños, no sentí en ellos ni una sombra de malicia. Me abrazaban, me sonreían, me hacían girar y girar en círculos hasta que caímos todos juntos y extenuados al piso, riendo sin parar. Cuando me di cuenta de que había perdido de vista al Nómade, me levanté rápidamente y bastante mareada traté de localizarlo. Entre nubes de verdes y amarillos, vagué un buen rato abrazándome y abrazando a todos en una demostración alucinada de cariño y alegría. De pronto vino a mí el mercado de Amecameca, y Sitael, y los amarillos y verdes, y los rojos, y el atole caliente. Y me sumergí en esos ojos hindúes, ojos negros y profundos como abismos que reflejaban miles de años de devociones y de búsqueda de lo sagrado, aunque ni ellos mismos lo supieran. Sus antepasados corrían por su sangre y sus miradas antiguas reflejaban otras vidas, otros tiempos idos sagrados y misteriosos.

No sé si fue el bhang, o la fogata de Holi, o el amor loco y desbordado que sentía por el inglés, lo cierto es que no estaba preocupada por nada y podría haber vagado entre las nubes de colores y los abrazos de los hindúes sin parar y sin temor alguno por varios días. De pronto, me topé con Arthur, rodeado por una veintena de hindúes embadurnadas con todos los colores, danzando en círculos y abrazándolo con fervor. Lo arranqué de allí en medio de risas y gritos de protestas de las muchachas, entusiasmadas con el extranjero. Bastante mareados por el bhang, corrimos tomados de la mano en dirección a una callecita lateral, tratando de escaparnos de una banda de niños que había aparecido de la nada con intenciones de ataque.

Nos evaporamos de su vista escurriéndonos por un pasadizo angosto y oscuro. En medio del corredor otra vaca, imponente, nos miraba fijo.

—Tiene una tremenda autoestima, como corresponde por ser una vaca hindú —dijo Arthur casi sin aliento—. Shhh, deslicémonos lentamente por el costado.

Conteniendo el aliento, nos escurrimos por un espacio mínimo que había entre ella y la pared, y refregándonos sobre su lomo peludo y logramos emerger en otra callejuela. Pero la silueta de otro grupo se perfilaba avanzando hacia nosotros sin darnos tiempo a huir. Nos quedamos inmóviles, esperando la lluvia de colores, sin embargo, parsimoniosos y en procesión, los hindúes se fueron acercando lentamente, sin aparentes intenciones de atacarnos. Estaban ataviados con largas túnicas naranjas, sus frentes estaban marcadas con tres líneas rojas sobre un fondo blanco. Eran Sadhus.

—Shanti —dijeron todos juntos.

—Shanti —les dije sonriendo—. Paz.

—Extranjeros —dijo el que parecía tener la más alta jerarquía por su edad avanzada—. Mi Dios saluda a su Dios. En este día santo, quien encontrarse con nosotros por azar, recibir conocimiento. ¿Darían nos el gran honor de aceptarlo?

—Nosotros sentirnos honrados —acoté emocionada sin darme cuenta de que hablaba como ellos.

—Ahora sentarse con nosotros en ronda sagrada —se acomodaron en el piso de piedras en círculo, muy serios—. Reponer ustedes dos sus energías de danzas y desmesuras, de celebraciones y sorbos de bhang. En Holi muchos se intoxican bien fuerte con esta bebida que no ser ritual, ser profana. ¿Saber ustedes qué significar India?

—No.

—India llamarse en idioma originario; bharat, que significar adoradores de Dios. Ustedes estar en el país de los adoradores de Dios.

—Estoy muy honrada de encontrarlos, conozco a uno de los suyos. Por favor, cuéntennos de su vida.

—Nosotros ser vagabundos místicos, peregrinos y, por supuesto, adoradores de Dios. Nosotros haber pasado las tres etapas en la vida y estar ahora en la cuarta etapa, ahora ser Sadhus. Nuestra casta originaria ser la de los brahmanes.

—¿Quiénes son los brahmanes? —preguntó el Nómade fascinado.

—Brahmanes ser la casta más elevada de la India. Uno nacer en esa casta porque salir de la cabeza de Púrusha, el creador.

Otros humanos salir de los pies, o de los hombros. Nosotros, los brahmanes, ser maestros, académicos, o sacerdotes, guardianes del conocimiento del Veda, nuestros antiguos textos sagrados anteriores al hinduismo.

—¿Cuántas castas hay en la India? —siguió indagando Arthur.

—Oh, cuatro, extranjero —dijo el Sadhu más anciano—. Los brahmanes, que podemos ser sacerdotes, académicos, maestros u hombres santos, o sea, renunciantes al mundo. Los chatrías, que son militares y políticos; los vaishias, que son campesinos y comerciantes. Y finalmente los shudrás, o sea los siervos. Los parias, llamados también los "Intocables", los "Dalit", están fuera del sistema. Es injusto, y no estamos de acuerdo —dijeron apenados.

—Yo sería entonces un Intocable —dijo el Nómade riendo.

—Nosotros somos renunciantes, extranjero, nacimos en la casta más elevada, la de los brahmanes, pero por propia voluntad, estar libres de todo, nosotros ser vagabundos religiosos, mendigos. Dedicarnos a la liberación de toda atadura, a sólo vivir para el espíritu, y a enseñar y a aconsejar a otros cómo liberarse, extranjero. Nosotros buscar sólo alcanzar el Moksha.

—¿Qué es el Moksha? —preguntó Arthur con sus ojos azules desmesuradamente abiertos, y fijos en los sabios—. Lo que más quiero es ser libre, quiero ser un Hombre Santo. Y no sé cómo lograrlo.

El Sadhu miró a Arthur con ternura.

—Gustarme tu interés en nosotros, extranjero. Moksha ser liberación. Liberarse ser deseo máximo de todo humano y ser diferente para las distintas tradiciones. Nosotros explicarte algo que pocos extranjeros saber, pero antes decirnos… ¿qué ser liberación para ti, extranjero?

Arthur, sorprendido, alcanzó a balbucear algo así como "me gustaría estar libre de todos los condicionamientos y poder hacer lo que quiero".

—La primera parte ser correcta, pero la segunda ser muy tonta. Uno no pedir hacer lo que uno querer, porque entonces ser esclavos del ego. Hay liberaciones mucho más interesantes que esa, extranjero. ¿Quieres saber de qué se trata?

—Oh, por favor, Sadhus, instrúyanme —dijo humilde.

"Es arrogante, pero inteligente", pensé para mí. "No es posible desaprovechar esta conversación con los sabios."

—Para el yoga, liberación ser unión total con Dios, es disolvernos, extranjero, desaparecer en Él. La voluntad propia esfumarse y uno siempre hacer lo que el Cielo querer. Ese estado ser llamado Samadhi.

—Oh. Yo quiero alcanzar esa liberación —dije conmovida.

—Disolverme en Dios sería una gran aventura, pero creo que soy demasiado occidental para eso. Me gusta mi forma humana, ¿por qué perderla? —bromeó el Nómade—. Y no me he convencido todavía de que esté mal hacer lo que yo quiero. Después de todo, soy un rebelde nato y siempre o casi siempre logro imponer mi voluntad.

Lo miraron con cierta condescendencia. Yo me puse colorada como un tomate y lo miré también, pero con resentimiento. En términos espirituales, el Nómade era un cero a la izquierda. ¿Por qué estaba tan embobada con él? Era incomprensible. Arthur, desconcertado, no entendía el aire de reprobación que soplaba sobre sus declaraciones autoafirmativas. Se quedó callado mirando el piso.

—Haber otra liberación, extranjero, tal vez ser para ti. Es del Adwaita, una corriente del Vedanta —siguió el Sadhu—. La liberación para ellos ser alejamiento de toda ignorancia, unión total con todos los seres, borrar todas barreras entre personas, animales, plantas, montañas, estrellas. No haber para Adwaita dualidad alguna, no haber Alma y Dios separados. Para ellos, Alma ser Dios.

—Entiendo —dijo conmovido.

Los Sadhus eran sabios. Los cuestionamientos occidentales se iban derritiendo frente a ellos. Y ellos lo sabían muy bien.

—No dualidad ser el secreto de Adwaita. Ustedes, extranjeros, seguro conocer a Ramana Maharshi, a Paramahansa Yogananda, a Sri Aurobindo, ellos ser Adwaitas. Finalmente, extranjeros, para las tradiciones devocionales hinduistas liberación ser como para los cristianos, regresar al Paraíso y estar siempre con Krishna.

—Me interesa mucho encontrar un estado en el que lo material ya no tuviera tanto peso. Vivir una vida mas fácil y menos condicionada por las estructuras. Quiero ser libre de todas las esclavitudes del sistema. Estoy harto de tantas exigencias y no soporto que me manden. ¿Podrían ustedes darme mas información?

—Extranjero, si lo que tú buscar es vivir con pocas obligaciones y mucha libertad para vagar, es más conveniente para ti quedarte en el sistema establecido, el oficial, el de la sociedad de consumo. Allí la comodidad y la falta de compromiso son reverenciados. Nosotros, como Sadhus, entrar en una disciplina muy fuerte de ayuno, ejercicios yóguicos, pranayama, ascetismo. Nuestra vida no ser cómoda. Nuestro vagar es espiritual, no para escaparnos de los compromisos, nosotros llevar el mensaje del Vedanta por toda India, ahora mismo venir desde Benarés. Tú querer liberarte del esfuerzo espiritual. Tú sólo buscar no tener ataduras, ser libre para ti es no tener obligaciones.

—¡Oh!, no quise ofenderlos. No quise decir eso, bueno, en realidad sí, quise decirlo. Perdón, creo que estamos hablando de niveles de libertad por mí todavía incomprendidos. Espero poder alcanzar un mayor compromiso espiritual.

Estaba colorado, balbuceaba. Lo miré divertida. Los Sadhus me guiñaron un ojo.

—¿Espero? Ésa ser palabra inútil, extranjero. Si no alcanzar un compromiso espiritual, dioses sacar de tu lado alma gemela

—dijeron casi en un susurro que yo sí alcancé a escuchar y siguieron con su explicación.

—Un Sadhu es un ser un humano que ha renunciado a sus posesiones materiales, pero es mucho más que eso. Hay otras posesiones que aún son más esclavizantes: la herencia cultural, los condicionamientos y las creencias sociales. La mentira aceptada como forma de vida. La dualidad. ¿No crees?

—Los rechazo con toda mi alma. Soy un rebelde sincero.

—¿Sí? ¿Estás tan seguro?

El Nómade los miró desorientado.

—Un sannyasin como nosotros trabaja por años y años en liberarse de todas las imposiciones que sobre él fueron cargadas por las generaciones de sus antepasados. Créeme, extranjero, ése ser un peso invisible y tremendo, nos parece que se puede dejar atrás con facilidad, pero cuesta bastante. Uno cree que ha sobrepasado todos sus viejos hábitos, y están allí agazapados, esperando. Es un trabajo arduo, pero no imposible. Este camino ser radical, ser un camino de santidad y no ser para todos.

—Gracias por darme estas explicaciones, hombre santo —dijo Arthur todavía algo enojado porque no lo consideraban un rebelde.

—Por encontrarnos "casualmente" en esta callecita, nosotros instruirlos ahora en el secreto poder de los colores. ¿Querer aprender?

—Oh, sí, por favor, Sadhus —dije con fuerza—. Muchas gracias por enseñarnos —exclamé juntando mis manos e inclinando mi cabeza como había visto que lo hacían los hindúes y también en mis clases de yoga.

—Bien, comenzaremos por decir que los colores ser muy importantes en el Vedanta, la más antigua sabiduría en la India de la que tener memoria. Por eso se hace la festividad de Holi. Colores ser muy sagrados. El Veda revelarnos que cada color darnos un poder. Por eso las personas arrojarse polvos rojos, verdes, amarillos, azules, colores ser Luz. Las personas arrojarse Luz unas a otras en Holi. ¿Entender? Ser un juego con sentido.

Los mirábamos hipnotizados. Queríamos saber más. Y más. Y más.

—¿Conocer ustedes el poder del color naranja?

—No—dijimos al unísono.

—Este ser gran secreto de magos, brahmanes, sannyasins y Sadhus. Budistas adoptar también este color. Ser Gran Secreto —dijeron a coro todos los Sadhus, asintiendo—. Por eso nuestra túnicas tener este tinte.

—Querida extranjera —acotó el más anciano palmeándome la espalda con suavidad—. Querido extranjero —dijo al Nómade que lo miraba embelesado—. Color Naranja ser tan mágico que ser el que los trajo aquí. Ustedes necesitar naranja, necesitar liberarse extranjeros, todavía ser esclavos de muchas ideas occidentales.

—¿Esclavos? Yo no soy ningún esclavo. No estoy de acuerdo —el Nómade estaba alterado. Su mente inglesa se estaba empezando a poner nerviosa.

Los Sadhus sonrieron sin decir palabra, mirándolo fijo. El inglés sostuvo sus miradas. Después de un momento de tensión, Arthur bajó los ojos y uniendo sus manos sobre el entrecejo bajó su cabeza en señal de respeto. Los Sadhus eran perturbadores. Las tres líneas rojas en el tercer ojo recordaban a cada instante su extraordinaria condición de seres que de verdad se habían liberado de toda influencia y compromiso con el mundo exterior. Y de su inmenso valor, a toda prueba, de arrojarse en brazos de Dios sin ninguna garantía mundana.

—No debo ni puedo interpretarlos con mi mente lógica. Pido disculpas por mi arrogancia. Los escucho con todo respeto. Por favor sigan, Hombres Santos —dijo compungido.

—Naranja ser el color de la liberación extranjeros. Por eso este ser el color de los renunciantes. De quienes como nosotros hacer un éxodo del mundo viejo desde ya hace mucho tiempo. Este color ayudar a renunciar al materialismo, al egoísmo, al miedo y dar valor para dar un salto de conciencia —dijo el sannyasin haciendo un signo en el aire—. Ése ser secreto del naranja. ¿Comprender lo que quiero explicar? —dijo tomándonos de las manos—. Nada es lo que parece. El mundo ser un gran misterio. Liberarse de lo que no necesitar, soltar pensamientos que encarcelan, dejar atrás el mundo cuadrado de la sociedad de consumo, extranjeros.

Arthur me miró asombrado.

—Morgana, lo que estos hombres santos proponen es lo que más quiero lograr en mi vida —susurró.

—Ahora ustedes volverse audaces, muy audaces, extranjeros. Hacer juntos un viaje astral, respirar hondo —dijo otro Sadhu comenzando a recitar hipnóticamente un mantra en sánscrito—. Ommmm. Bhur Bhuvamsvama… Tat Savitur Varenyam… Bhargo Devasya Dhimami… Dhi Yo Nah Prachodayat… Ommmmmmm. Saraswati, Pravarti, Lakshimi, Radha, Shaktiiiiii.

De pronto metió la mano en el pote de oro y nos bañó en una nube de polvo anaranjado. Y la nube de color se transformó en una llamarada, y en un segundo, estábamos todos ardiendo en un fuego incandescente de un intenso color naranja. Ommmm. Bhur Bhuvamsvama… Tat Savitur Varenyam… Bhargo Devasya Dhimami… Dhi Yo Nah Prachodayat… Ommmmmmm.

Miré al Nómade de reojo, me miró paralizado. No entendía nada de lo que estaba pasando allí, pero igual estaba pasando. La lluvia de polvo naranja seguía cayendo desde el cielo, aunque ya debería haberse dispersado. Sentí un tremendo calor, y cerré otra vez los ojos dejándome atravesar por las llamas. Y entonces sentí el naranja. Era vida, amaneceres, pasión arrasadora. Una vida nueva, liviana, iluminada por el espíritu. El fuego naranja corrió por mis venas, incendió mi sangre y me llenó de fuerza. Respiré hondo. Llegaba en oleadas, era un dulce aroma a flores, a campos de hierba fresca, a azahares y frutos naranjas, a naranjos florecidos. Las llamas ardían adentro, afuera, arriba, debajo de mí. Respiré agitada tratando de controlarme, mi corazón parecía salirse de mi pecho. Sin abrir los ojos veía los ojos negros del mago encendidos como carbones mirándome fijo, fijo, fijo, mientras todo alrededor comenzaba a girar, rápido, cada vez mas rápido. Escuché la voz de los Sadhus como un eco dentro de mí… Ommmm. Bhur Bhuvamsvama… Tat Savitur Varenyam… Bhargo Devasya Dhimami… Dhi Yo Nah Prachodayat… Ommmmmmm.

Y comencé a repetir el mantra con ellos, una y otra vez. Y de pronto entre las llamas anaranjadas se apareció una figura que jamás había visto, era una diosa, tenía cinco rostros y diez manos, y me sonreía, girando conmigo en una espiral de niebla naranja. Y de pronto Arthur apareció junto a mí sonriéndome. Parecía estar borracho.

—Esto se parece mucho una sesión de hierba —dijo sonriendo.

—No lo sé, nunca probé hierba —alcancé a decir mareada—. Pero nosotros no hemos fumado absolutamente nada.

—Este mareo es mucho más deliciosoooo que el de la hierba —dijo Arthur. Su voz se perdía en el cielo—, es un suave vino celestial que los dioses nos están haciendo probar. ¿Quién es ellaaaaaaaaa?

—Arthuuuuur —dije girando entre las nubes naranjas—, me parece que es una diosa pero no la reconozco. Y nos está invitando a vivir en un Paraíso Hindú. ¿Qué es estoooooooooooooo? —girábamos junto a la diosa en medio de otras divinidades que nos sonreían dulcemente, elefantes sagrados, pájaros de todos los colores, flores exóticas. Hombres Santos. Y Ángeles. Bandadas de Ángeles vestidos con ropas hindúes, que volaban junto a nosotros con las alas extendidas, mostrándonos un hermoso árbol lleno de frutos de todos los colores. La espiral seguía dando vueltas y nosotros dentro de ella, volando ahora en medio de miles de aves de paraíso que agitaban suavemente enormes alas de color naranja. La diosa nos abrazó con sus diez manos, y nos sonrió con cada uno de sus cinco rostros. Extendió sus manos ofrendándonos flores naranjas, frutas naranjas, joyas naranjas, nubes, pájaros exóticos, estrellas.

—La Madre darles sus regalos del cielooooo. Extranjeros, ser muy afortunadooooos —escuché decir a los Sadhus. Sus voces venían desde muy lejos.

De pronto alguien chasqueó los dedos. Con cierta dificultad, abrí los ojos. Las estrellas fugaces seguían dando vueltas alrededor de mí. El Hombre Santo hizo una seña en el aire. Y la nube naranja se esfumó. Arthur estaba a mi lado, dormido.

—¿Qué nos pasó? —pregunté todavía mareada.

—Han tenido una visión. Están en la India, y se han encontrado con Hombres Santos, no es tan extraño que suceda —dijo el más anciano sonriendo.

—¿Quién es "Ella"?

—Has visto a una y a todas las diosas: a Parvati, Shakti, Saraswati, Lakshmi, Kali, Durga. El Gayatri Mantra convoca en una única imagen a todas sus formas. Has visto a la Madre Divina. Ella es también llamada la Fuerza.

Contuve el aliento

—¿Conocen a Sitael?

—Sí —dijo el sannyasin más anciano—. Él ser muy elevado. Él ser luminoso, sutil, casi no ser de esta tierra, ser muy especial, ¿verdad? Él saber muchas cosas…

—Así es —dije con los ojos llenos de lágrimas—. Lo sé, pero ahora no está conmigo.

—Oh, no llores. Él estar contigo. Tú estar en India porque destino marcar en tu vida una misión para el mundo —dijo

229

acariciando mi mejilla con dulzura—. No tener miedo. Vida tener preparados caminos bellos para ti, tú poder ser una Valiente, ya conocer a las Gigantes y ellas anticiparte un destino feliz.

—¿Cómo saben eso?

—El camino espiritual despertar la videncia. Pero videncia ser sólo una consecuencia, no poder buscarla por sí sola. Más adelante tú conocer a los Gitanos Magos. Y a los Sadhus que entrenan a los aspirantes en el desierto. Tú alcanzarás el dharma de los Valientes, tener paciencia y fuerza.

—¿Gitanos Magos? ¿Desierto?

—No poder revelarte nada más por ahora —dijo sonriendo misteriosamente—. Ni lo dudes. Extranjero que duerme, alma gemela —acotó señalándolo y dejándome sin aliento.

—¿Él? ¿Te parece? Me encanta, siento algo tremendo por este inglés nómade y aventurero. Pero, mira, ni siquiera pudo resistir la Visión, está durmiendo.

—Quién sabe —sonrió misterioso guiñándome un ojo—. Quién sabe si no pudo resistirla. Tal vez sigue con la diosa. Tal vez ella le esté revelando más secretos. No juzgar, extranjera.

—Tienes razón.

—Morgana, nosotros ser directos, tener un mensaje para ti. Escucharme bien —dijo el más anciano—, mañana deberán tomar el tren hacia Rajastán. Busquen llegar a Jaisalmer. Es una ciudad muy secreta, amurallada. Asciendan hacia la cima y lleguen al Templo Blanco. Allí los estará esperando el Maestro de la Ciudad Dorada. Él hablará contigo primero y luego te dirá qué se ha decidido acerca de Arthur, quien será evaluado. Pero tú recibirás las indicaciones para llegar al Campamento de los Valientes, situado en un lugar secreto del Desierto del Thar. ¿Entendiste bien?

—Sí. Espero poder llegar hasta allí. No conozco India, apenas he arribado y nunca estuve antes en Rajastán.

—Llegarás. Los Valientes te estamos asistiendo. Toma —me extendió un sobre—. Si necesitas identificarte como amiga de los Valientes en cualquier parte del viaje, ábrelo.

—Gracias, Sadhu —dije todavía un poco mareada—. Pero ¿qué le digo al Nómade?

—Dile que Jaisalmer es el próximo destino. Y que un Maestro de esa organización secreta con la que tú estás conectada necesita verte. Y verlo. Pídele amorosamente que te acompañe. Será una manera de conocerlo. Observa sus reacciones. Pero no cambies tus planes, por nada del mundo. Debes llegar a Rajastán. El Maestro te espera allí. Oh, callar ahora, extranjero. Despertar, y nosotros ir por los Caminos del Holi a seguir bendiciendo a nuestros hermanos con los Colores de la Vida —dijo hablando de vuelta con acento hindú.

Recogieron apresuradamente el cuenco de oro y desaparecieron en un santiamén, sin dejar rastros. El Nómade se despertó sin saber dónde estaba ni qué había pasado. No recordaba el encuentro con los magos ni absolutamente nada más que el último ataque con colores que habíamos tenido de la pandilla de niños. La callecita se llenó de repente de bandas de niños arrojándose colores. Huimos deslizándonos por un estrecho pasadizo con la esperanza de retornar al hotel lo antes posible. El corredor terminaba en una puerta abierta, entramos sin pedir permiso, esperando recibir alguna indicación de cómo volver sin ser atacados.

Un intenso aroma a incienso nos recibió en la penumbra, y unas cuantas velas prendidas bajo la imagen de un enorme Ganesh nos anunciaron que habíamos entrado a un lugar sagrado. Era un templo hinduista, y varios devotos, sentados en posición yogui, oraban en silencio. Ganesh, el dios elefante, estaba rodeado de flores y portaba una corona dorada en su cabeza. Nos sentamos respetuosamente entre los devotos, en silencio. Desde algún lugar impreciso, resonaban unos mantras en honor a Ganesh, el removedor de obstáculos: Ommm Gum Ganapataye Namahaaaa.

Afuera seguían los gritos y las corridas, adentro reinaba el misterio. Ganesh me miró con su atemporal majestad, tal como se me había revelado en el Paraíso del Fuego Naranja. Estaba feliz, los Valientes estaban conmigo, tenía una cita con un Maestro, me habían aceptado en el entrenamiento. Y existía la posibilidad de que Arthur también fuera aceptado. Namasté. "Gracias", dije a los dioses inclinando mi cabeza en la penumbra. "Dame tu fuerza, Ganesh. Protégeme. Gracias."

Cuando abrí los ojos, sentí la mirada fija del Nómade sobre mí, observándome con curiosidad.

—No sabía que también eras devota de Ganesh.

—Tú no sabes muchas cosas sobre mí —le contesté sonriendo.

Capítulo 17

JODHPUR, LA MÍTICA CIUDAD AZUL DE RAJASTÁN

—Arthur, tenemos que partir hacia el norte, tengo una cita. Es en Jaisalmer, una ciudad amurallada que se encuentra en Rajastán.

—¿Con quién es la cita, se puede saber? —me preguntó divertido.

—Con un Maestro. ¿Me acompañas?

Se puso repentinamente serio.

—No me habías dicho nada. ¿Los Sadhus tienen algo que ver?

Asentí en silencio.

—Dime más.

—No puedo. Recuerda tu promesa de no preguntarme nada.

—Trataré de cumplirla. Trataré —murmuró entre dientes—. No me gusta que tú sepas cosas que yo no sé, pero ya he prometido no presionarte. De todas formas, soy un aventurero, y no necesito demasiadas justificaciones para partir hacia el siguiente destino.

En menos de una hora juntamos nuestras pocas pertenencias y aparecimos nuevamente en la estación de trenes.

—¿Sientes el cosquilleo aquí en el plexo? —dijo mirándome divertido y olvidándose de mi entrevista secreta—. ¿Sientes esa terrible necesidad de partir buscando nuevas aventuras? ¿Esa adrenalina de los viajeros y los gitanos? Tú y yo somos iguales, Morgana, lo sé.

— Siento que esta puede ser nuestra forma de vida Arthur, por los próximos mil doscientos años, si somos capaces de resistir el desapego.

—¿Mil doscientos años?

—Lo menos que voy a pedir a los dioses es ese tiempo. Quiero conocerte, Arthur, y necesito muchos años para eso.

—Mmm, no sé si es posible conocer realmente a otro ser humano —dijo Arthur observando la llegada del tren—. Morgana, estoy conmocionado por lo que acabamos de vivir. Tuve "viajes", pero no como el que tuvimos con los Sadhus la otra noche, sin drogas y sin una gota de alcohol. Fue fantástico.

—Pensé que no te acordabas de nada. Los Sadhus nos enseñaron a tener una visión con sólo escuchar un mantra. Ojalá podamos llegar a ser tan sabios como ellos.

—Admiro a los Sadhus, pero no tengo su coraje. Y además, no me interesa ser célibe —dijo tomándome por la cintura y dándome un beso que me dejó sin habla.

—Vamos, Morgana, el tren está arribando.

Nos acomodamos en las literas superiores, que eran verdaderas camas diseñadas con eficiencia inglesa. Muy pronto ciertamente comprobamos que en la India uno puede alojarse en los trenes sin parar en ningún hotel. Cada tanto bajábamos a los asientos, y sólo mirábamos por las ventanillas en las que iban apareciendo, como en un sueño, escenas y más escenas de una India cada vez más misteriosa. Pintorescos personajes salidos de cuentos y leyendas nos saludaban con la mano, enormes ciudades industriales llenas de smog nos hacían toser, intoxicados. Procesiones de elefantes, aldeas primitivas, interminables llanuras, palmeras. Poblados. Estando abajo, compartimos con los hindúes sus tés perfumados de especias y sus historias relatadas en un inglés casi perfecto, legado imborrable de los tiempos de la colonia. Compartimos también sus sueños y sus proyectos, sus miedos y su curiosidad por nuestra vida, tan exótica a sus ojos como la de ellos lo era a los nuestros.

Y cuando volvíamos a subir a las literas para dormirnos, el tren nos arrullaba con su traqueteo y el futuro era una nebulosa, algo lejano y desconocido. Imposible de imaginar o prever. Pero no me daba miedo, al contrario, me llenaba de una audacia desconocida. Vital. Era simple, así como el tren rodaba hacia adelante, siguiendo la dirección de la Vida, yo también la seguiría.

La próxima aventura me esperaba en Jaisalmer, y hacia allí se dirigía el tren, a toda velocidad. ¿Para qué saber más? Estaba amaneciendo y me había traído un humeante café caliente.

—Es hermosa la vida gitana, ¿verdad, Morgana?

—Me encanta, Arthur. Siento que siempre fui nómade. Tal vez en otras vidas. Estoy comprobando que se necesita muy poco para vivir una vida intensa. Desde algún lugar que no puedo explicar, "sé" que tengo la innata habilidad para organizarme rápidamente en cualquier parte, con los recursos que estén a mano y confiando siempre en lo que me depare lo divino, como lo hacen los hombres santos.

—Sin embargo, te diré que para hacer esta vida de nómades tenemos que crear en nosotros una fortaleza interna que nos sostenga. Es muy exigente vivir así un tiempo largo.

—¿Crees que tener un empleo seguro, una rutina diaria, estar rodeados de afectos y familia, realmente hace que la vida sea más fácil? —le contesté sonriendo.

—Depende de para quién. Definitivamente la hace más cómoda. Pero yo no me imagino cómo puede ser esa vida de empleo seguro y rutina diaria —acotó Arthur—. No tiene nada de malo, pero yo nunca tuve esa experiencia. Mi profesión de periodista *free lance* me ha entrenado mucho en este estilo de vida nómade, Morgana. Ya sabes, bastan unos e-mails o una llamada telefónica para organizar alguna nota y, luego de dos o tres días de trabajo furioso y concentrado, puedo ganarme unos dólares. No sé cómo es una vida segura, nunca lo supe.

—Y yo ya no me acuerdo de cómo era, Arthur. Creo que ya renuncié a esa opción. Quiero derribar todas las fronteras internas y externas que pueda, y no quiero sufrir más —dije mientras aparecía delante de mí Sex & Sex. Blanco, impecable, helado y solitario—. Sí, definitivamente renuncié a esa opción. Y si volviera ahora a la ciudad, haría cosas que nunca hice, me llenaría de amigos, armaría obras de teatro espirituales, llamaría a una rebelión de conciencia gritando consignas en las plazas. Sería más leal con mis colaboradores, y nunca más elegiría con las señoras aburridas los colores de los cerámicos de sus baños.

—Jajaja, muy buena tu decisión, Morgana. ¡Quédate conmigo! Las grandes aventuras de tu vida recién están empezando —dijo protector.

Le sonreí de oreja a oreja, y también me sonreí por dentro. Él ni se imaginaba lo reales que eran sus palabras. Pero todavía no podía contarle nada, hasta que "ellos" me lo autorizaran.

Estaba anocheciendo. Acunada por el ya familiar traqueteo del tren, me sentí en casa, no importaba dónde estuviera.

—Mi vida seguirá hacia adelante, como el tren, hacia adelante —dije mirando las aldeas, los campos cultivados, los ríos, los bosques de palmeras—. Quiero vivir siempre así. Respirando más hondo, amando intensamente, caminando más liviano. En esta vida nómade los colores se intensifican, los olores se vuelven más penetrantes, todo lo que pasa a mi alrededor está amplificado. Amo esta intensidad.

De pronto sentí su aliento en mi nuca. Me hundí en sus brazos. Sentí su fuerza. Su energía masculina mezclándose con la mía.

—Este mareo es más fuerte que el de Holi —musitó en mi oído.

—Y tampoco es de esta tierra.

—¿Me seguirás hasta el fin del mundo? —preguntó abrazándome más fuerte.

—Hasta el fin del mundo.

—Nunca me abandones.

—Nunca te abandonaré, Arthur.

—¿Me lo prometes?

—Te lo prometo, pero sólo si me eres fiel.

—Jajajaja, qué exigente. Haces bien. Morgana, haces bien. Los aventureros solemos ser impredecibles, y tú estás con uno de ellos.

Le sonreí despreocupada.

—Es tu decisión, yo ya te enuncié mis condiciones.

—Revisaré un poco los borradores de los artículos que voy a presentar al diario —dijo revolviendo sus papeles amontonados en el fondo de su mochila—. No van a ser sobre la India de los gurúes que conozco bien, sino sobre esta otra India que estamos viendo juntos, mucho más interesante.

—¿Has estado en la India antes? —pregunté sorprendida.

—Claro, ya hice reportes de gurúes, de ashrams, de turistas místicos. La mayoría no sabe cómo seguir con su existencia, y entonces juntan todos los ahorros y vienen a la India a buscar al maestro que les diga qué hacer con su vida. Ellos ya no saben cómo manejarla. Los hindúes nos conocen bien, los huelen y es fácil disfrazarse de maestro. ¿No crees?

—¿Y por qué nunca me contaste nada de todo esto?

—¿Para qué contarte detalles sin trascendencia? Tus conversaciones son mucho más interesantes que las mías, a pesar de que yo haya viajado por el mundo mucho más que tú. Tú tienes magia, no sé cómo explicarlo. Será por eso que este viaje es mucho mejor que cualquiera que yo haya hecho hasta ahora. Será porque estoy perdidamente enamorado.

Otra vez caí bajo su hechizo, lo miré fijo atontada, y me derretí sin poder pronunciar palabra. Los bailarines estaban equivocados, Arthur no era ningún demonio encarnado, era un príncipe británico que en esta vida andaba perdido, y trataba de ser periodista. Noté que inevitablemente y de a poco lo estaba colocando sobre el consabido pedestal, pero esta vez podía reírme un poco de mí misma. Al menos, un poco.

—Morgana, quiero aclararte algo —me dijo de pronto muy serio y mirándome fijo. Su expresión había cambiado en un segundo—. Espero que no andes como muchos por aquí, en búsqueda de gurúes y maestros.

—¿Qué quieres decir?

—Insisto, aquí en la India hay varios ashrams for export. Otros son auténticos, pero la gente busca siempre que otros les solucionen la vida. Tú no eres así, ¿verdad?

—Me ofendes —dije atragantándome con sus palabras.

—Ah, "me ofendes, me ofendes". Ya deja de comportarte como una niñita.

—Arthur, ¿qué te pasa?

—Nada. Sólo quería asegurarme de que no eres una de esas tontas devotas de gurúes hindúes a quienes adoran postrándose ante sus sillas vacías. Esto pasa mucho en los "ashrams" de Estados Unidos. Y sospecho que tú puedes ser una de ellas —dijo sarcástico.

Me quedé sin habla. No me esperaba esa arrogancia estúpida. ¿Cómo podía hablarme así después de las experiencias extraordinarias que habíamos tenido juntos, hacía tan solo un día? Una ola de furia me obnubiló el cerebro por completo.

—Pues ¿sabes qué?... ¡Quédate con tu soberbia! ¡Eres un idiota! ¡Un reverendo ignorante! Tú todavía no sabes con quién estás. No tienes ni idea de quién soy yo, ni de mi camino espiritual. Encantada de haberte conocido —dije juntando apresuradamente mis cosas y metiéndolas en mi mochila.

—¿Qué haces? —dijo divertido.

—Te abandono. No quiero verte nunca más. Me bajo en la próxima estación —dije con los ojos inyectados de odio.

—¿Estás loca?

—Ni te imaginas cuánto. ¡Adiós, señor periodista! Suerte con sus estúpidos artículos.

En ese preciso momento, el tren se detuvo. Enceguecida y furiosa, salí corriendo por el pasillo y bajé al andén sin pensarlo dos veces. Un antiguo letrero anunciaba que estábamos en Jodhpur. Me daba lo mismo con tal de no ver nunca más a ese energúmeno inglés.

Era casi de noche. Salí caminando a toda velocidad para buscar un taxi. Sentí cómo arrancaba el tren, y no me importaba. Arthur era un reverendo idiota. Me había equivocado por completo. El taxi me condujo por un camino empedrado a través de una ciudad antigua, y ¡completamente azul! El casco antiguo de la ciudad era un laberinto de casas pintadas todas de azul lavanda. Era un clima mágico y extraño. Y todo era azul. El cielo y las paredes azules me abrazaban como en un sueño. El taxi se metió por un antiguo laberinto, y de pronto se borró toda referencia al tiempo y nos encontramos en el siglo XVIII.

—¿Dónde estamos? —pregunté en inglés.

—En Rajastán —contestó en taxista en perfecto inglés británico.

—Este lugar está detenido en el tiempo, señor —dije asombrada, todavía temblando de indignación.

—Así es, Miss. Esto es casi imposible de encontrar en ningún lugar del planeta. Jodhpur, nuestra misteriosa Ciudad Azul, llamada también la ciudad de los Maharajás, es una aldea oriental del medioevo. Antiguamente, el azul celeste era un signo distintivo de las casas de los brahmanes. Pero luego fue adoptado por todo el pueblo, como imitación de las costumbres de la realeza sacerdotal.

—Oh. Qué hermosa es Jodhpur, señor —dije con voz temblorosa.

—El azul también significa en la India una señal de bienvenida, y al mismo tiempo se le atribuye la capacidad de repeler insectos. Y para nosotros, los hindúes, el azul es el color de la riqueza espiritual y material.

El taxista parecía un lord inglés. Estábamos ascendiendo y arriba se perfilaba una imponente silueta de una construcción de piedra que parecía ser un fuerte.

—Ése es el Fuerte de Mehrangarh, Miss, y como puedes ver, se alza imponente, dominando la ciudad desde esa colina de más de cien metros de altura.

—Es como, como un ser vivo y gigantesco. Me apabulla.

—Así es, es una presencia imponente a cuyo control no escapa nada. Allí adentro, en pleno siglo veintiuno, todavía viven los poderosos maharajás bañados en oro y con riquezas inconmensurables.

Me estremecí. La palabra "maharajá" me traía recuerdos del intento de ataque que habíamos tenido por parte de uno de ellos en el hotel Isabel, en México.

—¿A dónde te llevo, extranjera? —preguntó el Lord que conducía el taxi.

—A un hostal, por favor. Necesito reordenar mi vida, acabo de abandonar a un estúpido periodista inglés y tengo que ver cómo llego a Jaisalmer.

—¿A la Ciudad Dorada?

—Sí. ¿Está muy lejos de aquí?

—No. Con los trenes, nada queda lejos en la India. No te preocupes. Ya llegamos al hostal. Llámame si quieres y te llevaré a la estación mañana —dijo extendiéndome una tarjeta—. Y un consejo, no te quedes demasiado tiempo aquí en Jodhpur si tienes una pena de amor —dijo señalando el fuerte—. Hay historias muy tristes en este lugar. La Ciudad Azul es peligrosa para las mujeres solas. Hubo tiempos en que cuando un maharajá moría, sus esposas se arrojaban al fuego.

—Glup.

—Buenas noches, extranjera —dijo sonriendo misteriosamente—. ¡Cuídate!

Me desperté a la mañana sin saber dónde estaba. Extendí mi mano para tocar a Arthur. Y en un segundo, recordé lo que había pasado. Estaba sola, en un hostal lleno de turistas místicos, en Rajastán. Me dolía un poco la cabeza. A la noche nos habíamos quedado conversando y tomando vino con un grupo de holandeses, franceses y alemanes. Todos viajando meses y meses por la India, sin fecha de regreso. De pronto sentí el puñal clavado en el pecho. Arthur.

¿Y ahora, qué hacer? ¿Cómo seguir? ¿El Nómade se habría bajado del tren? No, no lo creía. Se me llenaron los ojos de lágrimas, lo extrañaba, pero ya era demasiado tarde. No podía hacer nada. Arthur había partido en aquel tren, y aunque lo intentara, jamás podría volver a encontrarme. Yo iría ahora mismo a la estación, y tomaría el próximo tren a Jaisalmer. Y nunca nos volveríamos a ver.

Me levanté haciendo un esfuerzo sobrehumano. La tristeza me apuñalaba el corazón. La historia de amor se había acabado por una tonta discusión. Estaba furiosa con él, de todas formas, pero habría dado todo por hacer regresar el reloj que marcaba ahora las nueve de la mañana a la tarde anterior, cuando alegres y confiados viajábamos arrullados por el tren, abrazados y felices. Esto no podía ser cierto.

Pero lo era.

Tomé solo un café con los alemanes, todos hippies viejos, de más de cuarenta años, con aritos en las orejas, tatuajes, cabellos largos y expresiones perdidas. Y noté que ya en la mañana circulaba entre ellos un cigarrillo de marihuana.

—Morgana, no te vayas todavía —dijo Gunter—. Iremos todos juntos al Gran Bazar. Vamos a desayunar allá. Y nos han informado que allí arriba venden un brebaje fabuloso, y queremos probarlo. ¡Acompáñanos!

No tenía nada que perder. Podía conocer un poco Jodhpur antes de seguir viaje.

Tomamos varios toc-toc, esos pequeños vehículos armados sobre motocicletas, y en unos minutos llegamos al centro, donde se encontraba el Gran Bazar. Era, como todos los mercados, un universo aparte. Misterioso y perfumado de especias, parecía haberse conservado intacto desde los tiempos de las caravanas de la seda.

Nos sumergimos juntos en un mundo de colores, olores, pimientas, dulces, montañas de arroces basmati, mijo, maíz y trigo, más bolsas con condimentos de todas las variedades imaginables. El desayuno hindú consistía en café, yogur, chapati y unos deliciosos guisos vegetales hindúes condimentados con comino, jengibre y cúrcuma. La comida se cocinaba en un gran horno llamado tandoor. Los platos eran hojas secas de árbol, especies de cuencos, y se comían, por supuesto, con las manos.

Entre chiste y chiste me contaron sus historias. Su éxodo de la superorganizada sociedad alemana, donde nada pasaba sin ser registrado en las computadoras oficiales.

—Y falta poco para que nos pongan un chip a todos —aseguró Fritz—. Y ya es obligatorio en Alemania poner un chip a los perros, ¿te imaginas? Éste es sólo el comienzo. Nos quieren a todos metidos en su orden perfecto, trabajando por un salario ridículo, o viviendo con la dádiva del Estado. Trescientos euros. Todos controlados y sometidos a las pautas establecidas. Nadie puede osar desafiarlas, lo único que uno puede hacer es escaparse a través del alcohol o las drogas. Pero así no duramos mucho tiempo. Por eso estamos en la India.

—¿Pero qué buscan aquí?

—No lo sabemos. Pero aquí somos libres.

—¿Están seguros?

—Bueno, somos libres hasta que nos alcancen los ahorros, aquí no se gasta mucho.

—¿Y después, qué harán?

—Buscaremos un áshram donde refugiarnos. Podemos ser voluntarios.

—Pero no los dejarán tomar alcohol ni consumir marihuana.

—Cuando llegue ese momento, tomaremos la decisión. ¿Para qué antes? —dijo Gunter.

Me quedé mirándolos. Arthur los había definido bien. Pero también estaban allí los buscadores sinceros, los que de verdad querían encontrarse y hallar un camino diferente. En general, toda nuestra sociedad estaba bastante perdida, pensé. Cada vez entendía más la propuesta de los Valientes y sus exigentes condiciones para poder ser uno de ellos. ¿Me aceptarían de verdad? ¿Lograría pasar el examen con el Maestro? Ah, cómo extrañaba a Arthur. Los ojos se me llenaron nuevamente de lágrimas.

—Eh, Morgana, ¿qué te anda pasando? —dijo Gunter—. No estarás llorando por ese arrogante inglés que te dejó sola aquí en Jodhpur, ¿verdad?

—Yo lo dejé. Pero no tiene importancia.

—¿Adónde vamos? —se miraron de reojo.

—Tú síguenos, por aquí, en alguno de estos escondrijos, venden ese brebaje que te mencionamos. Busquémoslo —dijeron mientras se metían en los laberintos.

Los seguí como pude. Traté de no perderlos de vista.

—¿Qué buscan, extranjeros? —dijo alguien atrás de nosotros.

—Opio —dijo Gunter.

—Por aquí, yo los guiaré.

—Yo no voy con ustedes —dije asustada—. Gracias.

—No seas tonta, Morgana, es una bebida inofensiva por lo que nos han contado. ¿Quieres probar lo que se siente?

—No, no sé —dije dudando.

—Síganme —dijo el mercader vestido a la usanza hindú con esas típicas camisas largas y blancas.

Llegamos hasta un inocente puesto de joyería de plata. El mercader nos hizo pasar a la parte trasera del negocio, a un lugar lleno de alfombras e imágenes de Ganesh.

—Siéntense en el piso, pónganse cómodos —dijo restregándose las manos—. Le cobraré solo veinte dólares a cada uno. Páguenme y ya les preparo el elixir —dijo con mirada cómplice—. Es de lo mejor, ya lo verán.

Los alemanes pagaron su parte y yo la mía, un poco avergonzada. Pero estaba tan triste, y tan perdida… y nunca había tenido una experiencia de estas. ¿Qué me podía pasar?, me dije justificándome y poniendo la mente en blanco para no pensar.

Con gran ceremonia, hizo hervir agua en una pequeña olla de hierro negro sobre un brasero. Después le agregó una pasta blanca. Los alemanes miraban fascinados.

—Es opio —dijeron en un susurro.

Endulzó la mezcla con una melaza acaramelada de color oscuro. La batió varias veces con énfasis, como demostrándonos que sabía lo que estaba haciendo.

—Listo —dijo con expresión triunfante. Sus ojos emanaban una energía perturbadora. Oscura. Miré hacia la puerta. En ese mismo instante, la cerró dando tres vueltas con la llave—. Ahora estamos tranquilos —acotó. Repartió el brebaje en pequeñas tazas de plata labrada—. Tomen con cuidado, está caliente.

Sorbí el brebaje lentamente. Era muy dulce. No estaba mal. Comencé a reír, me causaba gracia la situación. Yo estaba allí, encerrada en un remoto mercado de Rajastán, con un grupo de alemanes adictos, y nadie lo sabía. Nadie podría encontrarme, y no me importaba. Tomé otro sorbo y me seguí riendo, riendo y riendo. Todo daba vueltas alrededor, ya no sabía dónde estaba el cielo y dónde estaba la tierra, y todo estaba lleno de diamantes, y yo volaba con las alas abiertas, como un ángel. Llamando a Arthur. Y los alemanes ¿dónde están?, me pregunté entre sueños. Miré hacia abajo y los vi tirados sobre las alfombras, con los ojos cerrados. Entonces de pronto el mercader apareció a mi lado, volando, pero no tenía alas blancas, eran negras. Como sus ojos. Me tomó de la cintura y me dijo:

—Ven, Morgana. Volemos juntos a la tierra del eterno placer. Yo te guiaré, tú serás mi discípula.

—¿Tu discípula? ¿Acaso tú eres un maestro? Yo ando buscando uno, eso me dijeron. Y tal vez sea cieeertooo —mi voz resonaba en la habitación con un extraño eco.

—Yo seré el mejor maestro que te puedas imaginar, Morgana —dijo besándome libidinosamente, introduciendo su lengua caliente en mi boca. Traté de liberarme de su beso, pero era difícil en pleno vuelo. Me empecé a reír descontrolada, la lengua del mercader se había vuelto verde y parecía una serpiente. En ese momento se escucharon fuertes golpes en la puerta. Alguien daba patadas y la iba a derribar, sin duda, mientras yo sobrevolaba la habitación escapándome de la lengua que me perseguía ahora en forma independiente. Y no podía ser cierto, pero era cierto, pensé mareada. Arthur estaba allí abajo. Sí, era él, había derribado la puerta y se estaba trenzando en una pelea feroz con el mercader, y de un solo empujón lo hizo volar por los aires y aterrizó en medio del mercado.

—¡Morgana! ¡Despierta! ¡Vámonos de aquí! —gritó sacudiéndome.

—¡Arthur! —dije riendo sin parar—. ¿De qué color es tu lengua? ¿Qué haces aquí? ¿No estabas en el tren? ¿Viste a los alemanes? Han desaparecido, a lo mejor se tomaron el avión de regreso a Múnich, y andan buscándome por allá.

Yo seguía volando por los aires sin poder aterrizar. Entonces Arthur me tomó en sus brazos y, no sé cómo, aparecimos de pronto en medio de un puesto de especias, sentados entre bolsas de pimienta negra, pimienta rosa, pimienta verde. Todo seguía dando vueltas y vueltas alrededor de mí, lo abracé llorando y riendo al mismo tiempo.

—Te extraño. Te extraño. La vida es muy triste cuando estamos separados. Gracias por venir a buscarme, Arthur.

—En un buen lío te has metido, Morgana. Llegué justo a tiempo. Ven, párate sobre tus pies, intenta caminar como si nada hubiera pasado. Yo te sostengo.

Luego me dijo ofuscado:

—Salgamos de aquí. El mercader debe de estar buscándonos, no le ha gustado la interferencia. Tenía planes románticos contigo, pero se le arruinaron.

—Estoy avergonzada de mí misma.

—A cualquiera puede pasarle.

—¿Cómo hiciste para encontrarme?

—Me bajé del tren tratando de seguirte, pero fuiste demasiado rápida. Sólo alcancé a ver cómo se alejaba el taxi con dirección desconocida. Te busqué por todo Jodhpur, Morgana, y no estabas. Hasta que di con el hostal Mahabarata y el empleado de la recepción me advirtió que podías haberte metido en un lío. Había escuchado toda la conversación con los alemanes, y además me dio el dato de la tienda de joyas del mercader. Todos los turistas ávidos de experiencias distintas van a probar opio allí. Golpeé la puerta varias veces. No esperé a que me contestaran, derribé la puerta sin más y te rescaté, Morgana. ¿Estás loca? ¿Cómo se te ocurre meterte en estos líos? ¿Y cómo fuiste capaz de dejarme plantado?

—No sé, Arthur. Me estoy dando cuenta de que soy capaz de muchas cosas. Nunca trates de dominarme con esos comentarios despectivos. Respétame. Y gracias por rescatarme. No sé. No sé qué me pasó. Confieso que me tenté con esa bebida pensando que iba a tener más visiones. Y quería escaparme de la tristeza.

—Es muy peligroso escaparse así. Aunque me consideres inexperto en los temas espirituales, y lo soy, sé distinguir entre los falsos brillos y las verdaderas experiencias. Las visiones que tuve con los hombres santos sin una gota de sustancia alguna me abrieron los ojos. Ahora sé que lo que estaba buscando es ese éxtasis divino. Pero lo buscaba en una forma rápida, sin esfuerzo, artificial. Como la que te ofreció el mercader.

—Yo también sé lo que es verdadero, Arthur. Siempre lo supe. Pero estaba muy triste. Y todo me daba igual, y los alemanes me tentaron, y después ya no podía salir de allí porque el bastardo había cerrado la puerta. Yo nunca probé ningún alucinógeno.

—Y haces bien en nunca haberlos probado, porque sólo te llevan a la destrucción. Son demoníacos, te lo aseguro.

—¿Cómo lo sabes tan bien?

—Lo sé. Punto. Ya has visto que conozco bien al demonio del alcohol, Morgana. Y no lo quiero más en mi vida. No lo quiero —dijo con los ojos llenos de lágrimas.

—¡Oh!, Arthur. Jamás volverá a embrujarte.

Lo abracé muy fuerte.

—Ojalá sea así, Morgana. No quiero perderte. A veces me siento todavía muy débil, tengo miedo.

—Estamos juntos. Nada puede pasarte.

—Perdóname por haberte tratado así. Mi mente inglesa me juega muchas malas pasadas. Y yo no estoy tan seguro de mí mismo, no sé si soy tan fuerte ante las tentaciones, después de todo. Olvidemos todo esto, Morgana. ¡Vayamos a visitar el fuerte! ¿Qué te parece? Y después seguimos viaje a Jaisalmer.

—No sé, Arthur. Tal vez sería mejor partir ya mismo.

—Tonterías. Estamos juntos. Y ya estás completamente repuesta. Lo único que espero es no encontrar a esos alemanes, se las tendrían que ver conmigo. Mejor que ni se te acerquen.

Ascendimos por un camino empedrado que nos condujo hasta la cima, dejándonos frente a la enorme puerta de acceso al fuerte.

—El Fuerte de Mehrangarh es el mítico emblema de Jodhpur —explicaba un guía hindú coronado por un enorme turbante rojo al estilo rajastaní—. Fue construido en el siglo XV, y aún vive aquí nuestro Maharajá, rey y señor de Jodhpur, como antes de la abolición de sus increíbles derechos, absolutos e incuestionables. Observen estas murallas, tienen más de veinte metros, y surgen de las rocas casi en forma perpendicular. Es nuestro orgullo decirles que jamás fue conquistado, es una fortaleza inexpugnable. Ni los británicos, quienes lo asediaron por más de cincuenta años, pudieron entrar en él por la fuerza. Observen las aristas punzantes con las que están cubiertas las puertas, prevenían los ataques de los ejércitos de elefantes, impedían que las derribaran empujándolas con sus cabezas. Ésta es la primera de las siete puertas que hay que atravesar para llegar al corazón del fuerte donde se encuentran los palacios. La construcción de este fuerte y su emplazamiento están envueltos en un misterio, es una extraña y verdadera historia, poco conocida por los turistas, pero sí por nosotros, los ancestrales habitantes de esta región. Fue transmitida de padres a hijos, oralmente, como todas las historias verdaderas que raramente están escritas.

Intrigados, comenzamos a seguir al guía y su grupo, que comenzaban a moverse hacia el interior del fuerte.

—En esta montaña vivía un misterioso ermitaño, llamado Cheeria Nathji, "el Señor de los Pájaros Negros", que al parecer era un mago. Y no precisamente un mago blanco. Hubo que desalojarlo para construir el fuerte, lo que produjo la tremenda furia de Cheeria Nathji. Hete aquí que entonces el Señor de los Pájaros Negros, mortalmente ofendido, envió al rey un hechizo, una tremenda sequía que azotó a la región sin piedad. El rey, tratando de congraciarse con el ermitaño y anular su maldición, le construyó una casa y un pequeño templo muy cerca de la cueva donde este había vivido por quién sabe cuántos años. Esto no lo convenció. Y Cheeria siguió con sus andanzas. La sequía jamás desapareció. De hecho regresa cada cuatro años. Y una nube de pájaros sobrevuela todo el tiempo el fuerte como señal y advertencia de que Cheeria, el Señor de los Pájaros Negros, aún sigue allí. Aunque nadie sabe dónde. El fuerte tiene muchas historias extrañas, y los palacios que están en su interior, en los que aún viven los maharajás, también. Éste es un lugar de embrujamientos y hechizos poderosos, tengan cuidado.

De pronto, desde algún un lugar impreciso de las estrechas callecitas de fachadas azules, una canción melancólica y desgarradora nos atravesó el alma. Todos nos detuvimos al mismo tiempo, era irresistible.

—Están escuchando un canto rajastaní, un canto de gitanos que habla de desiertos y de soledades. De partidas y nostalgias que desgarran el alma —dijo el guía cerrando los ojos y escuchando en silencio.

La canción me atravesó el alma. Sentí una extraña premonición, como si esa fuerza oscura que ya había tratado de separarnos anduviera rondándonos. ¿Sería el Señor de los Pájaros? Arthur me tomó por la cintura, lo abracé muy fuerte.

—Nuestro amor es mas potente que todos los Señores de los Pájaros del universo —susurró Arthur en mi oído leyendo mis pensamientos.

—¿Más fuerte que la duda, la traición y la confusión? —le dije sorprendiéndome de mí misma. No tenía idea de dónde habían salido esas palabras que brotaban de mi boca. Sentí un escalofrío.

—Ah, tonterías. Estamos juntos. Déjate de bobadas.

—Arthur, tal vez deberíamos haber partido esta mañana hacia Jaisalmer. Hay algo extraño aquí. Es una fuerza siniestra, tengo miedo.

—Cálmate, Morgana.

Continuamos caminando entre las estrechas callecitas de piedras, hasta atravesar la última puerta, llamada Lahapol, la Puerta de Hierro.

—Estas quince huellas de manos pintadas de rojo señalan el "sati" o sacrificio ritual de las viudas del maharajá Man Singh, realizado en 1843. Todas se arrojaron a la pira funeraria siguiendo a su amado esposo —dijo el guía—. Antes de arrojarse al fuego, estampaban la palma de su mano pintada con color rojo, como testimonio de su lealtad.

Me acordé del relato del taxista, era cierto. Me pregunté si realmente se arrojarían al fuego tan alegremente, o si más bien eran arrojadas allí, sin preguntarles si estaban de acuerdo, y si las amantes de los poderosos estarían hoy tan sometidas a ellos como lo eran aquellas concubinas.

Estábamos entrando en la zona de los palacios. Eran magníficos, realmente imponentes. Todos se encontraban interconectados, como formando parte de una red secreta, y tenían nombres poéticos como Sukh Mahal, el "Palacio del Placer"; Moti Mahal, "el Palacio de la Perla"; Pool Mahal, el "Palacio de la Flor". Todos tenían espectaculares vistas a la ciudad y al desierto. Se cerraban hacia el exterior con celosías labradas en formas exquisitas para protegerlos del ardiente sol del desierto vecino. Y también encerradas y ocultas tras ellas, las innumerables esposas del maharajá observaban el mundo exterior. Seguimos ascendiendo, hasta llegar a la cima. La Ciudad Azul, vista desde aquí, era impactante.

—Estamos entrando en el impresionante mundo de los maharajás, de sus lujos increíbles, de sus excesos, conquistas, fabulosos harenes —aseguró el guía con una especie de fascinación que me molestó bastante—. Las concubinas siguen siendo sumisas como en los mejores tiempos patriarcales —remató— y, por cierto, hay fabulosas riquezas todavía escondidas en los subsuelos, nadie sabe de cuántos millones de rupias, y toneladas de oro y piedras preciosas estamos hablando. Nuestro amadísimo maharajá Gajsingh —dijo el guía con voz algo impostada— pasa la mayor parte del tiempo en Londres. Pero se dice que en un sector que aún sigue siendo privado, se hacen aquí fiestas fabulosas, como las de otros tiempos. Corren muchos, muchos rumores de que hay salas no habilitadas al público, llenas de espejos gigantes e iluminadas con innumerables velas. Salas interiores a las que jamás ha entrado un turista, con jardines poblados de pavos reales de tamaños gigantescos. Se dicen muchas cosas sobre la familia real, ustedes saben. Por ejemplo, que posee todavía decenas, y hasta cientos de elefantes, por tradición. ¿Sabían que la riqueza de un soberano se valoraba por el número, la edad y el tamaño de los elefantes que poblaban las cuadras de sus palacios?

No, no sabíamos, pero estábamos sorprendidos con todos los relatos.

—Se asegura que la residencia real, que está en las afueras de Jodhpur, alberga hasta a doscientos cincuenta animales hoy día.

Arthur y yo, tomados de la mano, caminábamos sobre nubes, como en un ensueño. El Abismo de Amor nos envolvía en su magia, y tenía un dulce sabor a miel. Respiré hondo y apreté su mano con fuerza pidiendo a los dioses que nos protegieran de los demonios que acechan a los enamorados para robarles esta miel celestial que sólo se saborea viviendo un amor apasionado.

"Gayatri, rodéanos con tus diez brazos, y cuídanos con tus diez ojos vigilantes. ¡Día y noche!, por si acaso", susurré.

—Se dice que el maharajá todavía se prosterna una vez al año ante el más anciano de los elefantes como símbolo de alianza con las fuerzas de la Naturaleza, lo cual augura un año más de prosperidad a sus súbditos —acotó el guía—. En ocasión de las procesiones de elefantes, que se siguen haciendo, el maharajá monta el más hermoso, y abriendo el evento encabeza la fiesta balanceándose suavemente acompañando el ritmo de los pesados pasos del paquidermo. Desde las alturas de su trono de oro macizo, acolchado con almohadones de terciopelo rojo y coronado por una sombrilla dorada, saluda distante a sus súbditos. Su poder real es inmenso e indiscutible, hoy como ayer, ustedes me entienden —sonrió extrañamente nervioso mirando hacia todos lados, como sabiendo que podían estar escuchándolo—. Detrás del soberano, siempre vienen tres elefantes adornados con collares de flores, oro y terciopelos, magníficos, portando dos palanquines vacíos. Su aparición provoca un estremecimiento en la multitud: estos elefantes transportan las almas de los antepasados de nuestro amado maharajá. ¡Oh! El más adorado, nuestro muy amado soberano —dijo con una voz nerviosamente impostada—. Funcionarios muy cercanos al excelso maharajá aseguran que él todavía sigue la antigua tradición de sentarse, una vez por año, en la gran balanza perteneciente a sus ancestros, y completar su peso en oro, distribuyendo estas monedas entre sus súbditos y habitantes de la Ciudad Azul. Aunque confieso que yo jamás he recibido moneda alguna —sonrió entre dientes.

Sonreímos comprendiendo la ironía, pero empezamos a sospechar que allí estaba pasando algo muy extraño.

—Los maharajás se consideran los todopoderosos hijos del Sol, de la Luna y del Fuego. Su nombre viene del sánscrito y significa "gran rey". Sus consortes, las mahajaranis, quienes a veces son llamadas rajmatas o reinas, también detentan un inmenso poder, aunque oculto.

—¿Pero los maharajás todavía siguen siendo los "todopoderosos" en la India de hoy? —pregunté con recelo.

—Aparentemente no, pero deben ustedes saber que su poder sigue intacto —bajó la voz mirando en todas direcciones—. Hay alianzas secretas, la tierra está virando a sistemas totalitarios otra vez, la democracia desaparece, se está instalando una dictadura mundial. Lo saben, ¿verdad? —susurró en voz muy baja, como aterrado de ser escuchado.

El Nómade saltó:

—Claro que lo sabemos y hay que denunciar ante el mundo el siniestro plan que se está gestando en silencio.

—Calla, no hables tan fuerte —dijo el guía, pálido—. Ellos son excelentes asesores para estos tiempos. Todos los consultan. En 1971, la primera ministra Indira Gandhi les quitó oficialmente sus títulos y sus privilegios, suprimió su sostén oficial, les quitó las increíbles subvenciones y las declaró inconstitucionales. Los palacios fueron transformados parcialmente en hoteles y museos, pero los maharajás siguen viviendo en ellos todavía, ya que una parte se conserva siempre como residencia de la familia real. Y por cierto, tienen reuniones muy extrañas a las que asisten con sus autos blindados y vidrios polarizados los más poderosos magnates, funcionarios de gobierno, y hasta miembros de la realeza europea.

—¿Cuándo y dónde se realizan esos encuentros? ¿Tienes datos concretos? ¡Necesito esa información! —dijo el Nómade atropellándose con sus propias palabras—. Soy periodista de un diario inglés al que le interesarán sobremanera estos temas.

Al instante, el rostro del guía cambió por completo, volviéndose de piedra. Estaba blanco como un papel.

—Quédate tranquilo. No te pediré datos por escrito ni mencionaré tu nombre, sé que estás trabajando en un puesto oficial y no quiero exponerte a serios problemas. Olvidemos lo que aquí se ha dicho —le palmeó la espalda amigablemente tratando de tranquilizarlo—. Nadie ha escuchado nada, los maharajás son una reliquia del pasado.

—Que Dios nos asista. Ojalá tengas razón —susurró temblando—. Las paredes tienen oídos por todas partes, y las cámaras registran hasta nuestras más mínimas expresiones. Sonríe. Nos están escaneando —intentó hacer algo parecido a una broma y se mezcló entre el grupo de turistas, alejándose de nosotros lo más posible.

Capítulo 18

LA TRAMPA DE LOS ASSURAS

E l grupo entró en una sala donde se exhibía una colección increíble de sillas de elefante, palanquines, armas, muebles fastuosos y trajes recamados en oro. Nos quedamos observando estas curiosidades y, cuando nos dimos cuenta, el guía y el grupo habían desaparecido. Estaba segura de que todos los turistas habían sido arrastrados por el guía fuera de nuestra presencia. Arthur y yo nos quedamos solos.

—Nunca me imaginé que esto pudiera suceder hoy —dijo Arthur—. El guía está aterrado. ¿Qué está pasando aquí? ¿No es India una democracia?

—Algo me informaron en la fiesta del hotel Isabel. Las supuestas democracias actuales ocultan feroces tiranías económicas pero también políticas. Todo lo que decimos está controlado, reportado y juzgado —dije en un descuido. Al segundo me di cuenta de que jamás debí haberlo mencionado, había prometido a los Valientes no revelar nada de lo que allí se había hablado.

—¿En qué fiesta te dijeron esto?

—No tiene importancia.

Arthur me miró con sospechas.

—Te dije que no me hicieras preguntas que no iba a poder responder.

—De acuerdo —contestó de mala gana—. No es tan fácil comportarse tan respetuosamente con una novia, me intrigas y quiero torturarte hasta sacarte toda la información, quién te la dio y qué más te dijo —argumentó medio en serio, medio en broma—. ¡Mira!

Desvié la atención hacia una inmensa alfombra roja colgada de la pared, tejida con fabulosos pájaros del paraíso, faisanes y aves exóticas bordadas en piedras y oro. Desde algún lugar impreciso, se escuchaban risas y conversaciones, como si se estuviera celebrando una fiesta. Seguimos mirando el tapiz cada vez más hipnotizados, las figuras se multiplicaban y parecían moverse. ¿Acaso el tapiz tenía vida? Sentí un extraño mareo cuando apoyé mi dedo índice en un pequeño pavo real, y de pronto ¡el tapiz se abrió como una enorme puerta, dejándonos en el umbral de un fastuoso recinto!

Nos quedamos helados. Frente a nosotros, una larga fila de lacayos hindúes vestidos con fracs negros, impecables guantes blancos y turbantes de raso rojo nos miraban inmutables. Como si hubieran estado esperándonos.

Al instante uno de ellos se adelantó, e inclinándose ceremoniosamente, exageradamente, enunció:

—Señores, bienvenidos. La recepción del maharajá ha comenzado. Él ha estado esperando su llegada. Por favor, acompáñenme por aquí.

Nos miramos divertidos y sin sospechar en lo que nos estábamos metiendo y sin pensarlo dos veces trotamos alegremente siguiendo al extraño personaje, quien nos llevó en dirección desconocida y a paso militar, dando vueltas y vueltas por secretos pasillos no habilitados al público. De pronto se detuvo en seco frente a una gigantesca puerta dorada, la abrió de golpe y nos invitó a entrar, inclinándose casi hasta tocar el piso. Sentí una extraña opresión en el plexo, pero no tuve tiempo de darle importancia, un espectáculo deslumbrante apareció ante nuestros ojos. Nos quedamos boquiabiertos. Un enorme salón circular, coronado por una cúpula cuajada de piedras preciosas, continuaba en otros salones a los cuatro costados, y otros y otros que se reflejaban en enormes espejos enmarcados en oro y plata. Gigantescas fuentes emanaban chorros de agua cantarina, refrescando el ambiente. Pájaros de todos los colores sobrevolaban el techo, mientras cientos de personajes de fantasía, los invitados, festejaban quién sabe qué evento, brindando en enormes copas de oro. Las arañas de cristal se balanceaban suavemente, haciendo sonar cientos de caireles, al ritmo de los abanicos de plumas gigantes que movían rítmicamente sirvientes color negro azabache, vestidos con túnicas y turbantes de raso violeta.

Un suave y penetrante incienso de patchuli envolvía toda la escena en una bruma narcótica. Las paredes estaban recamadas en oro, y las columnas redondas brillaban tachonadas de brillantes. En medio del lujo más exótico y desbordante que yo jamás había visto, elegantes personajes se movían con soltura y encanto, de aquí para allá, conversando y riendo animadamente.

Vestidos con jeans y simples remeras de turistas, obviamente desentonábamos por completo, pero nadie parecía registrarnos. Las mujeres estaban vestidas de largo, los hombres con elegantes trajes oscuros, exageradamente formales, casi antiguos. Presté atención a los detalles, todos parecían pertenecer a un tiempo sin tiempo.

De pronto, cerca de nosotros, a un costado del gran salón, divisamos, reflejado en un enorme espejo, a quien tal vez era el maharajá. Sentado en el piso en medio de almohadones rojos y rodeado de sirvientes, atentos a la menor indicación de su majestad, éste nos hizo una señal ordenándonos que nos acercáramos.

Pasamos entre los invitados como si fuéramos transparentes, nadie parecía vernos. El maharajá sonrió y nos señaló unos enormes almohadones recamados en oro, sin pronunciar palabra. Sentí un frío helado en el plexo. No estaba segura, pero había una gran posibilidad de que éste fuera el mismo maharajá que había intentado entrar violentamente a nuestra fiesta en el hotel Isabel.

Al instante, un sirviente puso frente a nosotros una bandeja circular de plata desbordante de manjares. Y vertió un vino rojo sangre en copas de oro, invitándonos a probarlo.

—Bienvenidos a mi palacio —dijo el maharajá en perfecto inglés—. Me complace recibirlos en esta fiesta, amigos míos. ¿Cómo ha sido su viaje? Oh, me imagino que habrán llegado directamente del aeropuerto y no han tenido tiempo de cambiarse.

Me quedé sin aliento, su voz me resultaba fatalmente conocida. Pero tal vez estaba equivocada.

—Pero personajes de su importancia no tienen que preocuparse por su aspecto —rio estruendosamente y palmeándonos la espalda—. Festejemos, mis queridos amigos, éste es un momento inolvidable. Es el fin de la democracia. Los nuevos tiempos han llegado, y es hora de retornar al orden y a la autoridad natural de las jerarquías. ¿Verdad?

De pronto, se puso de pie. Todos hicieron respetuoso silencio. Entonces, con una voz atronadora el maharajá gritó a viva voz levantando la copa:

—Celebremos, amigos míos, cantemos odas de victoria. Gloria por siempre al orden, a la fuerza, a las buenas costumbres y a las arcas llenas de los maharajás que a su vez llenan las de sus amigos.

—Gloria. Gloria, Gloria —contestaron todos a viva voz levantando las copas y riendo a carcajadas.

Nos miramos aterrados sin animarnos a pronunciar palabra.

Ésta no era tan solo una lamentable farsa, era una venganza, pero no era momento de aclararla. Yo sabía que nos habían confundido, ellos sabían perfectamente quiénes éramos y el tono de la celebración no era un chiste. Levantamos las copas brindando con el maharajá de una sola vez, mirándonos con pánico y buscando la forma de desaparecer de allí. El vino era delicioso, sublime. Probé un sorbo, pero el Nómade, nervioso, se bebió la copa hasta el fondo.

—Cosecha 1820 —acotó el opulento personaje mirándome libidinosamente—. El mejor vino de mis mejores viñedos de Francia para una hermosa dama llamada Morgana.

Tragué saliva, no había dudas, era él. Sabía mi nombre. Estaba perdida.

—Siéntense conmigo, amigos queridos. Sé que han tenido un largo viaje. Desde luego, ustedes tendrían algunas noticias acerca de las medidas que se están tomando en América para que este caos termine de una vez por todas y se instale el Nuevo Orden Mundial.

—Así es —acotó el Nómade impasible, tratando de seguirle el juego—. Un gobierno único y omnipresente preservará la estabilidad y la autoridad natural de los más fuertes, de los más eficientes y de los más capacitados para gobernar. Querido amigo, las noticias que traemos son muy alentadoras. Falta muy poco para que la gran noticia aparezca en todos los diarios, al mismo tiempo. Pero, ya sabes, primero habrá que crear el caos completo, la crisis ya está instalada en las mentes de los europeos, y en la de los chinos. Estados Unidos ya la ha asumido, y la Argentina está graciosamente colaborando como laboratorio de pruebas para las nuevas políticas de sometimiento abierto sin ocultamientos. El camino esta allanado, sólo falta dar el golpe final.

—Exacto. Pero si está todo listo, ¿qué estamos esperando para hacer el gran anuncio?

—Oh, faltan apenas algunos ajustes, respetable maharajá.

—Llámame Indir, querido amigo —dijo indicando a los sirvientes que llenaran nuestras copas hasta el borde.

—Y tú, preciosa, ¿qué me dices? —dijo acariciando suavemente mi hombro—. ¿Qué noticias nos traes de aquellas organizaciones secretas que tratan de liberar a los miedosos y abrirles los ojos? Se juntan en hermosas fiestas a las que no se puede entrar sin invitación especial y se llaman "Valientes", ¿verdad?

—Oh, desconozco lo de las fiestas, pero los desgraciados no tienen chances de triunfar —dije en un último intento de seguir el juego—. Nadie les cree, nadie los escucha. Ellos insisten, tú sabes, pero no tienen poder de convicción. Son pocos, con relación a nosotros, muy pocos, y no logran adeptos, a nadie convencen, te lo aseguro —acoté tratando de sonreír escépticamente y atragantándome con el vino que cada vez me mareaba más.

El maharajá me observó detenidamente con lujuria y curiosidad. Un frío sudor corrió por mi espalda. Respiré hondo y traté de calmarme.

—Es increíble, los bastardos llegan a atreverse a sabotearnos —dijo meneando la cabeza—. Ya saben, se hacen pasar por los nuestros, se infiltran en nuestros selectos ambientes de poder, pasan sus consignas de una manera eficiente y rápida. Hacen tambalear desde adentro nuestras prolijas campañas de miedo, diseminando convincentes pruebas que desmienten todo lo que creamos tan cuidadosamente durante tantos años. Son los bastardos espirituales, hay que vigilarlos muy de cerca.

—Es increíble —afirmé temblando por dentro y tratando de disimularlo—. ¿Cómo se atreven? Pero nosotros también nos infiltramos en los ambientes espirituales. Asistimos a sus seminarios y los observamos de cerca.

—Ah, los seminarios son inocuos en general, sólo hay un par de los organizados por esos bastardos que son inquietantes.

De todos modos, volvamos a lo nuestro. La crisis mundial jamás debe ser cuestionada, y tiene que ser asumida como irreversible por todos —me miró con los ojos más feroces que yo jamás había visto—. Tenemos poco tiempo en realidad, hay que apretar las clavijas cada día más, amigos.

—Oh, no hay de qué preocuparse, señor —acotó el Nómade—. Las apretaremos. Indir, celebremos, la victoria total está cerca —levantó la copa esperando ser correspondido.

El maharajá se aflojó y brindó una y otra vez. Y el Nómade, también. Hasta que en un momento el maharajá lo miró fijo, dejando de brindar.

—Ojalá sea cierto lo que me dices, ojalá la victoria esté cerca —murmuró cambiando repentinamente de expresión.

Y entonces se acercó a él, y le susurró algo al oído. Esta vez fue Arthur quien cambió de expresión. De pronto pareció dudar, se sonrió tontamente, y extendió su copa para que los sirvientes se la llenaran hasta el borde. Lo miré inquieta. Rehuyó mi mirada y murmuró algo entre dientes que no comprendí. Pero me di cuenta de inmediato de su expresión vacilante, quise gritarle que tuviera cuidado, que no lo escuchara. Habíamos caído en una trampa. Debíamos encontrar la manera de salir de allí de inmediato, no podíamos descuidarnos. Pero vi con horror que el maharajá lo había tomado del hombro fraternalmente y seguía musitando cosas en su oído. El Nómade estaba hipnotizado, miré alrededor, pero ¿a quién pedir ayuda? La fiesta seguía en todo su esplendor.

De pronto aparecieron unos personajes extraños, parecían ser funcionarios, todos de impecables trajes grises, le estaban acercando al Nómade una carpeta con papeles. Y esperaban todos de pie, con expresión amenazante. Esto se estaba poniendo más y más complicado. Y ahora estaba sola.

El Nómade sonreía tontamente mirando los papeles. El maharajá volvió a decirle algo al oído. De pronto, cambió de expresión. Con horror vi que aceptaba que le llenaran el vaso con champagne una y otra vez. Y luego le acercaron vino rojo de una cosecha especial, y un par de odaliscas que bailaban en las inmediaciones se le tiraron encima y lo llenaron de besos. Y todo fue risas y bromas con los funcionarios, las odaliscas y el maharajá, ignorándome por completo, como si estuvieran solos en la fiesta. Congelada como una estatua de hielo, yo ya no atinaba a reaccionar. Todo había acontecido a una velocidad inaudita. El Nómade miraba los papeles con expresión ávida.

—¿Qué tienes allí? —grité abalanzándome sobre él, las odaliscas y los funcionarios.

—No te pongas celosa, Morgana —dijo el maharajá riendo y apartándome de él con fuerza—. Déjalo disfrutar de la fiesta en paz y concretar un negocio interesantísimo para su carrera de periodista.

El Nómade, rodeado de odaliscas que le acariciaban el cuello, se dedicaba en ese momento a conversar animadamente con los hombres de trajes grises, y ni me miraba. No podía creer lo que estaba viendo.

De pronto lo vi protestando y negando con la cabeza. Los funcionarios formaron un círculo cerrado alrededor de Arthur. Me levanté y traté de empujarlos abriéndome paso, y vi con sorpresa que el maharajá parecía estar allí adentro. Pero también estaba a mi lado, no entendía nada. Sentí su aliento en mi cuello y su penetrante voz hablándome al oído.

—Estás nerviosa, ¿verdad? Ven, preciosa. Concédeme esta danza —me abrazó fuertemente y me tomó de la cintura.

Hice señas al Nómade agitando la mano desesperadamente para que me viera. Levantó la mano como saludándome. En un rápido gesto me arranqué el talismán y se lo arrojé. Lo tomó en el aire, justo en el momento en que el maharajá me empezó a arrastrar violentamente hacia la pista de baile.

—Vete, Morgana —gritó de pronto Arthur como poseído—. Lo nuestro se acabó, perdóname, no puedo perder esta oportunidad. Ya sabrás entenderme, adiós.

—¿Adiós?

—Sí. Adiós —dijo el Nómade con una voz que no parecía ser suya—. Vete con tu Maestro, tal vez más adelante volvamos a vernos. Cuando sea rico y poderoso.

Las odaliscas reían, el maharajá reía. Los funcionarios reían. Los invitados reían. Y yo lloraba.

—Ven, Morgana —dijo el maharajá protector—. Olvídate de él.

Giramos y giramos hasta el centro. Entonces se detuvo y me abrazó fuerte, clavando sus ojos negros en mí. Se me cerró la garganta, traté de sonreír y de liberarme de su abrazo.

—Oh, Indir. No sé qué está pasando con mi compañero. Tal vez se sienta mal. Y yo estoy un poco mareada. Permíteme pasar a los cuartos de baño por un instante, ya regreso.

—De ninguna manera, Morgana. No puedes rechazar el pedido de un maharajá. Sigamos bailando.

Parecía estar borracho, pero yo estaba segura de que no lo estaba. Giramos y giramos, ahora en dirección al ángulo opuesto del salón. Yo estaba destrozada, el mundo se había derrumbado sobre mis espaldas. No podía creer lo que acababa de pasar.

—No llores, Morgana —dijo con voz dulce y protectora—. Los hombres a veces somos así.

—No puedo creerlo —sollocé entre sus brazos.

El maharajá parecía ahora un padre bueno. Su abrazo era envolvente y seductor y él emanaba un magnetismo especial. El de quien está seguro de su poder, y ante quien todos se inclinan. Y entonces, a pesar de mi fuerte entrenamiento espiritual, y mi rechazo a ese mundo corrupto, me abandoné en ese abrazo tóxico y dominante. Y harta de luchar por un buen amor, por un segundo, sentí deseos de volverme su esclava, de que hiciera de mí lo que quisiera. Su esclava. ¿Cómo sería ser su esclava? Empecé a divagar. Sería muy cómodo, por cierto, no tendría que decidir nada, sólo seguir su órdenes y cobijarme bajo su poder mundano. Ese poder tan inmenso, irresistible, que lo solucionaba todo con una sola orden. Y el amor qué importaba después de todo, me dije sollozando. De pronto me di cuenta, algo andaba muy mal. Traté de soltarme a toda costa de su abrazo.

—Preciosa —escuché su voz penetrando mi oído—. Conozco los más grandes secretos del Tantra. Los maharajás estamos entrenados para satisfacer a todas nuestras mujeres en el harén en una sola noche. ¿Sabes? Somos los amantes más potentes que te puedas imaginar.

—Emanas una fuerte energía sexual, es cierto —le dije tratando de parecer segura—. Tienes una energía densa que me ancla en la tierra.

—La energía que tanto necesitas, Morgana. Tú andas siempre volando por los cielos infinitos. Te conviene estar conmigo. Olvídate de tu estúpido inglés. Regresa a lo seguro, a lo conocido. Estás a punto de perder todo lo que lograste con años y años de esfuerzo. Quédate conmigo, no soy tan malo como parezco, yo te protegeré.

Me abandoné otra vez en sus brazos. Había tocado un punto débil. Pero reaccioné enseguida. Era mentira. No necesitaba esa clase de protección. Si caía en esa tentación, estaría perdida.

—Por favor, suéltame.

—¿No te tienta un poco tener una experiencia diferente? —susurró baboso en mi oído cambiando de estrategia.

—No.

De pronto volví a mi eje. Empecé a forcejear. Él me encerró más fuerte en sus brazos. Su furia crecía y la aparente dulzura se estaba transformando en violencia abierta.

—Suéltame —dije firme—. Tienes toda tu corte de seguidores para dominar y someter, déjame en paz.

—Te ha gustado probar el opio, ¿verdad? El mercader es uno de los míos, y casi te trae a mí, servida en bandeja. Además, sé que conoces a Sitael, y que has estado en aquella fiesta a la que yo no estuve invitado, pero no todo está dicho todavía —dijo apretándome la cintura y quebrándome en dos.

Se me heló la sangre.

—No sé de qué me hablas.

—Sí, sabes. Y yo no renuncio tan fácilmente a mis propósitos. Sé quién eres, pero te repito, no todo está dicho. Te ofrezco algo que siempre has querido tener, Morgana, piénsalo bien. Libertad. Completa y total. Te conviene, piénsalo, hasta podrás hacer más másters, los más caros, todos los que elijas. Nada ni nadie te molestará, podrás hacer lo que quieras, como lo quieras. Parte de mis riquezas de la India pueden ser tuyas, y las de mis reinos allende los mares también. Y te ofrezco, además, completa libertad sexual, claro que sólo conmigo. Jajajajaja —su risa hizo temblar el piso.

—Suéltame —grité forcejeando.

—Grita, nadie te hará caso. Escucha, tonta Morgana, olvídate de ese energúmeno periodista inglés, pobre y perdido. Aquí tienes a un verdadero hombre que te dirigirá por los caminos del éxito y de la fama con mano firme. Sólo dime lo que quieres y yo te lo daré.

—Suéltame.

—¿Quieres estar con los Valientes? ¡Ah, tus nuevos amigos! Son sólo un lamentable ensayo de rebelión, jamás triunfarán, no pierdas más tu tiempo con ellos, yo tengo el poder real, ese que a ti tanto te gustaba cuando estabas en tu estudio. ¿Te acuerdas, Morgana?

—Indir, no sé de qué me hablas, aquí hay una confusión. Suéltame, te lo suplico. No me siento bien —le rogué en un último intento de sostener la farsa.

—Yo tampoco me siento bien cuando ustedes se infiltran en mis dominios —murmuró en mi oído—. Te escuchamos por los micrófonos, justo antes de entrar a mi fiesta. ¿Así que "las supuestas democracias actuales ocultan feroces tiranías económicas, pero también políticas. Todo lo que decimos está controlado, reportado y juzgado"? ¿Quién te dijo esa mentira? —dijo repitiendo textualmente mis palabras.

No contesté, y traté de respirar hacia el costado, su aliento era fétido. Olía a alcohol, a corrupción, a decadencia, a esclavitud y sometimiento.

—Si insistes en tu lealtad a Sitael y los suyos, te aviso que estás perdida. Tu amigo está de mi lado, es mi socio ahora. No cuentes con él, está borracho, feliz de haber firmado el pacto conmigo, y entretenido con mis preciosas odaliscas. Te ha traicionado. Olvídate de él, ya está fuera de combate, que rápido capitula. Mis sirvientes se ocuparán de él, lo haremos dormir en mis aposentos reales, hay muchas habitaciones para huéspedes.

—¿Quién eres en realidad? —balbucee mareada.

—Puedes llamarme de muchas maneras. Soy un Assura —dijo parando de danzar bruscamente y mirándome fijo—. Seguro no sabes qué significa, pero ya te enterarás, Morgana. También me llaman "El Contrincante" y te anticipo que no te queda otra alternativa que obedecerme. Estás sola en la India, olvídate de tu compañero, te ha abandonado. Has entrado a una puerta prohibida para los neófitos, la que borra las barreras convencionales de lo que llamamos realidad. Esta es la puerta que revela los escenarios paralelos y te muestra la verdad de esta batalla que se libra a cada instante en la Tierra. Yo estoy del lado de las sombras, el viejo bando tan bien conocido en la Tierra, tú estás del lado de la Luz. Digamos, por ahora. No todo está dicho, piénsalo. Ya sabemos quién ha ganado siempre esta batalla en la Tierra desde tiempos inmemoriales. ¡Nosotros!

—No es cierto, la Luz ya ha ganado —le dije firme pero temblando como una hoja—. Los demonios fueron arrojados a los abismos por el Arcángel Miguel, el resultado ya está escrito en el firmamento aunque tarde en manifestarse en la Tierra. Suéltame, creo que eres un pérfido demonio. Dios está conmigo —dije forcejeando.

—No puedes danzar con Dios, pero baila conmigo, Morgana. No todos tienen esta experiencia en su camino espiritual, sólo los más despiertos, los más puros pueden ver detrás de las apariencias lo que está en juego, y cómo se juega este juego. ¡Baila, baila conmigo, Morgana! —lanzó una atronadora carcajada que hizo temblar el piso del palacio—. Tu amado está amando a mis odaliscas. ¿Por qué no te vengas teniendo un affaire conmigo?

—¿Qué quieres de mí? —le grité temblando en sus brazos, que quemaban como brasas.

—Quiero que el puñal de la traición de tu amado te quiebre.

No le contesté, había disparado directo a mi corazón.

—Quiero que renuncies a tu estúpida espiritualidad. Que no te atrevas a seguir adelante, que te rompas y seas mía. Que capitules. ¿Para qué seguir creyendo en el amor y en los principios rectos si no funcionan? Quiero que pienses, pienses y pienses, que hables y hables tratando de analizar lo que te está pasando. Quiero que te des cuenta de que estás perdiendo tu poder. Quiero tu miedo a quedarte sola. Tus dudas. Tu indecisión. Tu tibieza. Tu neutralidad. Tu descreimiento en mí. Ahhh, éste es el precioso néctar del cual me alimento. Quiero todo, pero más que nada, quiero tu incertidumbre y tu confusión. Debes de estar pensando que esto que pasa no es cierto, ¿verdad? —dijo tratando de besarme.

—Tal vez no sea cierto —di vuelta la cara evitando su lengua que trataba de entrar en mi boca como una serpiente.

—Jajaja —atronó en mi oído. Sentí su aliento caliente en mi cuello—. Tu descreimiento ante mí negando mi existencia es también un delicioso manjar para mí. Amo la duda, si es que jamás pueda amar algo, la amo porque me permite moverme a mis anchas. No creas que esto es cierto, duda de mi existencia. Jajajajaja. Duda, preciosa Morgana, duda de que realmente soy un demonio, mientras bailas conmigo esta danza fatal. Duda de que logré corromper el alma de tu Nómade. Duda. Duda. Si quieres, apostemos. Yo sé quién gana la partida. Te anticipo que venceré, nada puro se puede mantener intacto en esta Tierra, todo se contamina. Y tú serás mía, mía, míaaa, como muchos humanos ingenuos como tú. "Espirituales", jajaja.

Me hizo girar y girar una y otra vez en círculos para terminar de marearme. No podía soltarme de su abrazo. Estaba perdida y sola. Pero en un rapto de lucidez, recordé la fogata de Holi, y la quema de los demonios, y a Prahalada y a Vishnú. Estaba en brazos de un verdadero Assura, un demonio, esto no era teoría ni mitología. Era tremendamente real. Entonces sentí el Fuego Naranja encendido en mi pecho, y respiré hondo agrandando sus llamas con mi mente.

—No puedo perder el control. Dios mío, ayúdame, ayúdame —musité.

—Que pierdas el control, eso es lo que quiero de ti —rugió en mi oído—. Que ya no puedas decidir más, que seas muchas Morganas peleándose entre ellas otra vez. Que creas que soy una fantasía. ¿Sabes quiénes son todos estos invitados? Son quienes ignoran mi existencia, la niegan. Ah, siempre están muy bienvenidos a mis fiestas. Ellos ya no quieren nada por sí mismos, ¿entiendes? No quieren nada nuevo, porque ya están convencidos de que no pueden nada y sólo les queda obedecer a mis mandatos. Son mis esclavos, como lo serás tú muy pronto

—sentenció y me condujo de nuevo, girando en círculos, hacia el centro de la reunión.

—¡Todos son mis esclavoooos! —gritó con voz atronadora.

Todos observaban embelesados nuestra danza, aplaudiendo y sonriendo.

—¡El retorno de los maharajás, los del poder ilimitado! ¡Es un hecho!

—¡Es un hecho! —repetían los invitados.

—Éste es el fin de las estúpidas democracias. Ahora viene el tiempo de las dictaduras por doquier, disfrazadas de gobiernos legales.

—Dictaduras sin fin —coreaban.

—¡Celebremos! —gritó el endemoniado—. Ésta es ya una hermosa realidad.

—¡Hermosa realidad! —corearon mecánicamente los invitados acercándose a nosotros con las copas en alto. Parecían estar hipnotizados, tal vez ya ni se daban cuenta de lo que estaban diciendo.

—Cielo, ayúdame —susurré.

En ese preciso instante le alcanzaron una copa de oro desbordando de champagne, y para tomarla el maharajá me soltó su abrazo por un segundo. Entonces uno de los invitados, vestido con un frac negro y con un ampuloso turbante dorado, se acercó a nosotros riendo a carcajadas. Y aparentando celebrar el famoso retorno con los dedos en V, señalando la victoria, en un rápido movimiento me mostró la palma de su mano extendida. Sobre ella tenía grabado el "signo". Sonrió y puso rápidamente un objeto en mi mano. Era el mismo rosario que Sitael me había regalado en México, y que había quedado en el hotel junto con mi pasaporte.

—Es momento de "*elevarse por encima*". "Tuyo es el Reino, el Poder y la Gloria." Te acuerdas, ¿verdad? "Por los Ángeles y Arcángeles que caminan conmigo en esta Tierra, toda oscuridad se disuelve, huye, se evapora. Me inclino ante Ti, Dios Todopoderoso, Creador de todos los Universos y recibo la Luz del Paraíso. En mi mundo se implanta ya mismo Tu perfecto Orden Divino", Amén que así sea. Y así es. Repítelo ahora. Ya mismo —y diciendo esto levantó su copa y desapareció riendo entre los invitados.

—"Tuyo es el Reino…" —susurré febrilmente cerrando los ojos, acordándome de cada palabra que me había enseñado Sitael.

En un solo instante la fiesta se esfumó. Y aparecí otra vez mirando el pavo real en el tapiz rojo. Las aves del paraíso seguían sobrevolando los techos del palacio, como si allí jamás hubiera pasado nada. En mi mano brillaba la Cuerda de Oración, tenía tres cuentas de piedras y un sol.

Miré alrededor, el Nómade no estaba conmigo. Me aterré. Habría quedado adentro de la "fiesta". Estaba furiosa con él. Pero ¿cómo iba a rescatarlo ahora?

Todavía sin respiración, me desplomé en el piso para recobrar el aliento y seguí repitiendo como un mantra diez, veinte veces… "Tuyo es el Reino, el Poder y la Gloria…" De pronto me sentí rodeada, pero no me animaba a levantar la vista. Sólo veía sus zapatos, unas rústicas sandalias de cuero, apuntando todos en dirección adonde yo estaba acurrucada en el piso. Conté lentamente, eran nueve pares.

—Ven con nosotros —dijo alguien con voz profunda poniendo su mano en mi hombro—. Tranquilízate, Morgana, tenemos que salir de aquí ya mismo.

Capítulo 19

EL RESCATE DE LOS VALIENTES

—¿Quiénes son ustedes y cómo llegué aquí? —pregunté.

—Valientes del Camino Naranja. Te llevaremos hasta el Maestro de la Ciudad Dorada.

Extendieron sus palmas iluminadas con el signo de Áhimsa.

—¿Qué pasó allá adentro? —señalé ridículamente el tapiz.

—Has entrado a una realidad paralela, Morgana, y hay varias por cierto —contestó el de ojos grises.

—Abriste una puerta astral, viste cosas que la gente no ve, y te enfrentaste a ciertas presencias que casi nadie ve con tanta claridad. Tú *lo* viste, pero él también te vio —dijo el de ojos celestes.

—Has tenido un encuentro personal, cara a cara con uno de los demonios que circulan por la Tierra. Si has estado en Holika, ya debes saber que en India los llamamos Assuras —dijo el de ojos café.

—Lo sé —dije aterrada.

—El Assura, el Contrincante que contactaste, ya sabe que estás despertando, tenemos que entrenarte en esta confrontación, Morgana —dijo el de ojos azules.

—¿El… el Contrincante? Creo que también me dijo que se llamaba así.

—Tranquila, Morgana. Los Valientes te estamos asistiendo —dijeron los nueve a coro.

—Estoy soñando, ¿verdad? —les pregunté por si acaso.

—No, no estás soñando. Antes estabas soñando, ahora estás despertando —dijo el de ojos verdes—. Has visto su rostro, ya jamás podrás autoengañarte. El Contrincante tiene muchas caras, muchas personalidades, pero no te ha podido engañar. Pudiste salir de allí por tu fortaleza interna y por la ayuda del Cielo, a quien llamaste con tus invocaciones pidiéndole asistencia. Ven con nosotros, tu compañero te alcanzará si asciende en conciencia. Nos ocuparemos de ver qué pasa con él, hay Valientes infiltrados en el palacio. Ven con nosotros.

—¿A dónde?

—A Jaisalmer. El Maestro te espera. ¿Vas a faltar a la cita? Te has desviado del camino, Morgana, ya deberías haber llegado.

—Arthur está allí adentro —grité aterrada—. No puedo dejarlo solo, está en manos de ese horrible maharajá y sus secuaces —señalé el tapiz tontamente—. ¡Tenemos que rescatarlo!

—Tranquilízate, Morgana. ¿Y si Arthur no quiere ser rescatado? Parece que él sabía lo que estaba haciendo. Nosotros lo vimos con nuestros propios ojos. Estuvimos en esa fiesta.

Sentí un puñal clavado en el corazón.

—No podemos ayudar a Arthur. Él, a diferencia tuya, todavía está muy inestable, se puede pasar de bando a otro en un segundo. No te conviene así.

—Él me rescató en Jodhpur, no puedo traicionarlo abandonándolo.

—Aquello fue un desliz. Esto es diferente. Para volver a estar contigo, él tiene que ascender a otro nivel de conciencia.

No podemos perder más tiempo —dijo, me tomó de la mano y me ayudó a levantarme.

¿Qué hacer? ¿Qué hacer? La situación no podía ser más complicada. Los nueve personajes me rodearon y me miraron fijo. Sus ojos brillaban como diamantes, resplandecían, como los de Sitael.

—Se acabó el tiempo, Morgana. El Assura no suelta a sus presas tan fácilmente, te buscará, tienes que desaparecer de su vista, desorientarlo, tenemos que partir. Confía en nosotros, Morgana, si quieres volver a estar con Arthur, suéltalo ahora.

De pronto la tierra empezó a temblar, y las paredes del palacio, a resquebrajarse.

—¡Vámonos! —gritó el de ojos color verde esmeralda arrastrándome con ellos—. El Contrincante está furioso, debe haber pasado algo allí adentro, y además no puede aceptar que alguien se escape de sus garras tan fácilmente. Hay que desaparecer de su vista.

Salimos rápidamente del palacio deslizándonos entre secretos corredores donde no había ni un solo turista. Rodeada por nueve "guardaespaldas" hindúes y aferrada a mi pequeña mochila donde ni siquiera había puesto mi pasaporte, corrí con ellos a una velocidad suprahumana. En unos minutos estábamos sumergidos en los laberintos azules de Jodhpur y nadie parecía seguirnos.

Se detuvieron de pronto frente a un enorme y antiguo camión militar, y me ayudaron a subir a la parte trasera. El último de los nueve Valientes saltó adentro del camión y arrancamos a toda velocidad con dirección desconocida.

La caja del camión estaba acondicionada con mantas y almohadones, como preparada para un largo viaje.

—Ahora relájate, Morgana. Vamos a conversar. Estás bajo nuestra protección. Yo soy Kanvar —dijo el que parecía estar a cargo del grupo extendiendo su mano en un cálido saludo—. Mi nombre significa "Príncipe".

—Adhiraj —se presentó otro Valiente—. Significa "Rey".

—Birendra, Rey de los Guerreros —dijo otro.

—Son todos reyes de algo —bromeé.

—Aashish —dijo otro personaje con una reverencia—. Encantado de conocerte. Mi nombre significa "bendición".

—Bijoy. Yo soy "el completamente alegre".

—Akhilesh. Señor y Amo del ego.

—Iravan. El Rey del profundo océano.

—Mitrajit, el Amistoso —acotó otro Valiente con una sonrisa más dulce que la miel.

—Navrang, el Colorido —se presentó el último Valiente.

—Pues estoy encantada de conocerlos, es un gran honor y un privilegio. ¿Son ustedes acaso un grupo comando?

—Así es. Entrenamos, protegemos y guiamos a los futuros Valientes en el Camino Naranja, Morgana, y hace tiempo que te estamos monitoreando.

—¿De qué se trataba aquella fiesta? ¿Fue real o imaginada? ¿Qué pasara con Arthur? Por favor, no lo abandonen en esa trampa mortal. Seguramente necesita ayuda. Debería haber recurrido a la embajada inglesa más próxima, cómo pude abandonarlo así... No entiendo nada —los acribillé con preguntas, órdenes y pedidos al mismo tiempo. Aunque los Valientes me inspiraban una total confianza, me di cuenta de que las cosas se habían puesto extrañas. Abrí la lona trasera del camión que rodaba por la autopista a toda velocidad y con un repentino ataque de pánico comencé a gritar, totalmente fuera de mí—. ¡Quiero bajar! ¡Arthur! ¡No puedo abandonarlo! ¡Ayuda!

—Morgana, cálmate —dijo Kanvar—. Hay varias informaciones que necesitas conocer ahora. Te hablaré de la que más te preocupa y es acerca de que si uno puede o no realmente encontrar su alma gemela en ese plano —dijo muy serio.

—¿Estás bromeando? —le dije ofuscada—. Acabo de salir de una fiesta convocada por un maharajá corrupto que dice llamarse el Contrincante y que representa nada menos que al "Innombrable". Y por poco casi me lleva a su harén. Mi novio quedó atrapado allí adentro. No sé dónde estamos yendo. Lo he abandonado. Y no sé si realmente estoy procediendo bien.

—Todo eso no tiene importancia.

—Ah, ¿no? —le dije ofuscada—. Todas mis cosas quedaron en la habitación del hostal en Jodhpur, no tengo dinero encima, ni siquiera mi pasaporte. Estoy atrapada en un camión, custodiada por nueve desconocidos que me llevan a toda velocidad a una Ciudad Dorada en el desierto. No me importan las almas gemelas ahora.

—Ahhh… —musitaron algunos Valientes meneando la cabeza—, qué pena que no te importen.

—Te daremos la información de todas maneras, nos lo agradecerás más adelante —dijo Akhilesh—. Cuando uno encuentra a su alma gemela, debe darle tres veces una oportunidad de tres para que te reconozca. Si el Alma Gemela no te reconoce, si no hay una dispensación especial, ambos deberán esperar otra vida para encontrarse de nuevo —dijo Kanvar muy serio.

—Qué pena tener que esperar otra vida… —volvieron a susurrar los otros ocho con inmutabilidad hindú.

Miré hacia afuera con una mezcla de desesperación y risa al mismo tiempo. El surrealismo de esta situación superaba cualquier posible interpretación lógica o coherente, era inexplicable. El camión estaba atravesando ahora un paraje desértico, iluminado suavemente por la luna llena. Y los Valientes no me habían contestado ni una sola pregunta.

—¿Cuánto falta para llegar? —pregunté tratando de encaminar las cosas por un carril algo lógico.

—¿Para llegar a qué? —preguntó Iravan, el Rey del Profundo Océano.

—No lo sé. Me rindo.

—Ahhh, vamos bien, Morgana —acotó Kanvar—. Es muy bueno no saber cuándo uno está tratando de romper los moldes de su vida. Faltan unas seis horas para llegar a Jaisalmer, la Ciudad Dorada. Ésa puede ser una respuesta. Pero hay muchas otras. Por ejemplo, te falta mucho entrenamiento para que llegues a ser una Valiente. Falta mucho amor para llegar a transformar el mundo. Tal vez al Nómade le falte mucho valor para llegar a comprometerse con su alma gemela. Pero falta muy poco para que conozcas los sagrados secretos de la Conducta Recta del Camino Naranja. Como ves, hay muchas respuestas a una sola pregunta —dijo sonriendo de oreja a oreja, igual como lo hacía Sitael.

—¿Conocen personalmente a Sitael? Tengo que contactarlo. Él me ayudará a rescatar a Arthur.

—Claro, ¿quién no conoce a Sitael? —acotó otro Valiente en la penumbra—. Querida amiga, conocemos bien a ese ser extraordinario y estamos también encantados de conocerte personalmente. Él nos ha hablado mucho de ti.

—¿Quién es Sitael dentro de su organización?

—Sólo te daremos la información que necesitas tener ahora, Morgana —dijo Akhilesh, el Amo y Señor del Ego, ignorando mi pregunta e inclinando su cabeza ceremonialmente—. Las tres oportunidades que debes darle a tu alma gemela para que comprenda lo sagrado de su encuentro contigo y de la importancia de la impecabilidad, llamada también el Camino Recto, son de tres días, tres semanas y tres meses. Y, eventualmente, podrás darle una más, en tres años.

—No entiendo nada.

—Ya le has dado la oportunidad de tres días, en Guatemala. ¿Verdad?

Se me heló la sangre. ¿Cómo sabían ellos que yo había echado al Nómade de mi vida en Antigua y que lo había aceptado nuevamente a los tres días?

—Ya pasaron los tres primeros días, ahora estás en la etapa de las tres semanas. Si en tres semanas él no te encuentra, tendrás que esperar una nueva y última posibilidad de estar con él. Pero para esto deberás dejar pasar otros tres meses, esperando en algún lugar a que aparezca de nuevo en tu vida. Tú no puedes hacer nada, Morgana, sólo esperar.

De pronto vino a mí una intuición repentina, era ilógica pero muy vívida:

—¿Y si el Nómade estuviera preso en las cárceles del maharajá?

Arthur, atrapado en un oscuro calabozo del palacio, apareció delante de mí como si lo estuviera viendo en la más pura realidad.

—Dónde está él y con quién no es un tema tuyo. En el reencuentro tiene que intervenir Arthur, no tú, confía. Es muy importante correrse y esperar cuando las cosas no están claras. Si él es verdaderamente tu alma gemela, su desesperación de no perderte lo hará remover Cielo y Tierra con su amor. Se saldrá de donde está, convocará ayudas espirituales con oraciones, gritos, pedidos, promesas y lamentos, y encontrará la manera de volver a ti —dijo Akhilesh.

—Tú tienes prohibido intervenir. Es una proscripción cósmica. Él tiene que buscarte, tiene que reparar su error antes de volver a estar en tus brazos, ¿entiendes?

—Más o menos.

—El Assura los puso a prueba. Él los tentó a ambos. A Arthur ahora, con dinero fácil y rápido, poder mundano y seguridades. Y a ti te tentó ya tres veces, una cuando te ofendiste y caíste en la trampa del opio, desequilibrándote cuando tenías que llegar a Jaisalmer. La segunda vez en el palacio, intentando hacerte renunciar a la pureza de tu corazón y tratando de comprarte, desmoralizándote. Y la tercera, ahora, haciéndote perder tu fe. Estás a punto de capitular, ¿verdad?

—No. Pero no entiendo lo que pasa.

—Arthur eligió con plena conciencia, Morgana.

—Sí, eso creo —dije poniéndome verde al recordar cómo lo abrazaban las odaliscas y se sonreía cómplice con el maharajá.

—Arthur te contará personalmente lo que pasó allí si logra llegar a ti nuevamente. Lo que te puedo asegurar es que siempre se paga un precio. Los Assuras siempre quieren cobrar lo que dan, con ellos todo se paga. Deja que Arthur arregle sus cuentas con él, si no, te las cobrará a ti. ¿Entiendes?

Tragué saliva.

—Supongamos que te ayudamos y lo encontramos. Hay muchos Valientes infiltrados en el palacio y podrían darnos una mano en esto. Tú y nosotros lo salvamos, lo rescatamos y lo traemos de nuevo a ti convenciéndolo de que deje al maharajá y que la tuya es una mejor alternativa. ¿Adivina qué pasará? No le permitirás resolver la situación por sí mismo, no lo dejarás elegir. Y no apreciara tu ayuda. Ahora supongamos también que la esté pasando mal ahora y no pueda salir de la trampa en la que se metió. Si tu lo rescatas, serás "la Salvadora". Y tú te harás cargo de su deuda. El Assura te cobrará a ti.

—¿Cómo?

—Si Arthur no pasa por un verdadero arrepentimiento, más adelante te seguirá pagando con infidelidades, traiciones y amarguras. La deslealtad a la Luz debe tener sus consecuencias, tanto para quien la realiza como para quien la consiente. ¿Por qué te quieres meter en el medio? Deja que Arthur arregle sus cuentas con el Assura, tú dedícate a entrenarte espiritualmente.

Practica el desapego. Suelta y deja que las cosas se acomoden por sí mismas. Tienes tres semanas, o tres años, no lo sabemos.

Los miré aterrada.

—¡Oh, Morgana! Nosotros no te secuestraremos, podrás volver a Buenos Aires cuando quieras, pero sabemos que no claudicarás justo ahora, en medio de la batalla. Por eso te ofrecemos llevarte a tu cita con el Maestro. Y después podrás quedarte con nosotros en el Campamento de Valientes del desierto el tiempo que quieras. Oh, asómate Morgana, mira, estamos atravesando el Oasis de Osiyan. Es un lugar sagrado que alberga fabulosos templos hinduistas y jainistas construidos en el siglo VIII, como el mítico templo de Mahavira, el Gran Jina, el Vencedor de sí mismo. Aquí, junto al templo se encuentra una de las más antiguas escuela jainistas que existen —dijo Kanvar.

Me asomé intrigada, me parecía estar soñando. Bajo la plateada luz de la luna se reflejaban las siluetas de templos que parecían ser palacios de cuentos de hadas.

—¿Quiénes son los jainistas?

—Son los más grandes maestros de la inocencia y de la pureza. Ascetas expertos en la educación del ego —dijo Kanvar—. Su existencia se remonta a ocho mil años atrás o más. Son tan antiguos como los vedas, la religión ancestral de la India. Son un misterio. Dulces, rectos, impecables y pacíficos hasta extremos impensados para los occidentales. Llegan hasta a taparse la boca con una tela blanca para no proferir palabras ofensivas que pudieran herir el alma de otro ser vivo. Para no proferir palabras innecesarias, crueles, mentirosas o impuras. Ya sabes que las palabras tienen un poder tremendo. Los ignorantes dicen que sólo es para no matar a los insectos que por casualidad anden volando cerca de ellos, tragándoselos. Eso es cierto, pero hay muchos otros significados que los neófitos desconocen. Su compromiso es eliminar toda forma de violencia hacia los humanos, hacia los animales, las plantas y la Tierra toda. Y la violencia oculta contra nosotros mismos. A esta corriente pertenecen muchos Sadhus. Sabes quiénes son, ¿verdad?

—Sí —dije orgullosa—, conocí a varios de ellos hace poco.

—Muchos Sadhus jainistas son parte de nuestra Comunidad de Valientes, nos entrenan y además son nuestros queridos "consejeros", o sea, dan orientación y advertencias. Ellos son expertos en independizarse del sistema materialista. Hay dos corrientes dentro del jainismo: están los digambaras, "vestidos de aire", o de cielo, es decir, desnudos, que son los más ascéticos. Estos andan literalmente desnudos por los caminos, entran en las ciudades y son reverenciados como santos. Y también están los svetambaras, "vestidos de blanco", un poco más suaves, no tan extremos. Gandhi fue muy cercano a los svetambaras jainistas, y seguía sus principios. Mahatma Gandhi es uno de nuestros Valientes más conocidos. La madre del mahatma, del Alma Grande, era devota jainista, y de ella él bebió los fundamentos de lo que después se transformaría en el movimiento más potente de los últimos tiempos. Los Valientes del Camino Naranja seguimos sus huellas.

—Admiro profundamente a Gandhi —dije emocionada—. Entiendo su rebeldía, su resistencia, su rechazo a toda clase de imperios esclavizantes. Admiro su fortaleza y su tremenda valentía. Y ansío tener esa paz interior inmutable.

—Él seguía también los principios de la No Violencia —dijo el Valiente extendiendo la palma de su mano derecha.

—¿Qué significa exactamente este signo que los identifica?

—Es el signo de Áhimsa, la No Violencia. Y está escrito en sánscrito. Es la contraseña de los Valientes del Camino Naranja. Morgana, escucha atentamente. El Camino Naranja tiene fundamentos muy antiguos, y nos entrena en desarrollar una fuerza interna inmutable, valor y compromiso con una vida libre y no violenta. Ya no podemos seguir así

como humanidad. Hay que tener el valor de saltar fuera del sistema, de la matrix. No estamos solos, siempre estamos sostenidos por los ángeles, ya sabes que en la India los llamamos devas —dijo dulcemente—. Estos seres sobre los que en realidad se sabe muy poco, sostienen a los humanos con su infinito e incondicional amor. Y los conectan permanentemente con la Luz, mientras ellos se desconectan permanentemente. Es un trabajo arduo. Los Valientes los conocemos muy bien. Te lo aseguro —dijo haciendo una extraña seña en el aire. Todos los Valientes extendieron sus manos sobre mí, parecían estar enviándome energía.

—¿Qué hacen?

—Respira hondo, te estamos liberando de penas.

Respiré hondo. Cerré los ojos, sus palabras habían tocado mi corazón, tal vez no hacía falta entender nada ni buscar explicaciones. Todo tenía sentido, aunque no tuviera explicación. Seguí con los ojos cerrados, me sentía cada vez mejor. Entré en una especie de bienaventuranza. El día había sido intenso, los Valientes me estaban cuidando y curando mis penas, y el traqueteo del camión me sumergía suavemente en un dulce ensueño.

—Ahora duérmete, Morgana. Tranquila —susurró alguien depositándome suavemente sobre una mullida "cama" que tenían preparada en el suelo metálico del camión—. Los Valientes estamos en vigilia. Siempre estamos en vigilia.

Capítulo 20

JAISALMER, LA CIUDAD DORADA

—Despierta, Morgana. Hemos llegado.

Birendra, el Rey de los Guerreros, me alcanzó cariñosamente una taza té caliente, que ellos llaman chai, y un chapati, el pan hindú. El camión estaba completamente equipado para viajes comunitarios.

—¿Dónde estamos? —pregunté todavía bostezando.

Era inexplicable, pero había dormido plácidamente como si hubiera descansado en una cama king size en una suite del más lujoso hotel de la India. Me incorporé en mi "cama", una manta tirada en el piso de un camión militar rodeada por nueve custodios hindúes.

—¿Ustedes han dormido?

No, ellos no habían dormido, dijeron sonriendo, casi nunca dormían, siempre estaban en vigilia.

—Hemos llegado a Jaisalmer. Casi trescientos kilómetros nos separan de tu alma gemela —acotó Lleilel—. Nos encontramos muy cerca de la frontera con Pakistán, al oeste de Rajastán.

Sentí otra vez un puñal clavado en el pecho. Arthur no estaba conmigo y quién sabe si volvería a verlo jamás. Me lo imaginé abrazado a las odaliscas, y colaborando con el maharajá y sus secuaces. Se me llenaron los ojos de lágrimas.

—No llores, Morgana —dijo Birendra—. Confía, él se dará cuenta de que te ha perdido y que se ha perdido. Estar juntos otra vez no depende de ti, depende de él. Te reitero que no puedes intervenir.

—Pero podríamos regresar a Jodhpur, y tratar de conseguir contactos para buscarlo. Podríamos contactar a la Embajada de Gran Bretaña, y hacer la denuncia de su desaparición. Podríamos tratar de encontrar la cárcel en los subsuelos del palacio, si ustedes me ayudaran. Tal vez esté preso y por eso no puede volver a mí —insistí.

—Si quieres realmente que se vuelvan a ver, no intervengas, Morgana, déjalo en manos de la Luz. Él tiene que encontrarse a sí mismo, definirse y encontrar solo el camino que lo conduzca a ti.

—Qué duros son ustedes.

—Ya lo entenderás —dijo sonriendo impasible—. No te sirve estar con él si vacila, duda, es dual y no está determinado a ser ciento por ciento. Ya te lo ha demostrado en varias ocasiones dejándote sola, desapareciendo, como en la fogata de Holika. Y ahora cayendo en la tentación de una vida fácil. Querida Morgana, hay decisiones que hacen doler el corazón pero sanan el alma.

Tragué saliva.

—Son decisiones terminantes, simples, inapelables. No podemos enredarnos en niveles de conciencia bajos. A los Valientes se nos pide vivir con lealtad, transparencia y verdad. Los demás tienen libertad de elegir, pero nosotros no somos ni seremos sus cómplices. Nunca jamás. En el entrenamiento aprenderás a parar el mundo.

—¿De qué… de qué se trata? —pregunté casi sin aliento.

—De saber desconectar la mente y entregar lo que te duele a la Luz para que lo resuelva.

—Tienes razón, pero me cuesta tomarlo tan alegremente. En este momento no sé si amo tanto a los Valientes, este entrenamiento no es tan fácil. Me están llevando lejos de mi amor, tal vez debería haberme quedado en Jodhpur.

—Nadie dijo que iba a ser fácil. Pero estás a tiempo de regresar a Jodhpur por tu cuenta, sólo dinos —dijo Birendra.

Nos miramos fijo. Las cartas estaban echadas, tenía que definirme.

—Voy a seguir con ustedes. Tal vez tengan razón.

—Bien, entonces sigamos.

—Levanta tu mirada allá arriba, Morgana —dijo Kanvar señalando las dunas—. Más arriba, en lo alto de la colina.

Me quedé sin aliento. La ciudad amurallada de Jaisalmer brillaba emergiendo del desierto bajo los primeros rayos del sol. Era imponente. Parecía un palacio de cuentos de hadas hindúes.

—Estamos frente a la legendaria Ciudad Dorada fundada por el rajput Rao Hasil —acotó Iravan, el Rey del Profundo Océano.

—¿Qué es un rajput, Iravan?

—Un príncipe feudal del medioevo hindú. Los rajputs eran príncipes y guerreros y fueron los amos por diez siglos de Rajastán. Dentro de ese fuerte imponente, los rajputs construyeron sus palacios y templos hindúes, los jainistas sus santuarios blancos, los comerciantes sus havelis y los talladores de piedras musulmanes sus habitáculos. La ciudad amurallada que conocerás ahora es un mundo en sí mismo, y no ha cambiado tanto a través de los siglos.

—Jaisalmer era un punto estratégico, un importante centro de paso del comercio con Afganistán, Paquistán, China y hasta con el Mediterráneo. Y no sólo éso, en la ciudad amurallada se han guardado secretos espirituales anteriores a los que custodian los monasterios occidentales. Aquí se encuentran los documentos mas antiguos del mundo —dijo Kanvar.

—¿Qué clase de documentos? —me atreví a preguntar.

—Los que guardan datos sobre el origen estelar de nuestra civilización, todavía desconocidos en Occidente.

Nos quedamos en reverente silencio observando aquella imponente silueta recortándose misteriosa en el cielo rojo sangre de Rajastán.

—Estamos estacionados en uno de los puntos de acceso a la ciudad amurallada —dijo Kanvar—. Esta callecita empedrada que ves allí enfrente nos llevará hasta la entrada principal. Y después de atravesar cuatro puertas, llegaremos a uno de los templos jainistas más antiguos y misteriosos que existen. Los templos de la India, como todos los templos del mundo, son centros de poder mágico y espiritual. Allí te está esperando el Maestro.

—Vamos.

Agarré mi mochila y descendí del camión de un salto. El espectáculo era imponente, decenas de enormes torreones de color dorado brillaban allá arriba, a más de cien metros de altura. Quitaban el aliento.

—Majestuosa, ¿verdad? —dijo Mitrajit, el Amistoso—. Observa el color de sus muros, cambian de tonalidad en los amaneceres y atardeceres. Es la única ciudad fortificada del mundo que aún está completamente habitada, y los muros defensivos, con espacios entre ellos, funcionaban antiguamente como trampas para los atacantes y como manera de que los elefantes de las tropas invasoras se atascaran allí cuando trataran de entrar.

—Se accede a la fortaleza por una única entrada, pero hay que pasar las cuatro puertas defensivas que no están enfrentadas entre sí, por seguridad. Se desplazan en curvas de noventa y ciento ochenta grados, y las encontraremos ascendiendo lentamente por un camino muy sinuoso —acotó Birendra, el Rey de los Guerreros.

—Es tiempo de movernos. ¡Pongámonos en marcha! —ordenó Kanvar.

Nos encaminamos cuesta arriba, todos en procesión, como camellos, ascendiendo uno detrás del otro por los antiguos laberintos de Jaisalmer.

El aire olía a especias, a vida, a misterio. Todo tipo de personajes se cruzaban en nuestro camino, y las negras miradas de los hindúes parecían saberlo todo.

De pronto nos topamos con un personaje de cuentos. Sentado en un recodo de la callecita de piedra, tocaba su flauta encantada haciendo salir a una enorme cobra de su canasto.

—Es uno de los baunat, los encantadores de serpientes de la tribu de los Kalbeliya, un gitano del desierto —dijo Kanvar deteniéndose.

No podía dejar de mirar a la cobra irguiendo su cabeza plana y elevando su largo cuerpo con movimientos ondulantes. El gitano siguió tocando la flauta y clavó en mí sus ojos negros. Y su destello diamantino me hizo parpadear. El sonido de la flauta se infiltraba dentro de mí como un bálsamo mágico. El gitano me sonrió con complicidad. Yo "sabía" que él "sabía" lo que yo estaba sintiendo. Siguió mirándome fijo, sus grandes ojos negros conocían todos mis secretos. El sonido de la flauta se metió en mi corazón, y comenzó a circular por mi sangre recordándome sus besos, sus abrazos, el Abismo de Amor. Se me llenaron los ojos de lágrimas.

—Cielo —pedí desolada—, ¡arráncame este amor!

El gitano meneó la cabeza sin dejar de tocar la flauta. Kanvar susurró en mi oído:

—Es imposible.

—¿Por qué? No quiero esta condena.

—Si es tuyo, regresará. Si no es para ti, ya déjalo ir —dijo Kanvar.

El gitano dio por terminada la sesión con la cobra y la guardó en la canastita sin dejar de mirarme. Los Valientes le dijeron algo inteligible, y el contestó señalándome. Ellos asintieron. Hizo una seña para que me acercara, mientras buscaba algo la bolsa que llevaba al hombro. Extendió su mano entregándome un objeto brillante, enmarcado en piedras de colores.

—Tómalo —dijo Kanvar—, eres muy afortunada. Te ha regalado un espejo mágico. Esto significa que volverás a encontrarte con los gitanos Kalbeliya en algún punto del camino. No sucede a menudo, y menos con un occidental, te ha entregado un objeto de muy alto valor mágico.

—Namasté —incliné mi cabeza.

—Usar espejo mágico para mirar quién eres. Espejo mostrar el alma. Pero no todavía, extranjera, ahora no mirarte en él.

—¿Cuándo entonces?

—Esperar. Mirarte cuando ya ser otra y volar como un pájaro, a grandes alturas. Guardarlo bien. Bendiciones, extranjera. Shanti —y diciendo esto se quedó en posición yogui, inmóvil e inmutable, como una estatua de piedra.

Los Valientes sonreían, el gitano sonreía, todos parecían saber exactamente lo que estaba pasando, menos yo. Pero yo ya sabía que era inútil hacerles preguntas. ¿Cuando volara como un pájaro? ¿Qué había querido decir? A pesar de mi curiosidad por mirarme en el espejo, lo guardé en mi mochila obedeciendo al gitano y seguí ascendiendo tras los Valientes en silenciosa procesión.

Me di vuelta. En ese instante, el gitano desapareció ante mis ojos. Se evaporó sin dejar huellas. No pude seguir mirando, la primera e imponente gran puerta, la Suraj Pol, la Puerta del Sol, apareció delante de nosotros con toda su imponencia. Al cruzarla, las callecitas se volvieron más empinadas y se fueron cerrando más y más. Seguimos subiendo en zigzag, por un camino encajonado entre altas paredes de piedra hasta llegar a la segunda gran puerta, la Ganesh Pol, la puerta del Elefante Sagrado.

Ni bien la atravesamos, nos topamos con un banjara, un vendedor de sal. Ascendía lentamente por la angosta callecita conduciendo a pie sus burros cargados con bolsas repletas de sal, y vendiendo su mercancía como en el medioevo. Bolsita por bolsita. Vestido como un pastor del desierto y coronado con el clásico turbante rojo. La tercera puerta, la Pol Bhoota, apareció frente a nosotros majestuosa, imponente. La atravesamos y seguimos subiendo por callecitas cada vez más empinadas y más encajonadas hasta que la cuarta y última puerta, la Hawa Pol, nos franqueó la entrada al corazón de la ciudadela fortificada. Me quedé petrificada. Un grupo de tres hombres completamente desnudos, cubiertos de cenizas, y con la frente marcada con tres líneas, nos observaban sin pestañear. Las miradas fijas, los cuerpos inmóviles, algunos en posición yogui, otros parados como columnas de piedra.

—¿Quiénes son? —susurré temblando.

—Hombres santos, Sadhus desnudos, nagas de la tradición shawa, son seguidores de Shivá, el dios que destruye las formas innecesarias. Son extremos, andan completamente desnudos para señalar su renuncia al mundo de los mortales, y su cuerpo cubierto por las cenizas de sus fogatas sagradas representa su vida en continua muerte y un continuo renacimiento.

—¿Y sus cabellos?

—El pelo largo y en tiras, llamado jatas, recuerda a Shivá, quien porta el cabello larguísimo, representando así su gran poder mágico. Los Sadhus tratan de parecerse a los dioses que veneran, y Shivá tiene un aspecto muy similar a ellos. Mira sus tridentes, son como bastones de poder, y también las tres líneas de ceniza roja en la frente. Shivá porta las mismas insignias, ellos son como dioses vivientes. Estos símbolos muestran que han vencido a los mismos tres demonios que venció Shivá, a las tres impurezas que nos intoxican el alma: el egoísmo, la acción con deseos impuros y el maya, la ilusión de estar separados de Dios. Los Sadhus jainistas, en cambio, van vestidos con túnicas azafrán, pero también tienen las líneas rojas.

—Conocí a uno en el tren, apenas llegamos a la India. Y él mismo me acompañó y guió en Holika.

—Sí, él es uno de los Valientes. Lo conocemos. Es un hombre santo a quien se rinde gran respeto y devoción. Un gran Maestro, un ser ascendido que anda por los caminos como un pobre renunciante, y es un alto iniciado jainista. Su nombre es Inay, que significa "el que se parece a Dios".

Nos quedamos parados respetuosamente frente a los nagas observándolos en silencio.

—Estar completamente desnudos en la tradición de estos Sadhus es un signo de haber alcanzado una gran elevación espiritual.

Irradiaban una fuerza radical, una potencia que no era de este mundo. De pronto los Valientes comenzaron a observar los alrededores, como asegurándose de no ser seguidos. Ante una señal de Kanvar, todos se dispersaron en distintas direcciones, sólo él quedó conmigo tranquilizándome con una enorme sonrisa.

—Nuestros compañeros custodiarán nuestro encuentro con el Maestro, y además tienen tareas que hacer. Jaisalmer es uno de los más importantes refugios de los Valientes. Imagínate que no es fácil encontrarnos aquí. Mezclados entre todos estos personajes medievales estamos más seguros que en las ciudades modernas, donde cualquier diferencia es detectada.

Varias veces me di vuelta sintiendo presencias. Aunque me dieran cierta tranquilidad las palabras de Kanvar, el encuentro cara a cara con un verdadero Assura había dejado una imborrable huella en mí y temblé de los pies a la cabeza al pasar frente al Taj Mahal, el ampuloso palacio de los maharajás, aunque aparentemente hoy fuera sólo un inofensivo museo. El palacio mostraba el tiránico y omnipresente poder imperial de las cinco estrellas en la antigua y a la vez ahora muy actual versión hindú. Las mías, mis híbridas cinco estrellas de arquitectura minimalista y ambientes despojados, colgadas en la entrada de mi elegante estudio de arquitecta frente al río en Buenos Aires, palidecían al lado de estos tremendos desbordes de poder y suntuosidad. Daban miedo. Eran una demostración de los feroces poderes que podrían llegar a quitarnos la libertad en el Nuevo Orden Mundial.

—Nadie nos puede quitar nuestra libertad si atravesamos el entrenamiento del Camino Naranja, Morgana.

—¿Estás leyendo mis pensamientos?

—¿Te sorprende? Tú también adquirirás los "siddhis", los poderes sobrenaturales. Estás en la India, y a punto de recibir milenarias revelaciones que cambiarán tu vida para siempre.

Seguimos avanzando, en medio de las mansiones de los comerciantes medievales llamadas havelis, antiguos bazares atestados de hindúes. Tiendas de todo tipo extendidas en la calle, yoguis haciendo demostraciones increíbles, vacas interpuestas en la mitad de las callecitas y un montón de rickshaws abriéndose paso como podían. Hasta que casi milagrosamente logramos arribar al Templo de Sambhavna. Parecía un palacio de cuentos orientales. Las paredes eran puntillas de piedra de purísimo mármol blanco. Labradas en relieve con infinidad de figuras humanas desnudas, flores y símbolos. Las toqué con reverencia, no parecían ser reales. Nos sacamos los zapatos para entrar, y apenas cruzamos el umbral nos envolvió una suave nube de incienso.

—Éste es un mundo de ensueños, parece irreal —dije deslumbrada.

—Mira —Kanvar señaló los techos—. Están tallados con hileras concéntricas de danzantes. Simboliza la visión jainista del universo, una danza eterna de misteriosos ciclos cósmicos que ascienden y descienden una y otra vez. Ahora estamos en la así llamada Edad Triste, una era descendente llamada Dushama. Nos falta llegar a la Edad Tristemente Triste, para después comenzar un ciclo ascendente que nos instalará en la Edad Extremadamente Maravillosa.

—¡Quiero ser parte de este mundo que danza!

—Ya lo eres, Morgana. Ya lo eres. Y lo serás aún más cuando *lo* conozcas.

—¿A quién?

No me pudo contestar. El profundo sonido de una campana y el eco de unos pasos acercándose nos hicieron contener el aliento.

—Tranquila. Es un devoto —dijo Kanvar—. Cada fiel que entra a orar, deposita una ofrenda a los dioses y avisa a los monjes tocando la campana. ¡Oh!, siente, creo que él ya está aquí —dijo Kanvar dándose vuelta.

Un majestuoso ser vestido de blanco nos miraba fijo en la penumbra sin pronunciar palabra.

—¡Oh!, bendito Acharya, venerable guía espiritual. Mi alma se alegra ante tu alma —Kanvar juntó sus manos y tocó su entrecejo a la manera del saludo hindú. Él le respondió con el mismo saludo. Kanvar se arrojó a sus pies en señal de respeto y reconocimiento, posiblemente estábamos frente a un gran maestro. Un gurú. Yo hice lo mismo. Conocía esta antigua costumbre hindú de tirarse al piso como sumisión espiritual a un elevado maestro.

—Bienvenidos —dijo el misterioso ser indicándonos que nos pusiéramos de pie. Irradiaba calidez y felicidad—. Los estaba esperando. Por favor, por aquí —indicó en medio de la penumbra.

Como en un sueño, seguimos a ese ser etéreo y a la vez lleno de fuerza. Sus pasos eran firmes pero muy leves. Aunque sus pies parecían no tocar el piso, su presencia era contundente. Pedí al Cielo estar en la Tierra de esa manera tan ligera, tan bella. Tan majestuosa. Tan valiente y digna. Su presencia me resultaba familiar, ¿quién es este inquietante Maestro? Mi corazón latía con fuerza. Lo seguimos en silencio. Muy pronto lo sabría.

Capítulo 21

LOS SECRETOS DEL TEMPLO

Avanzamos por secretos pasillos en medio de una misteriosa penumbra hasta llegar a un recinto circular, coronado por una cúpula. Era impecablemente blanco y estaba íntegramente tallado con figuras de lo que parecían ser budas sentados en posición yogui.

—Hemos llegado —acotó el gurú, invitándonos a sentarnos en unos almohadones rojos colocados sobre una alfombra de indescriptible belleza.

El recinto estaba casi a oscuras, apenas iluminado por una pequeña lámpara de aceite y perfumado de incienso. Miré alrededor fascinada, estábamos rodeados por vetustas estanterías de madera oscura, repletas de libros, al parecer antiquísimos.

El gurú prendió lentamente una hilera de velas, y su rostro se fue alumbrado lentamente. Distinguí una línea roja acompañada por otras dos blancas marcadas en su frente. Y completamente iluminado por la luz de las velas, nos sonrió con infinita dulzura.

—Eres tú, no puedo creerlo —grité.

Mi voz resonó varias veces como un eco. Y sin pensarlo, me abalancé sobre el abrazándolo entrañablemente. La alianza en

Holika había creado entre el Sadhu y yo un indestructible lazo espiritual, el que sólo se da entre maestro y discípulo.

—Por fin has llegado, pequeña Morgana. Te entrené en la confrontación con los Assuras en aquella noche de Holika, y veo que saliste victoriosa de la prueba. Te estaba esperando, bienvenida a nuestro templo jainista. Grandes revelaciones hemos de entregarte. Un viejo Sadhu como yo tiene acceso a ciertos lugares secretos custodiados desde tiempos inmemoriales y he decidido mostrártelos, Morgana —dijo sonriendo beatíficamente—. Este, por ejemplo, es nuestro lugar de estudios sagrados, oculto y alejado de los ojos profanos. Estamos en una de las más antiguas bibliotecas de toda India. Aquí están guardados los libros sagrados del jainismo, y no solamente del jainismo. Éste es el secreto escondite de una sola verdad, revelada a la humanidad hace mucho, mucho tiempo. Una verdad resguardada por nosotros, los Sadhus, en este remoto y desconocido templo de Rajastán. ¿Están seguros de que nadie los ha seguido? —miró a Kanvar en forma inquisitiva.

—Absolutamente seguro, Maestro. Los Valientes están custodiando los alrededores. Nadie nos ha visto entrar.

—Morgana, estoy realmente feliz de volver a verte. Pero, dime, ¿qué ha pasado con el periodista británico que estaba contigo en la Fiesta de los Colores? Lo esperaba por aquí.

—Ehhh… —me puse colorada y comencé a tartamudear—. No, no sé bien, me abandonó por unas odaliscas, y se hizo amigo de un maharajá, y no sé qué ha sido de él. No resistió al Assura. Tal vez el demonio logró corromperlo, no lo sé.

—Te duele su comportamiento, ¿verdad?

—Me clavó un cuchillo en el corazón. Todavía no puedo recuperarme, y no entiendo qué es lo que pasó. He pedido a Dios que me arrancara este amor. Pero me avergüenza estar hablando de un tema tan personal en este majestuoso subsuelo.

—No hay nada más sagrado que nuestra vida personal, sólo que hay que aprender a vivirla con los ojos del misterio, no de la ilusión.

Lo miré desorientada.

—Morgana, tú lo amas, ¿verdad?

—Sí. Aunque estoy muy enojada con él. No entendió nada del Abismo de Amor en el que caímos juntos. Y se perdió ante la primera prueba.

—¿Sabes cómo se conserva un amor?

—No.

—Siendo leales.

—¿Leales entre sí?

—Sí, pero ante todo debemos ser leales a la Luz. Ésta es la primera y la más importante revelación acerca de cómo un amor puede persistir en esta tierra y atravesar los ataques de los Assuras.

—No entiendo.

—No podemos manejar el amor. No podemos sostener el nivel de conciencia del otro para que reverencie el amor como lo hacemos nosotros. O la amistad. O la pasión por la Luz. No podemos evitar que amores, amigos, compañeros que creíamos leales nos traicionen, abandonen, se equivoquen o se confundan. ¿Verdad? Podemos cuidarlos, darles toda nuestra energía, ser fieles, leales, pero no podemos dirigir sus actos.

—Cierto. Y entonces *podemos* ser heridos por el otro. Y no sólo eso. Podemos quedarnos sin el amor del otro. Literalmente, como te ha pasado a ti ahora. Y extrañamos esa energía que nos elevaba a los cielos, y no sabemos con qué reemplazarla, porque no hay nada parecido a ese éxtasis que ya conocimos. Y haríamos cualquier cosa por recuperarlo.

—Cualquier cosa. He llegado a pensar en arrojarme del camión en el que me traían los Valientes, en pleno desierto. Y volverme caminando a la Ciudad Azul para rescatar a mi amado.

—A tu amado que todavía no ha comprendido la importancia de la Luz que ambos han revelado por haber sido tocados por la energía sagrada del amor, y sigue enredándose en niveles de conciencia más bajos. Sería una gran equivocación ir atrás de él, averiguar dónde está, rescatarlo. Debe sentir sobre sí mismo las consecuencias de su confusión. Debe aprender ser leal a la Luz, y entonces podrá serlo contigo.

—Glup.

—Y mientras en el cosmos se dirime qué pasará con él, ¿qué haces tú? ¿Sufres?

—Sí.

—Es una gran equivocación sufrir por amor. Un despropósito. El amor no es nuestro, es una energía muy elevada que pasa a través de nosotros. No podemos retenerla, encerrarla, poseerla.

—Pero yo quisiera estar con él. Lo extraño.

—Morgana, ¿sabes lo que es realmente el amor? Es cielo que desciende a la Tierra a través de diferentes canales. Puede llegar a nosotros por medio de una persona, pero también podemos conocer el amor a través de una vida mística. O tomando un compromiso de ayudar a evolucionar la Tierra. El amor humano es sin embargo una vía muy seductora de volverse más espiritual. No te estoy pidiendo que renuncies a él, te pido que comprendas *qué es*. Mientras se dirime este tema en el Universo, puedes reemplazar ese amor por algo similar, por algo que te haga entrar en el mismo éxtasis.

—¿Por otro amor? —pregunté azorada por el consejo del hombre santo.

—No. Por un estado de pureza intencional, también llamado Estado de Santa Inocencia, No Violencia contra uno mismo: Áhimsa. Este estado de conciencia nos da el mismo vértigo, el mismo éxtasis que nos da el amor humano. La pureza no es de esta tierra, igual que el amor. ¿Entiendes? La pureza nos da la misma inefable dulzura, provoca en nosotros el mismo mareo celestial que el amor verdadero. Áhimsa, la vía del Camino Naranja que conocerás ahora, es pureza radical, No Violencia extrema, infinito cuidado por la Luz. Así es también el verdadero amor.

—Poder dejar de practicar la violencia contra uno mismo, contra el otro, contra la vida. ¡Qué bienaventuranza, Sadhu! Y donde ya no hay violencia, sólo hay amor…

Me atravesó con una mirada conmovedora, con una ola de radical honestidad. Era perturbadora. Derretía el alma.

—Querida Morgana, ha llegado el momento, ya estás preparada. Los tibios seminarios que hacías en Buenos Aires ya no te alcanzan. Ahora tendrás prácticas espirituales directas, en este templo y también en el mismísimo Desierto de Thar. Entrarás en un entrenamiento directo para transformarte en una de los nuestros, una Valiente.

—¿Qué pasa con uno cuando se transforma en un Valiente?

—Uno se vuelve más inmutable, sincero, desnudo, libre de todos los límites de la materia. Uno se vuelve persistente, con una persistencia de acero sobrehumana. Y *sabe* que de verdad somos inmortales, sólo que lo hemos olvidado durante demasiado tiempo. Llegó el momento, todos estamos llamados a volvernos Jinas, guerreros espirituales, Valientes. Y por esto abrimos el Camino Naranja a Occidente. Y hemos comenzado a instruirlos. ¿Estás preparada?

—Sí, maestro —dije juntando mis manos sobre el entrecejo e inclinando mi cabeza.

—Conocerás ahora a nuestro Jina, al último Mahavira. Éste es el primer paso. Y es muy fuerte. Síganme —dijo el Sadhu poniéndose de pie.

Descendimos y descendimos en penumbras por una antigua escalera de piedra, interminable, eterna, hasta toparnos con una gran puerta dorada llena de símbolos. Esta se abrió sola ante una seña del gurú, y entonces, en silenciosa procesión, entramos en un recinto oscuro situado seguramente en los más profundos subsuelos del templo.

—Hemos llegado —acotó el gurú en la oscuridad apenas iluminada por la vela que sostenía en su mano.

Nos encontrábamos a quién sabe cuántos metros bajo el templo. En una enorme caverna, silenciosa y mística. El aire olía a inciensos, a flores, a misterio. Se me erizó la piel. De pronto lo vi. Y me quedé sin habla. Era una presencia imponente, gigantesca y lo abarcaba todo.

Nos fuimos acercando lentamente. Me temblaban las piernas. Y sin poder contenerme comencé a llorar. Las lágrimas caían sobre mi rostro, mi pecho y sobre mis manos unidas en un gesto de oración. Caí de rodillas al piso, desplomándome ante su intensa luz. Era omnipresente e irradiaba una fuerza radical. Apenas podía respirar y no podía parar de llorar. Resplandecía, era deslumbrante, y literalmente me había empujado con su fuerza, derrumbándome sobre el piso de piedras.

Se escucharon mantras, voces, cantos. Mi corazón latía como un tambor. Sentí una fuerza desconocida, una alegría infinita.

—Estás frente ante Mahavira, nuestro último Jina —escuché al maestro desde muy lejos.

Un imponente y gigantesco ser, blanco como la nieve, de pie, completamente desnudo, sus brazos cayendo a los costados de su cuerpo, me observaba con sus ojos de diamante.

—Mahavira te ha visto y tú lo estás viendo a él. Desde ahora ninguno de los dos se olvidará del otro. Esos ojos de diamante te enseñan a ver el mundo con ojos iluminados, benditos, siempre positivos. *Así como se mira el mundo, así es* —murmuró quedamente.

—Estamos frente a un antiquísimo Jina, Morgana —escuché la voz de Kanvar resonando como un lejano eco en la caverna—. Un Tirthankara —susurró con reverencia inclinándose ante la enorme escultura—. Estamos contemplando a uno de los seres que se ha vencido a sí mismo.

Parecía ser un Budha de pie, blanco, gigantesco, completamente desnudo y estilizado. Y debía de medir cerca de veinte metros.

—Es un guerrero espiritual. Se ha vencido a sí mismo, es un humano que ha salido de sus limitaciones y ha alcanzado un elevado estado de conciencia. Míralo, él nos lo enseña con su sola presencia, está desnudo, o sea, es libre. Es inmutable, invulnerable a los demonios. Y está en paz.

—Su nombre es Mahavira —dijo el Sadhu—. Es nuestro último Tirthankara, y ha vivido en esta tierra alrededor del año 600 antes de Cristo. Esta es una escultura sagrada y tiene una edad incalculable. Hay otra estatua gigante y monolítica como esta, de un Tirthankara desnudo y de pie, en el templo sagrado de Sravanabelagola. Aquella data del año 981 a. de C. y mide diecisiete metros. Se cree que es la escultura monolítica más alta del mundo. Pero pocos saben que la más alta y la más antigua es la que custodiamos en este templo jainista de Rajastán.

Su completa desnudez nos hablaba sin palabras. Era perturbadora, total. Lentamente estaba volviendo en mí. Logré ponerme de pie. Permanecimos todos en silencio observándolo conmovidos.

—El Jina nos está mostrando la vía del Camino Naranja, un camino directo para entrar al estado de gracia, en tu lenguaje occidental. Él nos revela con su sola presencia cómo sostener en nuestra vida una pureza radical. Una integridad a toda prueba. ¿Cómo te sientes, Morgana? ¿Has podido regresar a este plano? Es tremenda la fuerza que irradia el Tirthankara, ¿verdad? —dijo Inay tocando mi coronilla y dibujando un signo con su mano.

—No, no sé qué me ha pasado —balbuceé todavía temblando.

—Has entrado en otro plano, has ascendido al nivel del Jina por unos instantes. Ya aprenderás a quedarte en estos niveles por más tiempo.

—Su potencia es perturbadora, Sadhu. La transmite desde adentro de él, he visto que tiene un sol interior. Justo a la altura del corazón.

—Así es. Y ahora ya lo sabes. *Esta* es la fuerza que deberás alcanzar, Morgana. El sol interior se enciende en uno siguiendo el Camino Recto, y tiene tres claves.

—Una: lograr la completa inmutabilidad ante los demonios. Dos: vivir en completa desnudez, o sea, desapego del mundo convencional. Tres: resistir la comodidad con una persistencia de acero.

—¿Es posible vivir en este estado en forma permanente, Sadhu? —dije casi sin aliento.

—Veinticuatro Tirthankaras lo han logrado de acuerdo con las buenas fuentes de la tradición jainista. O sea que tenemos registros de veinticuatro seres que han alcanzado la completa liberación. El que estás viendo ahora es nuestro Mahavira, el último Jina encarnado en esta tierra. Los Valientes del Camino Naranja te enseñarán a *Plantarte en esta vida* como él. A ser pura, fuerte, esencial. Míralo, permanece de pie ante el Universo, demostrando su majestad e independencia. Sus brazos flojos, al costado del cuerpo, en actitud de entrega ante la Luz. Es inmutable, inamovible. Está Iluminado. Así serás tu, Morgana. Y ayudarás a otros a alcanzar este estado.

Contuve el aliento.

—Voy a contarles la historia de estos humanos que han vivido en esta tierra y han alcanzado la liberación. Sentémonos aquí —dijo el Sadhu señalando una hermosa alfombra naranja colocada a los pies del enorme Tirthankara. Tomó unos cerillos preparados allí para encender las ocho velas, y el perfumado incienso. Y comenzó a hablar.

—En sánscrito, Tirthankara significa "hacedor de puentes". Él hace vados o puentes del río de la vida para que los demás puedan cruzar a la otra orilla de la liberación (nirvana). El Tirthankara es un Jina, un vencedor. Y es, por definición, aquel que venció su naturaleza inferior, alcanzó la iluminación y predicó la senda jainista. Un Tirthankara es un humano perfecto, no es un dios. Es como un antepasado espiritual.

—No conozco nada igual, se parece a un Budha. Pero ellos están siempre sentados, en posición yogui. Irradian una energía muy arcaica. Muy antigua, no sé cómo definir lo que siento, Sadhu.

—Los Tirthankaras son anteriores al Budha, te lo aseguro. El primero de nuestros profetas, de nuestros guías sagrados, fue Rish Jdev. Contamos con escritos que atestiguan que él permaneció en esta tierra por 8.400.000 años. Él era un ser gigantesco, como todos los que vivían en esos tiempos. Los Tirthankaras que vinieron después, en total veinticuatro, fueron también gigantescos y muy longevos, aunque con la estadía en la Tierra y sus presiones materialistas cada vez más crecientes, fueron encarnando menos altos y menos longevos. El Tirthankara número 21, Arishtanemi, llegó a vivir mil años y medía diez codos de alto. Los más recientes fueron Parshva y Mahavira. Mahavira, el vigésimo cuarto Tirthankara, medía sólo 2.12 metros.

—¡Oh!, qué pena —dije tontamente.

—Podemos recobrar la altura y la longevidad. De hecho, ya hay seres que lo han logrado. Has conocido a una de ellas en México, ¿verdad?

—Sí, era una Mujer Gigante.

—¿Cuándo vivieron en esta tierra Parshva y Mahavira?

—Se desmaterializaron con una explosión de luz. Parshva en el 750 a. de C. y Mahavira en el 500 a. de C.

—Pero los jainistas no somos los únicos en tener estas informaciones —dijo Kanvar—. En Babilonia se documentan en tablillas de arcilla diez reyes que vivieron desde la creación de la Tierra hasta el Diluvio, y reinaron durante un total de 456.000 años. Después del Diluvio, hubo veintitrés reyes que reinaron durante otros 24.000 años. O sea… mil años cada rey de promedio.

—¿Y los patriarcas bíblicos qué edades tenían?

—Adán vivió más de novecientos años. Una edad interesante. Enoc tenía nada más ni nada menos que 365 años cuando ascendió en un carro de fuego. Su hijo, el famoso Matusalén, vivió 969 años.

—¿Entonces es posible conservar la eterna juventud? ¿También se puede pedir más tiempo para cumplir una misión espiritual?

—No sólo no es imposible, sino que corresponde y urge liberarse del viejo paradigma. Somos inmortales, podemos vivir miles de años. Pero hay que poner punto final a casi todo lo que sabemos y empezar de nuevo —dijo el Sadhu resplandeciente—. En unos instantes hablaremos de ello.

—¿Cuántos años tienes tú, Inay?

—Yo no tengo edad. Nunca la tuve y nunca la tendré.

Kanvar sonrió mirando el suelo.

—Ahora te revelaré qué es exactamente el Camino Naranja que iniciarás en unas horas, Morgana. Es un camino de liberación. No es un camino religioso sino espiritual, con bases orientales, hindúes, pero en realidad mucho más arcaicas. Se nutre del jainismo, que es anterior a los vedas. Es una postura ante la vida. Propone el Áhimsa como máxima virtud a alcanzar. No es un camino convencional, postula la rebeldía ante la violencia aceptada como inevitable en esta tierra. Los Sadhus seguimos en forma extrema esta vía, llamada también la Vía de la Conducta Recta. El Mahatma Gandhi la ha practicado también. Y ahora ha llegado el tiempo en el que muchos adherirán a ella. El mundo está demasiado corrupto, hay que retornar a una mayor pureza e inocencia. Y los Sadhus lo sabemos desde hace mucho tiempo.

Lo miré con reverencia y admiración. Irradiaba una fuerza que no era de esta tierra.

—Nosotros, los Sadhus, somos muy respetados en la India, pero nos consideran locos místicos. Santos. Pocos saben que somos jinas, guerreros espirituales. Tenemos una larga historia de renunciar al materialismo y a la vida inconsciente. Somos, desde hace muchos siglos, verdaderos Valientes. Y seguimos los principios de la Conducta Recta. Pero no te confundas, la Conducta Recta no es la Conducta "Correcta". O sea, no es una cuestión moral. El Camino Naranja es un camino directo para entrar al Estado de Gracia, te lo vuelvo a repetir en tu lenguaje occidental. Se trata de aprender a sostener en tu vida una pureza radical. Una integridad a toda prueba.

—Pero ¿cómo lo lograré, Sadhu?

—Para eso está el entrenamiento. Ya sabes lo más importante: *qué* es lo que quieres lograr. Los Valientes te dirán *cómo*. El Camino Naranja tiene revelaciones inéditas, desconocidas en los ambientes espirituales convencionales, y fundamentales para sanar a este mundo caótico, susurró alegremente. Recibirás todos los conocimientos en nuestro secreto Centro de entrenamiento en el desierto.

—Allá nos están esperando los cofrades —dijo Kanvar.

—Ahora oremos juntos pidiendo al jina que nos transmita su fuerza y protección. Pronunciaremos un sagrado mantra jainista. Que, como todos los mantras hindúes, se pronuncia ciento ocho veces, y casi siempre con un mala, un rosario hindú de cuentas de madera, como éste —dijo el Sadhu entregándome un antiguo rosario.

—¿Por qué ciento ocho veces?

—De acuerdo con las escrituras védicas, nuestros cuerpos físicos y sutiles tienen 72.000 canales que transportan energías llamados nadis. Y hay ciento ocho nadis principales, que se encuentran todos en el Corazón Sagrado, Hritpadma. Al cantar ciento ocho veces, todo el cuerpo es impregnado por los cantos a través de la energía que distribuye el corazón.

Entonces su voz resonó en la caverna multiplicada por el eco innumerables veces. Era el sagrado Navkar Mantra. Era hipnótico, acariciaba el alma.

—Es sánscrito —murmuró Kanvar en mi oído—. Te traduciré todas las frases del mantra para que comprendas su significado. Es el idioma que usan los jaines para conectarse con la Luz. Respira hondo, cierra los ojos y déjate llevar por este antiguo y poderoso encantamiento sagrado.

—*Namo Arihantanam*… —cantó el Sadhu.

—"Me inclino en reverencia ante los Arihants"… —tradujo Kanvar.

—*Namo Siddhanam*…

—"Me inclino en reverencia ante los Siddhas"…

—*Namo Ayariyanam*…

—"Me inclino en reverencia ante los Acharyas"…

—*Namo Uvajjhayanam*…

—"Me inclino en reverencia ante los Upadhyayas"…

—*Namo Loye Savva Sahunam*…

—"Me inclino en reverencia ante los Sadhus"…

—*Eso Panch Namoyaro*…

—"Esta quíntuple invocación"…

—*Savva Pavappanasano*…

—"Destruye todos los pecados"…

—*Mangalanam cha Savvesim*…

—"Y entre todas las cosas auspiciosas"…

—*Padhamam Havai Mangalam*…

—"Es la más auspiciosa de todas."

—El hombre santo está limpiando nuestra aura —susurró Kanvar.

El Sadhu seguía orando, y su voz monocorde entraba a niveles muy profundos de mi conciencia. Sentí que el mantra estaba limpiando mi mente de todos los condicionamientos, dejándola pura y libre para recibir un conocimiento importante.

—Sigue pronunciando el mantra hasta que se disuelvan todas las fronteras entre tú y el Cielo —musitó Kanvar.

El tiempo se detuvo, y entramos en una especie de eternidad. De completa bienaventuranza. De pronto el maestro se quedó en silencio. Abrió los ojos y, en un segundo, el subsuelo completo se iluminó con el resplandor diamantino. Y entonces, comenzó a hablar.

—Conversemos —dijo con los ojos brillantes—. No es fácil salirse del sistema convencional, del poderoso materialismo que lo abarca todo, de los miedos, de las limitaciones, pero es posible, ¿verdad? Pero algunos seres lograron liberarse de este paradigma estando encarnados. Ellos fueron llamados Avataras, Iluminados, Budas, Tirthankaras.

—¿Todos ellos eran humanos?

—Totalmente humanos, pero lograron transformarse en suprahumanos. Tal como nuestros veinticuatro Tirthankaras —dijo el Sadhu—. Mira, aquí los tienes a todos —dijo mostrándome una enorme pared de piedra de la inmensa caverna en la que nos encontrábamos. Estaba grabada con veinticuatro figuras en posición yogui.

—Vivían miles de años, eran atemporales, su conciencia estaba expandida. Tenían poderes, eran compasivos, fraternales, estaban divinizados. No tenían miedo a nada. Ellos dirigían la materia, y no al revés. Pudieron alcanzar el Moksha, la liberación. Y lo lograron como consecuencia de haber dado un salto de conciencia. Y ahora tenemos la posibilidad de tomar el control de nuestra evolución de nuevo, como en aquellos tiempos. Y avanzar a pasos agigantados, saliéndonos del cruel paradigma establecido como única realidad.

—¿Y como lo haremos?

—Tomando la *decisión* de evolucionar y de entrar en ese estado expandido que nos corresponde. La humanidad está literalmente "explotando", ya no se la puede seguir manteniendo esclavizada a las limitaciones, a la pobreza, al miedo. A una vida sufriente y estrecha. Por eso se está cayendo el viejo sistema.

—Aunque los maharajás actuales quieran seguir sometiéndonos.

—Ya es imposible, la evolución no se puede parar más. Pero necesitamos tener aliados, como los tuvieron los Tirthankaras. Aliados no humanos.

—¿Y quiénes son esos aliados?

—En un momento te lo revelaré. Quiero decirte que es urgente liberarse, Morgana. Muy urgente. Hay que hacer un éxodo del viejo paradigma. Los Sadhus siempre lo supimos, y lo hemos demostrado con nuestras propias vidas, sirviendo de ejemplo. Hemos renunciado a las comodidades de la sociedad, a sus ataduras, a sus convencionalismos, a sus esclavitudes. Podemos ser *siempre* inocentes, libres, puros, potentes, livianos. No hace falta andar acarreando tantos pesos emocionales, tantas especulaciones, pero hay que entrenarse. Hemos predicado todo esto con nuestra presencia silenciosa, pero ahora hemos decidido dar a conocer nuestros secretos. Y cómo lograr esta libertad interna que es al mismo tiempo una gran rebeldía contra los Assuras, los demonios que nos quieren atados y asustados.

Se quedó en silencio observando al Gigante Tirthankara, como escuchando.

—Muy pronto acontecerá un hecho sin precedentes, y hay que preparar a la humanidad. Hemos callado durante milenios hasta este momento en el que tenemos que hablar. Los Sadhus somos instructores del Camino Naranja, Morgana. Encontrarás a los nuestros en el entrenamiento.

—¿Cuándo puedo comenzar?

—Apenas salgas de este templo. Pero antes deberás pasar la prueba del desierto.

—¿Qué prueba? —pregunté algo intranquila.

—La del desapego —dijo Inay—. Aparigraha.

—La llevaremos al terminar nuestra reunión. Estamos seguros de que logrará atravesar el Santo Silencio —dijo Kanvar.

—Así es —dijo el hombre santo mirándome muy serio—. Lo atravesarás, Morgana. Así como el gran entrenamiento que te espera más adelante. Lo aprobarás. Confío en ti.

No me atreví a preguntar de qué se trataba. Y por si acaso, no levanté los ojos del piso.

—Háblanos de las edades de la Tierra —pidió Kanvar.

—Ahhh, ésa es una larga y fascinante historia. Tenemos información de que los tiempos son cíclicos, se repiten. No hay tal cosa como "el progreso", sólo hay etapas ascendentes, y otras descendentes en el Samsara, en la rueda siempre repetida de una vida que no pone el punto final y a una manera de existir y decide liberarse. Verás, nuestra vida personal sigue los mismos ritmos que los del Universo, a menos que decidamos salirnos de las repeticiones. O sea, alcanzar el Moksha, la liberación de los Assuras, mientras estamos encarnados, no en el cielo, ¿comprendes? Somos ambiciosos, muy ambiciosos espiritualmente. Las etapas humanas ya las conoces. Nacimiento y juventud: ciclo ascendente. Vida adulta o madurez: punto medio de inflexión. Vejez y muerte: ciclo descendente. Los jainistas no perseguimos la felicidad mundanal ni la prosperidad material, aunque no la negamos. De hecho, los nuestros pertenecen a la casta de los comerciantes y son muy prósperos. Pero esta prosperidad es efímera, está sometida a los ciclos, ¿entiendes? Nosotros buscamos lo incondicionado, lo eterno, lo inmutable. Y lo buscamos en esta vida. Por eso a los Tirthankaras se los venera como modelos a alcanzar, no como dioses a adorar.

—Yo quiero seguir esta senda. ¿Qué debo hacer?

—No tienes que convertirte al jainismo, el Camino Naranja te da la posibilidad de entrenarte en esta visión y hacerla tuya. Ahora vayamos a las edades de la Tierra. Las comprenderán comparándolas con nuestra propia vida. Cuando nacemos, en la etapa de bebés, estamos en la primera etapa del universo, llamada "La Edad Extremadamente Maravillosa", "Susama-Susama", literalmente un Paraíso. Éste fue un tiempo inconmensurable y maravilloso en el que reina la felicidad máxima. Estábamos en esta etapa como humanidad hace ya muchos billones de años, y era un tiempo perfecto. Las personas medían diez kilómetros de altura, tenían doscientas cincuenta y seis costillas y eran inconmensurablemente longevas. Cuando deseaban algo, acudían a los árboles, que colmaban todos los deseos, llamados Kalpadrumas. Algunos concedían alegría, otros salud, amor, música maravillosa. Otro árbol creaba joyas, y hasta había un árbol que daba belleza. La segunda edad es llamada simplemente la Edad Maravillosa, "Susama". Coincide con la niñez en el humano. En el Universo comienzan a aparecer imperceptiblemente signos del ciclo descendente. La felicidad es la mitad de la que se vivía en la era anterior, la altura de los humanos desciende a seis kilómetros, los seres viven sólo trescientos billones de océanos de años y tienen apenas ciento veintiocho costillas. Los apetitos se incrementan, pero los árboles siguen proveyendo todo lo necesario. En el tercer período descendente, llamado "La Edad Tristemente Maravillosa", las cosas empeoraron. En la "Sushama-Dashama", los humanos disminuyeron de tamaño, y la vida empezó a ser más corta. Los ríos seguían dando aguas maravillosas y todavía existían los árboles mágicos, pero la bondad decayó, surgió la avaricia, y las gentes comenzaron a dejar de vivir en comunidades libes y surgieron las familias cerradas, dirigidas por jefes patriarcales, o Kulakaras. Y es en la Edad Tristemente Maravillosa que se hizo necesaria la aparición de los guías espirituales para que los humanos recordaran su conexión con la luz, con la Fuente, que se iba perdiendo con las peleas y posesiones, ya que los árboles mágicos progresivamente dejaron de colmar los deseos de la mayoría de las gentes. Y entonces surgieron los Tirthankaras, los constructores de puentes. Ellos son quienes nos muestran cuál es el retorno al camino a la perfección nuevamente. Ellos son los que recuerdan. Sigamos con las edades de la Tierra. Luego de la tercera edad de la Tierra en la que las cosas empezaron a cambiar, viene la Cuarta Edad, la Edad "Maravillosamente Triste", que se asimila a la adolescencia humana. "Duhsama-Susama." Todavía se conservan algunas memorias del pasado esplendor espiritual, pero se va perdiendo la conexión, la vida se acorta más y más. Y la felicidad también. El Paraíso y sus árboles mágicos se asimilan a los mitos, y se cree que nunca existieron. La Quinta Edad, la "Edad Triste", o "Duhsama", que equivale a la adultez, es en la que nos encontramos ahora. Y no hace falta aclarar que para la mayoría la riqueza material es la única fuente de felicidad y devoción. Con lo cual, esta es realmente una edad muy triste, espiritualmente hablando.

—Basta con entrar a un shopping para darse cuenta —acotó Kanvar.

—Pero a través del despertar consciente y del ascetismo es posible acelerar los tiempos entrando en la "Edad Dorada", que corresponde a la muerte de lo viejo. La quema del karma. El Punto Final, el salto evolutivo. El inicio de un nuevo ciclo ascendente. Aunque de acuerdo con las escrituras, hay una "Edad Realmente Triste" o "Duhsama-Duhsama", que durará todavía unos años, para la mayoría que esté dormida. Sin embargo, es posible salirse de ella individualmente ya. No todos lo lograrán, dependerá de su nivel de conciencia. Pero es posible.

—Ahora entiendo bien —dije—. Algunos pasan a la cuarta dimensión, y otros se quedan atrapados en la tercera, en la Edad Realmente Triste. No es un salto colectivo.

—Exacto.

—El practicar la rectitud y la No Violencia nos instala en un nuevo ciclo ascendente, individual. Esta es la esencia de nuestro entrenamiento en el Camino Naranja. Es urgente iniciar la senda de una total rectificación y purificación interior. Ya mismo, o nos quedaremos atrapados en la Edad Realmente Triste.

—Cuéntanos más sobre Mahavira —rogó Kanvar.

—Mahavira, el último Jina, nació en Kundalpur, en la República de Vaishali (Bihar) alrededor del 600 a. de C. Fue contemporáneo de Gautama Buda, aunque de más edad, y en las escrituras budistas se lo llama Nataputra. Debes saber que las almas estuvieron siempre divididas entre las que lograron la perfección o liberación, y las que aún están atadas. Mahavira es uno de los humanos que alcanzaron la perfección en los tiempos más cercanos a nosotros. Los Valientes del Camino Naranja aspiramos a ser Vencedores Espirituales como el Morgana, somos muy ambiciosos. Y en las comunidades secretas del Camino Naranja nos entrenamos fuertemente para ello.

—Ahora hablemos de los siddhis, los poderes que se alcanzan cuando uno asciende a un estado de conciencia más elevado. Por ejemplo, levitar, hacer milagros, permanecer eternamente jóvenes. Te anticipo que el Camino Naranja te hará desarrollar estos Siddhis, "poderes". Te repito que serán una consecuencia de la liberación alcanzada. No los busques nunca como un fin en sí mismos.

—¿Qué poderes podré alcanzar?

—Tal vez obtengas la capacidad de levitar que tienen muchos yoguis, y que es llamada en el Camino Naranja *"Elevarse por encima"*, y tiene muchas acepciones. Por ejemplo, la de levitar sólo interiormente, elevándonos sobre las situaciones, sin despegar los pies del piso.

—Sitael me enseñó a hacerlo con una oración —dije emocionada—. Y en el Palacio de Jodhpur "alguien" me entregó la Cuerda de Oración —agregué mientras la buscaba en mi mochila y extendía la joya que brillaba como si estuviera hecha de diamantes—, Sitael me lo había anticipado.

—Te la entregó uno de los nuestros, por supuesto —dijo sonriendo—. ¿Sabías que también somos capaces de elevarnos por encima volando, literalmente, por los aires? Obviamente, esto sólo pudo habérsenos transmitido por seres que saben volar, ¿no te parece? —acotó sonriendo sin dar más informaciones.

—Pero no te confundas, Morgana, las instrucciones que les dieron no se referían a cómo mover los brazos como alas, sino a cómo desarrollar poderes internos que posibilitan trascender las leyes materiales y, como consecuencia, volar por los cielos a través del espacio-tiempo y trasladarse físicamente a lugares distantes —dijo Kanvar al ver mi expresión de asombro.

—Los humanos tenemos el poder de hacer muchas cosas extraordinarias a las que llamamos "mágicas". Y son una consecuencia de haber alcanzado un elevado estado de conciencia resultante de practicar los principios del Camino Naranja. Y éste debe ser también tu objetivo: liberarte de toda atadura, salir de las repeticiones, poner punto final a un nivel de vida limitado, falso y sufriente. Dejar ahí las medias tintas.

—Para ello hay que tener el inmenso *valor* de cortar con los viejos paradigmas por completo —dijo Kanvar.

—Exacto. El valor es una de nuestras principales fuerzas. Ahora entiendes por qué los Valientes somos la avanzada espiritual de este tiempo. ¿Verdad?

—Están cambiando por completo mis conceptos acerca de los caminos espirituales —dije conmovida.

—Y finalmente te diré concretamente que todos podemos vivir mil años y más —dijo el Sadhu entusiasmado—. Hoy esto se consideraría un milagro, pero es perfectamente alcanzable. Estos antepasados nuestros, los perfectos Tirthankaras, vivieron muchos años, lo sabemos, es totalmente posible. Estamos hablando de *inmortalidad*, un concepto borrado del leguaje humano, pero totalmente natural en el lenguaje espiritual.

—La alquimia occidental también menciona la inmortalidad. ¿Existe una alquimia hindú? —pregunté emocionada.

—Sí, hay una alquimia hindú muy potente, pero muy oculta, muy oculta. Y es ésta. Es la alquimia del trabajo interior constante. Los antiguos humanos eran poderosos, inmortales, elevados, Morgana, y nosotros debemos recuperar ese poder. Lo hemos perdido, se lo hemos entregado a los Assuras, a los demonios.

—Y tenemos que aliarnos con los ángeles para recuperarlo —dijo Kanvar mirándome fijo.

Contuve el aliento. Nos quedamos mirándonos en silencio.

—El bien *es* más fuerte que el mal, la Luz es invencible, pero lo hemos olvidado. ¡Ha llegado la hora de recordarlo! —dijo el hombre santo extendiendo su mano derecha y mostrando el signo de los Valientes brillando en la palma de su mano.

Kanvar extendió la suya.

—¡Por la Tierra Iluminada, venceremos!

—Paz y Victoria, cofrade Valiente —dijo el Sadhu. Sus ojos reflejaban miles de estrellas.

—Autorízame a empezar ya el entrenamiento en el Camino Naranja, Hombre Santo —dije cayendo a sus pies a la manera de los discípulos.

—Te autorizo a iniciarlo —dijo poniendo su mano sobre mi cabeza—. Serás entrenada por grandes ascetas y fuertes guerreros espirituales.

—Y será en el desierto —dijo Kanvar orgulloso.

—Querida Morgana —dijo el Sadhu mirándome con infinita ternura—, llegó el momento de despedirnos, aunque siempre estaremos en contacto. Nuestro encuentro en el tren no fue casualidad, vine a recibirte. Recién habías llegado a la India y desde el primer momento te estuve protegiendo. No reveles a nadie estos secretos hasta que te lo indiquemos.

—¿No puedo contar a nadie lo que he escuchado aquí?

—No todavía. Ya lo entenderás. Antes de partir, recibe una sagrada lluvia de bendiciones a través de uno de nuestros más potentes mantras jainistas.

Cerró los ojos y literalmente comenzó a iluminarse.

—Namo Arihantammm… —musitó el Sadhu con voz monocorde—. Salutaciones al Uno, al sin Karma. Pronuncien este mantra conmigo ciento ocho veces para su total protección.

—Namo Arihantammm… —repetimos ciento ocho veces entrando en un completo estado de beatitud.

—Partan en paz. Una caravana de camellos los está aguardando en las puertas del desierto. He cumplido con la misión que me ha sido encomendada.

Áhimsa.

Capítulo 22

EL DESIERTO DE THAR

El camión se detuvo cuando recién empezaba a amanecer. Sólo se escuchaba el ulular de los remolinos de viento barriendo el desierto. Levanté la lona que había permanecido cerrada por seguridad, "hasta que llegáramos a destino", habían advertido los Valientes. Los nueve en pleno bajaron de un solo salto y yo, con ellos.

Delante de nosotros, formados en hilera, unos cuantos camellos a ras del suelo miraban el horizonte con su perfecta calma e indiferencia al mundo. Cubiertos con mantas rojas llenas de bordados y pequeños espejos, decorados con flores y cadenas, enjoyados, nos esperaban arrodillados sobre las finas arenas del desierto.

Una interminable sucesión de dunas ondulaba el horizonte reflejando la luz del sol de un nuevo amanecer rajastaní. Todo estaba teñido de rojo: la arena, el cielo. Y también los rostros de los pastores hindúes que nos recibieron con expresiones de alegría y complicidad.

—Sube, Morgana —indicó Kanvar.

Me trepé sobre la montura ubicada entre las dos jorobas del camello, confiada. Y en ese momento el monstruo pegó un gruñido aterrador y levantó las patas traseras para ponerse de pie. Quedé inclinada como en un tobogán. El camello se incorporó interminablemente, dejándome a dos metros del suelo. Aterrada, pegué un aullido, me agarré de su cuello y lo abracé muy fuerte. Los pastores se reían y hacían bromas en rajastaní sacudiendo sus enormes turbantes rojos. Mientras tanto, los Valientes subieron ágiles a sus monturas, sin ningún incidente. Partimos todos en hilera, adentrándonos en el desierto.

El balanceo era hipnótico; la escena, surrealista. Avanzábamos lentamente atravesando dunas y más dunas, todo alrededor era arena. Cielo. Y silencio.

Las revelaciones del templo seguían resonando en mis oídos y en mi corazón. Quería con toda mi alma ser capaz de transformarme en una Valiente. Y haría todo lo que fuera necesario para lograrlo. Sentí que el desierto es un lugar de máximo desapego, podía sentirlo directamente en mis venas. De pronto todo se reduce a lo esencial, y lo esencial lo llena todo. Tener suficiente agua, protección contra el sol bajo las frescas mantas de algodón rústico, mantener la calma y un valor que va creciendo hora a hora, es todo. Los pensamientos se fueron aquietando hasta desaparecer. Y el paisaje infinito nos instaló muy pronto en una inmensidad no humana.

Después de una cena frugal, pasamos esa noche bajo las estrellas, envueltos en gruesas mantas de lana y pegados a una fogata que encendieron los Valientes no sé cómo ni con qué. El aire era helado, y el cielo, un temporal de estrellas fugaces. La rutina era estricta: de día la caravana, y de noche, todos juntos, meditábamos cobijados por el calor de la fogata. Los camellos estaban pertrechados con alforjas, agua, mantas y comida. Una comida exquisita, esencial, con un toque de cielo. El chai muy caliente por las mañanas nos reanimaba del frío helado de las noches bajo las estrellas. Y un ascético plato de vegetales asados como desayuno era más que suficiente para sostener nuestra energía.

Los Valientes siempre estaban en silencio. Era un silencio abismal que se interrumpía a veces, y sólo para recitar todos juntos, y casi en un susurro, el mantra jainista. Ni una sola conversación personal, ni un comentario, comíamos en silencio, nos íbamos a dormir bajo las estrellas en silencio, nos despertábamos en silencio. Y en ese silencio uno se iba emborrachando con cielo, con luna, con mantras, con la arena infinita. Que mareaban mucho más que el alcohol. De pronto, después de siete días de completo silencio, la voz del Sadhu resonó entre las dunas. Primero fueron susurros lejanos, ecos, reverberaciones. Y en un momento su voz se volvió nítida:

—Vuélvete una Jina, una guerrera. Los Valientes existimos en la Tierra desde hace muchos siglos, tenemos una larga historia de renunciar al materialismo y a la vida inconsciente. ¡Adelante! —susurró en mi oído.

Podía verlo, estaba en el templo, rodeado por velas e inciensos, orando, orando, orando. Por la elevación de la Tierra, por la santificación de los humanos, por nuestra liberación.

—Morgana —musitó Kanvar poniendo su camello a la par del mío—. El Sadhu te está hablando. Están despertando en ti los nuevos poderes que te fueron anunciados. No te asustes, todos podemos "escuchar", pero para esto hay que quedarse callados.

Las primeras palabras que se habían pronunciado en voz alta en siete días resonaron en el desierto con un extraño eco.

—Estás lista para empezar la experiencia del Santo Silencio. En tu tradición, hace tres mil quinientos años, la Luz rescató a toda una nación de la esclavitud. Eran dos millones de personas, y vivían bajo las órdenes del faraón en Egipto. Estaban juntos, pero había dejado atrás todo lo conocido. Estuvieron en Santo Silencio durante cuarenta años. Pero no te pediremos tanto.

—Sí. El Antiguo Testamento lo menciona. Allí no había nada de qué agarrarse, sólo de Dios, como aquí —susurré.

— Exacto —dijo Kanvar—. Muy pronto se dieron cuenta de que tenían que aprender a confiar en Dios para comer, para recibir agua, para sobrevivir física y espiritualmente. Así como nosotros lo estamos haciendo ahora, aunque en condiciones menos extremas. ¿Sabes por qué el Camino Naranja está vinculado con el desierto?

—No.

—Porque es un Camino de Santidad.

Sentí que mi piel se erizaba.

—Santificarse es *sanarse*, Morgana. Sanarse de penas y de sufrimientos. No los necesitamos para evolucionar. Y aquí, en el desierto, es fácil vaciarnos de todo lo que todavía nos atormenta. La aridez que nos rodea se lleva todo aquello que no necesitamos. Y aquí también es mas fácil llenarnos de lo que realmente nos hace felices. El desierto desnuda el alma, la pone al descubierto, por eso sientes esa embriaguez inexplicable. Estás mareada de Cielo, ¿verdad?

Asentí conmovida. Nos quedamos un buen rato callados, balanceándonos al ritmo de los camellos, cada uno con sus propios pensamientos.

Era cierto, en todas las tradiciones espirituales el desierto tenía un significado especial, pero yo nunca supe realmente cuál era. Y ahora lo entendía, en carne propia. Esta vez no era una teoría, estaba atravesando un verdadero desierto, podía ver esas dunas ondulándose con el viento. Estaba despojada de todo lo que me era habitual, de todo punto de referencia que me tranquilizara. El silencio era impenetrable, y estaba lleno de presencias invisibles. Era un vacío profundo. Un vacío pleno de luz. Adelante y atrás, la fila de Valientes venía avanzando en sagrado recogimiento.

—Hace siete días que venimos atravesando juntos el desierto. Ya aprendiste a dominar tu impaciencia, a no tener prisa, a entrar en un misterioso ritmo que depende del sol, de la luna, de las estrellas, no de ti. Por fin, estás soltando el control. Tu corazón está latiendo al mismo ritmo en el que late el Universo. Pero esto no es todo. ¡Prepárate, Morgana! Te informo que mañana comienza el gran desafío. Como inicio de nuestro fuerte entrenamiento, atravesarás ahora la prueba del Santo Silencio. Esta prueba te despojará de todo lo inútil, de los pesos innecesarios. Incluso de aquello que consideras lo más amado y a lo que estás apegada.

—¿El desierto también te saca lo que amas?

—Nada ni nadie te puede quitar lo que te pertenece. Lo que es para ti volverá. Y si no es para ti, jamás regresará.

—Qué duro es este aprendizaje. Pero lo amo, es muy intenso.

—Estarás sola en el desierto. Todos los aspirantes a Valientes tuvimos que atravesar el Santo Silencio quedándonos uno o más días en completa soledad en medio de las infinitas dunas del desierto.

—¿Sola? No, no podré resistirlo.

—Sí podrás. Todos nos hemos iniciado en este desierto. Vale la pena, Morgana, atrévete. Te liberarás de todos los espejismos, podrás poner de verdad el punto final a una manera de vivir.

Esa noche no dormí. Con mis ojos abiertos como dos faros, observé el cielo. Estaba atravesado por estrellas fugaces, flechas de luz. Latía como un corazón gigantesco, lleno de muchos corazones. La Vía Láctea se veía con toda claridad, miles, millones de estrellas titilaban allá arriba, dándome valor. Y yo estaba aquí abajo, temblando.

Capítulo 23

EL DÍA SEÑALADO

Nos levantamos al amanecer. Luego del frugal desayuno, acomodadas las monturas y atadas nuevamente las cargas, partimos hacia el horizonte rojo sangre.

—Ha llegado el momento. Hoy atravesarás la prueba del Santo Silencio —dijo Kanvar señalando las dunas—. Cuando estés sola, desciende hasta lo más profundo de ti misma, Morgana. No te detengas, no hay dónde escapar, tendrás deseos de huir pero sigue descendiendo. En este viaje sólo el mantra sagrado y el desierto serán tus compañeros. Durante todo un día andarás sola con tu camello, sin destino fijo. Nosotros estaremos cerca, pero no cuentes con nuestra presencia. Déjate conducir por el animal, él será tu nave, tu cuidador, tu guía en el Thar. Confía en él.

—Pe… pero… ¿qué tengo que hacer?

—Nada. Canta el mantra o quédate en silencio. Libérate. Deja ir lo que todavía te atormenta. Suéltalo. Puede ser que lo logres, pero no es seguro. Debemos pasar por muchas purificaciones para evolucionar. ¿Estás lista?

—No lo sé —dije temblando como una hoja.

—Valor y bendiciones.

Sus palabras se perdieron en la inmensidad de las dunas. En una décima de segundo, toda la caravana de Valientes había desaparecido. Esas eran todas las instrucciones. Tragué saliva. Era cierto, ellos no se andaban con vueltas, me habían dejado sola. Sola con mi camello y una razonable reserva de agua en las alforjas. Sola en medio de aquella interminable inmensidad. Comencé a recitar el mantra aterrada. Cada palabra resonaba en mi cuerpo, se metía dentro de mi sangre y circulaba por mis venas. Pero no alcanzaba a calmarme. El camello, siguiendo alguna orden invisible y como sabiendo exactamente dónde ir, comenzó a moverse lentamente hacia adelante. Contuve el aliento desde las alturas de la montura.

—¿Adónde vas, santa criatura? —musité temblando como una hoja.

El camello caminaba con un balanceo rítmico y sostenido, y aunque yo agarraba las riendas firmemente, como si pudiera dirigirlo, él haría lo que quisiera. Estaba claro.

Pasados unos quince minutos, me relajé, era lo único que dependía de mi decisión, todo lo demás, estaba en manos del camello, de los Valientes y del Cielo. Entonces, como en una película, comenzaron a aparecer rostros, escenas de mi vida. Sentimientos. Sentimientos. Sentimientos. Pasaban lentamente por mí, uno tras otro. "Sentí" el blanco hielo de mi estudio frente al río que me había atormentado tanto, sentí a mi café, blanco como la nieve y frío como las cumbres de los Himalayas. Sentí el gris opaco de la metálica soledad que me había contaminado el alma, el gris de los ascéticos seminarios llenos de fórmulas y recetas intelectuales. Las escenas eran ondulantes y cambiantes, y venían a mí en torrentes de emociones y olas de colores. Vi a las Morganas, y ellas me miraron aterradas.

Los rayos del sol caían perpendiculares sobre mí, pero como estaba envuelta en una gruesa túnica de algodón blanca casi por completo, no me tocaban. Una ola amarilla como el sol me trajo a Sitael, a México, al Mercado de Amecameca, a la fiesta en el hotel Isabel. Amarillo sol, amarillo luz. Una lágrima furtiva se deslizó por mi mejilla y se secó enseguida con el sol. Cómo lo extrañaba.

—¿Dónde estás, Sitael?

Nadie contestó. A medida que me iba acercando al presente, las escenas se fueron intensificando. Todo se hizo cada vez más nítido, más real. Y entonces, lo vi. Estaba parado delante de mí, sonriéndome despreocupadamente. Mi corazón dio un vuelco y el cielo se llenó de estrellas fugaces. Era de día pero se tiñó de rojo sangre, rojo pasión, rojo amor. Mi pecho parecía estallar, mi corazón latía como un tambor, no podía controlarlo. Cada vez más rápido, cada vez más fuerte. Me agarré a la montura del camello para no caerme, Arthur estaba allí, pero no estaba. El viejo puñal que yo conocía tan bien se había clavado en mi corazón nuevamente, mi pecho sangraba. Me dolía su ausencia, me dolía su debilidad. Me dolía mi soledad, otra vez mi soledad.

—Dios mío, arráncame este amor —grité, imploré, rogué mirando el cielo.

Pero Dios no me contestó.

—¿Cómo puedes haberte metido tan, tan dentro mío? —le grité—. Aun estando en medio del desierto, lo ocupas todo. Vete, Arthur. ¡Eres un intrigante! ¿Qué hacías allí tirado en los almohadones y rodeado de odaliscas? ¿Cómo pudiste decirme adiós tan fácilmente?

Arthur ignoró mi dolor y siguió allí, parado frente a mí, sonriéndome.

—Cielo, ¿qué quieres de mí? —pregunté desolada—. No puedo entenderlo.

De pronto se desató un fuerte viento. Me tapé los ojos. ¿Sería un monzón? Me incliné sobre el lomo del camello para no caer. Era un temporal de arena y soplaba cada vez más fuerte. El Cielo me estaba respondiendo. ¿Pero qué quería decirme?

Los vientos arreciaron. El camello se detuvo y comenzó a resoplar haciendo unos gruñidos guturales. Me abracé a su cuello llorando. Nos quedamos inmóviles.

En unos minutos, todo volvió a calmarse, y el Nómade desapareció como por arte de magia. Entonces lo vi. Era gigantesco. Parecía un espejismo, pero era demasiado real. Plantado entre las dunas emergía en el horizonte el enorme Tirthankara del templo. De pie, completamente desnudo, el guerrero espiritual miraba hacia algún punto del infinito. Sus brazos colgaban a ambos lados de su cuerpo, impasible. Inmutable. Recordé que ésta era, como me aclaró el Sadhu, la posición de abandono. El Cielo quería que abandonara toda resistencia. ¿Debía dejar pasar por mí ese amor febril y ardiente? ¿Y soltarlo? El Cielo me pedía conquistar la tremenda inmutabilidad de los Jinas, y como ellos, debía vencerme a mí misma. Estaba claro.

Mi camello me acompañaba con su suave balanceo acunándome suave, dulcemente. El reflejo del sol borraba toda referencia conocida. El calor fue aumentando, y entonces el paisaje comenzó a disolverse, las formas de las dunas se volvieron borrosas y parecieron cobrar vida.

—Tranquila, Morgana —me dije en voz alta. Mi voz sonaba extraña, como si yo me hubiera transformado en otra persona.

El paisaje se movía en forma ondulante. ¿Cómo no me había pasado esto en los últimos días cuando estaba acompañada por la caravana de Valientes? Empecé a ver reverberaciones, más espejismos, figuras que danzaban en la arena aparecían y desaparecían como burlándose de mí. Las voces de las Morganas intentaron regresar resonando dentro de mí como un lejano eco, superponiéndose entre ellas. Hasta que se silenciaron por completo.

Comencé a recitar el mantra suavemente, letánicamente, rítmicamente. Namo Arihantammm... Y recordé también la oración que me había enseñado Sitael para *Elevarse por Encima*. Y entonces, muy despacio, me sumergí en una calma profunda. No sabía nada, no entendía nada, no esperaba nada. No estaba mal. Descendí más hondo, más y más hondo hacia adentro de mí. Bajé y bajé más y más, despojándome de toda expectativa. Daba igual. El Tirthankara, blanco y desnudo, me miraba imponente desde las dunas, como un mudo testigo de aquella iniciación. El camello, el desierto, el cielo azul, las dunas, el misterio. El Reino, eso era todo. Respiré hondo con un extraño alivio.

—Cielo, haz de mí lo que quieras. Lo acepto todo —seguí repitiendo—. Lo acepto todo, lo acepto todo, lo acepto todo, hasta quedar desnuda frente a Ti, Creador.

Ni bien terminé de pronunciar estas palabras, me sentí libre, realmente desnuda, completamente desnuda de expectativas, vacía de suposiciones. Y llena de Luz. Como el Tirthankara. Entonces bajé los brazos, solté las riendas del camello, y solté ese amor que me arrancaba el alma y la partía en pedazos. Bajé suavemente mis brazos al costado del cuerpo, en posición de Jina, impasible. Imperturbable. Respiré hondo. Estaba llegando a un lugar desconocido. A un lugar dentro de mí al que nunca había descendido.

El camello se detuvo. Y se arrodilló sin que nadie le diera ninguna orden. Me bajé de la montura en completo éxtasis. Y entonces me paré sobre la arena con la espalda recta y los pies apenas apoyados en el suelo. Y me di cuenta de que mi cuerpo casi no tenía peso. Me saqué la túnica y me quedé desnuda bajo el sol. Como un ángel, liviana e incorpórea, sutil y a la vez anclada suavemente en la tierra. Sin apegos, sin recuerdos, sin planes. De pie, desnuda en cuerpo y alma, me dejé acariciar por el suave viento del desierto. Sólo adorando, sólo llenándome de luz. El sol resbalaba sobre mi piel sin quemarme. El viento del Espíritu me iba limpiando de recuerdos. De pie, desnuda, un Jina en medio del desierto, me abandoné completamente al Cielo y a su voluntad. Namo Arihantammm, Namo Arihantammm. Bajé los hombros, fijé mi mirada en un punto del infinito y descansé en la Luz. Por primera vez en mi vida.

Entonces sentí el verdadero silencio. Y me di cuenta de que el silencio no se consigue callando, y menos acallando la realidad. El Santo Silencio se instala dentro de uno como un don. Y nos hace comprender todo, sin la contaminación de la mente. Me sentí en comunión fraterna con todas las criaturas. Estaban alrededor de mí, escondidas. Las serpientes, los insectos, los ghekos, las briznas de hierba, las interminables dunas doradas, el cielo inmensamente azul, la arena cálida bajo mis pies. El camello se había petrificado cerca de mí en espera sagrada. Mis células bullían de vida nueva. No podía dirigir los acontecimientos, no estaba en mis manos traer a Arthur a mi lado, pero con o sin él la vida iba a continuar. Yo quería un amor grande, un amor que lo abarcara todo, un amor tan intenso que trascendiera las debilidades humanas. ¡Y lo iba a conquistar! Lo quería con toda mi alma, con todo mi ser, con todas mis fuerzas. Me entrenaría más y más, haría todo el esfuerzo, trabajaría sobre mi pureza, sobre mi rectitud.

—Dios de los Cielos Infinitos —rogué—. Líbrame de las medias tintas. Señor Dios, Padre de los Cielos, Creador de todos los Universos, te ruego, te imploro, te suplico, dame un amor leal y apasionado. Amén. Que así sea.

Hice este pedido, casi un juramento, tres veces bajo las estrellas y marcando tres cruces sobre la arena. Un extraño zumbido atravesó las dunas y se metió dentro de mí haciéndome vibrar. Respiré hondo. Entonces, como si el Cielo me estuviera respondiendo, comencé a brillar. Mis manos, mis piernas, mi vientre se estaban iluminando suavemente bajo el ardiente sol del Desierto de Thar. No sé cuántas horas más transcurrieron, sólo sé que se fue haciendo de noche. Y claramente sentí presencias, alas envolviéndome en un abrazo sagrado, susurros de aliento y perfumes de inciensos. Me envolví nuevamente en la túnica blanca que me habían dado los Valientes y permanecí inmóvil bajo las estrellas. Como un Tirthankara. No había probado una sola gota de agua, no necesitaba nada. Podría haberme quedado así toda la eternidad. Lentamente y en silencio los Valientes se fueron acercando a mí, uno a uno, hasta rodearme por completo. Encendieron la fogata y en completo silencio se fueron acomodando para dormir bajo las estrellas. Me envolví en la manta que pusieron a mi lado. Nadie pronunció palabra alguna. No hacía falta.

Capítulo 24

EL CAMPAMENTO DE LOS VALIENTES DEL CAMINO NARANJA

Al anochecer del siguiente día, apareció la señal esperada.

—Estamos llegando.

Kanvar señaló el resplandor de una fogata en el horizonte.

—El oasis está a media hora de marcha. ¡Bienvenida al campamento de los Valientes del Camino Naranja, Morgana!

Una decena de tiendas de campaña de tipo militar, altas y espaciosas, se alzaban al lado de un pequeño lago, escondidas bajo un espeso bosque de palmeras que parecían haber surgido allí por milagro. Me explicaron que era una forma de mimetizarlas, ya que eran invisibles desde el aire.

Todo estaba perfectamente organizado, limpio, impecable. Era una verdadera ciudadela en medio del desierto. Los Valientes nos recibieron con demostraciones de alegría, casi de júbilo. Eran unos cincuenta, entre hombres y mujeres, y estaban vestidos a la manera hindú; ellos con turbantes naranjas, y ellas con saris y velos del mismo color. Con extrema amabilidad y deferencia, me condujeron a una de las carpas, que yo iba a compartir con cinco Valientes. Todas mujeres. Apenas podía hablar. La experiencia en el desierto me había afectado profundamente.

Observé que la arena estaba íntegramente cubierta con ascéticos tapetes, y para dormir se veían diseminados aquí y allá finos colchones de algodón, envueltos en mantas rústicas típicas del desierto. Las carpas se iluminaban con decenas de velas, creando una atmósfera mágica y despojada. Y la única decoración era un enorme Tirthankara de pie, conmovedoramente desnudo.

—Bienvenida, Morgana. Mi nombre es Prithika, y quiere decir Flor. Estarás con nosotros todo el tiempo que necesites. No tienes que preocuparte por nada.

—Gracias —dije.

—Sabemos de ti, y sabemos lo de Arthur. A cualquiera le puede pasar si no está entrenado en sostener su nivel de conciencia.

—Así es —dijo otra Valiente que acababa de entrar acompañada por otras tres. Eran todas hindúes. Tenían la tez mate, cabellos oscuros y velos naranjas, ricamente bordados y llenos de pequeños espejitos. Todas estaban vestidas igual, pero cada una parecía tener un fuerte carácter personal. Irradiaban una tremenda fuerza guerrera, suavizada por una exquisita dulzura.

—Te diremos nuestros nombres —dijeron rodeándome en círculo—. Los hindúes los tomamos muy en serio. Los nombres nos envían hacia una dirección en la vida. Nos dan por, así decirlo, un color muy personal, una vibración que nos definirá. Y nos transmiten cualidades sagradas, fuerzas celestiales y divinas.

—Yo soy Arundhati, que significa Estrella.

—Bhuvi, Cielo.

—Taj, Corona.

—Dhara, Tierra —dijo la última con una graciosa inclinación de cabeza.

—Bienvenida a nuestra CEV —dijeron todas juntas.

—¿Qué es una CEV?

—Una Comunidad de Entrenamiento de Valientes. Uno de los varios campamentos de los entrenamientos en conciencia que se existen alrededor del mundo entero. Los hay de distintos colores. Aquí llegan los aspirantes a conocer el Camino de la Conducta Recta. El Camino Naranja. Y algunos de "Ellos" también están aquí, entre nosotros.

Las miré intrigada. Se taparon la boca.

—¡Oh! —dijo Taj—, tal vez no deberíamos haberte revelado este dato. Pero ya te lo dijimos, ahora ya lo sabes.

—¿Quienes son "ellos"?…

Se hizo un extraño silencio.

—Lo sentimos, Morgana, de veras, pero si tú no lo sabes, no podemos revelártelo. Es por seguridad —acotó Prithika—. Nos está terminantemente prohibido.

—¿Hace mucho tiempo que conocen a Sitael? Él uno de "ellos", ¿verdad? —insistí.

—Tú has sido contactada por uno de los Valientes de más alto rango —dijo Arundhati. Las demás asintieron con la cabeza—. Sí, podemos confirmarte que Sitael es uno de "ellos", pero no podemos decirte una palabra más.

—¿Son como agentes secretos?

Asintieron sonriendo.

—Morgana, vamos a algo que seguramente te interesa mucho. Ha pasado un poco más de una semana del incidente en el Palacio de Jodhpur. Sabes que tienes dos semanas más para esperar a que tu amor reaparezca, ¿verdad?

—¿Qué noticias hay de él? ¿Dónde está? —pregunté atropellándome con las palabras.

—Veremos qué se puede hacer. Hay varios de los nuestros infiltrados en el palacio, en los niveles oficiales. Concretamente, son espías y nos informan todo lo que sucede allí. Y también hay unos cuantos Valientes trabajando en diferentes misiones en las siniestras cárceles que tiene el maharajá en los subsuelos del palacio —dijo Bhuvi.

—¿Está preso? —pregunté con voz temblorosa.

—No sabemos exactamente qué ha pasado con él. Había varios de los nuestros en esa fiesta, y han visto lo mismo que has visto tú. Todavía no han llegado noticias concretas. Si Arthur estuviera colaborando por voluntad propia con el maharajá, olvídate de él, a menos que quieras descender a niveles de conciencia muy bajos. Si estuviera preso, significaría que se ha rebelado contra la sombra, que no ha sido obediente. Si es así, los nuestros intentarán rescatarlo, pero él tendrá que definirse. Es posible que al verse atrapado en un nivel de conciencia más bajo, clame por ayuda.

—¿Podrá salir de allí?

—La Luz puede vencer cualquier circunstancia, derrotar a cualquier enemigo y torcer cualquier destino. Para la Luz, nada es imposible. Confía —me tranquilizó Taj—. Esperemos a tener noticias concretas.

—Sólo si viene realmente comprometido con la Luz lo quiero conmigo. Si no es así, puede quedarse con el maharajá —dije decidida.

—¡Oh!, por supuesto, Morgana. Así será.

De pronto vino a mí otra noche llena de estrellas, palmeras y hamacas, y mi corazón comenzó a latir con fuerza.

—Por favor, necesito que me lo confirmen. Sus nombres son Estrella, Cielo y Corona, ¿verdad?

—Así es —sonrieron cómplices.

Sentí que tocaba el cielo con las manos. Sitael me había anunciado este encuentro en el hotel Isabel.

—Por favor, entréguenme esa información secreta acerca del amor.

—Estábamos esperando que recordaras, Morgana. Necesitábamos estar seguras de la contraseña que te había entregado

Sitael. Los Valientes cuidamos mucho la revelación de nuestros secretos —dijo Bhuvi—. Toma, aquí te entregamos este sobre enviado a nosotros cuando tú aún estabas en México.

—¿Cómo sabía él que nos íbamos a encontrar?

No me contestaron, sólo sonrieron. No pregunté más y abrí febrilmente el sobre.

Querida Morgana:

Estás atravesando una de las zonas de incertidumbre más exigentes del Camino. La del Amor. Vamos directamente a la información que necesitas: como ya te lo dije, Morgana… ¡el Amor no es de esta tierra! Es puro Cielo descendiendo a las profundidades de la materia. Cuando, como ahora, ha sido abierta una puerta y se ha dejado entrar a un demonio entrometiéndose en el Amor, el de nivel de conciencia más elevado, en este caso tú, debes hacer lo que hiciste: correrse de allí hasta que haya un arrepentimiento, una toma de responsabilidades por parte del otro. Pero hay que llevarse consigo el elixir del amor.

Paré la lectura. Las tres me estaban mirando sonrientes.

—¿Qué quiere decir "llevarme conmigo el elixir del amor"? Ya lo escuché antes. Lo dijo la gitana Shin en la fiesta del hotel Isabel.

—Tú conociste el verdadero amor, Morgana, caíste en las profundidades del Abismo de Amor. Probaste la dulzura de esa quintaesencia. Y jamás podrás olvidarlo, ¿verdad? —preguntó Estrella.

—Jamás.

—Ése es el Elixir del Amor. Tú ya conoces su sabor. Los demonios tratarán de borrar este recuerdo y la certeza de que el amor existe, poniéndote triste, resintiéndote, haciéndote sentir abandonada y sin valor alguno —dijo Corona.

—Así me he sentido. Llegué a pedirle a Dios que me arrancara este amor del pecho, y no fue posible, no puedo sacarme de adentro este amor apasionado. Está intacto. No entiendo.

—Morgana, es perfecto lo que sientes, no luches contra eso, sigue leyendo —dijo dulcemente Cielo.

¡No entregues este elixir a los Assuras!, el amor que viviste es tuyo para siempre. Y ningún demonio puede quitártelo. Pertenece a las esferas del Cielo. Y recuerda que lo que es tuyo jamás te puede ser arrebatado, ni por el más pérfido demonio de todos los demonios. Nada es más fuerte que el amor. Nada. Resguarda en tu corazón la belleza que ya conociste, la infinita inocencia, la dulzura profunda que hizo brillar tus ojos con la luz de Dios. Suelta, Morgana. Libérate. No trates de controlar al otro, no te resientas, no te desilusiones. La máxima capacidad de amar se revela cuando uno puede amar al otro a pesar de su conducta inconsciente. Aunque esto no significa que aceptaremos vivir en ese nivel de conciencia. Permanece inmutable, como un Tirthankara, deja que la Luz defina la situación, no tú.

—Entiendo. Tal vez Arthur regrese a mí. Y si no regresa, es que no es mi alma gemela —susurré con un poco de pena—. Pero pase lo que fuere, jamás renunciaré al Amor.

Las tres me abrazaron conmovidas.

Sostén la llama del Amor más allá de las circunstancias. Reverénciala, no sufras. Está prohibido entristecerse en el camino espiritual. ¿Qué es lo más parecido al amor? Te lo debe de haber revelado el Hombre Santo.

—La Pureza —dije levantando la mirada. Las tres asintieron sonriendo.

La pureza —seguía Sitael como si estuviera escuchando mis palabras—. *Conserva tu pureza, tu inocencia. Nunca pierdas la certeza de que el Amor existe. Custodia el amor que ya viviste en lo más hondo de tu corazón.*
Morgana. ¡Adelante! Los Valientes estamos contigo. ¡Victoria y Paz! ¡Por la Tierra Iluminada, venceremos!

Sitael
A. C. E. M.

—¿Qué querrán decir estas siglas?
Las tres me miraron encogiéndose de hombros.
—Esta información es clave. Jamás había visto el Amor desde esta visión, es muy liberadora. Gracias por guardar este mensaje para mí —les dije y las abracé muy fuerte.
—La campana está sonando, la cena está lista —dijeron—. Ven con nosotras, Morgana. Estás en comunidad.

Capítulo 25

LA CENA COMUNITARIA

La cena comunitaria estaba dispuesta en círculo, sobre la arena y a orillas del oasis. Todo estaba tenuemente iluminado con velas, la arena cubierta con impecables alfombras de colores y almohadones en el piso. La escena parecía pertenecer a una de esas cenas cinco estrellas armadas en el desierto con toques exóticos para deleitar a los turistas ávidos de sensaciones nuevas.

Sin embargo, aunque desbordaba belleza, esta reunión estaba muy alejada de las cinco estrellas. Todos se fueron acercando silenciosamente, manteniéndose de pie, detrás del círculo. Parecía un sueño pero no lo era. Los mantras resonaron dulcemente acunándonos bajo las miles de estrellas incrustadas en el oscuro cielo del Desierto de Thar. Namo Arihantanam. Namo Arihantanam. Namooo. Cuando las oraciones finalizaron, nos sentamos en silencio formando una rueda tribal. Y entonces, Kanvar comenzó a hablar.

—Damos la bienvenida a una compañera que ha llegado por sincronía cósmica desde tierras muy lejanas, desde el punto más al sur de América. Estamos honrados de tenerla con nosotros, y le ofrecemos integrarse a nuestra Comunidad de Valientes del Desierto.

Todos musitaron quedamente.

—Bienvenida, bienvenida, bienvenida.

—Morgana, ahora ya tienes la información de que existe una Comunidad de Valientes en la India, y que está en Rajastán, en pleno Desierto de Thar. Hay muchas más, y están siempre situadas en lugares no muy accesibles. Aunque ya existen también Comunidades Urbanas de Valientes, ocultas, muy bien ocultas en las ciudades. Todavía no puedes revelar a nadie esta información, es altamente secreta. Ya te diremos cuándo y cómo hacerlo.

Asentí inclinando la cabeza.

—Puedes hacernos todas las preguntas que desees. Estás aquí para iniciar en unos días un fuerte Entrenamiento Intensivo en el Camino Naranja, y nosotros estamos aquí para cuidarte de cualquier interferencia o ataques, y ponerte al tanto de nuestra estructura operativa, e informarte acerca de todos los detalles de nuestra organización. Nuevamente eres bienvenida. Podemos dar comienzo a la cena.

Me sentí cohibida ante tanta confianza, tanta deferencia. Presentí que Sitael tenía algo que ver con todo esto. Ellos parecían conocerme muy bien y me trataban con un respeto y una consideración casi exagerados. Como si supieran algo sobre mí que ni yo misma sabía. Era inaudito. Todavía estaba muy conmovida por el Santo Silencio que había atravesado en el desierto y me costaba un poco volver a estar en un grupo.

Mi compañero de la izquierda se presentó como Hiresh, el Rey de las Piedras Preciosas, y mi compañero de la derecha me dijo que era Chiman, el Curioso. Ambos estaban sentados en posición yogui, sin que se les abarrotaran las piernas como a mí, y portaban enormes turbantes naranjas, y bigotes gigantes, al mas puro estilo rajastaní. Hicieron algunos chistes ingeniosos sobre el olor de los camellos que persistía varios días alrededor los que habían estado en el desierto montando uno de ellos. Olían el aire a mi alrededor con gestos teatrales riendo como niños. Reí con ellos, saliendo de mi ensimismamiento. Les rogué que me revelaran qué había adentro de esos gigantes turbantes que coronaban sus cabezas.

—Por favor, disculpen mi atrevimiento, pero la curiosidad me carcome desde hace rato, y no me atreví a hacerles esta pregunta a los otros Valientes.

Me explicaron amablemente que sus largos cabellos, que jamás habían sido cortados, ni cuando niños, se enrollaban alrededor de una extensa tira de tela naranja, y luego esta tela se enrollaba alrededor de sus cabezas, adoptando ese gigantesco tamaño por esa razón.

—La cabellera larga es en la India una expresión de poder espiritual —aseguró Hiresh—. El dios Shivá, por ejemplo, porta larguísimos cabellos que llegan hasta sus tobillos. De sus cabellos nace el río Ganges, y a través de este río circula por la Tierra la energía más sagrada y purificadora del planeta. Así es, ahora lo sabes, los hindúes tenemos muchos secretos. A través de nuestros largos cabellos circula el sagrado Ganges —acotaron muy seguros de lo que estaban diciendo, atravesándome con una mirada atemporal.

Amé esa certeza. Quería quedarme para siempre en la India. Aquí todo era mucho más coherente con mi manera de estar en el mundo. Nadie parecía necesitar explicaciones racionales para todo, como en el agobiante mundo del que yo venía, torturado por la mente y por el ego. Aquí se podía descansar en el cielo.

—Los hombres santos, los Sadhus, andan con el cabello largo y el cuerpo cubierto con cenizas sagradas para parecerse a Shivá, este misterioso dios que destruye lo que ya no sirve y lo que interfiere con la renovación. Shivá es el dios del desapego, y es uno de los de la Trimurti Sagrada: Brahma es el creador, Shiva el destructor y Vishnú el preservador.

Los miré embelesada.

—Ya me contaron esta historia en la ceremonia de Holika.

—Pregúntanos sobre todo lo que quieras saber, Morgana, estamos a tus órdenes.

—¿A qué dios reverencian ustedes?

—No reverenciamos a dioses, como sucede en el hinduismo. Los Valientes del Camino Naranja estamos protegidos por Mahavira, nuestro último Jina, o Vencedor Espiritual, encarnado en esta tierra. Seguimos sus pasos.

—¿Son ustedes un grupo religioso jainista? —lancé a quemarropa.

—Nada de eso. Los Valientes del Camino Naranja podemos pertenecer a cualquier corriente religiosa, o no, en absoluto. Puedes encontrar Valientes en muchas religiones, y en muchos grupos espirituales independientes, pero nosotros no formamos una religión. Aquí llegan aspirantes a atravesar el Entrenamiento del Camino Naranja del mundo entero. Cristianos, musulmanes, judíos. Todos deben atravesar las pruebas de sostener una Conducta Recta y una pureza esencial. El jainismo nos da las herramientas para ello. Algunos Valientes practican el jainismo como religión. Los hay laicos y monjes, pero no es condición ser jainista ni volverse jainista. Gandhi es un ejemplo; él es un Valiente del Camino Naranja.

—¿Cómo están organizadas las comunidades de los Valientes de todos los caminos? Me han revelado la existencia del Camino Blanco y también del Camino Rojo, y me han sugerido que hay muchos más.

—Así es, Morgana, a su debido tiempo también te llegará una información que te hará comprender más sobre quiénes somos nosotros y quiénes son "Ellos".

Contuve el aliento.

—¿Quiénes son "Ellos"? —susurré.

Como en la conversación con las tres Valientes, se instaló un denso silencio.

—No podemos contestarte esa pregunta todavía —dijo el Curioso con los ojos brillantes—. Pero sí podemos comentarte que el movimiento espiritual de los Valientes no se parece a ninguno que conozcas, no se basa en modelos históricos existentes. Es nuevo, inédito. No ha habido algo semejante a nuestro movimiento en la tierra. Jamás ha sido posible, hasta ahora y de esta manera.

—¿Por qué?

—Porque ahora hay un peligro real, el de ser esclavizados por el supersistema que puede robotizarnos, deshumanizarnos y robarnos el alma.

—¿Cómo se organizan los Valientes?

—En comunidades y cofradías espirituales interconectadas por el corazón y leales a la luz, por supuesto con una intensidad inimaginable hoy en día —acotó el Rey de las Piedras Preciosas—. Ya sabes que no tenemos medias tintas.

—Yo pensé que los Valientes siempre estaban solos y dispersos por el mundo.

—Nada de eso. Estamos muy organizados. Aunque todavía ocultos. Tal como nos conectamos contigo, lo hacemos secretamente y por afinidad magnética con todos los seres honestos, puros, que intensamente buscan el dharma, la gracia. Los reconocemos enseguida, y ellos a nosotros. Nos vamos encontrando naturalmente. Y el signo en las palmas de nuestras manos nos identifica sin necesidad de palabras —mencionó mientras extendía su mano derecha y mostraba la señal de Áhimsa.

—Pero, ¿cómo conectarse con los Valientes en las ciudades si ustedes no nos detectan? ¿Dónde están?

—En las ciudades nos agrupamos en cofradías, grupos pequeños, secretos y sujetos a estrictos códigos de conducta que se

337

basan en los principios de los Valientes —acotó Chiman—. Estas cofradías o pequeñas comunidades urbanas ya están surgiendo en todas las ciudades del mundo. Permanecen cerradas para aquellas personas con niveles de conciencia bajos, así como frente al egoísmo, la envidia, la competencia. Es un fuerte entrenamiento vivir juntos, aunque sea por temporadas. No resulta fácil, ya que es un modo de vida que se opone a los valores del mundo tal como se plantea hoy en día —prosiguió Chiman, el Curioso, visiblemente emocionado—. Las "Comunidades", en cambio, son centros de alto entrenamiento, tal como lo es éste, y su finalidad consiste en llevar adelante intensos adiestramientos para elevar la conciencia. Están siempre ocultas en lugares remotos, aisladas, generalmente en plena naturaleza. Ya contamos con varias, localizadas en distintos puntos del planeta.

—Hay una urgencia, Morgana —interrumpió el Rey de las Piedras Preciosas—. Es grave lo que está pasando. El "sistema" ha entrado en una fase crítica. Está generando millones de humanos uniformes, neutrales y solos, Morgana, solos y aislados frente a las pantallas, viviendo en un mundo virtual, conectados a Internet día y noche, y cada vez más desconectados de la vida. Solos, trabajando, trabajando, trabajando, si uno tiene la suerte de no ser un desempleado. Los trabajos se han convertido en hogares, fríos y sin alma, donde todos compiten contra todos. Y los humanos se están acostumbrando a vivir solos, sin amor, y con el corazón apuñalado por una persistente tristeza. ¡Hay que detener esta barbarie!

El Rey de las Piedras Preciosas me sorprendió con su síntesis. Describía exactamente la escena que yo había vivido en aquel café de Buenos Aires. Ahora comprendía cada vez más claramente por qué aquel elegante café Sex & Sex, mi segundo hogar, se había inundado con mis lágrimas.

—Apenas puedo creer lo que estoy escuchando —susurré conmovida—. Es muy precisa la descripción del drama que se está sufriendo en el viejo sistema. Como yo, muchas personas han entrado en crisis y desean escaparse de esa vida árida y solitaria, pero ya no saben cómo.

—Tú les dirás cómo.

—¿Yo?

Sonrieron enigmáticos. No me explicarían nada, así que decidí no preguntarles tampoco. Y agregué bromeando:

—No se imaginan cuántas veces he deseado vivir en comunidad, pero nunca me han cerrado las propuestas ecológicas, donde la gente se reúne para cultivar papas y tomates. Me da un poco de horror esa alternativa.

—¡Ah, qué pena! —corearon mientras meneaban la cabeza al estilo hindú. Como siempre, no entendí si me estaban condenando o se ponían de mi lado y me comprendían.

—Muchas cofradías y comunidades surgirán alrededor del mundo entero en muy poco tiempo, Morgana —intervino el Curioso—. Serán una alternativa para los tiempos totalitarios que se avecinan en la Tierra. Debes saber que sólo unidos podremos sostener nuestra libertad individual.

—¡Avisaría ahora mismo a todos mis amigos para que las busquen! —exclamé entusiasmada—. Pero la verdad es que, en realidad, no tengo tantos amigos allá.

—Pero tienes muchos amigos acá. Y con respecto a las huertas, no las menosprecies. Serán fundamentales muy pronto. Es muy importante adherir al vegetarianismo como forma concreta de Áhimsa, No Violencia. Urge retomar conductas de alimentación sana, sin hormonas y, si es posible, cultivar nosotros mismos nuestros alimentos. Aunque estos principios, por sí solos, no son suficientes para sostener en orden y en paz una convivencia.

—¿Cómo se logra convivir en paz? ¿Por qué las comunidades no han funcionado correctamente hasta ahora?

—Hay un secreto para que funcionen. Es preciso alcanzar individualmente el Áhimsa. Salir por completo de la autoviolencia y de la violencia contra los otros. La única forma de lograrlo es que cada uno construya un puente inamovible que nos mantenga siempre conectados a la luz. Para esto se diseñaron los entrenamientos. Muy pronto iniciarás el tuyo. Participar en un entrenamiento de los Valientes es una de las más grandes aventuras que marcan nuestra vida, Morgana. Ya lo verás.

Los miré embelesada. Esta escena parecía haber salido de un sueño. Una suave brisa atravesaba el desierto y agitaba las palmeras y mis cabellos como una caricia del cielo. Nos quedamos un largo rato en silencio. El aire olía a rosas, a jazmines. ¿O me lo parecería sólo a mí?

—Todos los que estamos en este campamento tenemos una misión especial que realizar en este Nuevo Mundo que está naciendo. Y tú también.

—No sé cuál es esa misión que me están anunciando. La pedí al Cielo una tarde lluviosa en un café de Buenos Aires, pero nunca pensé que sería escuchada. No me siento preparada para tanta responsabilidad.

—Lo estarás luego del entrenamiento.

—¿Cuál es la misión de cada uno de ustedes?

—Somos "Cuidadores". Ésa es una de las misiones posibles. Hay muchas más.

—¿Y quiénes son ustedes en la vida normal? ¿Viven siempre aquí?

—La vida normal es ésta. No te entendemos qué quieres decir —me cuestionó Hiresh, el Rey de las Piedras Preciosas, algo ofuscado.

—Me refiero a cuáles son sus actividades dentro del viejo "sistema".

—¡Ah! Te entiendo. Aquí en el campamento encontrarás a seres de todas las formaciones. Por ejemplo, yo soy un conocido abogado de Jaipur. Pero antes que nada soy un Cuidador, y tengo intensas prácticas en este centro de entrenamiento. Vivimos aquí por ciertos períodos, luego regresamos a nuestras tareas y seguimos en misión. Nos vamos turnando y relevando, y todos somos voluntarios. ¿Sabes, Morgana? Estamos construyendo fragmentos de la Nueva Tierra, zonas liberadas de mentiras y especulaciones. Territorios concretos donde descansar en Dios y confiar en los otros. Es urgente disponer de estos espacios. No hay tiempo que perder.

—Y yo —acotó Chiman, el Curioso— soy pastor de camellos. Trabajo en el desierto conduciendo caravanas que todavía transportan mercancías como en las épocas medievales. Y soy también un "Cuidador". Ser uno de los pioneros que construirán la Nueva Tierra, un voluntario, es el más alto tesoro que se pueda obtener en este mundo.

Estaba fascinada. De pronto, mi mirada se detuvo en el colgante que llevaba al cuello Chiman. Él noto mi curiosidad y me dijo:

—Es el talismán del amor. Todos los Valientes lo tenemos.

—¡Es el hermafrodita! —y les quise mostrar orgullosa el mío, pero recordé, con nostalgia, que se lo había dado a Arthur, en la fiesta del maharajá, en la India. Comenté que María me lo había regalado.

—Has sido muy afortunada. Generalmente se entrega este talismán sólo a quienes han sido aprobados en el entrenamiento. El amor es para iniciados, ¿no crees? —remarcó el Curioso atravesándome con una mirada celestial.

Temblé desde la cabeza a los pies. Sus ojos irradiaron de pronto *ese* resplandor diamantino. Era perturbador. Desnudaba el alma.

—La sociedad no piensa lo mismo —respondí, mientras intentaba sostener mis ojos fijos en los de él—. Pero yo estoy aprendiendo a verlo de esta manera. Tuve una experiencia muy fuerte en el desierto.

—Has atravesado el Santo Silencio, ¿verdad?

—Sí.

—Entonces ya sabes que el amor es un gran desafío. Hay que mantener un elevado estado de conciencia entre dos —continuó Chiman.

—Recién después de un arduo trabajo interior somos capaces de comprender que el amor es sagrado. Y tú ya lo has entendido, ¿verdad? Los Valientes te han entregado el talismán. Esto quiere decir que estás preparada para encontrarte con tu alma gemela—completó Hiresh.

—¿O ya la has encontrado? —preguntó el Curioso, sonriendo con complicidad.

No pude contestarle. Los voluntarios de la cocina nos interrumpieron en ese momento trayendo enormes bandejas armadas con hojas secas de palmeras, todas desbordantes de manjares.

—En lugar de platos, tenemos cuencos de madera —aclaró Hiresh—. No hay cubiertos y ya debes saber que, en la auténtica India, comemos con las manos.

La cena consistía en arroz azafranado y condimentado con diferentes curries, berenjenas guisadas y dhal, las famosas lentejas indias, acompañadas por el clásico pan plano hindú, el chapati, que estaba todavía caliente, recién horneado. Para beber, un agua lechosa semidulce que tenía un sabor exquisito.

La noche desbordaba de estrellas y, a los pocos minutos, se multiplicaron por mil. De pronto, cientos de estrellas fugaces atravesaron el cielo como flechas de luz.

—Te están anunciando buenas nuevas —me advirtió Hiresh al oído—. Alguien que te ama mucho está soñando volver a encontrarse contigo. ¿Sabes quién puede ser?

Capítulo 26

EL VUELO POR EL DESIERTO

Los aspirantes a los Valientes iban llegando por grupos. De a dos, máximo de a tres, y procedían de todas partes del mundo. Hasta dar comienzo al entrenamiento, todos debíamos participar en las tareas del campamento como voluntarios. Cocinar, limpiar, vigilar, estudiar juntos. El único momento de absoluto relax y descanso eran aquellas mágicas cenas comunitarias con los cofrades Valientes. Había aspirantes de todas las nacionalidades, alemanes, ingleses, franceses, latinoamericanos, vietnamitas, hindúes. Habían llegado allí de distintas maneras, pero siempre por contacto directo con un Valiente. A veces personal, otras por cartas que llegaban por correo. Otras por notas que encontraban en formas asombrosas, dejadas en forma anónima. Los Valientes eran muy discretos, y muy misteriosos.

En una de estas noches de dulce fraternidad y ensueños compartidos sentados bajo las estrellas y cubiertos por las palmeras del oasis, el cielo se oscureció y un zumbido amenazante y siniestro lo llenó todo de sombras. Sentí el ronroneo en mi plexo, me paralicé, estaba aterrada. Supe que estábamos en medio de un gran peligro.

Un enorme helicóptero negro sobrevolaba el campamento, tal vez en misión de reconocimiento. Se armó un revuelo de proporciones inimaginables, pero a la vez totalmente coordinado. Los Valientes apagaron las velas con una velocidad inaudita, y nos hicieron sentarnos muy juntos, formando un compacto círculo sobre la arena.

—¿Quiénes son? ¿Qué está pasando? Estamos en peligro, ¿verdad?

—Shhh. Nos están monitoreando, Morgana —susurró Hiresh—. Son las tropas especiales del maharajá. Deben de haber recibido informaciones de los satélites que escanean todo y a todos quienes habitamos este planeta. Saben que estamos aquí. En unos minutos llegará el escuadrón completo. Estaremos perdidos si no actuamos enseguida. Ahora no hables.

De pronto los zumbidos de los helicópteros se volvieron más fuertes. Se estaban acercando, nos rodeaban por todos lados. Un viento caliente mezclado con arena golpeó mi cara. Habían aterrizado.

Se apagaron los motores, las hélices dejaron de girar, y entonces se instaló un denso silencio. Podía sentirlos, casi verlos. Se arrastraban por la arena como serpientes venenosas al acecho de sus presas. Agucé los oídos, comencé a percibir sus voces, sus órdenes susurradas, el movimiento de sus cuerpos. Nos estaban rodeando en un cerrado círculo del que jamás podríamos escapar. Estábamos perdidos.

—¡Entréguense! —ordenó alguien en español con voz marcial.

—Surrender —afirmó otro.

—Aufgiven —dijo alguien en alemán.

—Somos los comandos del grupo elite del maharajá. Están acampando en territorios gubernamentales y aquí están terminantemente prohibidas las reuniones secretas. Están contraviniendo las leyes.

—El Nuevo Orden no necesita bastardos rebeldes y desorientados como ustedes conspirando contra el sistema —dijo alguien por un altavoz. Serán trasladados inmediatamente a nuestros campamentos de reeducación. Salgan con las manos en alto y en fila.

—Cualquier intento de resistencia será considerado un delito contra nuestro respetable maharajá —dijo alguien por otro altavoz, con fuerte acento inglés.

—Morgana, ven, tómate de mi mano y toma la mano de tu compañero. No abras los ojos, tranquila.

Sentí que el círculo quedó completamente cerrado, y entré en la tremenda cadena de poder que se había creado en el grupo casi sin darme cuenta. Al instante percibí un suave murmullo y una fuerza que se iba transmitiendo en cadena de uno a otro. Muy bajo primero y subiendo cada vez de intensidad empezó a resonar un mantra y su eco se multiplicó mil veces en la noche estrellada del Desierto de Thar. Cerré los ojos, la vibración era tan fuerte que apenas podía respirar.

—Namo Sidhanam. Namo Sidhanam. Namo Sidhanam. Namo Sidhanammmm...

Sentí un fuerte mareo, todo giraba alrededor. Literalmente el suelo de arena se estaba moviendo en forma ondulante, como si estuviera sentada sobre una alfombra voladora. No me animé a abrir los ojos, un fuerte viento hacía ondear mis cabellos y silbaba en mis orejas. Sostuve firmemente la mano de mis compañeros.

Los altavoces seguían gritando consignas, pero casi ya no era posible escucharlos.

—No te sueltes de mí —dijo Kanvar. Su voz resonó con un extraño eco—. No abras los ojos.

NAMO SIDHANAMMM...

NAMO SIDHANAMMM...

NAMO SIDHANAMMM...

El viento se volvió más y más fuerte y sentí claramente que estábamos ascendiendo.

NAMO SIDHANAMMM...
NAMO SIDHANAMMM...
NAMO SIDHANAMMM...

Pasados unos minutos, que tal vez fueron horas, me pareció percibir que descendíamos lentamente, muy lentamente, hasta posarnos en el suelo. Volví a sentir la arena bajo mis pies descalzos. Contuve el aliento, el silencio era abismal.

—¡Hemos llegado, Morgana! —dijeron alegremente mis compañeros—. Ya puedes abrir los ojos.

Estábamos sentados exactamente en el mismo lugar, sobre la alfombra, en círculo y bajo las palmeras. No entendía muy bien qué había pasado ni por qué ellos se abrazaban con grandes exclamaciones de alegría, felicitándose, celebrando con saltos y exclamaciones en hindi.

—¡Los comandos se han ido! —grité saltando y abrazando a Kanvar, feliz de no escuchar más aquellos altavoces aterradores.

—No, Morgana, ellos todavía están rodeando el lugar donde creyeron tenernos acorralados, justo en el oasis. Y el oasis ya no está allí —dijo divertido—. ¡Lo hemos logrado!

—No entiendo... Estamos en el mismo lugar, somos los mismos compañeros, pero los comandos se han ido —reiteré.

—¡Oh! Morgana, ven, ayúdanos a encender las velas, el peligro ha pasado. Así es, lo hemos logrado —dijo Kanvar.

Lo mire sin comprender qué había sido realmente lo que habían logrado, más que la retirada de los helicópteros, que era de por sí un enorme triunfo. Si es que no regresarían en unos minutos... ¡multiplicados! Prendieron las velas con la misma velocidad suprahumana con la que las habían apagado. Y entonces me di cuenta. El paisaje alrededor estaba completamente cambiado. En lugar de las suaves dunas que rodeaban el campamento, había enormes montañas de arena. El oasis era el mismo, pero las palmeras eran mucho más altas.

—¿Qué, qué ha pasado aquí? —pregunté al Rey de las Piedras Preciosas, que estaba acomodando manteles y platos, sacudiéndolos de la arena que se había acumulado en los bordes.

—Nos hemos trasladado a otras coordenadas. Espero que nos encuentren nuestros amigos gitanos que prometieron visitarnos. Hemos viajado unos trescientos kilómetros. Aquí estaremos más seguros.

—Sí, sí, mucho más seguros —acotaron otros Valientes sonriendo.

—¿Dónde estamos ahora? —pregunté con un hilo de voz.

—Muy cerca de la frontera con Pakistán —dijo, como si allí no hubiera pasado nada—. A apenas unos doscientos cincuenta kilómetros, pero mucho más al oeste que donde estábamos.

Me temblaron las piernas. Los Valientes no se andaban con vueltas. Con el poder de su mente y los mantras habían trasladado el oasis completo, con nosotros adentro. Ante mis insistentes preguntas, me explicaron que el Namo Sidham era un poderosísimo mantra de salutación al Uno, al Jina Vencedor sin karma que logró la liberación, Moksha.

—Sí, lo conocía.

Y que cuando se invocaba a un Jina de esta manera, todas las barreras físicas se borraban y obteníamos el don de volar por los aires, trasladarnos donde quisiéramos, hacernos invisibles, y si lo pedíamos, inmortales. Que no preguntara más porque todo me había sido ya explicado en el templo. Y que recitara el mantra hasta que fuera parte mía, y que así podría experimentar más efectos. Me informaron que el mantra podía sacarme de cualquier situación de peligro y de situaciones inmanejables, que tenía el poder de ubicarnos en otro lugar en la vida si donde estábamos las cosas se ponían peligrosas o estaban estancadas, y me reiteraron que no buscara más explicaciones intelectuales.

—Si quieres saber con certeza cuáles son sus efectos, practica el mantra sin parar —dijo Kanvar—. Y te sorprenderás todavía más.

Capítulo 27

EL GRAN ENTRENAMIENTO
DEL CAMINO NARANJA

Y llegó el día señalado. Comenzaría por fin el esperado gran entrenamiento. Nos reunieron a todos en una gran tienda circular, rodeada de palmeras. Jamás la había visto, pero en estos misteriosos traslados podía pasar cualquier cosa. No me sorprendería que una vez dentro de la carpa, levantáramos vuelo hacia otras direcciones del desierto, con camellos y todo. Pregunté a los Valientes voluntarios cómo habían volado los animales, ya que no estaban agarrados de las manos como nosotros. Pero tal vez ya estarían acostumbrados a trasladarse por los aires con los Valientes.

Venían atados a una cuerda detrás de nosotros, me explicaron alegremente. Ahora entendía la mirada condescendiente de los camellos, les dije sonriendo. Ahhh, los Valientes me miraron con también con cierta condescendencia. Te falta entender muchas cosas, extranjera. La India es una tierra de misterios.

Nos sentamos en almohadones formando un círculo, un enorme Tirthankara blanco nos miraba firme y silencioso, anticipando la revelación de milenarios secretos. Los Valientes encendieron las velas, los perfumados inciensos, y nos anunciaron que esperaríamos la llegada de los instructores cantando mantras, según la ancestral costumbre de los discípulos en la India que anticipan la llegada de los maestros haciendo vibrar el aire con bendiciones y salutaciones a la divinidad. El entrenamiento comenzaba ya mismo e iba a durar tres meses. El ritmo iba a ser intenso, y se nos autorizaba a tomar sólo apuntes manuscritos. Y era importante que supiéramos que estas informaciones no podían ser reveladas ni compartidas con nadie que no hubiera atravesado el entrenamiento, a menos que recibiéramos instrucciones precisas de hacer lo contrario.

El ritmo diario del entrenamiento en el Camino Naranja iba a ser intenso, dijeron. Comenzaría antes de salir el sol y finalizaría al anochecer. Todo estaba perfectamente organizado y nada estaba librado al azar. Debíamos prepararnos, la disciplina sería intensa y sostenida y haría crecer en nosotros una seguridad interna inamovible, y una paz a toda prueba. Teníamos que tener claro que iban a cambiar todas nuestras visiones del mundo tal cual lo conocíamos. Tendríamos que sostener la incertidumbre de lo nuevo, sin escaparnos al futuro ni huir al pasado. Todas estas eran conductas típicas de un ego sin educar. Nos adelantaron que no todos íbamos a ser aprobados en este entrenamiento, y no había que claudicar si no lo lográbamos esta vez. Volveríamos a nuestros países de origen, y retornaríamos cuando estuviéramos más comprometidos con los nuevos tiempos.

Un murmullo nervioso se extendió por toda la carpa. Nos hicieron callar con una campana de plata.

—Atravesar esa incertidumbre sin quebrarse es parte importante del entrenamiento —acotaron—. Es un gran privilegio estar aquí. Olvídense de los resultados, pongan su ciento por ciento.

Podíamos estar orgullosos de estar allí, aunque no supiéramos si íbamos a ser aprobados y considerados parte de los Valientes. En cierta forma, ya lo éramos. Mire a mi alrededor, los compañeros que estaban en el círculo, seguramente también vivían en situaciones inciertas desde el punto de vista mundano, como yo. Habíamos dejado todo lo conocido, habíamos cerrado valientemente puertas tras nosotros aunque no supiéramos cómo sería nuestra nueva vida. Íbamos a recibir enseñanzas ancestrales, estábamos allí, y esto era en sí un milagro y un triunfo personal.

Los rostros ansiosos reflejaban entusiasmo y expectativa. Teníamos una alegría explosiva, total: ¡estábamos siguiendo a nuestro corazón!, de verdad, y esto era nuevo y revolucionario. Comenzamos a cantar. Los mantras, hipnóticos, balsámicos, acunaban el alma, y de pronto, presintiéndolos, todos juntos abrimos los ojos y los vimos. Vestidos con túnicas azafrán y marcados con las tres líneas rojas, una decena de maestros estaban entrando silenciosamente en procesión, sentándose en el círculo en posición yogui. Eran todos Sadhus. Y eran imponentes. Irradiaban un poder que no parecía de esta tierra. Resultaba tremendo, y nos dejaba sin aliento. Constituía la energía más radical a la que yo jamás hubiese enfrentado. Contuve el aliento. Esta espiritualidad no era un juego. Potente, amorosa y, al mismo tiempo, perturbadora. No existía posibilidad de términos medios, ni de dudas ni de vacilaciones. Con ellos, todo sería cien por cien. Y nosotros tendríamos que elevarnos hasta sus niveles. Ellos no descenderían a los nuestros para complacernos. Comprendí que esta potencia se había perdido en los caminos espirituales de hoy y que el Camino Naranja la estaba recuperando. Vinieron a mí imágenes de iniciaciones de otros tiempos, en las que los discípulos eran probados, forjados y entrenados por los Maestros. Y agradecí al Cielo poder estar allí.

En completo silencio, los Maestros nos miraron uno a uno con infinito amor y compasión. Inclinamos nuestras cabezas en señal de respeto. Por cierto, éramos muy privilegiados en contar con semejantes maestros espirituales. Y en poder estar cerca de ellos durante tres meses. Sentí que era uno de los momentos más importantes de mi vida. Y supe, con absoluta certeza, que mi vida cambiaría por completo. Que ese entrenamiento transformaría mi manera de estar en el mundo para siempre.

—Los Sadhus hablan perfecto inglés, francés, alemán, español —me comentó Kanvar al oído—. Escucha. Ahora nos darán la bienvenida con una conmovedora bendición en sánscrito.

—Queridos peregrinos, bienvenidos al Gran Entrenamiento del Camino Naranja —dijo el más anciano—. Ya deben saber que los Sadhus hemos sido convocados para dirigir estos entrenamientos que ayudarán a los seres que están listos, a liberarse de las ataduras de la terrible violencia emocional y material que asola a la Tierra como una epidemia. Estamos aquí para darles una fuerte educación espiritual que los adiestrará en los principios básicos de la libertad. La Conducta Recta, y Áhimsa, la No Violencia. No podemos ser libres ni rectos, ni amarnos realmente porque somos violentos. Y la violencia viene del ego. Somos TODOS esclavos del ego, y de él nos tenemos que liberar. No les prometemos que sea fácil, pero lo lograremos.

Las primeras palabras de los Sadhus se grabaron profundamente en nuestros corazones. Podía escucharlos palpitar ansiosos. Queríamos saber más.

—Queridos, la Luz, el Creador, Dios, Púrusha, nos necesita libres del pequeño ego que nos ata al sistema materialista sin alma, sin espíritu, sin paz. Hay que salir de los pequeños munditos a los que de distintas formas todavía ustedes defienden sin darse cuenta, a veces, con uñas y dientes.

Un murmullo de rebeldía se extendió por el círculo como un reguero de pólvora. Nosotros no estábamos atados a nada, nos habíamos liberado, no defendíamos nada con uñas y dientes. El Sadhu tocó la campana de plata llamando al orden.

—Tienen que aprender a dejar de tomar lo que les pasa, bueno o malo, en forma tan personal. ¿Están seguros de que ya lo están haciendo?

Un hondo silencio les dio la respuesta. Entonces otros Sadhus hablaron, remarcándonos una y otra vez y sin piedad que sí, que éramos esclavos y teníamos que liberarnos. Se reían de nosotros ante nuestras protestas, meneaban sus cabezas. Una y otra vez repetían que el Áhimsa, la No Violencia, la Paz, es una forma de vida nueva que había que aprender desde cero, porque todos éramos violentos, y especialmente con nosotros mismos. Nos hablaron de los Tres Tesoros: Samyug-darshan, recta visión o recta fe. Samyug-Gnana: recto conocimiento. Y Samyug-Charitra: recto carácter o recta conducta. De los cinco principios del Camino Naranja: Áhimsa (la No Violencia), Astheia (no robar), Satia (ser verdaderos), Bramacharia (ser puros) y Aparigraha (ser desapegados).

Íbamos a educar al ego, no matarlo como erróneamente se interpretaban las enseñanzas en Occidente. Y estos conocimientos eran tan fuertes que cualquiera que tomaba contacto con ellos ya no podía olvidarlos y los principios de la Conducta Recta se grabarían a fuego dentro de nosotros en este entrenamiento. Una y otra vez, hasta que nuestra mente occidental entendiera, de verdad, cómo era la vía del Camino Naranja.

La campana de plata sonó nuevamente. Los voluntarios corrieron apresurados a la entrada, como para recibir a quién sabe qué importantes invitados.

—Los gitanos del desierto han llegado —dijo Kanvar.

Entraron en procesión, ataviados con trajes de colores deslumbrantes. Rojos como la sangre, verdes como los campos, azul cielo, amarillo sol. Ellos portaban enormes turbantes, y ellas estaban llenas de espejitos, collares y brazaletes de oro, y sus faldas hacían sonar a su paso cientos de cascabeles.

—Venimos en representación de nuestro rey —dijo un gitano de tez oscura y ojos encendidos, negros como carbones—. Los Kalbeliya somos aliados y cofrades de los Valientes del Camino Naranja. E instructores de ciertos conocimientos que sólo los gitanos del desierto resguardamos, y que serán fundamentales en los tiempos que se avecinan.

Una aclamación recorrió la carpa. Este entrenamiento era una gran aventura, jamás nos hubiéramos imaginado que los gitanos iban a ser también nuestros instructores.

—Nuestra tribu está fuera del sistema oficial desde hace cientos de años. De acuerdo con el sistema social de la India, nosotros somos los Intocables, no pertenecemos, como los de las otras castas, a ninguna parte del cuerpo de Púrusha, nuestro creador. Estamos definitivamente, y para siempre, "afuera".

Un murmullo de curiosidad se extendió por todo el círculo. ¿Quién era Púrusha? ¿Cómo eran las castas en la India? ¿Por qué los gitanos estaban afuera de todo? Pidieron silencio y continuaron con su explicación.

—Llevamos miles de años de experiencia en estar afuera del régimen brahmánico. Nos tienen lástima. Pero la verdad es que somos nosotros quienes les tenemos lástima a ellos, a los que están "adentro", y no pueden moverse libremente, ni ser nómades, ni dormir bajo las estrellas si así se les ocurriese. Nosotros contamos con nuestro propio sistema, muy severo, de respeto e integridad, mucho más que el oficial. Hemos conservado las antiguas leyes espirituales del desierto, y en el desierto no se anda con medias tintas. Las leyes son claras y terminantes. Y el Camino Recto constituye nuestro camino. Por eso colaboramos con los Valientes. Seguimos los mismos principios. Ambos estamos "afuera" y a ambos nos da mucha alegría haber conservado nuestra independencia y libertad. Y como queremos que ustedes también se independicen para siempre de los miedos, de los "no puedo" y de los "quizás", estamos aquí dando nuestra particular asistencia en este entrenamiento. Los podemos asesorar de varias formas para que aprendan a tratar con el sistema, queridos amigos. Y también para vivir alejados de sus sometimientos y crear su propio sistema paralelo. Los hombres santos tienen toda la práctica y todos los conocimientos del Camino. Ellos han sido nuestros maestros en el Camino Naranja y nos han entrenado personalmente, así como lo harán con ustedes.

Los gitanos hicieron silencio y nos observaron uno a uno. Eran magníficos, fuertes, aventureros, libres. Y espirituales. Con esa espiritualidad práctica y colorida que yo amaba.

—Los hombres santos nos invitan siempre a los entrenamientos para colaborar con ellos y transmitirles a ustedes, aspirantes a Valientes, nuestra larga experiencia de gitanos y de nómades. Humildemente, podemos colaborar para ayudarlos a salir de la hipnosis social. Es urgente, cofrades, o pereceremos espiritualmente en manos del Nuevo Orden Mundial. El materialismo nos someterá si no lo hacemos. ¡Hay que despertar ya!

Un conmovedor silencio demostró que todos habíamos comprendido.

—El entrenamiento con nosotros también será fuerte, tan fuerte como el que tendrán con los hombres santos. Y quiero anticiparles que todos ustedes, por hacer el entrenamiento, siempre serán bienvenidos en nuestras tribus del desierto, para vivir un tiempo con nosotros y tener la experiencia práctica de lo que significa ser un gitano, un nómade. Y un "intocable" por el sistema, un artista de la vida.

Miré alrededor, los ojos brillaban y se podía escuchar los corazones latiendo a toda velocidad.

—Muchos de los nuestros son voluntarios y cumplen diferentes tareas aquí, en el campamento. Son Valientes gitanos, pero no los reconocerán por sus ropas, ya han adoptado definitivamente las ascéticas túnicas y los saris del Camino Naranja. Y muy de vez en cuando regresan a la tribu —dijo sonriendo.

Miramos alrededor. Los gitanos presentes estaban mimetizados y no delataban su identidad. La campanita de plata volvió a sonar. Y Kanvar se dirigió a todos nosotros diciendo:

—Bienvenidos al Gran Entrenamiento en el desierto. En tres meses serán evaluados. No capitulen, resistan los ataques del ego, amplíen su conciencia. Sean buenos y leales con todos los compañeros. ¡Adelante, cofrades! Áhimsa —dijo extendiendo su mano derecha y mostrando la palma iluminada con el signo secreto.

Nuestros rostros habían cambiado. Habían pasado sólo noventa días pero ya no éramos los mismos. El entrenamiento había sido más fuerte de lo que creíamos. Nuestros ojos brillaban, nuestros movimientos se habían vuelto firmes y elásticos gracias a las intensas prácticas de yoga, dos veces al día. Irradiábamos un tenue resplandor físico. Habíamos rejuvenecido notablemente y estábamos siempre alegres. El habernos entrenado en liberarnos del ego y sus cadenas nos daba una fuerza desconocida. Pero ya lo sabíamos, teníamos que estar siempre alertas. El ego no claudica tan fácilmente. Apreté contra mi pecho mis "Apuntes". Allí tenía registradas las más importantes claves del entrenamiento. era un tesoro de incalculable valor. Raro y único.

—Bendiciones, queridos aspirantes. En unas horas les informaremos quiénes han atravesado el entrenamiento con éxito —dijo Kanvar mirándonos con cariño—. La evaluación les será comunicada uno a uno personalmente por los Sadhus.

Habíamos llegado desde los cuatro puntos cardinales del planeta. Esta evaluación era seria para nosotros. Nos mostraría si realmente habíamos alcanzado un nivel más elevado de conciencia. Contuvimos el aliento.

—Algunos de ustedes tendrán misiones especiales para los Valientes. Otros regresarán a sus países para recapitular y podrán volver a hacer el entrenamiento mas adelante. No se desanimen. No ser aprobados es también parte del Entrenamiento.

Varias risas nerviosas indicaron que nadie estaba seguro.

—Otros serán convocados muy pronto para el próximo Camino, ya sea el Blanco, el Rojo, u otros muy secretos que todavía no podemos revelarles —dijeron los Sadhus.

Todos nos quedamos en silencio pensando cuál de estas alternativas sería la nuestra. Pero Kanvar no nos dejó pensar demasiado.

—Haremos ahora la ceremonia de cierre de nuestro entrenamiento con oraciones a la manera hindú. En unos minutos comenzaremos con los mantras, y seguiremos recitándolos la noche entera de acuerdo con la antigua tradición. Las velas serán encendidas por los voluntarios así como los inciensos. Cierren los ojos y aguarden la señal para cantar con nosotros.

Estaba anocheciendo, el suave viento del desierto entró a la tienda agitando mi cabello. Respiré hondo, olía camellos, a arena caliente, a inmensidad, a misterio. Me pregunté cuál sería mi próximo desafío. Fuera el que fuere, ya había aprendido que tendría que sostener el mando de mi vida con mano de hierro y no pestañear ante nada. Y ante nadie.

—Cielo, ¿qué quieres de mí? —pregunté en un susurro.

Una ola de alegría subió desde la planta de mis pies como una corriente de fuego y estalló en mil colores sobre mi cabeza. Kanvar me estaba observando.

—Morgana, los Sadhus quieren hablar contigo mañana.

Kanvar sonrió, y yo temblé.

Una semana después, todavía estaba conmovida por aquella reunión con los Sadhus. Lo que había pasado allí iba a cambiar la dirección de mi vida para siempre. No sólo había sido aprobada en el entrenamiento, también me había sido revelada esa misteriosa misión que se me había anunciado tantas veces. No sabía si iba a estar a la altura de los que los Valientes esperaban de mí, pero pondría mi ciento por ciento. No debía comentar una sola palabra sobre cuál era esa misión, hasta recibir una información que me llegaría en algún momento del Camino, me habían advertido los instructores. Tenía que esperar la llegada de un mensaje de Sitael, y probablemente lo leería a muchos kilómetros de donde nos encontrábamos ahora, a grandes alturas y en línea recta mirando al cielo, según sus palabras textuales.

Me pregunté qué habían querido decir. ¿Se referían a grandes alturas de conciencia? Pregunté a los Sadhus y me contestaron sonriendo que algunas informaciones importantes eran reveladas en ámbitos no terrestres. Y sugirieron que tal vez se tratara de un avión. Sí, tal vez recibiría el mensaje de Sitael en un avión, era probable, pero no podían decirme más, porque esto era todo lo que ellos también sabían.

No debía hacerlo, pero me atreví a preguntarles si tal vez podían darme alguna coordenada acerca de dónde podría estar el Nómade. Ese día se cumplían los tres meses del incidente en Jodhpur, y tres meses de no tener ninguna noticia de Arthur. Era el día señalado. Negaron con la cabeza, lo sentían, pero no tenían ninguna novedad sobre este tema. Sin embargo, no debía abandonar la esperanza de volver a verlo.

Nos despedimos con un abrazo conspirador.

Esa misma noche, y mientras estábamos reunidos como siempre alrededor de la fogata cantando mantras, apareció un mensajero.

Y traía una carta para Kanvar. Mi corazón parecía salirse de mi pecho. A pesar de los enormes cambios que habían acontecido en mí durante el entrenamiento, mi amor por el Nómade estaba intacto.

—Los gitanos Kalbeliya nos estuvieron buscando en el desierto hace ya varios días, y se han demorado en encontrarnos a causa del cambio de coordenadas por el sorpresivo traslado de nuestro campamento —dijo Kanvar después de leer la misiva.

Contuve el aliento. El emisario me miró fijo señalándome:

—¿Es ella la extranjera?

—Sí. Está sana y salva, como ves. La hemos cuidado muy bien.

—Puede venir conmigo ahora mismo.

—Nos avisarán cuando se produzca el reencuentro, ¿verdad?

—Por ahora sólo puedo decirte que el extranjero está en camino. Y tengo este mensaje para ti —dijo extendiéndome un sobre amarillento.

Mi corazón dio un vuelco. Arthur me había enviado este mensaje, me estaba buscando y tal vez podría verlo ya mismo. Me levanté de un salto, tomé el sobre en mis manos y lo abrí febrilmente:

Morgana, te amo. Perdóname. Te explicaré todo personalmente. Espérame en el campamento de los gitanos Kalbeliya, ellos son nuestros aliados y amigos. No tardaré en llegar si logro pasar las pruebas. No puedo darte más informaciones.

Te extraño.

Arthur

Extendí el mensaje a Kanvar con lágrimas de felicidad. No podía hablar.

—Parte con ellos —dijo Kanvar leyendo la carta de Arthur con suma concentración—. Las señales son propicias, Arthur te ha confirmado su arrepentimiento y su amor por ti. ¡Vete ya! Has finalizado el entrenamiento y se te ha revelado tu misión. Ya sabes lo que tienes que hacer. Ahora parte ya, bajo la protección de Mahavira. Los Valientes estamos contigo, y ya eres una de nosotros.

Me despidieron formando un conmovedor círculo alrededor de mí y cantando un mantra de protección. Se me aclaró que estaba bajo una total y absoluta prohibición de comentar detalles del entrenamiento, ubicación del campamento, nombres ni señales, hasta que me llegara el mensaje de Sitael. Sólo podía comentarlo con otro Valiente que también hubiera atravesado el entrenamiento. Kanvar me dio un entrañable abrazo, seguido por el de cada uno de los nueve Valientes que me habían acompañado desde mi escape del palacio, más todos los compañeros que todavía estaban allí esperando su evaluación, más todos los voluntarios y Cuidadores del campamento de entrenamiento del Camino Naranja. Y también me abrazaron uno a uno los Sadhus, iluminados con un aura tan brillante como yo jamás había visto. Era un gran privilegio. Pero la misión lo ameritaba.

Al partir bajo la luna llena, junto al emisario, no pude evitar que se me llenaran los ojos de lágrimas. El campamento se había transformado en mi hogar, el único que tenía, por el momento. Pero mi corazón latía tan fuerte. El reencuentro con mi amado estaba cerca. Y el misterio de nuestro amor sería por fin develado.

Capítulo 28

LOS GITANOS DEL DESIERTO

Parecían personajes de cuentos de hadas orientales, pero eran reales. Aunque ya los había conocido en su visita a la comunidad, ahora era diferente, estaban en sus propios territorios mágicos. Salieron a darme la bienvenida con gritos de alegría. Al parecer, toda la tribu conocía nuestra historia de amor. Al bajar del camello me sumergí en una catarata de velos rojos, verdes, azules, amarillos, cascabeles, pulseras, turbantes de todos los colores. Además de instrumentos musicales, cantos, gritos, risas, revuelos de faldas y decenas de camellos que aguardaban a que saliera el sol, arrodillados sobre las arenas del desierto.

Lo busqué con la mirada por todos lados, tenía que estar allí, no había dudas. En unos instantes caería en sus brazos, en sólo unos instantes. De pronto, una silueta masculina se recortó bajo la luna llena. Un hombre alto, ataviado como gitano y coronado con un turbante rojo, trataba de abrirse paso entre aquel caos de bienvenida. Mi corazón latía como un tambor.

—¡Arthur!

Corrí salteando gitanos, mantas, bultos y camellos llorando de alegría abalanzándome sobre él. Pero no era Arthur. El gitano me abrazó riendo, bastante entusiasmado. Me deshice en disculpas colorada como un tomate. El mundo comenzó a dar vueltas a mi alrededor. Cómo extrañaba sus besos. Su abrazo. Cómo ansiaba sentir su calor, su tremendo fuego, su fuerza. Miré alrededor, y más allá, a la derecha, a la izquierda, el Nómade no estaba allí.

Respiré hondo y puse rápidamente en práctica un ejercicio del entrenamiento. De pronto, una canción desgarradora atravesó el cielo y se clavó en mi pecho como un puñal. No pude contener las lágrimas. Arthur no estaba allí, ésa era la realidad. Acompañada por guitarras hindúes, unas enormes castañuelas y otros instrumentos desconocidos, una gitana de piel oscura y velos rojos me ofrecía su canto de bienvenida al campamento de los Kalbeliya. Viéndome llorar, a pesar de mis esfuerzos en contener las lágrimas, un grupo de gitanas se acercó suavemente a mí y me abrazaron susurrando unas palabras en mi oído para consolarme. Y entonces, con mucho cuidado, me tomaron del brazo y me condujeron alegremente al lugar asignado como sitio de honor. Mi lugar estaba señalado, tenía que sentarme junto a un imponente gitano de grandes bigotes negros, ataviado con sedas y oros y un gigantesco turbante naranja: el rey de la tribu.

—Me presento, soy Bhupal, el Rey Soberano del Desierto, Rey de los Gitanos. Bienvenida a nuestra tribu, extranjera. Sabemos que vienes del gran entrenamiento de los Valientes, los nuestros te han conocido allí. Han trabajado juntos, saben de tu fibra nómade y de tu afinidad con nuestra tribu y te anticipo que por eso eres muy querida por nosotros, los gitanos.

—Gracias, honorable Bhupal. Es un honor conocerte personalmente, me han hablado mucho de ti —dije inclinando mi cabeza y saludándolo a la manera hindú. Pero no pude seguir hablando y comencé a llorar sin poder contenerme. Arthur no estaba allí, y quién sabía si volveríamos a vernos.

—Ah, no llores, extranjera. Tú estás entrenada en el Camino Naranja, eres fuerte y sabes esperar. Confía. Los gitanos preparamos una fiesta de bienvenida en tu honor. ¡Celebremos juntos el triunfo del amor, querida amiga!

—Pero mi amado no está aquí. ¿Sabes tú, venerable rey Bhupal, dónde se encuentra Arthur? ¿Acaso lo conocen, lo han visto?

—Claro que lo conocemos, es un gran amigo de los Kalbeliya. Pero nunca te lo dijimos, no era el momento.

—Pero ¿por qué él no está aquí? Tú debes saber que me ha enviado un mensaje diciéndome que lo esperara en el campamento. Por favor, venerable rey, dime cuándo y dónde lo vieron. ¿Está bien? ¿Por qué no ha venido a recibirme?

—Oh, querida Morgana, no sabemos mucho sobre su paradero. Nos han llegado noticias de que andaba perdido en el desierto y que los de nuestra tribu lo están orientando para llegar aquí. Apenas puedo decirte que nuestros gitanos lo han visto con sus propios ojos y que está bien, sano y salvo. Porta una larga barba y un turbante, y anda vestido a la manera hindú.

—Pero ¿dónde está ahora? ¿Podrías darme algún detalle de su paradero? —pregunté tratando de ser sumamente amable.

—No —acotó sonriendo—. No puedo. Y además, no sé dónde se encuentra ahora —y sin más dio por terminado el tema.

Ya conocía la paradojal manera hindú de tratar con la vida. Estaba segura de que por lo menos por esa noche no le iba a arrancar una sola palabra más sobre el tema. Respiré hondo y me calmé. Aplicaría los conocimientos del entrenamiento, no entendía la paradoja, no podía resolver esta circunstancia, entonces, pararía el mundo. Hasta tener mejores cartas.

—Esta fiesta es en honor a ti, extranjera. Y, como te dije, también para celebrar el triunfo del amor —repitió muy contento.

—Entiendo —dije sonriendo—. Al menos ya sabía que estaba vivo y que aparentemente se dirigía hacia aquí.

La fiesta estaba a pleno, empezaron a correr deliciosas bebidas y los más exquisitos manjares. La celebración iba subiendo y subiendo de intensidad, con más música, más cantos y más risas, y más vino. Los gitanos me traían tazas de chai bien caliente, vino tinto con especias, también caliente, hállava, sandesh, plátanos celestiales, rasagula y otros dulces hindúes. Los manjares que contrastaban con la aparente sencillez del desierto eran traídos una y otra vez en bandejas de plata, y ofrecidos a todos para celebrar la feliz historia de amor de los extranjeros. O sea, nosotros. Arthur y yo. Que no estábamos juntos. Esta escena era tan surrealista: yo estaba allí, en medio del desierto, con una tribu de gitanos que festejaba un encuentro que no se había producido, el de Arthur y Morgana. Pero, después de todo, toda mi vida se había vuelto surrealista, y en el fondo yo estaba encantada. A pesar de mi desconcierto, una fuerte certeza comenzaba a crecer dentro de mí. Volveríamos a encontrarnos, lo sabía.

De pronto me quedé paralizada. Esta escena, esta escena… Yo ya había estado aquí. ¿Era un déjà vu? No podía recordarlo. Sin embargo, presentía que había estado sentada frente a una fogata como esta, acompañada por el Rey de los Gitanos. Y que él me había revelado su nombre: Bhupal.

—Bhupal, ¿de dónde nos conocemos? Perdona mi confusión. ¿Nos hemos visto antes?

—Claro que sí, Morgana. Pensé que te habrías dado cuenta. Nos conocemos. Por supuesto que nos conocemos —dijo mirándome con fijeza—. Nos encontramos en un sueño.

Me lo comentó como si esto fuera algo totalmente normal en el mundo. Sin embargo, en un segundo sus palabras me hicieron recordar todo.

—Sí, yo estaba con Sitael y tú me dijiste que Arthur y yo volveríamos a estar juntos. ¡Lo recuerdo perfectamente! Era esta misma escena, frente a esta misma fogata, en este mismo desierto.

Sonrió enigmático.

—Los sueños suelen hacerse realidad. ¿Te han dicho en el entrenamiento que todos los gitanos del mundo provenimos de la India? —Bhupal cambió rápidamente de tema.

Lo miré interrogante. Clavó sus ojos en mí como advirtiéndome que no contestaría ninguna pregunta más sobre Arthur.

—No, siempre creí que los gitanos eran originarios de Andalucía —le respondí hipnotizada por sus ojos misteriosos y negros como una noche sin luna.

—Todos creen lo mismo.

—De todos los gitanos o cygani del mundo, los más conocidos son los de Rumania y los de España, ¿verdad?

—Debes saber que el idioma romaní, clásico de los gitanos de Europa, es muy similar al hindi. Y aunque sea tan obvio, nadie parece conocer nuestro origen. Todos los gitanos del mundo son originarios de Rajastán. Y más exactamente, de este sagrado Desierto de Thar. Pero los auténticos gitanos, los que jamás nos hemos mezclado con nadie, somos nosotros, los que nos quedamos para siempre en Rajastán con nuestra tribu Kalbeliya. Nuestra historia nómade comenzó hace mucho, mucho tiempo, exactamente cuatrocientos años antes de Cristo, querida extranjera.

—Pero ¿por qué tus ancestros dejaron estas tierras, Bhupal?

—No todos los gitanos dejamos estas tierras, sólo una parte lo hizo. Nuestra tribu Kalbeliya jamás se ha alejado del desierto.

—¿Y cómo se originó el éxodo, Bhupal?

—Lo sabemos con certeza por una antigua historia que nos fue transmitida oralmente. La escuchamos de nuestros bisabuelos, abuelos, padres y así la transmitimos a nuestros hijos. Todo comenzó en el antiguo reinado de un rey de Persia llamado Bahram Gur, quien pidió al entonces rey de la India del Norte diez mil de los mejores músicos en préstamo. El rey quedó tan impactado al escuchar a nuestros músicos gitanos que les rogó que se quedaran para siempre en su tierra. Y para convencerlos les donó tierras para cultivar, ganado y sustento por un año, hasta que se establecieran. Los gitanos malgastaron el dinero muy rápido, no usaron los granos para sembrar, perdieron el ganado. Se pasaban todo el día tocando sus instrumentos, bailando, cantando, encantando serpientes. Nosotros somos nómades, no nos pueden atar a un lugar fijo por demasiado tiempo. El rey no lo entendió y los echó de sus tierras enfurecido. No había entendido nada, no se puede encarcelar a los gitanos. Y a ningún nómade —me miró fijo—. ¿Verdad, amiga? Tú tienes alma de gitana, eres una de las nuestras. Te reconocieron enseguida ni bien te vieron en el entrenamiento. Tienes la chispa de los nómadas en tus ojos.

Asentí en silencio.

—Te sigo contando nuestra historia, que es un poco la tuya también, extranjera. Como reacción por la terrible ofensa, muchos gitanos, agraviados, juntaron sus pocas pertenencias, dejaron la India y comenzaron su viaje hacia el oeste, hasta llegar a Europa. Nosotros nos quedamos. Todos los gitanos vivimos en fuertes clanes familiares, somos músicos, comerciantes. Encantadores de serpientes, artistas y videntes. No estamos en los circuitos productivos del sistema, somos custodios de sueños. Si te quedas viviendo con nosotros por un tiempo, verás que conservamos todas nuestras tradiciones ancestrales, nuestra solidaridad en la tribu es muy fuerte, y la antigua distribución hereditaria tanto de las tareas artísticas como la de las rituales sigue como hace siglos. Estas funciones están indicadas por colores, ciertos tatuajes y accesorios que parecen adornos, pero no lo son. También conservamos el arte del comercio, en el cual somos expertos. Y practicamos una tradición desconocida en Occidente, nuestra secreta Magia del Desierto. Es muy poderosa y muy olvidada, incluso aquí en la India. Es una magia custodiada por mujeres como ella —señaló a una corpulenta gitana, sentada en el extremo opuesto del círculo, rodeada de otras mujeres. Su rostro estaba semioculto bajo un misterioso velo violeta.

—Ella es Indulekha —dijo el Rey.

La miré con respeto. Irradiaba una energía indescriptible. Pensé que esta vez se darían las condiciones para hablar con una verdadera maga. Las mujeres gigantes de México me habían confrontado con mi propio poder y, en aquel momento, todavía no era consciente de él. Pero el entrenamiento del Camino Naranja me había enseñado a "plantarme en la vida" de una manera muy distinta.

—Ella decidirá si necesita hablarte o no antes de partir, Morgana. A veces las comunicaciones se dan sin palabras.

—¿Cómo que partiremos? Creí que íbamos a esperar a Arthur.

—No, él tiene que encontrarnos por sus propios medios —dijo con una expresión que dejaba claro que no iba a darme más explicaciones.

—¡Por favor, por favor, Bhupal! ¡Ayúdame a encontrarlo! —insistí, aunque sabía que no debía hacerlo.

—De ninguna manera. Él tiene que encontrarte a ti. Déjalo que pase las pruebas, es necesario. Buenas noches, Morgana. Éste es el tiempo en que los gitanos nos vamos a dormir. Te conduciremos a tus aposentos. ¡Vanalika! —llamó Bhupal—. Lleva a nuestra honorable invitada a la carpa real.

—Bhupal, ¿hacia dónde partimos mañana? —insistí.

—Hacia el desierto, Morgana. ¿Hacia dónde podemos partir los gitanos? —me informó a la manera hindú, inexplicable, y sólo para que me quedara más tranquila.

Vanalika me condujo entre estrechos senderos cubiertos de palmeras iluminados por la luna llena. Se despidió con una inclinación de cabeza, dejándome frente a la carpa real. Imposible describir el ambiente exótico de aquella carpa. Iluminada suavemente por velas y perfumada de inciensos, la carpa había desaparecido por dentro bajo exquisitos velos rojos que formaban un techo de telas bordadas con lentejuelas y abalorios dorados. El suelo estaba cubierto con ricas alfombras y tapizado de almohadones de seda bordados con piedras, espejos e hilos de oro. Todos rojos.

A la manera gitana, no había sillas ni mesas ni camas, sólo aquéllos innumerables almohadones. No podía creer que a la mañana la carpa sería desarmada y luego armada en alguna otra parte del desierto. Me hundí lentamente en los almohadones, respiré hondo y cerré los ojos. Los mantras llegaron en oleadas, uno tras otro, y no se detuvieron hasta que me quedé dormida. Los gitanos estaban orando. Y los dioses, escuchando.

Capítulo 29

LA CARAVANA

N i bien salió el sol, compartimos un delicioso desayuno del desierto, sentados en un gran círculo sobre la arena. Chai bien caliente condimentado con cardamomo, canela y miel, chapati, un delicioso queso cuajado llamado paneer, condimentado con limón, ghee, mantequilla clarificada. Y un par de lassis, yogures mezclados con jugos de frutas y agua. Más dulces, dátiles, miel y otras delicias. Esta abundancia, dijeron, era parte de los increíbles lujos gitanos y de su colorida vida en el desierto, ignorada por los turistas en general. Y resultaba sorprendente contar con todas esas exquisiteces y lujos en el desierto, haciendo una vida nómade. Me explicaron que acarreaban todo en las grandes alforjas que portan los camellos. Y me indicaron que era de buena educación comer con las manos, como corresponde, y que los hindúes por tradición rechazan el uso de los cubiertos. Y ellos, los gitanos, no los aceptaban, y eran los más reacios a dejarse manipular por las costumbres occidentales y no pensaban cambiar sus tradiciones, nunca jamás y por nada en el mundo. Ésta era su identidad gitana e hindú, y estaban muy orgullosos de ella. Y ya habíamos visto en el entrenamiento que la identidad personal estaba a punto de desaparecer en la sociedad de consumo. Que todo se reducía a seguir tres o cuatro modelos establecidos, y que si no encajábamos en ellos, estábamos perdidos. Y ellos estaban orgullosos de ser diferentes, no aterrados, como nosotros, los habitantes de las grandes ciudades de Occidente.

Me aclararon que muchos de los integrantes de esta tribu de los Kalbeliya, en particular, habían atravesado el entrenamiento del Camino Naranja y pertenecían a los Valientes. Siguieron comunicándose entre ellos y haciéndome participar cada tanto cuando hablaban en inglés. El desayuno en el desierto estaba animadísimo. Los gitanos hacían gestos con las manos y mostraban los cinco dedos. En el Nuevo Orden Mundial, constituido de forma similar al de las castas, habrá sólo cinco jerarquías. La primera será la de los empleados: esclavos. La segunda, de los políticos: actores. La tercera, de los súper cerebros: planificadores. La cuarta, de los excluidos: desocupados, artistas, soñadores, rebeldes. Y la quinta, de los poderes ocultos que dirigen y ordenan el mundo.

No habrá otra posibilidad. El orden establecido por los maharajás y sus castas en la India era semejante, muy semejante al del Nuevo Orden Mundial que se avecina en la Tierra. Incluso se sabe, con certeza, que los mismísimos maharajás que todavía quedan en la India asesoran hoy en día a los líderes de Occidente en la constitución de dicho orden. Tienen muchos años de experiencia. Los gitanos, en cambio, están orgullosos de permanecer fuera de antemano. Ellos recomiendan conspirar desde adentro, mimetizados, aparentando estar incluidos en algunos de los modelos, pero construyendo nuestro propio Orden Espiritual interno. O bien cortar amarras y dedicarnos a la construcción del Nuevo Orden Espiritual que se está gestando en paralelo.

Silencioso, y con el sigilo que llevan en la sangre los gitanos, de pronto apareció Bhupal e intervino en la conversación.

Y me recordó delante de todos que tenía que sostener esa sólida identidad espiritual adquirida en el entrenamiento y que
esto definiría totalmente mi identidad ante el mundo. Que
aprovechara el tiempo que pasaría con ellos para estudiar, practicar y repasar todo lo que había aprendido. Que estaría completamente protegida por los gitanos y que no debía preocu-
parme por nada. Sólo por prepararme para las próximas etapas
por venir que, por cierto, eran muy interesantes. Luego recomendó que era hora de seguir viaje y que necesitaba que los
gitanos ensillaran los camellos.

Se iniciaron los preparativos para la partida. Presté atención
a ciertos detalles que eran tan desconocidos como fascinantes.
Por ejemplo, la forma en la que los gitanos colocan las monturas sobre los lomos de los camellos es toda una tecnología de
alta precisión. Todo se organiza por capas, para que la travesía
por el desierto resulte confortable. La primera capa es de lana,
seguida por cuatro capas de algodón, cubiertas con mantas ricamente bordadas, sobre las que finalmente se aseguran la sillas
de montar.

Con una rapidez y eficiencia admirable, en apenas media
hora todo estaba organizado. Las grandes alforjas aseguradas a
ambos lados de cada camello contenían provisiones, agua, mantas para las noches heladas del desierto y fardos de paja para
alimentar a los camellos en caso de pasar zonas muy áridas.
Algunos llevaban cargas, aseguradas con un ingenioso sistema
de cuerdas interconectadas. Nos entregaron a cada uno alforjas de cuero con agua, otras con dátiles, nueces, granos tostados.
Cada camello estaba atado al que lo precedía, formando así una
larga fila que terminaba en el frente. El primer camello estaba
atado con una cuerda de cuero a un asno, que sería montado
por el jefe de la caravana, responsable de dirigirla. Así cada camello seguía al otro, y el primero seguía al asno, y el orden era
perfecto. El gitano en jefe que dirigía la caravana era un perso-

naje de cuentos, como todos los otros. Todos ellos tenían enormes bigotes, turbantes de vivos colores, piel muy oscura y una dignidad admirable. El guía se distinguía por portar un bastón largo y delgado con el que daba órdenes, hacía señales y marcaba el rumbo.

Ellas eran un cuento aparte. Sus velos eran de colores tan fuertes que, con solo mirarlas, se elevaba la energía. Rojos encendidos, naranjas ardientes, verdes iluminados, amarillos brillantes como el sol. Venían adornadas con cadenas de plata y oro que pendían de la nariz y se enganchaban en las orejas, collares, pulseras en filas interminables cubriendo sus brazos, y blancas túnicas de algodón que las envolvían por completo para protegerse del sol.

Entre cantos y risas, partimos por el desierto en una larga caravana en dirección desconocida. Pregunté a Bhupal si los helicópteros sobrevolaban a veces las caravanas. El rey gitano dejó muy claro que quienes eran amigos de los Kalbeliya estaban totalmente protegidos en su territorio, que abarcaba todo el Desierto de Thar. Y ni el maharajá se atrevía a incursionar tan despreocupadamente allí por tierra, a pesar de tener grupos comandos internacionales muy entrenados. Había que conocer sus dunas, que cambiaban de lugar, saber afrontar las tormentas de arena y muchas cosas más que no quería revelarnos para que no nos inquietáramos. Ah, pero esos malditos helicópteros sí sobrevolaban el desierto a veces, despertando a los camellos de su sueño y perturbando a los Kalbeliya en su ancestral paz del desierto.

Me parecía estar viviendo en un sueño. Pero desde hacía un tiempo siempre estaba viviendo en un sueño. Los gitanos me habían asignado una camella llamada Chahna, Amor.

—¡Adóptame! —le rogué cuando llegó el dramático momento de montarla.

La miré con una mezcla de afecto y espanto; sus ojos eran enormes. Ella también me miraba fijo.

—Buenos días, Chahna —le dije acariciando su frente—. Ya se que me vas a escupir sin aviso previo, gritar en una forma aterradora sin motivo aparente. Y cuando estés arrodillada, girarás tu cuello, siguiéndome con tu mirada hacia donde yo vaya, haciéndome sentir culpable de no sé qué, pero culpable. Pero obviando estos detalles, ustedes, los camellos son criaturas encantadoras.

Chahna, como escuchando, me observó con una expresión comprensiva y antigua, pensando quién sabe qué cosas de mí. Tal vez se compadecía de esta pobre humana que no resistiría ni un solo día en el desierto sin tomar agua, mientras ella podía abstenerse de todo líquido por diez días. Me sostenía la mirada con una majestad casi arrogante. Sus enormes ojos negros asomaban bajo unas cejas pobladas y sobresalientes. Y estaban enmarcados en una doble fila de pestañas que la protegían muy bien del sol y de las tormentas de arena.

—Chahna, estoy en tus manos —le dije acariciándole el cuello.

Partimos todos juntos, alegremente, como siempre, cantando mantras, pero esta vez en hindi. Ya habíamos visto en el entrenamiento del Camino Naranja que en India hay mantras para cualquier circunstancia, para cualquier desafío, para pedir protección, para tener poderes extraordinarios, para liberarse de la tristeza. Y para una buena travesía por el desierto. Y yo había anotado varios en mis "Apuntes".

Bhupal me indicó que el mantra que estábamos cantando ahora nos aseguraba un auspicioso viaje bajo la protección de Brahma, Shivá y Vishnú, los tres dioses que estarían a cargo de todo lo que nos pasara en los cielos, en la tierra y en el desierto, que era un territorio aparte.

El ritmo de la caravana era fuerte, entre ocho a diez horas diarias. Yo no tenía la menor idea de hacia dónde nos dirigíamos, pero saberlo había dejado de ser importante. Varias veces me pareció ver la silueta de Arthur entre las dunas, a veces caminando, otras montando un camello. Pero eran sólo espejismos, ensueños.

El día para los gitanos nómades era momento de trabajo, acción y resistencia. Había que atravesar esas dunas interminables bajo el sol ardiente y el cielo sin una sola nube. Y aquí sí era fundamental la lealtad, el cuidado del otro, la rectitud y el compañerismo. Sin estas fuerzas, no se sobrevivía en el desierto.

Pero no estábamos solos, muchas criaturas nos acompañaban y observaban a cada paso. Cada tanto aparecían los ghekos, pequeñas lagartijas que navegaban bajo la arena, formando increíbles dibujos con sus huellas subterráneas. Levantaban sus patas palmeadas, sacándolas fuera de la arena para refrescarse con la brisa. Y parecía que nos estaban saludando.

Los camellos apoyaban rítmicamente sus patas en la arena, extendiendo sus dos dedos, que formaban junto con las pezuñas y la base de los pies una especie de plataforma plana que evitaba que se hundieran. Su disciplina tenía que ser estricta, como la nuestra. En la naturaleza, todo estaba en santa armonía, tal cual lo habíamos aprendido en el entrenamiento.

El calor hacía reverberar el horizonte, transformando a veces la visión, volviéndola ondulante. Y en medio de esa inmensidad, seguí repasando, una a una, las enseñanzas de los Sadhus. Mis apuntes eran un tesoro de incalculable valor. Allí había soluciones y claves para manejar cualquier estado de ánimo.

De esto se trataba el Camino Recto, de volver a la Luz, instantáneamente, cuando algo nos sacaba del eje. Una y otra vez practicaba el "Elevarme por encima", el "Parar el mundo", el "Educar al ego". El hacer que todo en mi vida se volviera santo. Muchas veces me quedaba horas enteras dejándome llevar por mi camello, meditando en estos temas, con los ojos cerrados. Ni noticias de Arthur ni de los Valientes. ¿Sería mi destino quedarme a vivir para siempre con los gitanos en el desierto? Robert, el estudio, las señoras histéricas eligiendo dramáticamente los colores de sus baños parecían ser ahora absolutamente irreales, un invento de una mente perturbada. Lo real eran las dunas, el sol, los camellos, los gitanos. Mi amor. Cuando las dudas trataban de regresar atacándome con cuestionamientos racionales, cuando me sentía desfallecer, cuando no podía sostener el esfuerzo, cuando necesitaba recordar algún mantra, o rectificar mi mente que quería desviarme de la Conducta Recta, en los apuntes encontraba una ayuda instantánea. Esta guía constante hacía que todo lo aprendido en el entrenamiento se asentara y fuera parte de mí, ayudándome a realizar continuas correcciones en mis puntos de vista y en mis estados de ánimo. Y haciendo que todo siempre tuviera sentido, aunque no tuviera explicación. El entrenamiento seguía, las experiencias y los conocimientos circulaban por mi sangre como un río de luz nueva, iluminándolo todo y disolviendo toda tristeza. Este tiempo era necesario para que todo lo aprendido se grabara para siempre en mi sistema energético y fuera parte de mí. Y no sólo un soporte externo.

La caravana siempre se detenía cuando se ponía el sol. Los gitanos encendían una enorme fogata, preparaban los alimentos y entre todos acomodábamos nuestros lugares para dormir bajo las estrellas. Las carpas se armaban cuando había que quedarse un tiempo en el lugar. Después de cenar frugalmente, nos reuníamos en círculo, alrededor del fuego, tomando un delicioso té bien caliente, perfumado con especias para dulcificar el frío helado de las noches del desierto. Un grupo de gitanas se habían sentado muy cerca de mí. Escuché murmullos y risitas cómplices. Estaban señalándome. Les sonreí tontamente sin saber qué hacer. De pronto Indulekha se me acercó y susurró suavemente al oído:

—Morgana, ven con nosotros.

Algunas mujeres había formado un círculo sobre la arena, en un lugar apartado, alrededor de una pequeña fogata, y me estaba esperando.

—Sabemos que estás entrenándote y te vemos muy iluminada, cada vez más, pero… ¿acaso tienes alguna pregunta personal que quieras hacer a una auténtica gitana del desierto? —me preguntó con una mirada cómplice.

—Sí, quiero saber si volveré a encontrarme con mi amor.

—Tendrás que decidirlo tú. Puedes pedir que el Cielo te lo arranque del pecho, si no resistes la incertidumbre. Trata. Pero si son almas gemelas, no servirá. Aunque quieras dejarlo, siempre volverá a ti y tú a él.

—No quiero olvidarlo. Lo amo. Pero esta incertidumbre me está matando. Dime, gitana, ¿qué ves?

La maga tomó mi mano derecha y se puso a observar las líneas. Se quedó mirando detenidamente. Pasó su dedo índice por mi mano e hizo algunos comentarios como "está marcado" y "los dos destinos están abiertos y ella tendrá que elegir". Con cada palabra suya, las otras gitanas asentían o exclamaban, sin tenerme en cuenta en absoluto, como si yo fuese una estatua de piedra.

—El rumbo de nuestra vida y también del amor se ajusta sobre la marcha. No se establece de una vez y para siempre —reflexionó Indulekha mientras miraba a las otras gitanas, ignorándome por completo—. Ella debe tomar una decisión, ya mismo.

—Sí, es imprescindible —acotaron las otras gitanas meneando la cabeza.

En el entrenamiento los hombres santos me enseñaron que hay que hacer una constante rectificación de lo que esté torcido, desviado o poco claro. Y nos enseñaron a tomar decisiones.

Hay que saber decir que sí, pero no demasiado rápido. Y hay que saber decir que no, antes de que sea demasiado tarde — dije orgullosa.

—Todo eso es cierto, pero veamos, veamos con más detalle —sugirió la maga, volviendo a fijar la vista en la palma de mi mano. Se quedó un buen rato en silencio mientras recorría las líneas. Y entonces me miró profundamente a los ojos y comenzó a hablar.

—Morgana, te lo diré sin rodeos: sí, él es tu alma gemela. Ustedes fueron muy inteligentes en ponerse de acuerdo y encontrarse ahora en esta vida. Son jóvenes y tienen mucho tiempo por delante. Cuando volaban juntos entre encarnaciones por los espacios siderales, establecieron el lugar, México, y el momento de su encuentro, hace cuatro meses. Y lo lograron. Pudieron cumplir el acuerdo. A veces, uno encuentra a su alma gemela muy tarde. Hay ciertas interferencias y los planes se frustran.

—Sí, sí, muy tarde —acotaron las otras gitanas siempre meneando la cabeza.

—Por distintas razones, aunque no lo hayan planeado así, a veces las almas gemelas se encuentran después de cumplir los sesenta años terrestres. Pero otras ya están juntas desde la niñez. Puede que una de las dos almas nazca antes y deba esperar no sólo a que la otra nazca, sino que también crezca hasta comprender. Otras veces tienen la misma edad, pero no el mismo nivel de conciencia. Hay que saber esperar. Son muchas las cosas que las personas ignoran acerca de las almas gemelas, y las gitanas conocemos muy bien, ¿verdad? —rió mirando a sus compañeras. Todas festejaron sus palabras dándose palmadas en las piernas y con risas fuertes y contagiosas.

Las miré aterrada. Me sentí igual que con las mujeres gigantes de Juchitán. Eran muy poderosas. No resultaba fácil tratar con verdaderas magas, a menos que una tuviera también sus tremendos poderes.

—Ya los estás adquiriendo —dijo Indulekha, como leyendo mis pensamientos.

—¡Por favor, dime dónde está Arthur y si nos volveremos a ver! ¿Por qué nadie me dice nada concreto sobre él? Se llama Arthur Kingsdale, es periodista británico y ha sido raptado por un maharajá.

—¿Sí? ¿Ése es su nombre? Ya lo sabíamos y nadie lo ha raptado —expresó Indulekha mientras que todas me miraban y contenían la risa.

—¿Qué quieres decir?

—Él solito se metió en las fauces de un Assura. En cambio, tú te escapaste.

—Pero, ¿volveremos a estar juntos?

—Depende. Tienes que decidirlo tú.

—¿Yo?

—Vayamos al grano, Morgana. ¿Claudicarás ahora dejándote vencer por la incertidumbre o seguirás sosteniendo este amor contra viento y marea?

—No lo sé. Yo ya lo solté en el desierto. Ya no me tortura más este amor. Le he pedido al Cielo que lo arrancara de mi pecho. Pero sigo ligada a él. Es como si fuera una parte de mí.

—Lo es. Pero el hecho de que sea tu alma gemela no simplifica las cosas; al contrario, muchas veces se vuelven más difíciles. Debes saber que, en el amor verdadero, una parte depende de lo que se haya acordado antes entre las almas. Me refiero a antes de descender a este plano —aclaró Indulekha—. Y lo demás depende de cuánto trabajo personal se ponga en alcanzar un estado de conciencia elevado, única garantía para que el amor sobreviva en esta tierra. Y también en qué decisiones se tomen. Muy importante es que las fuerzas del contrincante no los separen. Si esto sucede, a veces tienen que esperar a encontrarse en otra encarnación.

—No, no. Eso sería terrible. Yo lo solté en el desierto porque no quiero interferir en su libre albedrío y tampoco quiero retenerlo ni dirigirlo. Él tiene que decidir.

—Y tú también. Lo soltaste. Eso está muy bien, pero no es suficiente. ¿Qué harás ahora? ¿Esperarlo tres meses más? ¿Tres años? ¿O te olvidarás de él?

—No lo sé —dije balbuceando.

De pronto, todos hicieron silencio y uno de los gitanos comenzó a entonar un canto desgarrador. Su voz se elevaba hasta las estrellas más lejanas, y se hundía en las más profundas heridas del alma.

—El gitano está cantando un relato de amores perdidos, de pasiones ardientes, de melancólicas noches bajo las estrellas añorando las caricias de la mujer amada —tradujo Bhupal.

Se me erizó la piel. Su voz se me metía dentro del alma. De pronto un coro de gitanas y gitanos se sumó al canto relatando las viejas leyendas de los Kalbeliya. Mil veces contadas y siempre nuevas. Historias de poetas y titiriteros, juglares, místicos y mendigos. Hablaban de amor, de nacimientos y bodas en los que los Kalbeliya son llamados a acompañar con su música en los pueblos del desierto. El ritmo era ahora rítmico e hipnótico, con el tono heroico de las baladas épicas de toda tradición oral. Historias de los fabulosos rajputs, los guerreros reales y sus códigos de honor, de sus hazañas en los antiguos ejércitos, a quienes los Kalbeliya animaban con sus cantos desde tiempos inmemoriales. Se reían de la cobardía de los enemigos y los ridiculizaban con ampulosos gestos y declamaciones para sostener la moral de los soldados comandados por los rajputs.

—Estas baladas, hipnóticas y conmovedoras, son una intensa mezcla de ritmos hindúes, árabes y gitanos —aclaró Bhupal.

De pronto un grupo de gitanos jóvenes se lanzó al centro del círculo, y prendiendo unos palos con la fogata comenzaron a hacer fantásticos malabares de fuego. Y varios actores, ataviados con fantásticas máscaras llenas de lentejuelas, se integraron en la escena preformando una sesión de teatro simbólico. Una herencia tribal del Desierto de Thar, conservada intacta por cientos y miles de años.

Y entonces aparecieron los contorsionistas, e hicieron una torre humana que parecía llegar hasta la luna. Y los acróbatas, que saltaban sobre el fuego. Y los titiriteros, portando enormes muñecos vestidos con trajes hindúes llenos de espejitos y lentejuelas.

—¡Ésta es una auténtica fiesta gitana, Morgana! —dijo Bhupal señalando a los artistas— y es en tu honor que esta noche estamos haciendo algunos números especiales de malabares y contorsionistas. Los de los artistas del fuego y encantadores de serpientes son los números clásicos de nuestra tribu. Los gitanos siempre somos invitados a realizarlos en festivales de camellos, bodas, celebraciones y muchos otros eventos.

Los miraba deslumbrada, estaba viviendo otro sueño.

—Todos los gitanos del desierto somos artistas, Morgana. La vida nómade es muy propicia para desarrollar esta fuerza interna que es fundamental en el arte, todo lo que somos va con nosotros donde vayamos. Los artistas y los gitanos no tenemos estructuras exteriores que nos sostengan.

—Yo también soy nómade, artista y gitana, Bhupal, pero antes no lo sabía. Tienes razón, ésta es mi verdadera naturaleza. Vivir con ustedes en el desierto, y compartir esta fogata con una auténtica tribu de seres a los que tanto me parezco es una felicidad extraordinaria, celestial, y no puede compararse con nada de lo que he vivido antes.

—Qué bien, Morgana. Ya sabes quién eres —dijo Bhupal mirándome muy serio—. Algunas personas nunca lo descubren y viven con identidades falsas, haciendo cosas que no les interesan y sosteniendo valores que no les importan. Tú ya estás viviendo tu vida real. Morgana, no tengo duda alguna, y te lo diré.

Me miró fijamente y se quedó en silencio. Yo no me atrevía siquiera a respirar.

—Tú eres como nosotros, una gitana. Eres una gitana mística, Morgana. Recuerda mis palabras.

Una repentina brisa que corrió a través del desierto parecía confirmar sus palabras. Mis cabellos ondearon alrededor de mi rostro. El Rey de los Gitanos me hizo un guiño. Era evidente. Había sido aceptada para siempre en su tribu.

—La Conducta Recta que aprendiste a sostener en forma estable y continuada en el entrenamiento vale también para el amor. Debes decidir si quieres continuar con él. No importa dónde esté, ni cuándo se vuelvan a ver. *Ésa* es la decisión que tienes que tomar. Nada de medias tintas. No importa lo que esté pasando, no importa si tienes o no noticias sobre él. Tú tienes que decidir si sigues, o si ya quieres claudicar. En los momentos en que todo parece estar perdido, se juegan las grandes historias de amor. Muchos renuncian, tienen miedo, desconfían y abandonan. Otros toman la decisión de seguir hasta ver la verdad. Hasta llegar a las últimas consecuencias, porque el corazón se los dicta. ¿Qué harás tu?

—Caminos opuestos se presentan ante mí y estoy desgarrada entre la mente y el corazón, entre mis dudas y juicios. Mi presentimiento es que, a pesar de todas las apariencias, volveremos a estar juntos para siempre. Yo quiero tomar esta decisión con el corazón. Pero no sé cómo hacerlo. ¿Me pueden ayudar?

Me miraron con compasión. Me puse colorada como una amapola.

—Te enseñaremos a decidir según la manera gitana. Nosotros sólo seguimos los dictados de nuestro corazón, por eso nos temen —dijo la poderosa Indulekha.

—Quiero aprender ya.

—Se decide en tres respiraciones —me enseñó la gitana.

—Parece fácil.

—Es muy fácil. Pero debes saber *querer*. Espero que entiendas de qué te estoy hablando. ¿Ya sabes *querer*, verdad?

—Sí, me lo enseñó un maestro en un café de Buenos Aires, cuando apenas nos conocimos.

—Ah, claro, Sitael —afirmó sonriendo.

Contuve el aliento.

—Haz una pausa. Quédate en silencio, inmóvil. Visualiza tres caminos delante de ti, tres posibilidades. Recuérdalas. Luego respira profundamente, enciéndete con fuego blanco inmaculado, por dentro y por fuera. Y pon la mente en blanco, dejando que ese fuego imaginario queme todo lo que crees saber, lo que supones que está sucediendo y te convendría hacer. Vuélvete inocente. Vacíate por completo de todo. No sabes nada, no piensas nada, sólo sientes. Te encuentras en estado de transparencia total, como tu Morgana niña. Con una segunda respiración, elije entonces una de las tres posibilidades. Es concreta. Visualízala. Concéntrate sólo en esta posibilidad. A la tercera respiración analiza cómo te sientes en esa situación. Si sientes una profunda alegría, no importa cuán difícil será seguir *ese* camino. Es el correcto. Si no lo sientes inmediatamente, vuelve a hacer las tres respiraciones con cada una de las otras dos posibilidades que no elegiste. Es seguro que *una* decisión de las tres hará latir tu corazón y te llenará de una inexplicable alegría. Si no llega ninguna información, no decidas nada. Espera. Jamás decidas en estado de tristeza o de desconcierto. Es preferible detenerse y esperar. Puedes usar la respiración y la imagen de encenderte con el fuego blanco para muchas cosas. Todas las decisiones son importantes. No hay decisiones grandes o pequeñas. Esta técnica me fue transmitida por mi madre y ella la recibió a su vez de su madre. Su origen se pierde en la noche de los tiempos. Se trata de una antigua tradición gitana.

—Lo haré ahora mismo.

—No me digas cuáles son las tres posibilidades. Debo advertirte que, si bien la vida es un juego, hay algo que resulta muy serio. No debemos dañar a nadie con las decisiones que tomamos. Ni en pensamiento, ni en palabras y mucho menos en actos. El Camino Recto está basado sobre la ética, lo puro, lo impecable. Y no es necesariamente fácil. Toma tu decisión, Morgana —dijo mirando las llamas y quedándose en silencio.

Cerré los ojos y respiré una vez, vaciándome de todo lo que creía. Respiré por segunda vez, y elegí uno de los caminos: me olvidaría para siempre del nómade. No merecía mi espera. Respire por tercera vez y, en ese mismo momento, mi corazón lloró de pena y una tremenda desolación inundó el desierto con enormes nubes negras. La vida sería muy triste sin él.

Quedaban dos caminos más. Volví a respirar profundamente y elegí el segundo. No haría nada, no esperaría nada. No decidiría nada. Ésa era también una decisión, y era la más cómoda. Sí, dejaría que el destino decidiera. A la tercera respiración se me fueron cerrando los ojos, me quedaba dormida. En un estado neutral. Sin energía. Inmóvil. Me transformaba en una piedra.

Me sacudí de esta horrible sensación. Respiré hondo, volví a vaciarme de todo lo que sabía, y de pronto vi a Arthur delante de mí. Me miraba sonriente, aunque exhausto. Tenía la barba crecida, parecía sediento, como si hubiera estado caminando por el desierto. Mi corazón latió desbocado, corrí hacia él y caí en sus brazos llorando de dicha.

Desperté de la visión con mucho esfuerzo. No quería regresar.

—Indulekha. Lo sé. La respuesta es imbatible, mi corazón me lo dijo. ¡Lo seguiré hasta el fin del mundo! —exclamé, gritando de alegría.

Ella me sonrió con gesto cómplice. Las otras gitanas me abrazaron y celebraron mi decisión.

—Es una de las nuestras —dijo la maga, mientras observaba las figuras que se habían formado en las llamas.

Después de otra agotadora jornada de marcha por el desierto, Bhupal dijo que nos quedaríamos algunos días en ese lugar. Pidió que armasen las carpas, que preparasen la cena. Se haría una fiesta. Habíamos arribado a un oasis.

Acampamos bajo la luna llena y, después de una cena especial, nos sentamos alrededor del fuego, como era habitual. La fiesta se encontraba en pleno preparativo. Habían elaborado extraordinarias comidas y quedaba claro que ese día celebrarían la vida en todas las formas posibles. Los músicos empezaron a afinar sus extraños instrumentos. Flautas, pequeñas guitarras y una especie de enormes castañuelas de madera, antecesoras de las castañuelas de los gitanos flamencos.

—Morgana, la reunión tardará un poco en organizarse. Ven, siéntate a mi lado, conversemos —me invitó Bhupal—. Mientras los músicos se preparan y los danzantes se ponen sus trajes, quiero contarte una parte de nuestra historia, que tal vez no conozcas, y que te revelará información importante. Los gitanos pertenecemos a la casta de los "Intocables", la más baja. Ya te lo revelaron nuestros compañeros instructores en el entrenamiento.

—Así es. Pero no lo entiendo del todo. ¿Por qué están condenados de antemano a quedar afuera? El sistema es muy cruel con ustedes, ni siquiera les permite elegir —dije consternada.

—Te contaré cómo aconteció esta "condena", que no lo es tanto. El hinduismo nos revela que los humanos fuimos creados de Púrusha, el dios de los dioses.

—¿Quién es Púrusha?

—Según el Púrusha-sukta (un himno del Rig-veda), Púrusha es el creador de este universo donde vivimos, un antiguo gigante con mil cabezas y mil pies, que fue sacrificado y desmembrado por otros dioses que lo antecedieron. Su mente se convirtió en la Luna; sus ojos, en el Sol, y su respiración, en el viento. Con su cuerpo se construyeron el mundo y las castas.

Los humanos fuimos todos creados de las diferentes partes del cuerpo de este dios primigenio. De acuerdo con la parte del cuerpo de Púrusha de la cual emanamos, pertenecemos a una determinada casta. Existen, en total, cuatro castas básicas. Esto define nuestro nivel social, con quién podemos casarnos y el tipo de trabajos que estamos autorizados a realizar. Los brahmanes, sacerdotes, maestros, académicos, son la casta más alta, porque salieron de la boca del Dios. Los chatrías, la clase política-militar, salieron de los hombros de Púrusha y son sus brazos ejecutores. Los vaishias, comerciantes, artesanos y agroganaderos, se formaron de sus caderas y son sus muslos. Los shudrás, siervos y obreros salieron de los pies. En cambio, nosotros, los no tocables, los dalits (parias), no salimos de ninguna parte del cuerpo de la divinidad. Por eso somos una clase tan baja, y en otros tiempos se evitaba incluso tener contacto con nuestras sombras. ¿Será que, en realidad, siempre nos tuvieron miedo por ser tan libres? Lo cierto es que los Intocables, llamados también dalits, estamos fuera, siempre lo estuvimos. No "pertenecemos" a nada ni a nadie y, por lo tanto, siempre quedamos relegados a realizar los trabajos que, de acuerdo con su concepción, son los de más ínfima importancia. Todo esto, según opinión del sistema oficial, ¿entiendes? Nosotros, los gitanos, como todos los artistas, músicos, joyeros, titiriteros, contadores de historias, danzantes, escribientes de las tradiciones orales, encantadores de serpientes e incluso magos, estamos siempre afuera de cualquier sistema.

Noté que Bhupal estaba furioso. Y, al mismo tiempo, muy orgulloso. Siguió contándome que todos ellos son Intocables, porque no forman parte de la rueda de la productividad, sino que se ocupan de mantener vivos los sueños de los humanos. Y en ese momento me preguntó si hacer esas tareas no me parecía una bendición. ¿Por qué creía yo que los marginan desde hace milenios?

—Porque no son fáciles de dominar. Como lo seremos nosotros, todos quienes hacemos algo diferente. La organización de la humanidad de acuerdo con el "Nuevo Orden Mundial" no admite diferencias ni rebeldías, ¿verdad?

—Así es. Y te informo que las castas que supuestamente fueron abolidas en la India están retornando hoy, y con más fuerza. Y no sólo en la India. Están siendo implantadas en el mundo entero. Te las voy a describir —prosiguió Bhupal—. Los nuevos brahmanes son banqueros, dueños de los holdings de los medios de difusión, magnates billonarios en cuyas manos se concentran las riquezas del mundo. Ellos constituyen ahora la casta más alta, son los nuevos sacerdotes que salieron de la boca de Púrusha. Los comerciantes y guerreros son los mismos de siempre, igual que los siervos.

—Y todos los demás, entre ellos nosotros, los independientes, somos como ustedes, "Intocables" —le dije riendo— y somos siempre sospechosos, ¿verdad? Si no posees una tarjeta de crédito, estás en serios problemas, amigo. Y ni te cuento si no tienes un domicilio fijo, con código postal y un teléfono de línea. No se te ocurra viajar por el mundo sin declarar en forma definida tu residencia; rápidamente te preguntarán "dónde vives". Y si respondes "en todos lados", estás en graves problemas. Más difícil aún es explicar "de qué vives". Somos sospechosos siempre, y continuamente debemos dar muy claras explicaciones si nos agarran. Me lo dijo Arthur, y en ese momento no lo había entendido.

El Rey de los Gitanos se rió a carcajadas.

—Arthur es un nómade y aventurero desde hace muchos años. Ojalá no lo seduzca la aparente "seguridad" que le han ofrecido. Pero sigamos con nuestro tema. Lo que pocos saben es que hay un grupo aún más misterioso, casi no se habla de ellos, y si se lo hace, es en un susurro. Me estoy refiriendo a los "Invisibles".

—¿Qui… quiénes son? —pregunté con un dejo de miedo.

—Los "Invisibles" son más inquietantes todavía que los "Intocables". Casi nada se conoce de estos seres. Apenas que pueden salir sólo de noche y que jamás han sido vistos a la luz del sol. Pero no puedo darte más información por esta noche. Los músicos comienzan a tocar. Y cuando la luna brilla entre las palmeras y el cielo se llena de estrellas, es hora de soñar. Esta es una sabiduría gitana que aprenderás muy pronto, Morgana. Ya lo verás. Esta noche conocerás un secreto importante. Y es acerca del amor.

Pregunté, rogué que me dijera de qué se trataba, pero Bhupal era inexpugnable. Tendría que descubrirlo por mí misma.

De pronto la música se volvió más lenta, los actores abrieron un espacio en medio del círculo y se quedaron inmóviles. Y ante un gesto de la poderosa Indulekha, el rey de la tribu levantó su mano hacia el cielo y todos se quedaron en silencio.

—La danza sagrada está por comenzar.

—¡Que empiece la danza! —ordenó el Rey de los Gitanos.

La maga me sonrió con una complicidad sin palabras. Era una comunicación entre Valientes, y también entre gitanas. Sus ojos resplandecían como diamantes. Lo supe en ese momento. Estaba segura. Indulekha era una de "ellas". Entonces extendió su mano derecha mostrándome el signo que yo ya conocía. En señal de respeto, junté mis manos en el entrecejo e incliné mi cabeza hacia ella. Me atravesó con una mirada atemporal.

Entonces, de la nada, un puñado de gitanas, al menos diez, irrumpieron en el círculo de un solo salto. La música se volvió ardiente, rápida. Las danzantes encendieron el desierto con sus danzas. Despertaban pasiones, invitaban a amar, a soñar, a ¡vivir! Sus trajes rojos y naranjas lanzaban destellos de espejos, perlas y oro al ser iluminados por las llamas de la fogata. Sus movimientos imitaban los de las serpientes, eran sinuosos, perfectos e inquietantes. Hipnóticos, misteriosos.

Enseguida, y en un solo movimiento, diez gitanos saltaron desde distintos puntos del círculo, y se integraron al baile. Y entonces algo en el aire se volvió sagrado. Convocado por la música, por los cuerpos encendidos, por los acercamientos, por las danzas mágicas, el Amor descendió sobre aquel desierto. Podíamos sentirlo, era un viento caliente, olía a rosas y a menta, nos acariciaba el rostro y nos mareaba de dicha. Los gitanos danzaron y danzaron zapateando cada vez con más fuerza. Tomaban a las gitanas por la cintura, se arrodillaban ante ellas, las apretaban contra su pecho. Las gitanas se acercaban a ellos y se alejaban con sinuosos movimientos de serpientes envolviéndolos en su magnetismo femenino. Ellas y ellos se abrazaban, y se separaban, se buscaban y se rechazaban, se entregaban y se rebelaban ante esa energía sobrenatural que descendía de los cielos. Tan potente y tan desconocida. Podía elevarlos a las más grandes alturas o arrojarlos a los más profundos abismos. No tenía medida ni lógica. Ni explicaciones.

Lucharon, resistieron, trataron de manejar esta fuerza. Y no pudieron. Y entonces se dejaron llevar por aquellas olas ardientes hacia donde ellas quisieran llevarlos. Y se dieron cuenta. No eran ellos, no era el desierto, no era la música, no era la danza. ¡Era el Amor quien tenía el poder! Se quedaron de pronto inmóviles y en silencio. En éxtasis. Habían comprendido. Contuve el aliento. Temblaba como una hoja. Yo había comprendido también. Incliné mi cabeza en señal de respeto. Los gitanos y su danza me habían revelado el más grande secreto del Universo. El más oculto. El más incomprendido. El Amor humano es la más grande fuerza espiritual de esta Tierra.

Capítulo 30

ARTHUR Y EL ABISMO DE AMOR EN EL DESIERTO

Me desperté escuchando gritos, corridas, risas y aullidos de sorpresa. Me levanté a toda velocidad, mi corazón parecía salir de mi pecho. Los gitanos estaban todos juntos, agitando las manos en dirección a las dunas teñidas de rojo por el amanecer. Una caravana de camellos se recortaba en el horizonte acercándose lentamente a nosotros. Bhupal clavó sus ojos negros en mí.

—Sí. Es él. ¡Corre, Morgana! Ve a recibirlo, viene acompañado por nuestros gitanos, lo ha logrado.

Corrí por el desierto sin sentir mis pies, ni mi respiración, ni mis lágrimas de felicidad que caían sobre la arena formando un río que me llevaba hacia Arthur para llegar más rápido. Para caer en sus brazos cuanto antes. De pronto, mis brazos se volvieron alas y volé sobre las dunas, y Arthur estaba cada vez estaba más cerca. Entonces aterricé sobre la arena en un suave descenso de pájaro. Y la caravana se detuvo, y Arthur descendió del camello y corrió hacia mí con los brazos abiertos. Y el mundo estalló en mil fuegos, y miles de estrellas fugaces explotaron de alegría cuando caímos abrazados sobre la arena llorando de felicidad.

—Te extrañé tanto, Morgana —susurró el Nómade en mi oído—. Nada importa ahora, luego hablaremos. Eres mía para siempre.

—Arthur, yo también te extrañé hasta la desesperación —le dije entre lágrimas y risas—. No puedo creer que estemos juntos. Estamos soñando, ¿verdad?

—¿Me seguirás hasta el fin del mundo?

—Lo miré extasiada.

—Te doy veinticuatro horas para responderme. Nunca perdí la esperanza de volver a estar en tus brazos. Rogué tanto a los cielos volver a verte, Morgana —dijo con los ojos llenos de lágrimas—. No nos separaremos. Nunca jamás. ¡Mira! —me mostró el talismán brillando sobre su pecho—. Es potente, no hay duda alguna.

De pronto nos dimos cuenta de que estábamos rodeados. Un grupo de gitanos que me había seguido hicieron arrodillarse a sus camellos, y formaron un círculo alrededor de nosotros cantando sus canciones de amor tradicionales. Entreabrí los ojos envuelta en el abrazo de Arthur y sonreí mirando el horizonte. Allá lejos venía caminando el resto de la tribu para recibirnos. Y recortado entre las dunas, un gigantesco Tirthankara sonreía, milenario y enigmático, como si conociera todas las historias de todos los hombres de esta tierra.

En procesión nos llevaron en andas hasta el campamento. Bhupal encabezaba la marcha, seguido por los músicos y los danzantes. Nos depositaron suavemente en la carpa real, cerraron las telas que enmarcaban la entrada y se retiraron silenciosamente a sus tiendas.

Caímos, mareados, en el Abismo de Amor. Los almohadones rojos cayeron junto con nosotros y también la carpa real, y tal vez, hasta el mismo Desierto de Thar. Cuando retornamos, estaba anocheciendo. Prendimos lentamente algunas velas, y comimos los deliciosos manjares que los gitanos habían dejado silenciosamente en la entrada, en una enorme bandeja de plata. Todavía no podíamos ni necesitábamos hablar, esto vendría más adelante, mañana quizás. Volvimos a caer en el Abismo de Amor y mientras la luna ascendía en el cielo iluminando el desierto con una suave luz plateada, nos quedamos profundamente dormidos.

Me desperté en sus brazos cuando apenas estaba amaneciendo. Me quedé inmóvil, por si acaso. Tal vez fuera sólo un sueño. Pero era verdad, estábamos juntos. Sentí su calor, su respiración, su presencia. No podía ser más feliz. Aunque esa otra felicidad, la felicidad espiritual alcanzada en los últimos tiempos, nunca me había abandonado, me di cuenta de que la felicidad no tiene medida. Uno puede ser siempre más y más feliz. Y la dicha que estaba sintiendo ahora era inmensa, inconmensurable y presentí que seguiría creciendo y creciendo.

—Ahora cuéntame… —susurré en su oído.

—Caminaba sólo de noche, para poder resistir las temperaturas y no quemarme los pies. De día tenía que resguardarme bajo una enorme hoja de palmera que me habían entregado como protección. Envuelto en mi túnica de algodón, avanzaba como podía, paso a paso. Orientándome por el sol y las estrellas. Las serpientes me acompañaban deslizándose bajo la arena, nunca supe si para atacarme o como protección mágica. El agua que traía tenía que ser suficiente para llegar hasta algún oasis, o si era afortunado, hasta encontrarme con alguna caravana de gitanos Kalbeliya, quienes se suponía iban a otorgarme ayuda y aceptarme en su tribu. Mi comida consistía en dátiles y semillas, hasta que alcanzaran. Después tenía que confiar en Dios, no había otra alternativa. Y porque confié siempre en Dios, nos encontramos.

—Comienza por el principio, Arthur.

—Es muy extraño lo que nos sucedió en el Palacio de Jodhpur, Morgana, todavía no lo comprendo —susurró en mi oído tocando el punto álgido.

—Yo tampoco —contesté sin abrir los ojos—. Y te aseguro que ahora te pediré todas las explicaciones. Y te conviene que sean incuestionables. Me enojé mucho por tu traición. ¿Qué pasó contigo? ¿Cómo pudiste decirme adiós de esa manera tan cruel?

—Oh, Morgana, no seas tan dura conmigo. Me confundí. El maharajá me ofrecía cosas demasiado buenas y caí en sus redes. Pero nunca dejé de amarte, te lo aseguro.

—¿Has estado preso?

—Desde el primer momento estuve preso, y temí por nosotros, Morgana. Podría haber pasado, podría haber salido de allí jamás. ¿Cómo iban a encontrarme? Las cárceles secretas de un maharajá en Rajastán no son broma. Pensé que el demonio también te había encerrado en su harén. Hasta que supe que estabas libre. Está bien, empezaré a contarte por el principio cómo fue de mi lado esta pesadilla que nos separó. Luego me contarás tú. Mientras estábamos en medio de aquella parodia de fiesta, en un momento el maharajá se acercó a mí y susurró en mi oído: "Tengo una propuesta para ti, te interesará. Necesitamos gente de talento como tú. Periodistas con tu capacidad, tu inteligencia, tu sagacidad. Te ofrezco el contrato más fantástico que puedas soñar. Soy accionista del grupo multimedia más poderoso del mundo que se está formando ahora mismo, y del que dependerán todos los diarios, cadenas de televisión, sitios de Internet. Ven a trabajar con nosotros". Esas palabras sonaron como música celestial en mis oídos. Estoy tan harto de luchar por conseguir un miserable artículo, de protegerme de la envidia de mis compañeros. Estoy tan cansado de sostener este punto de vista independiente, y de nunca poder juntar el dinero que necesito, que de pronto lo escuché. Y ése fue el principio de mi perdición.

—Puedo entenderte. Aunque no te apruebo.

—"Te necesitamos, Arthur", me dijo el endemoniado seduciéndome. "Los medios internacionales tienen que estar totalmente en nuestras manos, bajo nuestro absoluto dominio, y tú eres la persona adecuada. Podemos inventar juntos historias increíblemente convincentes, y tú tienes imaginación suficiente, tienes talento para ello." Yo pregunté: "Pero, ¿cómo inventar historias? El periodismo relata hechos reales, cosas que suceden". Él ser rio y me dijo: "Eres gracioso, Arthur. Me encanta que te hagas el ingenuo. Las cosas que suceden, están digitadas de antemano. Tú estarás en la creación de los acontecimientos, en su gestación, en los detonantes. Los medios son un arma mortal, más potentes o tan potentes como la energía atómica. Tendrás el mejor equipo del mundo a tu disposición, los gigantes de Internet, los mejores asesores, un equipo de psicólogos, sociólogos y economistas a tu servicio. Toda la seguridad, toda la libertad. En fin, Arthur, firma aquí ya mismo". Por unos segundos, dejé entrar en mi mente la maldita tentación. Trabajar en grande, con todo a disposición. Sin limitaciones. La propuesta no era fácil de resistir. Y podía ser sólo por un tiempo. Luego, forrado con unos cuantos millones, volvería a mi periodismo independiente. Ah, Morgana, qué equivocación pensar así. Pero es tan habitual, casi nadie se da cuenta de que ése no es el camino, de que no podemos negociar con la corrupción. Si lo hacemos, ellos siempre ganan. Al instante aparecieron de la nada esos siniestros funcionarios de traje gris que me rodearon formando alrededor de mí una cerrada pared humana poniendo adelante una gruesa carpeta. Mientras tanto llenaban mi copa con vino y champagne una y otra vez. Te busqué con la mirada, estabas bailando con el maharajá. Yo me confundí por completo. La tentación de firmar de una vez, y entrar al servicio del maharajá y liberarme para siempre de mis temas económicos y tener por fin libertad, estabilidad, protección, seguridad y fama, me seducía cada vez más. Ese momento de desorientación fue fatal, y vino acompañado por más y más vino y yo estaba cada vez más borracho. De pronto se abalanzaron sobre mi unas cuantas odaliscas, no me las podía sacar de encima.

—Esto último que dices me parece algo relativo, pero sigue, Arthur. Y te aseguro que yo te vi, y no podía ni acercarme a ti, pero sigamos.

—Pero algo mucho más extraño pasó allí. Te vi en medio de la pista de baile forcejeando con el maharajá. Pero el maharajá también estaba a mi lado. Era una visión doble, me volví loco. El maharajá pegado a mí insistía en que firmara el contrato ahí mismo, sin leerlo, y sus obsecuentes escribanos me rodeaban como cuervos sin dejarme respirar. Y al mismo tiempo él te abrazaba con intenciones de seducirte en la pista de baile. Tú levantaste la mano, te contesté el saludo desorientado. Entonces me arrojaste este talismán, que guardé rápidamente en mi bolsillo escondiéndolo. De pronto te vi alejarte con él. Giraban a toda velocidad juntos, en medio de la pista, rodeados de adulones que los aplaudían. Y entonces el maharajá que estaba pegado a mí sacó una gruesa chequera de su túnica dorada, y vi alucinado cómo ponía una cifra astronómica en ese cheque al portador. Había muchos ceros allí, Morgana. Lo extendió hacia mí con una sonrisa cómplice. Entonces tomé el cheque, dudé, pero lo tomé en mis manos. Los escribanos pusieron una lapicera de oro frente a mí, marcándome el lugar donde tenía que firmar. Yo seguía mirando el fabuloso cheque lleno de ceros, sin poder quitarle los ojos de encima. Pero al mismo tiempo me sentía un farsante, un traidor. Dos voces hablaban dentro de mí al mismo tiempo, parecían dos Arthur luchando por mí. "No traiciones a la causa. No puedes hacer esto. Sé fiel a tus principios, a tus convicciones, te estás vendiendo al enemigo. Sostén tu lealtad a lo bueno. Estos son unos corruptos. Todo está comprado por ellos, no te vendas", decía uno. "Firma, firma de una vez. Por fin serás libre, poderoso, cool. Después de todo, no se puede hacer nada, de todas formas ganará el sistema, y tal vez el maharajá no sea tan malo después de todo, si uno es uno de sus dilectos protegidos. El cheque, ah, el cheque, lo estoy viendo bien, tiene muchísimos ceros. Apenas salga de aquí, iré al banco, y en cuestión de minutos mi vida será otra. Otra", decía el otro Arthur dentro de mí. "Necesitaría consultarlo con mis abogados —dije para ganar tiempo—. Encontrémonos mañana, en tus oficinas, ¿por qué firmar aquí en esta fiesta?", dije con la voz pastosa. "¡Oh, Arthur!", dijo el desgraciado despidiendo chispas por sus ojos feroces como los de una hiena. "Arthur querido, en el Nuevo Orden no se leen ni se consultan los contratos con abogados, simplemente se firman." "Entiendo, y te agradezco la oportunidad que me das, pero déjame pensarlo un poco." "¿Pensar qué? Necesito tu talento, tu creatividad, no hay nada que pensar. Empezarás con la tarea mañana mismo. Tú eres un aventurero que no se anda con vueltas. Personas con tus capacidades no se encuentran fácilmente, mira a todos los obsecuentes que tengo aquí como invitados." Había tocado mi ego. Aflojé la tensión. "Tienes razón, el talento y el valor son joyas raras hoy día", reconocí. "Firma, Arthur. Brindemos por nuestro pacto, no te arrepentirás", dijo el malvado. Te busqué con la mirada, pero ya no estabas allí, Morgana. Te habías evaporado. El desgraciado me vio dudar. "¡Firma de una vez!", gritó con los ojos desorbitados y una voz aterradora. "No lo firmaré", le dije sin más. "Estaré borracho pero no inconsciente." "¿No firmarás? ¡¿Cómo te atreves?! Ahora te atendrás a las consecuencias." En un instante aparecieron los guardias que estaban disfrazados de invitados, y rápidamente me arrastraron fuera del salón sonriendo compasivamente, como si estuvieran sólo llevando a un simpático borracho un poco fuera de estado a dormir a las habitaciones imperiales. Todos sonreían con complicidad, estar embriagado es un signo divertido en nuestros días, ¿verdad? Intenté zafarme, y grité pidiendo ayuda. Era demasiado tarde. Me tiraron como perro en una celda de alta seguridad, blindada, fría, húmeda y completamente a oscuras. "Reza", me dijeron al cerrar la puerta. "Estás perdido." Lloré de pena, te había perdido. Y había perdido mi dignidad. Luego recé, Morgana, como nunca había rezado. Rogué al cielo que me sacara de allí, clamé, vociferé. Pedí, lloré y aullé pidiendo ayuda. Yo no soy corrupto, soy un revolucionario. Grité y grité maldiciéndome a mí mismo por haber sido tan idiota de tratar de negociar con quien jamás se negocia. Lloré, lloré amargamente, hasta caer desmayado.

—Ohhh —lo abracé conmovida—. Pero te lo mereces —dije enseguida, todavía enojada con él.

—Estuve así, aislado, no sé cuánto tiempo. Me pasaban agua y unos mendrugos de pan como todo alimento. Creí enloquecer. ¿Qué iba a pasar conmigo? ¿Qué había pasado contigo? Recordaba cada uno de los días juntos en México, en Antigua, en Londres, en la India. En aquella oscuridad total, lamenté amargamente haber sido tan idiota, tan débil. ¿Cómo pude traicionar mis convicciones, que creía tan fuertes? ¿Cómo pude desertar tan rápido y traicionarnos a los dos? Desconocía a este Arthur especulador y acomodadizo que vive dentro de mí. Pero no tomará el control de mi vida nunca más, ya lo descubrí, ya no podrá dominarme más. Generalmente no vemos a nuestros otros "yoes". Pero los otros sí los ven. Oh, Morgana, he comprendido algunas cosas, aunque sean inexplicables.

Me quedé en silencio. No me atrevía a decir una palabra. Sólo quería seguir escuchando.

—Comencé a pedir ayuda al Cielo. Sin parar. Hasta que un día apareció una pequeña luz en la celda. No venía de afuera, estaba dentro de mí. Y era tan real que, por momentos, llegaba a iluminar tenuemente aquel calabozo. Después supe que se llama arrepentimiento.

—Qué interesante lo que me cuentas. El arrepentimiento es una fuerza mágica, uno puede arrepentirse de haber sido inconsciente, de no haber escuchado la voz del corazón, de muchas cosas. El tema es que siempre tiene que venir detrás una reparación.

—Exacto. Siempre pensé que el arrepentimiento era una palabra anticuada, algo que tenía que ver con una moral rígida y con la culpa. Pero no es nada de eso, Morgana. Arrepentirse es darse cuenta de lo que no está bien con nosotros. Es una lucidez extraordinaria que surge desde adentro. Me di cuenta de que muchas veces fui hacia donde soplaba el viento, en nombre de una aparente libertad sin compromisos. Y que por eso había caído en la trampa. Y al ver dónde estaba mi perdición, pedí a Dios sinceramente, desesperadamente, que me liberara de mi inconsecuencia. De esa tan perversa y tan aceptada manera de vivir a medias.

—¿Cómo es eso?

—La acción correcta debe partir siempre de ser leal a lo que crees, a lo que amas. Hay que poner el corazón en lo que haces. Si logras lo que quieres o no, es lo de menos, no tiene importancia. Aunque te traicionen, aunque las cosas no salgan como pensabas, en un nivel, ya has vencido, fuiste ciento por ciento. Y yo nunca he procedido así. Yo vivía en un mundo de justificaciones y especulaciones, jamás me entregué a algo o alguien sin calcular si me convenía o no. Y por esas medias tintas, casi te pierdo. No quiero más eso —dijo con los ojos llenos de lágrimas.

Lo abracé muy fuerte.

—Te sigo contando, Morgana. Pasaron unos días eternos. Las cosas no cambiaban afuera, seguía atrapado allí, pero rogaba y rogaba a Dios que me diera otra oportunidad. Era consciente de lo difícil que sería salir de una cárcel imperial en Rajastán. Noche y día contemplaba el talismán, lo acariciaba, lo miraba detalle por detalle, y entonces empezó a venir a mí una extraña calma. Y no sé cómo entendí sus símbolos: el sol, la luna, las estrellas, el dragón alado. Al amor que une todo y nos devuelve nuestro poder perdido. Era como si una voz me estuviera hablando. Y fui entendiendo muchas cosas, no quiero perderte. En esos días aciagos también me di cuenta de que toda mi vida yo había estado apegado al resultado, y no al esfuerzo en sí. Y vino a mí una cita de Gandhi, no sé por qué, en forma tan insistente.

—"Nuestra recompensa se encuentra en el esfuerzo y no en el resultado. Un esfuerzo total es una victoria completa" —dije rápidamente.

—¿La conocías?

—Me la revelaron en una carta que recibí en Antigua. En el amor nunca hay resultados, sólo esfuerzos que hacemos con infinita alegría para sostener ambos la luz, entre los dos. ¿Quieres hacer el esfuerzo conmigo, Arthur? Te prometo que tendremos mucho trabajo.

—Ahora sí puedo entenderte, Morgana. Es hermoso lo que me propones, si quiero que hagamos el esfuerzo juntos, y que desde ahora durmamos juntos todas las noches y jamás, jamás volvamos a separarnos —dijo en mi oído.

Capítulo 31

EL ENTRENAMIENTO DE UN VALIENTE EN LAS CÁRCELES DEL MAHARAJÁ

—Un día como cualquier otro, escuché la llave girando en el cerrojo y una silueta apareció en el vano de la pesada puerta de acero. De la nada.

Era un hombre santo. Lo reconocí enseguida por las líneas rojas en su frente y la túnica naranja. Emanaba luz, literalmente iluminaba toda la celda con su resplandor. Y sus ojos, Morgana, no sé cómo explicarlo, brillaban como si fueran verdaderos diamantes. El guardia que le había abierto la puerta le dijo algo en hindi, el Sadhu asintió con la cabeza y le hizo una señal para que se retirara.

En ese preciso instante, comenzó la mayor aventura de mi vida. Era un Valiente, tú sabes de qué estoy hablando. Y lo habían enviado en misión para entrenarme en el Camino Naranja, delante de las mismísimas narices del maharajá, en sus propias cárceles. Nos reímos juntos de esta circunstancia. El Sadhu hablaba perfecto inglés, como muchos hindúes. Dijo llamarse Narayan, que significa "Aguas en movimiento", y es a la vez uno de los nombres del dios Vishnú. Me dio dos opciones: liberarme allí mismo y ayudarme a contactarme con la embajada inglesa en Delhi para retornar a mi país… O bien prepararme para poder pertenecer al movimiento de los Valientes, si yo estaba de acuerdo, para lo cual necesitaba pasar por un fuerte y concentrado entrenamiento allí mismo, y con él. No pudiendo creer estar tan bendecido, pero desesperado por saber de ti, pregunté si te conocían y si sabían tu paradero. Sí, sabían que tú estabas atravesando el mismo entrenamiento con los Valientes en un campamento del movimiento situado en el Desierto de Thar. No dudé un solo instante, Morgana: de inmediato accedí. Y fue lo mejor que podría haber hecho en mi vida.

Yo lo escuchaba atentamente.

—Desde ese momento y por tres meses que pasaron en mi vida como si fueran tres días, el hombre santo venía a mi celda diariamente para instruirme en los secretos del Camino Naranja. Me dijo que no me preocupara aunque sí, era cierto, había occidentales atrapados allí por años, sin que nadie jamás se enterara de su situación. Una vez que uno caía en estas cárceles, era muy difícil ser liberado. Pero los Valientes tenían acceso a algunos sectores de los subsuelos del palacio. Y yo había sido afortunado por haber sido depositado justamente en uno de estos sectores donde existía una red de guardias aliados de los Valientes que facilitaban las cosas y hacían posible la liberación de muchos rebeldes que no aceptaban el Nuevo Orden, que ya está instalado en el mundo. A esa cárcel iban a parar presos políticos de alto rango, periodistas, banqueros no leales al maharajá, artistas contestatarios, en fin, todos los rebeldes que eran considerados "traidores", y esperaban un juicio que jamás llegaría. Es muy peligroso ser un rebelde en estos días, Morgana. Te has enterado de los Centros de "Resocialización", ¿verdad?

—No realmente —dije temblando de ira.

—Así como los Valientes están armando los centros de entrenamiento en los caminos alrededor del mundo entero, hay un gran proyecto de los del Nuevo Orden que ya se está implementando en algunos países de Europa, bajo la etiqueta de una "readaptación" a la sociedad que se imparte a los desocupados. Son muchos, ya sabes. Los obligan a hacer estos seminarios para darles la asistencia social, y los usan como conejillos de Indias.

—¿Por qué?

—Allí les dan "cursos" de cómo volver a ser parte de esta sociedad nuevamente, de acuerdo con las pautas del Nuevo Orden. No pensar, no protestar, no hacer reivindicaciones de tipo social, no opinar, no cuestionar al Estado ni a los políticos y mucho menos a los banqueros. El premio es dejar de estar "afuera". ¿Entiendes? Comienzan con los desocupados, y siguen con los rebeldes, los independientes, los últimos bohemios que hayan logrado sobrevivir, los artistas, y así, finalmente, todos tendrán la obligación de tomar los "cursos", y ser parte del nuevo sistema unificado mundial. Pero hay también "cursos" más avanzados, y son para los cuadros activos, los jerarcas del sistema, los que lo sostienen incondicionalmente. Y hay otros más fuertes, son los "cursos de castigo", para aquellos que se atreven a no entender cómo son las cosas.

—Cada vez entiendo más a los Valientes. Y la finalidad de los entrenamientos. No podemos estar en el medio. O somos realmente espirituales y nos guiamos por las leyes de la Luz, del Amor incondicional, de la fraternidad, la rectitud, la pureza. O somos manejados como marionetas por las pautas del consumo, el materialismo, la deslealtad, las traiciones y el miedo.

—Veo que tu entrenamiento ha sido muy fuerte, Morgana.

—¿Te explicaron lo que son las medias tintas, Arthur?

—Sí, y también yo las vi en mí mismo, analizando mis actitudes. Además de estudiar con el hombre santo, practicar mantras y grabarme a fuego los principios que guían a los Valientes, tuve mucho tiempo para pensar encerrado en aquella celda.

Por más que estemos entrenados, hay que estar muy atentos, todos, y seguramente tú también, podemos caer en esa tentación: en no ser ciento por ciento, en quedarse a medio camino, en renunciar a los desafíos, en perder la certeza en el amor, en no hacer el máximo esfuerzo para vencer las dificultades, en dejarse aterrar por el miedo.

—Y hay más, mucho más, Arthur: negociar, ser cómodos, no definir las situaciones, manipular a las personas y sus sentimientos, todo eso es letal. Nos quita poder espiritual, no podemos vivir así, aunque se considere "normal".

—El Sadhu me dijo que las medias tintas eran nuestro peor enemigo. El peor. Y que es debido a ellas que muchas almas gemelas no se reconocían cuando se encontraban en este plano. Y si lo hacían, el que todavía vivía a medias capitulaba, y entonces tendrían que esperar a otra vida para encontrarse nuevamente.

—Arthur, juremos en nombre de la Luz que las medias tintas jamás regresarán a nuestras vidas. Y también que, a partir de este momento, santificaremos nuestro amor.

—Lo juro.

—Yo también.

Finalmente, me contó sobre el escape.

—El Sadhu venía a instruirme todos los días. Recibí un entrenamiento espiritual privilegiado, el Camino Naranja. El Camino Recto es mi camino, Morgana. El "No desviar la mirada", el "*Elevarse por encima*", el "Liberarnos de los me gusta y no me gusta" me abrieron un mundo completamente nuevo. Los ejercicios de pranayama me expandieron la mente y el alma, el yoga me enseñó a santificar mi cuerpo.

—¿Y cómo te fue con la educación del ego?

—Fue muy fuerte lidiar con mi ego, ya que me di cuenta de cuán equivocado estaba en mi manera de vivir. Y jamás podré olvidar el día en que conocí al Tirthankara. El Tirthankara me enseñó a Plantarme en la Vida, Morgana. Este entrenamiento es realmente fuerte Y absoluto. Jamás vuelves a ser igual. Marca tu vida para siempre.

—Ya lo creo, Arthur.

—Y te contaré algo que me reivindicará un poco frente a ti. Una de las odaliscas era en realidad gitana. De esta tribu, de los Kalbeliya. Y en medio de ese desborde de alcohol, susurró en mi oído: "Arthur, he puesto en tu bolsillo un objeto poderoso. Es un espejo. Pase lo que fuere, no te mires en él, y guárdalo bien hasta que llegue el momento". Yo estaba muy borracho, pero la escuché bien y le hice caso. ¡Imagínate mi sorpresa cuando el Sadhu me lo pidió al finalizar los tres meses del entrenamiento!

Y siguió su relato:

—Un poco antes de cumplirse los tres meses, Narayan me entregó papel y sobre. "Escríbele una nota a Morgana. Dile que vaya con los gitanos Kalbeliya y que te espere allí hasta que tu logres reunirte con ella. Tu entrenamiento está terminando, ahora tenemos que pasar a la segunda etapa, debes pasar la prueba", me dijo. "¿Qué quieres decir?", le pregunté. "Todo Valiente tiene que atravesar un desierto. A veces es simbólico, otras es real. El desierto está muy cerca, Arthur, tendrás que demostrarnos que eres capaz de ser uno de los nuestros. Ya sabes que los Valientes no andamos con enseñanzas espirituales livianas y sin compromisos. Ahora vienen las pruebas de la incertidumbre, de la esencialización y el abandono de lo superfluo, de los esfuerzos sostenidos, de la constancia, de la fortaleza interna. Tendrás que poner en práctica todo lo que aprendiste en el entrenamiento. ¿Estás listo?" "No lo sé. Pero acepto el desafío y espero estar a la altura de lo que me piden." Me avisó: "Usa el espejo mágico para mirarte cuando estés en el desierto y te sientas desorientado. Podrás verificar si ya eres quien nunca has sido el día en que allí veas reflejado al Desconocido". Tragué saliva, Morgana, y no me atreví a preguntar nada más. Aunque estaba desesperado por saber de ti. "Te anticipo que Morgana ha pasado varias pruebas ya, y ha salido triunfante. Puedes estar orgulloso de estar con ella", me dijo el Sadhu leyendo mis pensamientos. "Ahora te daré las instrucciones, Arthur: el escape podrá ser mañana, pasado, en una semana o en unas horas, depende de cómo logremos arreglar tu huida, ya que necesitamos colaboradores. No dudes, te liberaremos. A partir de tu liberación, sigue las instrucciones que te irán llegando en forma sincrónica y perfecta. Una advertencia: si no hay noticias nuestras en alguna parte de esta etapa, nunca dudes, nosotros jamás te abandonaremos. Siempre te estaremos asistiendo, pero tú deberás poner tu parte." "¿Y cuál es mi parte?", le pregunté. "La de hacer el máximo esfuerzo sin esperar resultados. Ya lo aprendiste en el entrenamiento, ¿verdad?" Asentí colorado de vergüenza. Sí, claro que sabía lo que me estaba pidiendo, y en el entrenamiento descubrí que siempre había tratado de escapar a esta opción. Medía mis esfuerzos evaluando si los resultados eran los que yo esperaba, me daba vergüenza acordarme de mi actitud anterior. Si quería seguir avanzando, tenía que hacer ahora mismo un corte total con mis antiguas maneras de vivir. La especulación estaba afuera, y aún la especulación espiritual, que al ser más sutil, pasa más inadvertida.

—¿Qué quieres decir?

—Morgana, recibir los conocimientos no implica que las cosas van a ser más fáciles en nuestra vida. Ni que nos salvaremos de las confrontaciones. El Camino Naranja me ha enseñado que la rectitud no es sólo moral. No se trata de ser rectos porque hay que ser buenos. Es una decisión espiritual, una actitud inamovible ante la vida. Y me enseñó también que Áhimsa, la No Violencia, es otra actitud. Y que constantemente tenemos que vigilarnos y rectificarnos. Me encanta esta espiritualidad desafiante, intensa, apasionada. No es la clásica versión que yo tenía de la espiritualidad. Yo creía que era para seres débiles, y que para ser espiritual bastaba con navegar en olas de luz perfumadas de incienso.

—Jajaja.

—Te sigo contando. Al día siguiente, el Sadhu no vino a visitarme. Supe que en cualquier momento iban a liberarme. Y me puse a rezar. Y mientras estaba rezando, sentí que la llave giraba lentamente en la cerradura. Contuve el aliento. "Rápido, sígueme", dijo un personaje coronado con un enorme turbante naranja. "No mires hacia atrás." Corrimos juntos con una celeridad extraordinaria, era una velocidad suprahumana. Atravesábamos casi volando corredores, escaleras, pasadizos, túneles, hasta llegar a lo que parecía ser una salida secreta del palacio. Una vez en la calle, me costó aguantar el resplandor del sol. El desconocido miraba hacia todos lados. Era un ser alto, con aspecto hindú y los ojos más brillantes que jamás había visto.

—Sé de qué me hablas. Estoy segura de que era uno de "Ellos".

—¿Quiénes son "Ellos"?

—No lo sé todavía, pero yo también me los encontré en mi camino y los tuve muy cerca. No sé si son humanos.

—De allí, seguimos corriendo juntos a una velocidad supersónica por las calles de Jodhpur hasta llegar a la puerta del hotel. "Los Valientes estamos contigo. Estás a salvo. Los gitanos te llevarán a Morgana", me dijo abrazándome. "Que Dios te bendiga." Y desapareció de mi vista dejando una estela luminosa detrás de él. No sé quién era realmente, pero tienes razón, tal vez no era de esta tierra. Su aparición fugaz fue un misterio, sólo alcancé a recordar vagamente que tenía un turbante naranja y no podía dejar de recordar el brillo de sus ojos, que parecían ser diamantes.

—¿Qué ocurrió luego, Arthur?

—En la recepción del hotel me esperaba otra sorpresa. El empleado me miró desconfiado… Yo tenía una barba larguísima, de tres meses, era sospechoso, no tenía el aspecto correcto de un turista. Había pasado mucho tiempo, los pasaportes estaban allí, me los iba a entregar. Finalmente, farfullando unas palabras que no entendí, me entregó un sobre cerrado, sin remitente y dirigido a mí. Lo abrí con fuerza. Adentro había una esquela hecha a mano: "Pasaremos a buscarte hoy a las doce del mediodía. Un camión militar se estacionará en la gasolinera Mahabarata a la salida de Jodhpur. Mira en todas direcciones antes de subir en un salto a la parte trasera. Bendiciones". Ya sabía quiénes eran, aunque no firmaran la misiva. Rápidamente me puse en condiciones: tomé una habitación, me bañé, comí algo decente por primera vez en tres meses y me dormí como un angelito. A la mañana junté todas nuestras pertenencias, pagué el hotel y pedí que me dejaran usar Internet. Y allí me encontré con otra sorpresa. Escucha bien, Morgana: uno de los diarios independientes más interesantes de Alemania, el *TAZ*, me ofrece un fantástico contrato para publicar una serie de artículos sobre diversos temas. Uno es sobre las nuevas formas de vida en comunidad que se están multiplicando velozmente alrededor del mundo entero. E investigar en Israel los orígenes de los kibutz y sus formas de convivencia comunitaria. Y otros artículos sobre el Grupo Bilderberg, los más ricos e influyentes del planeta, los dirigentes del Nuevo Orden. Y la primera tarea será infiltrarme en una reunión secreta que los Bilderberg tendrán muy pronto en Tel Aviv. Me adelantaron un dinero en mi cuenta, y me entregarán donde se los indique el pasaje de avión desde donde me encuentre. Te ruego que me acompañes. ¿Qué dices, Morgana? ¿Aceptas?

Mis latidos se aceleraron. Una vida juntos y colaborando con la Luz era mi sueño más querido. Y ahora venía a mí sin que yo lo hubiera buscado. Los Valientes sabían lo que hacían, sus consejos habían sido exactos.

—¡Acepto! Te seguiré hasta el fin del mundo. Y yo también he recibido noticias extraordinarias e insólitas desde Buenos Aires. Ya te contaré.

—Pues sigo contándote. Puse unas pocas cosas en la mochila sin olvidarme de nuestros pasaportes y, sin dudar, tomé un bus de segunda clase para dirigirme a la gasolinera Mahabarata. Mirando por la ventanilla y despidiéndome de la civilización, me preparé para pasar aquellas pruebas, que me temía no iban a ser fáciles. Y estaba en lo cierto, Morgana: casi muero de sed y de soledad en el desierto. Pero te sigo contando. Todo funcionó a la perfección. El bus me dejó en la gasolinera, miré en todas direcciones, como me lo indicaron, y el camión estaba estacionado esperándome. Subí de un salto. Y ante mi sorpresa vi que allí dentro me estaba esperando un animado grupo de Valientes. Eran de varios países; había unos cuantos británicos como yo. Me palmearon la espalda animándome a seguir, informándome que ellos ya habían atravesado "la prueba" hacía poco, y que ahora estaban esperando instrucciones para continuar su entrenamiento en el Camino Blanco, y se dirigían a la frontera con Pakistán. ¿Tú sabes de qué se trata el Camino Blanco?

—Algo, pero no lo suficiente.

—Un Valiente hindú, coronado con un turbante naranja y que dijo llamarse Aashish, Bendición, me informó que iban camino a Pakistán pero una vez pasada Jaisalmer, la ciudad dorada, me iban a dejar en la entrada del Desierto de Thar. Allí yo recibiría instrucciones. Durante el viaje me pidió que le contara con lujo de detalles lo que había sucedido en aquella fiesta del maharajá. Y entonces dijo que ambos siempre íbamos a estar sometidos a muchas tentaciones y pruebas, y que esto se debía a una posibilidad muy cercana de que fuéramos almas gemelas. Y el hecho de cómo llegó a mí el talismán lo confirmaba. Llegando al desierto, los Valientes me despidieron agitando los brazos como señal de gran cariño y fraternidad, alentándome a no claudicar. De inmediato se acercaron a mí unos cuidadores de camellos que no eran tales, si no otros Valientes apostados allí para asistirme. Me dieron un camello, una provisión de agua, semillas, dátiles y una brújula, más una hoja de palmera atada a las alforjas. Y sin más explicaciones, señalaron las dunas diciéndome que debía dirigirme siempre al oeste. Y que en algún punto del desierto iban a contactarse conmigo los gitanos Kalbeliya. Pregunté por ti. Asintieron sonriendo. Todos te conocen, Morgana, estoy impresionado. Y remarcaron que lo importante era pasar "la prueba", y que nos encontraríamos si yo lograba resistir los desafíos externos, pero sobre todo los internos. Entendí todo y no hice más preguntas, esto no era broma. Temblando, subí como pude a mi camello. Se levantó enloquecido, gritando y quedé a dos metros del suelo y agarrado a su cuello. Desde abajo uno de los Cuidadores me dijo: "No te asustes por sus gritos. Está impaciente por partir. Atiende a las señales que te dé el animal, sólo junto a él podrás sobrevivir en el desierto. Todos los animales son nuestros Cuidadores y maestros en estos tiempos". "Gracias", le dije tratando de restarle importancia al evento. "¿Tienes alguna instrucción para mí?" "Vacía tu alma de todo lo que atormenta para llenarla de todo lo que te hace feliz, extranjero", y diciendo esto desapareció. Literalmente desapareció delante de mis ojos, Morgana. Fue muy extraño.

—Sé de qué me hablas. Sigue contándome.

—Inicié la marcha atravesando las primeras dunas dirigiéndome al oeste, tal como me habían indicado. El camello decidía todo, ni siquiera tuve que usar la brújula. A la noche sentí por primera vez el frío del desierto, te cala los huesos. Como pude, hice una fogata con ramas de arbustos secos que encontré en los alrededores, comí algo de mis provisiones e hice la

408

práctica de "Parar el Mundo" que me había enseñado el Sadhu para situaciones límite e inmanejables por nosotros. Escuchaba resonando dentro de mí la voz del hombre santo como si me estuviera acompañando, aconsejando, guiando. Jamás me sentí solo o perdido, hasta el día en el que sucedió aquel inexplicable suceso. Ya te contaré. Y recordé especialmente las palabras del hombre santo, quedaron grabadas en mí para siempre: "Atravesarás un entrenamiento práctico de resistencia física. Y será en el desierto. Pero este entrenamiento será también una verdadera oportunidad para liberarte del egoísmo, de todo lo que sobra en tu mundo personal. Una ocasión para vaciarte de todo lo que no necesitas y sobre todo de las tonterías mentales que todavía infecten tu vida. En este vacío, te abrirás a lo más esencial. El desierto nos pone en evidencia, muestra nuestro verdadero nivel de conciencia. Aquí somos más buenos, más generosos, más solidarios. O más malos, más avaros, más egoístas". Me quedé meditando un largo rato en estas palabras hasta quedarme dormido. Sabía a qué me tendría que enfrentar. Ya habiendo finalizado el entrenamiento en el Camino Naranja, y tal como el Sadhu me lo había anticipado, tendría que comprobar si realmente las enseñanzas habían tocado mi alma. El desierto me estaba poniendo en evidencia ante mí mismo, no había posibilidades de engañarme. Revisé toda mi vida y me di cuenta de muchas cosas, Morgana.

—Debe de ser por eso que en todas las tradiciones espirituales atravesar un desierto tiene un significado especial. Yo también pasé por el desierto, y estuve sola. No fue fácil. Y fue antes de recibir el entrenamiento. En mi caso, me estaban probando para darme los conocimientos. Y realmente tuve que liberarme de lo que más me atormentaba y obsesionaba: tú.

—¿Yo?

—Así es, Arthur, tuve que soltarte para que pudieras regresar a mí. El comentario del cuidador de camellos, que seguramente era uno de "Ellos", es exacto.

—¿Quiénes son "Ellos", realmente?

—Todavía no lo sé pero presiento que pronto me será revelado. Como te dije, sospecho que son seres no humanos y están organizando, junto con los humanos despiertos y entrenados, una revolución espiritual que cambiará nuestro mundo. E impedirá el triunfo del Nuevo Orden Mundial, y sus intenciones de esclavizarnos. Esto es lo que creo que sé de los Valientes en este punto.

—Morgana, pareces una periodista de avanzada.

—Y tú, un buscador espiritual. ¿De qué te liberaste en el desierto?

—De los restos de mi arrogancia, Morgana. Definitivamente.

—Sabes, Arthur, Luzbel, el ángel caído, fue arrojado a los abismos por este motivo. La arrogancia nos impide alcanzar el Moksha, la liberación. Pero, por favor, sigue contándome qué pasó contigo.

—Pasaron los días y las noches, y no aparecía ninguna señal, ni un mensajero, ni rastros de los gitanos Kalbeliya. Nada. Sólo las dunas, sólo el desierto infinito, interminable, eterno. Comenzaron las visiones, los estados alterados de conciencia, las premoniciones. Es muy largo para explicar, pero te aseguro que atravesé varios portales, Morgana, y pude regresar, que es lo más importante. El talismán me acompañaba irradiando su fuerza sobre mi pecho, y me sostenía para no desfallecer de incertidumbre, miedo y desazón. Hasta que una mañana, al despertarme, descubrí que mi camello se había ido. Imagínate, solo, en la inmensidad, con una pequeña provisión de agua y dátiles que habían quedado en el bolsillo, y la hoja de palmera que milagrosamente estaba a mi lado, como si el camello la hubiera dejado allí a propósito. No busqué explicaciones. En los momentos límite, sólo debemos continuar sin cuestionarnos nada. La mente tiene que reducirse al mínimo. Sólo debe quedar el instinto de supervivencia, la lucidez espiritual y Dios, Morgana. Allí puse en práctica por primera vez el permitir que Dios interviniera realmente en mi vida. Tenía los conocimientos del entrenamiento, pero debía vivir de verdad todo lo que había aprendido.

—¿Y qué hiciste?

—Seguí caminando. Tenía la brújula, lo cual era muy bueno. Y me di cuenta de que mi resistencia interna iba aumentando a medida que la externa iba disminuyendo. Qué extraño, ¿verdad? Esto sólo se descubre en las situaciones límite. Veía tu rostro entre las dunas, me hablabas y me dabas aliento. Y también vi a los Tirthankaras, al Sadhu, al Mahatma. Y febrilmente, incansablemente repetía la Oración Universal de los Valientes de Todos los Caminos. La recuerdas, ¿verdad?

—"Padre, me pongo en tus manos. Haz de mí lo que quieras."

—"Sea lo que fuere, te doy las gracias" —susurré.

—La conoces. El Sadhu me transmitió la Oración de la Entrega de Charles de Foucauld, un aventurero como nosotros, y repetirla incansablemente me llenaba de fortaleza. Ya la conocía de memoria, era mi oración de cabecera, la única. Ya sabes que nunca fui muy devoto. Un día sentí que las fuerzas físicas habían llegado a mi límite. Y me arrodillé en la arena bajo el ardiente sol del desierto, sediento, quemado por esos rayos implacables, hambriento, exhausto. Grité al Cielo clamando ayuda, quería encontrarte, Morgana, no era justo que muriera allí como una rata disecada. Quería vivir, tenerte en mis brazos, ser un Valiente, ayudar a restaurar el mundo, sostener el Áhimsa. Llorando pedí auxilio a Dios gritando la oración. Y en ese preciso momento aparecieron los gitanos. Y me trajeron a ti, gracias al Cielo. Nunca, nunca nos separaremos, Morgana. Quiero vivir contigo para siempre.

Lo miré embelesada.

—Arthur, esto sólo dependerá de nuestra mutua lealtad. A la Luz.

Me miró deslumbrado.

—Me lo han enseñado los Sadhus. Esta es la única garantía para sostener un amor en la Tierra. La única. Te lo aseguro.

Capítulo 32

LOS VALIENTES DEL CAMINO BLANCO

Partiríamos al día siguiente. No había tiempo que perder, dijeron los gitanos. Bhupal tenía "órdenes" de acercarnos a la frontera de Pakistán, y esta zona limítrofe era sumamente peligrosa. Los cuadros especiales del maharajá la vigilaban día y noche. Fue imposible lograr que nos explicaran por qué íbamos hacia allí y de dónde habían recibido las órdenes. El rey no contestaba nuestras preguntas, las gitanas tampoco, Indulekha me sonreía divertida y lo único que logré fue que me guiñara un ojo. Muy pronto nos dimos cuenta de que era inútil seguir indagando. ¿Qué haríamos en Pakistán? Un completo misterio.

Al día siguiente y después de un ascético desayuno, nos dispusimos a partir. Arthur y yo montamos juntos a Chahna, pero esta vez, en forma elegante y mostrando nuestra experiencia en el desierto ambos, nos levantamos junto con la dromedaria suavemente y sin incidentes. Ni bien comenzó la marcha, los gitanos empezaron a cantar mantras en hindi.

En India hay mantras para cualquier circunstancia, para cualquier desafío, para pedir protección, para tener poderes extraordinarios, para liberarse de la tristeza. Y para una buena travesía por el desierto. Bhupal nos explicó que el mantra que estábamos cantando nos aseguraba un auspicioso viaje bajo la protección de Brahma, Shivá y Vishnú, los tres dioses que estarían a cargo de todo lo que nos pasara en los cielos, en la Tierra y en el desierto. Y allá íbamos, cantando en total comunión entre nosotros y con nuestros compañeros. Sentí su calor en mi espalda, su energía masculina firme y fuerte, y nuestros cuerpos unidos, acunados por el balanceo de nuestra camella. El desierto era impenetrable, jamás se llegaba a conocerlo de verdad, era puro vacío. Un vacío pleno de luz, de cielo. Y ahora, de amor.

El ritmo de la caravana era fuerte, entre ocho a diez horas diarias. La frontera estaba a sólo ciento cincuenta kilómetros, según Arthur, pero los gitanos no calculaban las distancias de esa manera. Nos explicaron que en el desierto, antiguamente llamado "Tierra Incógnita", porque no existían mapas para atravesarlo, se computaban las distancias de acuerdo con la marcha de los camellos. Como los camellos hacían un promedio de cinco kilómetros por hora, no se podían hacer más de cuarenta kilómetros por día. Por lo tanto, inferimos que estábamos a tres días de Pakistán, avanzando siempre hacia el oeste.

Pasó el primer día, pasó el segundo, sin incidentes y sin otra novedad que las dunas extendiéndose hacia el infinito, el silencio y el sol ardiente haciendo que todo fuera cada vez más irreal, más místico. Una y otra vez volvía a mí la misión que me habían encomendado los Valientes. ¿Sería capaz de cumplirla? ¿Y cómo lo haría? Era difícil, aunque no imposible. Ojalá los Valientes me dieran más información que la que me había dado el Sadhu; había sido muy claro pero muy escueto.

En el tercer día de marcha, el océano de dunas se interrumpió y de pronto un poblado se recortó en el horizonte. Allá lejos se perfilaba un oasis, palmeras, arbustos y una fila de chozas de barro. Los gitanos nos informaron que estábamos acercándonos a un asentamiento de los bishnois, una misteriosa y desconocida tribu india que vive en pleno desierto. Había que pasar en silencio, agitando las manos si ellos lo hacían. Los bishnois eran considerados casi santos, sus costumbres eran extremadamente éticas y ecológicas, nunca talaban árboles y llevaban a los tribunales a los que maltratan a los animales. Eran estrictamente vegetarianos y muy místicos, seres extraños que no parecían humanos. Pasamos respetuosamente cerca de sus típicas casas redondas con techos de paja sin perturbarlos. Agitaron suavemente sus manos en señal de saludo.

—Algunos de ellos han dado su vida para salvar árboles y las mujeres amamantan a los animales huérfanos —dijo el Rey de los Gitanos agitando también su mano—. Tienen mucho que enseñarnos acerca del cuidado de la naturaleza y de la convivencia comunitaria para los tiempos que se avecinan —dijo conmovido.

Me quedé mirando las siluetas que se recortaban en el horizonte. Eran como ángeles sin alas. Anónimos, humildes, tan seguros del sentido de estar en la Tierra.

—¡Cómo me gustaría ser como ellos! Impecable, definido, leal, bien plantado en mis convicciones espirituales —susurró Arthur.

—¿De verdad quieres ser así?

—Sí.

—Yo también y ésto es "querer" de verdad, Arthur —le dije tomando su mano, transmitiéndole mi deseo.

Arthur comenzó a temblar. Y yo también, mientras ese inmenso deseo me atravesaba y lo atravesaba todo alrededor. Como en un sueño, me di cuenta de que así había comenzado todo con Sitael. Y ahora yo le estaba traspasando esta intensidad a Arthur. Chasqueé los dedos, Arthur se sacudió sin entender lo que había pasado allí.

—Mor-Morgana, ¿de dónde sacaste esa fuerza? Es atómica.

—Un maestro muy querido me enseñó a "querer" así hace un tiempo. Yo quise encontrarte, Arthur, lo "quise" de esta forma. Y te encontré.

En ese momento, un escuadrón de enormes helicópteros camuflados surcó los cielos hasta desaparecer en el horizonte.

—Conserven la calma, no hay que inquietarse —dijo el Rey de los Gitanos—. Ya les dije que en las fronteras hay siempre vuelos de reconocimiento. De todas formas, hay que estar atentos. El maharajá no suelta a sus presas con alegría y desapego —acotó riendo—. Pero ustedes ya están fuera de su alcance, están con los Kalbeliya. No se atreverá a raptarlos, como es su costumbre. No lo creo.

Arthur y yo nos miramos preocupados. ¿Lograríamos llegar a la frontera? Había que ponerse a rezar. Seguimos avanzando en procesión en completo silencio, interrumpido sólo por el suave ulular del viento del desierto. La incertidumbre era total, estábamos en zona de peligro y el hermetismo acerca de nuestro próximo destino estaba empezando a poner muy nervioso a Arthur.

—Bhupal —le dijo tratando de mostrarse calmo—, agradezco infinitamente lo que los gitanos han hecho por mí y por nosotros, pero tengo que contactarme urgente con mi diario para que me envíen los pasajes a Tel Aviv. Tengo un contrato con ellos, y no he podido abrir un e-mail desde hace mucho tiempo.

Me tenté de risa. Su comentario no dejaba de ser gracioso. Estábamos en pleno desierto, rodeados de gitanos y acercándonos a Pakistán, con los helicópteros del maharajá sobrevolándonos.

—Ah, por supuesto —dijo Bhupal—. Mirarás tus mails muy pronto. Pero quédate tranquilo, ayer bien noche vino un mensajero de los Valientes y me informó que ya estaba todo arreglado para sus vuelos a Tel Aviv. Y me entregó este mensaje para ti, Morgana —dijo extendiéndome un sobre blanco.

—¿Por qué no me dijiste nada? —rugió Arthur desconcertado.

—Por razones de seguridad.

Rompí el sobre ansiosa. Había un mensaje y dos pasajes.

Querida Morgana:

Te esperamos en un sitio secreto que te será revelado a su debido tiempo. Una reunión general de Altos Mandos del Camino Blanco ha sido convocada por Sitael para recibirte. Te adjuntamos dos pasajes de Karachi, Pakistán, a Tel Aviv. Sabemos que Arthur también se dirige hacia aquí para cumplir con una importante tarea periodística, y hemos servido de intermediarios para hacerle llegar el pasaje que le envía su diario. Repórtense juntos en la ciudad amurallada de Jerusalén y tomen contacto con nosotros. Diríjanse a la Puerta Sur, y muestren este mensaje a manera de contraseña. ¡Victoria y Paz! ¡En la Gran Iluminación de la Tierra! ¡Venceremos!

Los Valientes

—Y también me han entregado este otro sobre cerrado para ti. Pero no debes abrirlo ahora. Por favor, lee las instrucciones escritas aquí —dijo Buphal señalándome las grandes letras en rojo.

Abrir a 7.770 metros de altura. Por razones de seguridad.

Sitael

No tuve tiempo de reaccionar, una fila de camiones color verde oliva se acababa de perfilar en el horizonte. Sentí un nudo en el estómago. Un silencioso murmullo se extendió entre los gitanos.

—¡Tranquilos! Son de los nuestros, estoy casi seguro, son Valientes del Camino Blanco —gritó Bhupal—. No hay nada que temer, han llegado con anticipación. Los conducirán por tierra hasta el aeropuerto de Karachi. Tienen todo previsto, y les darán las indicaciones precisas de cómo comportarse hasta llegar al aeropuerto y tomar el avión hacia Tel Aviv. Tranquilos. Nos cercioraremos de quiénes son ellos, tenemos que estar seguros de que no estamos viendo a las tropas del maharajá disfrazadas de aliados. Los Assuras son muy astutos, tenemos que ser más sagaces que ellos.

Sin descender de nuestros camellos, nos acercamos lentamente a la frontera, marcada con algunos signos pintados sobre viejos carteles de madera. Marchábamos todos juntos, en una larga fila que avanzaba paso a paso como un bravo ejército de gitanos del desierto, en completo silencio. Sólo se escuchaba el ulular del viento acariciando las dunas. Y nuestra propia respiración.

La caravana se detuvo. A manera de saludo, el rey levantó su mano derecha abriendo la palma y mostrando el signo de Áhimsa, paz y No Violencia. En ese momento nueve Valientes, camuflados con trajes color verde oliva, saltaron cada uno de su vehículo, contestando el saludo con el sagrado signo de Áhimsa. Y para que no hubiera dudas, hicieron ondear una gran bandera blanca con el signo de los Valientes, y en su centro una estrella y una cruz.

—¡Fortuna, larga vida, alegría sin fin y grandes bendiciones enviamos los gitanos a los Valientes del Camino Blanco! —gritó emocionado el Rey de los Gitanos.

—¡Fortuna, larga vida, alegría sin fin y grandes bendiciones! —corearon todos los gitanos acompañando a la bendición de su rey.

—¡Paz y Bien a los compañeros Valientes y a los aliados gitanos! —respondieron ellos corriendo hacia nosotros y gritando al unísono—. ¡Victoria y Paz! ¡En la Gran Iluminación de la Tierra, venceremos!

Con gritos de alegría, llorando de emoción, Valientes y gitanos nos confundimos en un conmovedor abrazo.

—Te amo, Morgana —susurró Arthur en mi oído—. Quiero que seas mi esposa. ¿Aceptas?

Lo miré embelesada. Un misterioso ser con ojos diamantinos levantó sus manos al Cielo. Todos nos quedamos en silencio. Una voz conocida resonó en las dunas con un profundo eco y llegó multiplicada hasta los confines mismos del planeta.

Por la Gran Iluminación de la Tierra, venceremos!
Victoria y Paz.
Sintael los saluda.

Adelante compañeros.
Paz y bien.
Áhimsa.

—Áhimsa. Áhimsa. Áhimsa —respondieron los Valientes, poniendo sus manos en el corazón.

Capítulo 33

LA REVELACIÓN

Estamos subiendo, subiendo. Siete mil metros, siete mil quinientos, siete mil seiscientos, ya casi llegamos a la altura señalada, siete mil seiscientos ochenta. El comandante debe de ser uno de los Valientes. Es muy extraño, pero nos está informando con todo detalle cómo estamos ascendiendo metro por metro. Siete mil setecientos metros. ¡Ahora! Llegó el momento de abrir el mensaje de Sitael.

Querida Morgana:

Estás en pleno vuelo, no hay miradas indiscretas ni oídos curiosos. Y a 7.770 metros de altura te encuentras en territorios menos terrestres, más angélicos. Y propicios.

Ya lo sabes. Yo soy uno de "Ellos", Morgana. Estoy en esta tierra en misión.

Te informo que he descendido con un pequeño grupo que me acompaña. Los conoces a todos. Hemos elegido México, Guatemala y también la India para comenzar con nuestra tarea. En esos países estamos más protegidos. Allí existe una milenaria tradición espiritual que nos resguarda energéticamente.

En esta dimensión me llamo Sitael. Tengo una historia, una edad terrestre aproximada, un color de ojos, una sonrisa especial y estoy al servicio de Dios. En otros planos, soy una Unidad de Luz, y también estoy al servicio de Dios.

Vayamos a nuestra historia personal, Morgana. Habíamos estado observándote antes de hacer contacto contigo en ese café en Buenos Aires. Nosotros podemos ver la energía de las personas y captar el color de su alma. Y aunque estabas en crisis, y justamente por eso, sabíamos que podías cumplir una importante misión. Sólo teníamos que verificar tu capacidad de atravesar la incertidumbre, ver tu fortaleza interna y tu valor.

Comenzó tu entrenamiento personal conmigo y saliste victoriosa de todas las pruebas, Morgana. Y ahora ha llegado el momento de entregarte esta misión que tú puedes aceptar o rechazar. Seguiremos con este importante tema en unos instantes. Antes quiero informarte quiénes somos realmente los Valientes.

Pues bien, esta es una organización inédita en el planeta, algo jamás visto hasta ahora. Es secreta, y seguramente continuará oculta a las masas.

Detuve la lectura, se me llenaron los ojos de lágrimas. Sitael… ¿Quién era Sitael? Esa pureza, esa ternura y esa sabiduría que él irradiaba no eran de este mundo.

¡No es fácil estar en la Tierra en estos tiempos! Ni para ustedes ni para nosotros. Es cuestión de entrenamiento. La misión es fuerte, no estamos aquí para solucionar problemas menores ni para mantener las cosas en el mismo estado somnoliento en el que se encuentran ahora, pero un poquito más "cómodo". No, Morgana, estamos aquí para cambiar todo y para empujarlos a evolucionar.

Para esto hemos organizado los tres Caminos, todos intensos y profundos, pero con diferentes colores terrestres para desarrollar distintas fuerzas espirituales. El Naranja, para establecer en la humanidad la Conducta Recta y hacer un éxodo del individualismo, la soledad emo-

cional y el materialismo. El Blanco, para conocer la certeza en la Luz y para tomar un compromiso con la evolución. Y el Rojo para canalizar los poderes de la naturaleza y volverse sobrehumanos.

Detuve la lectura nuevamente. Tenía que tomar aliento.

Esto era increíble, pero estaba pasando y me había pasado a mí concretamente, y podría atestiguarlo. Repasé mentalmente las sensaciones que regularmente tenía al estar cerca de uno de "Ellos". Además de detectar esa mirada diamantina, sentía una paz instantánea y venía a mí una dosis de energía extra, una sensación de familiaridad, como si ya nos hubiéramos conocido antes. Seguí leyendo.

La comunidad de los Valientes estará formada por seres que se atrevan a ser realmente Valientes. Ingresarán a nuestra comunidad y a esta cofradía quienes ya tienen una natural tendencia a vivir una vida pura, santa, ascendida.

Llamamos, a través de este mensaje, a integrar las filas de los Valientes a todos aquellos que ya quieran cortar lazos con el mundo viejo. A quienes ya no soportan más las mentiras del sistema. A los que valientemente están dispuestos a ser quienes nunca fueron, como tú, Morgana. ¿Recuerdas que te dije que iba a nacer en ti "la Desconocida"? Es momento de comprobarlo. ¿Quieres ver realmente en quién te has transformado? Saca tu espejo mágico, el que te regaló en Jaisalmer el encantador de serpientes, que era por supuesto uno de los nuestros.

Busqué febrilmente en mi mochila. Allí estaba. Arthur se había quedado dormido, por suerte. Ya le informaría lo que estaba sucediendo y también le contestaría sobre esa propuesta que me había hecho a último momento.

¡Respira hondo y mírate en este espejo! ¡Mírate, Morgana Swiatlowsky! Es un espejo angélico, un espejo tan puro que en él te verás

422

como realmente eres, no como querrías ser o como crees ser. Verás tu
esencia, tu potencial, tu infinita bondad, tu fuerza, tu belleza.

Contuve el aliento. Lentamente fue apareciendo en el fondo del espejo una imagen que yo apenas podía reconocer. Era una Morgana totalmente desconocida. ¡Mi rostro! Nunca me había visto así. Parecía un hada, una gitana mística. Irradiaba una tenue luz circundante y mis ojos ardían en llamas.

Sí, Morgana, esta es tu verdadera identidad. ¡Tú eres una Valiente!
Ahora vayamos a la misión especial que harás para nosotros, si la acep-
tas: tal como te lo anticiparon los Sadhus, serás nuestra informante.

Te anticipo que ser informante de los Valientes es una tarea de muy
alto voltaje. Deberás transmitir toda la experiencia vivida y la infor-
mación que recibiste a lo largo de todo este tiempo, desde que yo te he
contactado en el café. Cuenta tu historia de amor. Muchos comprende-
rán qué es lo que realmente significa enamorarse. Te autorizamos tam-
bién a transmitir los apuntes que has tomado en el entrenamiento en el
campamento de Rajastán.

Te sugiero que informes todo lo que te ha sucedido en forma de
novela, es más seguro, y podrás revelar así más datos reales acerca de
nuestro movimiento. Esto nos protegerá de los escépticos, los incrédulos
y los irónicos, una lamentable raza en proceso de extinción que todavía
existe en la Vieja Tierra.

Morgana, en tu misión de informante deberás transmitir clara-
mente que toda la humanidad tiene que irse santificando, lo antes po-
sible. Ya sabes que esto significa irse clarificando, definiendo, trabajando
fuerte para entrar en un permanente contacto con el Cielo. La Tarea es
realmente urgente.

Y en cuanto a los que duden de la veracidad de esta información,
déjalos dudar, no saben lo que se pierden. Déjalos reírse, no saben lo
que hacen.

Te autorizamos a publicar directamente esta carta, sin revisiones ni cambios. Así como todos los apuntes que has tomado en el entrenamiento, tal cual los tomaste. Deben ser testimoniales. Totalmente auténticos. Espontáneos, no hay tiempo que perder. Es urgente trabajar sobre la liberación de los humanos. Por favor, informa al editor que, según expresas instrucciones, los apuntes deben ser publicados todos juntos y al final de la novela. De esta forma, todos podrán hacer el entrenamiento en el Camino Naranja sin viajar a la India.

Dales la información tal cual tú la recibiste. Tus apuntes los harán estar en el entrenamiento, sentados con nosotros en aquella gran carpa en el desierto. Quienes entiendan sabrán que, practicando los principios aquí revelados, su vida cambiará por completo y serán reconocidos por nosotros en cualquier lugar del mundo en que se encuentren.

Adelante, Morgana. Sigue con tu misión. Los Valientes te estamos asistiendo.

¡Victoria y Paz! ¡Por la Tierra Iluminada, venceremos!

Sitael
A. C. E. M
Alto Comando en Misión

Queridos compañeros del Camino Naranja:

Les entrego también un mapa de la India donde podrán ubicar los lugares que he recorrido con los Valientes.
Y aquí van los apuntes tomados en el gran entrenamiento del Camino Naranja realizado en el desierto de Rajastán. Los comparto con ustedes con todo mi amor. Hubo muchas etapas en las que no

nos estaba permitido realizar ninguna anotación. Sólo escuchar y hacer las intensas prácticas, que a veces duraban días. Sin embargo, la energía generada allí les llegará con toda su magnitud original. El resto queda transcripto tal cual lo recibí, textualmente.
¡Plántense en la Tierra como Jinas! Sean Gigantescos.
¡Victoria y Paz! ¡En la Gran Iluminación de la Tierra, venceremos! Reciban un valiente abrazo.

Morgana

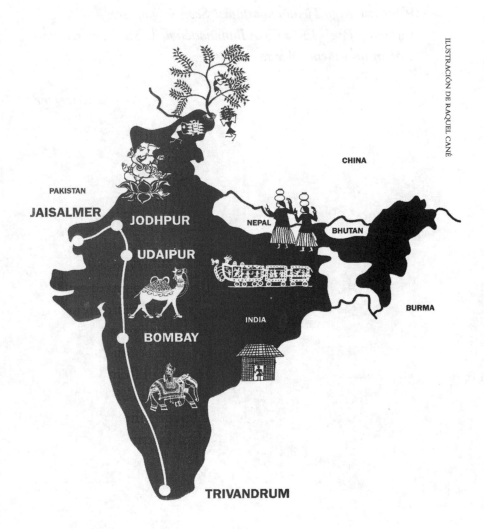

CHINA

PAKISTAN

JAISALMER   JODHPUR

NEPAL   BHUTAN

UDAIPUR

BURMA

BOMBAY

INDIA

TRIVANDRUM

LOS APUNTES DEL ENTRENAMIENTO

Estoy muy emocionada… ¡Hoy fue el primer día del gran entrenamiento! Nos anunciaron que el ritmo diario será intenso, que comenzaría antes de salir el sol y finalizaría al anochecer. Veo que todo está perfectamente organizado. Nuestros guías son todos Sadhus y son nueve. Los asisten los así llamados Instructores Valientes en servicio, mayormente hindúes. Y también están entre nosotros los Cuidadores. Entre ellos los hay también de otras nacionalidades, así como entre los aspirantes a Valientes provenimos desde los puntos más distantes del planeta. Los Sadhus tienen una energía muy especial, irradian paz y bienaventuranza. Son etéreos, leves. Me imagino que es resultado de toda una vida dedicada al camino espiritual. Pero hay algo más que no alcanzo a definir: estando cerca de ellos uno parece elevarse a los cielos. Es muy fuerte, lo comentamos entre los estudiantes, todos sienten lo mismo, pero nadie puede explicarlo. Y después de todo, ¿para qué saberlo?

❧◉☙

Hoy también nos informaron que aquí nada estará librado al azar, que la disciplina será intensa y sostenida y que los conocimientos que recibiremos harán nacer en nosotros una certeza absoluta. Que la vida guiada por el espíritu es la única alternativa de sobrevivir. Haremos yoga dos veces por día y de una manera muy fuerte. Practicaremos el pranayama, las respiraciones ancestrales de los yoguis. Necesitamos aprender a usar nuestro cuerpo para estabilizar nuestros estados de ánimo. Los cambios que se avecinan son enormes, inimaginados, dijeron, tenemos que prepararnos para ver lo que nunca vimos y ser quienes nunca fuimos.

❦

¿Cómo seré yo al finalizar este entrenamiento? Me lo pregunto y no sé cuál es la respuesta. ¿Más sabia? ¿Menos emocional? ¿Más valiente?

"Ustedes serán más valientes. No hay duda alguna", dijeron los Sadhus como respondiéndome. "Más jóvenes, más fuertes y más conscientes. Eso es lo que esperamos de todos los aspirantes."

El entrenamiento se divide en tres etapas, las que serán atravesadas por nosotros en tres meses.

En el primer mes estudiaremos y practicaremos hasta que sea parte nuestra:

Áhimsa: la No Violencia.

Y también haremos nuestros los "Tres Tesoros del Camino Naranja".

Samyug-Darshan: obtener la *Recta Visión.*

Samyug-Gnana: obtener el *Recto Conocimiento.*

Samyug-Charitra: obtener el *Recto Carácter.*

Recibiremos también la enseñanza sobre Moksha, la liberación.

Y practicaremos, hasta que no quede en nosotros vestigio de viejas actitudes, los Cinco Principios del Camino Naranja:

Áhimsa (no violencia)

Astheia (no robar ni dejar que nos roben)

Satia (ser verdaderos)

Bramacharia (ser puros)

Aparigraha (ser desapegados)

"¿No robar?", preguntamos varios. Los Sadhus nos explicaron que hay varias formas de robo. Por ejemplo, robo de energía, robo de ideas, robo de amores, robo de sueños. Nos quedamos intrigados.

Ojalá esa parte llegue pronto.

Nos vamos a dormir. Los Sadhus nos bendicen. Y ahora meditaremos junto a ellos hasta entrar en un dulce ensueño.

Buenas noches.

Estoy feliz.

PRIMER MES DE ENTRENAMIENTO

Santidad

Un voluntario tocó la campana de plata anunciando el comienzo del entrenamiento. El Sadhu más anciano iba a hablar. Un tenso silencio se instaló en toda la carpa. No volaba una mosca.

—Queridos aspirantes a Valientes —dijo el Sadhu con voz potente—, cierren los ojos, respiren hondo. Les revelaré el principio más fuerte del Camino Naranja, tal como los veinticuatro Tirthankaras que nos precedieron, nosotros estamos en esta tierra por una sola razón: santificarnos.

Un profundo silencio se extendió por toda la carpa. No se escuchaba ni el zumbido de una mosca. Las palabras del Sadhu nos habían llegado directo al corazón.

—Nos santificaremos, o sea nos sanaremos de todo desamor. Aprenderemos a cuidar cada palabra que emitimos para que ella no dañe a ningún ser vivo. Aprenderemos a cuidar cada gesto para que no despierte poderes oscuros. Nos saldremos por completo de las descuidadas maneras de estar en el mundo de nuestra civilización decadente. Recuperaremos la aristocracia espiritual, la gracia, la lealtad, la pureza. Esto y mucho más es santificarnos, queridos aspirantes a Valientes. Tenemos por delante tres meses, y serán intensos. ¡Prepárense! Respiré hondo. Esto iba muy en serio.

Comodidad: un tema que me conmocionó

Hoy los Sadhus nos reunieron en círculo desde muy temprano, todavía no había amanecido.

—Trabajaremos sobre la comodidad —dijeron mirándonos fijo.

—¿Comodidad? ¿Comodidad? —preguntamos extrañados—. Qué tema intrascendente.

—¿Sí?, ¿les parece intrascendente? Ése es el virus con el cual casi todos ustedes están contaminados —sentenciaron—. El camino espiritual es incómodo, desafiante, exigente. No es opiáceo, no es fácil en resumidas cuentas, pero el resultado es apasionante. La restricción voluntaria de la comodidad, el autocontrol, la rectitud, el ardor espiritual o pasión por la Luz, el ayuno, todas estas son formas de liberación. Y nos dan "siddhis", tremendos poderes mágicos. Por eso los Valientes entrenamos a los principiantes enseñando una y otra vez que lograr algo verdaderamente bueno requiere esfuerzo sostenido.

"Esfuerzo sostenido, cero comodidad. Exigirnos al máximo. Ser ciento por ciento", afirmó Kanvar, quien hablaba a veces en el entrenamiento, junto con los hombres santos.

"La era de los maharajás ha retornado con virulencia y voracidad inimaginable", siguió hablándonos a todos los aspirantes. "Y no se trata de los maharajás antiguos, estamos hablando del establecimiento de un único poder mundial que opera desde la sombras y pretende manejar el mundo entero, de manera totalitaria, sin concesiones, con poderes inimaginables y con total impunidad. Si nos quedamos en la espiritualidad cómoda, intelectual, no comprometida, nos arrasarán. Por favor, entiendan. No podemos perder tiempo, debemos volvernos eficientes, rápidos, concisos, claros y, sobre todo, no violentos."

Los Sadhus asintieron en silencio. Y luego siguieron instruyéndonos hasta bien entrada la noche. Podía quedarme horas, días, meses, sólo escuchándolos. Los Shadus me transportaban a un mundo de total armonía, felicidad y plenitud. Quería quedarme para siempre en ese estado de beatitud y certeza. Amaba este entrenamiento.

Los tres tesoros

Hoy profundizamos en las verdaderas implicancias de los Tres Tesoros del Camino Naranja.

Samyug-Darshan: obtener la *Recta Visión*.

Samyug-Gnana: obtener el *Recto Conocimiento*.

Samyug-Charitra: obtener el *Recto Carácter*.

Acerca de la Conducta Recta, los Sadhus nos aclararon una y otra vez que era por cierto muy difícil de sostener ante las pruebas concretas de la vida, pero no imposible. Se nos anunció que una vez que teníamos este conocimiento, teníamos los conocimientos, invariablemente íbamos a ser probados, para ver si realmente habíamos internalizado sus principios.

La Conducta Recta está formada por tres conceptos o principios inmutables: Pensamiento Recto, Palabras Rectas y Acciones Rectas. Los tres debían ser cumplidos simultáneamente y sin justificaciones de ninguna índole. Pasamos días enteros analizándonos. Guiados por los Sadhus.

¿Pensamiento Recto? No sé si siempre lo tengo. Muchas veces especulo, ésa es la verdad. Calculo, negocio conmigo misma, me miento. Los Sadhus nos explicaron que el Pen

434

samiento Recto no tiene concesiones, sobre todo con nosotros mismos.

Una forma de practicarlo es dedicar un día completo para ir anotando lo que pensamos. Sin control, sólo observando. Lo hicimos y me di cuenta con horror de que mis pensamientos no tienen nada de recto, son un enjambre de buenas intenciones, proyecciones, ideas errantes, y laberintos sin salida, repetitivos y circulares. Con las indicaciones de los Sadhus aprendimos a limpiar los pensamientos, a elegirlos, a cerrarnos a la negatividad y sobre todo a dominar nuestra mente.

Ni hablar de las palabras rectas. La potente técnica para limpiar nuestra forma de hablar era restringir lo que hablábamos y hablar sólo si se nos preguntaba algo. Y dijeron que en el segundo mes, que estaba dedicado a la educación del ego, íbamos a practicar más tácticas. Las Acciones Rectas eran más obvias, porque estaban más expuestas. Sólo había que observarnos, y la verdad aparecía por sí sola.

Me gustó esta parte del entrenamiento, me mostró muchas cosas de mí que jamás hubiera sospechado.

El amor indomable

Así es. El amor debe ser indomable, dijeron los Sadhus hoy. La necesidad de amar está emergiendo por todos lados nuevamente, hay una rebeldía tremenda. Las personas se resisten a estar solas como el sistema les quiere inculcar, y se están animando a amar de nuevo. Éste es sólo el comienzo, estamos viendo apenas la punta del iceberg. Estamos en la Edad Triste, o Duhsama, según el jainismo. Sin embargo, al mismo tiempo y con una fuerza imparable de esta profunda oscuridad está emergiendo la Era Dorada del Amor Indomable. "Lo sienten, ¿verdad?", nos preguntaron, con los ojos brillantes.

Sí. Lo sentíamos, pero nos causaba grandes problemas con los otros, que todavía vivían con mucho miedo al amor.

"Es un amor total que nos desborda. Es como un volcán que irrumpe desde adentro y nos enciende en un fuego sagrado", dijeron los Sadhus. Y no se refiere a una persona, aunque también estos son tiempos de grandes pasiones. En la Era del Amor Indomable podemos enamorarnos apasionadamente, como nunca lo habíamos hecho. De una persona, de una tarea, de un camino.

Me puse colorada. Yo sentía eso por el Nómade, era el Abismo de Amor, y yo sabía de qué estaban hablando.

Esta manera indomable de amar se manifiesta no sólo en los amores personales, se siente en todo lo que hacemos, lo impregna todo, lo enciende todo con una pasión desconocida, dijeron los Sadhus. Es un amor tremendo, puro fuego ardiendo en la Tierra. Un amor que no juzga ni condena las conductas del otro. Uno es leal a la Luz, los otros que respondan por sus actos. Uno se deja guiar por su corazón.

Estábamos conmovidos hasta las lágrimas. Los Sadhus estaban describiendo exactamente lo que sentíamos.

Y si ardemos en este Amor Indomable sin reprimirlo, entonces nos expandimos y nuestros sueños se amplían, y de pronto sin saber por qué queremos más. Más vida, más colores, más ardor, más amor. Para compartirlo, no para encerrarlo con nuestros egos. En la Era del Amor Indomable podemos enamorarnos apasionadamente, como nunca lo habíamos hecho. De una persona, de una tarea, de un camino.

¡Qué hermosa era!, musitamos todos.

Pero para poder elevarnos a estas altas vibraciones, tenemos que aprender a vivir en otro estado de conciencia al habitual en forma permanente. Y no alcanza con darse cuenta, ni con ser buenos, ni con meditar. Hay que ser Valientes, y para lograrlo tenemos estos fuertes entrenamientos.

Moksha, la liberación

"Como ustedes saben", afirmaron los Sadhus, "el Camino Naranja se guía por los principios jainistas. Es posible que el jainismo como tal nunca haya sido fundado por nadie, ya que fue construyéndose a través del tiempo y alrededor de maestros, prácticas y doctrinas. Es una religión nástika, o sea, no reconocemos la autoridad de los textos sagrados hinduistas ni de los sacerdotes brahmanes. Los Sadhus, el equivalente a los monjes en la tradición cristiana, somos rebeldes natos, por eso nuestras claves son muy importantes en estos tiempos donde se ciernen nubes de sometimiento y esclavitud en el mundo entero."

—¡Oh! Hombres Santos, pidamos asistencia al Cielo —dijo Kanvar—. Tenemos que intervenir en este juego perverso, hay que ayudar a todos a liberarse de la esclavitud mental, psíquica, emocional y hasta física.

—Así lo haremos, querido amigo —dijeron los Sadhus— pero para ello tenemos que educar a los aspirantes para que realmente sean unos de los nuestros. Verdaderos Valientes.

—Entonces hablemos de la liberación. Nosotros la llamamos Moksha. En las tradiciones occidentales se llama Estado de Gracia.

Intervine diciendo que yo conozco este término, y se que es prácticamente inalcanzable para los humanos comunes. El Estado de Gracia es nombrado en el cristianismo y es un estado completamente libre de pecado. No es permanente, para sostenerlo hay que renovarlo con oraciones, con arrepentimientos, con continuas confesiones. Y por lo que creo, es similar al dharma de los hindúes, al sartori, al nirvana, a la iluminación, al Paraíso de los hebreos. Me parece inalcanzable.

—Correcto, *era* inalcanzable —dijeron los Sadhus—. Este estado llamado Moksha es una completa liberación de las limitaciones y el acceso a un estado de permanente felicidad espiritual, que no es la felicidad mundana tal como la conocemos. De todos modos, no importa cómo lo llamemos, pero coincidimos en que no es tan fácil llegar a la liberación, ¿verdad? Requiere decisión y esfuerzo sostenido. Sin embargo, los nuevos tiempos han llegado. Estamos ante un salto evolutivo y ahora alcanzar esta manera de estar en el mundo ya no es una posibilidad lejana, es una urgencia, Morgana. Todos estamos llamados a alcanzar Moksha cuanto antes. El Moksha no es una prerrogativa solamente de los Sadhus, los seres que vivimos enteramente dedicados a la vida mística, como era en otros tiempos. Ahora todos tenemos la obligación de liberarnos de las garras de los Assuras. Han avanzado demasiado y hay que poner freno a sus intenciones de someter al mundo. Ellos nunca capitulan, y así tenemos que ser nosotros. Por eso los Sadhus hemos entrado al servicio de los Valientes y somos instructores en el Camino Naranja, además de ser vagabundos espirituales y peregrinos.

—Los Valientes del Camino Naranja trabajamos con los principios del Camino Recto, como lo hizo Gandhi —acotó Kanvar—. Y como él, nosotros nos basamos en las enseñanzas del jainismo. Si el Mahatma ha logrado nada menos que la liberación de la India de un imperio considerado hasta ese momento invencible, podemos confiar en que estas enseñanzas nos llevarán a nuestra propia liberación. Nosotros también lo lograremos, queridos aspirantes. Nos liberaremos del miedo, y haremos una revolución espiritual no violenta en nuestras vidas, en nuestros países, en el mundo entero. Es hora de organizar la resistencia. Los Comandos de Conciencia, nuestros hermanos kabalistas, instructores del Camino Blanco, trabajan para alcanzar la liberación espiritual a través de la certeza. Los Valientes del Camino Rojo entrenan a los que han decidido liberarse a través de la vía de la magia y de las fuerzas de las comunidades. Estamos ante una emergencia mundial: ¡urge liberarnos de los Assuras! ¡Urge romper las cadenas de la ilusión y recuperar nuestro real esplendor! Urge crear nuevas formas de convivencia, y entrenarnos en una vida menos egoísta, más fraternal y comunitaria. ¡En la Gran Iluminación de la Tierra, venceremos! —gritó Kanvar poniéndose de pie.

—¡Venceremos! —le contestamos emocionados hasta las lágrimas.

Los cinco principios del Camino Naranja

—Hoy les revelaremos los cinco principios de los Valientes del Camino Naranja —dijeron los Sadhus con los ojos brillantes. Algunos emitían los destellos diamantinos que yo ya conocía, y me pregunté por qué, tratando de encontrar alguna clave oculta. Pero todavía no podía descubrirla.

—El primero es Áhimsa, un principio fundamental para evolucionar. La No Violencia no es sólo física, también se refiere a no herir con palabras, o pensamientos, a ningún ser vivo, ni a uno mismo. La No Violencia debe enraizarse en tu vida profundamente, y es una bendición vivir de esta manera, te lo aseguro. Las heridas del alma se curan, la alegría retorna, la Luz lo ilumina todo.

—Éste es un principio netamente angélico —acotaron.

El segundo principio era Satía, la Verdad, otra cualidad celestial e importantísima que teníamos que hacer nuestra.

—Los Valientes debemos tener una honestidad absoluta, feroz, radical, ésa es nuestra vía —nos atravesaron con sus miradas resplandecientes—. Esperamos que la alcancen.

—Trataremos —dijimos varios. Pero los Sadhus se enojaron mucho.

—Esa palabra no existe para nosotros. Es un sí o un no. Los Sadhus no aceptamos las medias tintas.

—El tercer principio es Asteia, no robar. Un principio espiritual básico y poco comprendido en niveles humanos. Asteia se refiere no solamente a los robos materiales, también a los robos de energía, como en los que se especializan los Assuras. Estamos hablando de los robos del alma, los robos de esperanza, los robos de dignidad. En definitiva, nos estamos refiriendo a los robos de Luz.

Me estremecí, sabía de qué estaban hablando.

—Tú fuiste robada en el palacio —dijo Kanvar en mi oído.

—¿Qué es lo que me robaron? No me di cuenta.

—Las fuerzas oscuras te robaron a tu amor. Y una parte de tu alma se quedó atrapada allí, te recuperaste de este robo en el desierto. ¿Recuerdas, Morgana? Soltaste lo que te atormentaba.

—Lo solté, Kanvar. Pero ¿cómo pudo Arthur hacer algo así?

—Es común en nuestra sociedad, y es considerado como algo "normal", pero es grave. Nuestra conducta inconsciente afecta a los demás. Los jainistas no admiten ningún tipo de robo, y sobre todo el de Luz. Y nos entrenan para que nosotros tampoco robemos la Luz de nadie.

—El cuarto principio es Brahmacharia —dijeron los Sadhus—. Es lo que ustedes llaman castidad, y se refiere a la pureza, y no solamente a la pureza física, sino a la pureza mental y emocional. No tiene nada que ver con un prejuicio moral. Es un estado de limpieza interior, de liviandad que es urgente, imprescindible alcanzar. También lo pueden llamar inocencia o estado primordial, y es también llamado estado angélico, ya que los ángeles son Brahmacharia.

Asentí en silencio, muy conmovida. Estaba empezando a entender muchas cosas. Y a medida que avanzaba el entrenamiento sentía más y más una total certeza. Este entrenamiento estaba expandiéndome, purificándome, fortaleciéndome con una potencia y velocidad que jamás había experimentado. Sentí, como pocas veces en mi vida, que por fin estaba en el lugar correcto, haciendo lo correcto y acompañada por las personas correctas.

—Finalmente, el quinto principio es el Aparigraja, el desapego —dijeron los Sadhus —. Debemos alcanzar una total libertad física, emocional y mental. La libertad, o sea, el desapego, se va conquistando poco a poco en esta tierra. Los Valientes no consideramos fácil vivir de acuerdo con este principio, sabemos que requiere mucho entrenamiento.

—Ahora tú estás practicando mucho Aparigraja —dijo Kanvar sonriendo—. Sé Valiente, Morgana, no claudiques, sé como nosotros, más y más Valiente.

—El Aparigraja no debe practicarse sólo cuando las cosas no salen como las planeamos, o cuando hay que dejar ir algo o a alguien. También hay que desapegarse cuando las cosas salen muy bien, cuando la vida fluye como un río de miel y nosotros sólo tenemos que deslizarnos en la corriente y todo viene a nosotros y todos son buenos y todos nos aman. No se empalaguen, disfruten el momento intensamente, pero no se apeguen a él ni a las personas que lo comparte con ustedes. No se apeguen al éxito ni a las victorias. Todo es pasajero y cambiante en esta vida, sólo el espíritu es inmutable. Sólo la Luz. Sólo el cambio es permanente en esta Tierra, nosotros somos nómades, peregrinos, gitanos. Renunciantes a los placeres pasajeros. Valientes.

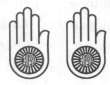

SEGUNDO MES DE ENTRENAMIENTO

Ha comenzado el segundo mes del entrenamiento. Y ha cambiado por completo la estrategia de la enseñanza. Ya no habrá tanta teoría. Los Sadhus nos informan que ha llegado el punto en el que tenemos que confrontarnos con nosotros mismos. Ahora tendremos que focalizarnos completamente en nuestra vida personal y rectificarla. Para esto hay que asumir en qué punto evolutivo estamos realmente. Y para descubrirlo nos dijeron que atravesaríamos una serie de prácticas y que algunas de ellas serían muy secretas.

Me da un poco de miedo esta etapa. Es más fácil estudiar, recibir informaciones, creer que todo está mal por fuera y perfecto por dentro, y no mirarme en profundidad. ¿Y si sólo estuviera soñando? ¿Y si mi nivel de conciencia no es suficientemente elevado aun después de todas las experiencias vividas? ¿Qué harán conmigo?

Los Sadhus nos tranquilizaron a todos. Ha llegado el momento de verificarnos y no autoengañarnos y de ver si realmente somos tan espirituales, hay que ver si esto es cierto. Nos anuncian que es muy fuerte lograr *vernos*. Y que una vez que evaluemos dónde estamos parados, habrá que empezar la tarea de *santificarnos*, y volvieron a aclararnos que ya sabíamos que en el Camino Naranja esto significa *sanarnos* de la visión profana del mundo.

No desviar la mirada

—El no desviar la mirada será uno de los más fuertes entrenamientos del segundo mes. Uno de los más fuertes —repitieron los Sadhus. Y tenían razón.

Había que sostener la mirada y revisar nuestra vida hasta encontrar la verdad en todas las áreas. Nos resistíamos, tratábamos de mentirnos, y no asumíamos tampoco nuestros reales poderes, no conocíamos nuestras fuerzas. Empezamos por detectar lo que había que rectificar, corregir. Una vez que veíamos qué debía ser mejorado en una situación, una conducta, una relación, una postergación crónica, fijábamos nuestra atención allí, y no desviábamos la atención hasta encontrar una forma de rectificar ese aspecto.

—Cuando los hechos son incuestionables, la clave es mirarlos de frente —dijeron los Sadhus—. Nuestra fortaleza espiritual se demuestra manteniendo los ojos abiertos, y viendo claramente lo que la vida nos está mostrando. La Verdad. Sin anestesia. Sin explicaciones. Sin justificaciones.

Protestábamos diciendo que era muy difícil, si no imposible.

—Si quieren ser verdaderos Valientes, asuman que es fácil sostener la mirada hasta "ver" cómo son las cosas. ¡Sólo hay que animarse! Y entonces, sólo entonces, vuelve a salir el sol. Retorna la Luz. Recuerden esto: la verdad es sanadora. Aunque duela.

A veces nos llevaban a visualizar situaciones que nos habían dolido mucho, ante las cuales nos habíamos deprimido. Por ejemplo, si habíamos sido estafados o traicionados. Posiblemente las habíamos negado, o nos habíamos intoxicado con ellas, o nos habíamos convencido de que no eran tan injustas. Pero había que asumir que sí, eran injustas, pero no podíamos cambiarlas. Se debían a un estado de conciencia no evolucionado de los demás, y eso no podíamos manejarlo. Pero aún las más grandes traiciones no podían quebrarnos, porque el espíritu es intocable e inquebrantable. Aunque el ego esté herido, el espíritu está intacto.

Los Sadhus nos dieron tiempo personal para que cada uno se focalizara en el tema que más lo preocupaba. Entonces, finalmente, tuve que enfrentar que las tres semanas habían finalizado, y que si el Nómade no aparecía, sólo me quedaban dos meses más. Y después tendría que tomar una decisión. Tal vez la de olvidarme del Nómade para siempre y regresar a Buenos Aires. O seguir sola con los Valientes, hacia nuevos caminos. Y tal vez encontrar otro amor.

Elevarse por encima

El ejercicio que seguía nos tomó una semana completa y era el de *"Elevarse por encima"*. Estaba unido a ciertas prácticas de yoga que, mediante respiraciones muy secretas y fuertes ejercicios, nos enseñaba a levitar por sobre las circunstancias. Esto era lo que literalmente significaba *"Elevarse por encima"*.

Había que practicar día y noche el salirse de una situación densa o triste, y en esos días ayunamos. Era como aprender a volar. Uno debía saber levantar vuelo y *elevarse por encima* de todo. Y no ser afectado por nada. Esta clase de inmutabilidad es la que tenían los jinas y los vencedores espirituales.

Yo recordaba esta práctica, y la conocía muy bien. Sobre todo después de lo acontecido en el hotel Isabel en México. Sólo porque nos *"elevarse por encima"* pudimos vencer el ataque del Assura, aquel perverso maharajá. Y también logré escaparme de él por segunda vez en el palacio gracias a esta práctica.

Los Sadhus nos explican ahora este ejercicio en forma profunda y enseñándonos a hacerlo regularmente. No sólo en emergencias espirituales o como ejercicio exorcístico. Tenemos que hacer ahora mismo un ejercicio de recapitulación de nuestra vida. Un autoexamen. Ver en qué aspectos de nuestra vida tenemos que elevarnos. Y al mismo tiempo hay que puntualizar en qué situación estamos atrapados, esclavizados. Una vez que la hemos visto, debemos elevarnos sobre el hecho, la persona o la situación, y dejar de tomarlo como algo personal. En otro nivel, nadie nos ha ofendido, ni herido, ni mancillado nuestro honor, el espíritu es invulnerable a esos ataques. Y las personas que nos han herido, finalmente se han traicionado a sí mismas.

Si nosotros aprendemos a sostener nuestra inocencia primordial, llegaremos a sobreponernos al sufrimiento de este mundo, porque lo más parecido al Amor que cura todo es la Inocencia.

La Inocencia restaura nuestra dignidad espiritual, dijeron los Sadhus, "jamás la pierdan". Entonces, sin desviar la mirada, volviendo a vivir imaginariamente la situación de dolor, traición, conflicto, abandono, debemos limpiar el resentimiento que haya quedado allí, visualizando envueltas en fuego naranja a las personas que nos lastimaron, perdonando su ignorancia y su inconsciencia y soltando así nuestra energía emocional secuestrada y retenida en ese nivel de conciencia.

El alivio fue inmediato. Respirábamos hondo, reteníamos el aire. Luego exhalábamos y respirábamos el sagrado Fuego Naranja. Lo reteníamos y luego lo irradiábamos al exhalar, soltando y quemando el todo el dolor y las frustraciones. Y nuevamente inhalando el Fuego Naranja nos llenábamos de alegría, de inocencia, de fuerza.

Renunciar para siempre a los "me gusta" y "no me gusta"

En la última semana del segundo mes, los Sadhus nos anunciaron que íbamos a trabajar sobre un tema fundamental para la definitiva educación del ego. Nos parecería extraño lo que ellos nos iban a exponer a continuación, pero era uno de los más grandes secretos del Camino Naranja, y teníamos que prestar mucha atención a lo que ellos nos iban a revelar en unos segundos porque cambiaría nuestra vida para siempre.

Se quedaron en silencio mirándonos a todos en redondo. Se instaló una fuerte tensión. Todos presentíamos que la información que estábamos por recibir iba a revolucionarnos.

—Tengan el valor de tomar con impasibilidad tanto lo que consideran agradable como lo no agradable. Borren de su lenguaje para siempre los términos "me gusta" y "no me gusta". ¡Atrévanse a vivir como viven los verdaderos Valientes!

—¿Eliminar de nuestra vida todos los "me gusta" y los "no me gusta"? Esta es una propuesta que jamás habíamos escuchado. ¿Por qué es tan importante? —hablábamos todos al mismo tiempo, alborotados.

Los Sadhus nos ordenaron silencio.

—Nuestra vida de Valientes está regida por la Luz, por el espíritu, por valores elevados, no por las cosas mundanas, no nos interesan los entretenimientos, ¿verdad?

Sí, era verdad, ninguno de los que estábamos allí estaba manejado por los entretenimientos que nos ofrecía el sistema. Estábamos allí porque queríamos cambiarlo todo. Hasta los conceptos que teníamos sobre la espiritualidad.

—Para cambiar de verdad, liberarnos y ser uno de los Valientes, tenemos que adquirir una intensidad especial. Y para lograr esto, hay una clave impecable: todo lo que nos pasa nos gusta porque nos ayuda a evolucionar. Al clasificar las experiencias en dos categorías, las que nos gustan y las que no nos gustan, no somos libres, dependemos de lo que nos den de afuera. Es una sutil esclavitud disfrazada de libertad. Es la libertad de poder elegir entre los juguetes que se les otorga a los esclavos que están todos dentro de la prisión y una forma de mantenernos en ella. A los Valientes nos gusta todo lo que nos pasa, porque es santo, y nos conduce a la liberación, ya sea cómodo o incómodo. Conveniente o inconveniente. Fácil o difícil. Bello o feo.

En mi cabeza daban vuelta muchos de los "me gusta" y "no me gusta" que habían regido mi vida hasta ahora. Y de un plumazo tenía que eliminarlos. Me rebelé un poco, ya me había liberado de las cinco estrellas, de la estupidez de las apariencias, del consumo, de la búsqueda de la seguridad. Levanté la mano pidiendo ser escuchada. Estaba segura de que todos tenían las mismas preguntas que yo.

—Respetables Sadhus, ¿esto quiere decir que tenemos que aceptar todo lo que nos pasa? ¿Sin evaluarlo, sin juzgar si es bueno o malo para nosotros? ¿Y si no nos gusta cómo han procedido con nosotros algunas personas? Perdón por lo que voy a decir ahora, pero ¿tenemos que tragárnoslo? Y si no nos gusta la soledad, ¿tenemos que aceptarla?

Los Sadhus sonrieron compasivos:

—Queridos aspirantes a Valientes, sí, tienen que tragarse las cosas que les parezcan amargas, son parte de la experiencia en la Tierra, no pueden evitarlas, pero sí pueden aprender a transformar cualquier sabor amargo en la más dulce miel, porque una vez alcanzado un mayor nivel de conciencia, nada los puede intoxicar. La pureza es más dulce que cualquier sabor amargo de esta tierra. La Tierra, la bendita Tierra, es un territorio de pruebas y experimentos para alma encarnada en la materia —acotaron sonriendo dulcemente—. Los Valientes tenemos que aprender a no ser derrotados por las circunstancias. Podrán sentir el sabor amargo, pero no reaccionarán como siempre diciendo "esto no me gusta". Porque todo viene de la Luz, y hay una razón escondida detrás de las apariencias. Una vez que logren fijar a fuego este hábito, nada ni nadie podrá quitarles la alegría.

Un aspirante a Valiente se puso de pie:

—Compañeros, quiero compartir con ustedes el lema de los Conspiradores de la Gracia. Nosotros fuimos instruidos por el maestro Amir, un gran alquimista, y hemos sido enviados aquí para entrenarnos con los Valientes en el Camino Naranja. Nuestro lema es: "Nada ni nadie, por ninguna razón ni circunstancia alguna, logrará quitarme la alegría".

De pronto, me di cuenta. ¡Tenía mucho, muchísimo sentido vivir así! Algo dentro de mí había cambiado en un segundo. Y para siempre. Supe con certeza que al eliminar los "me gusta" y "no me gusta" de mi vida, me liberaría de un peso gigantesco. Ya no me importaría nunca más cómo "deberían" ser las cosas, las personas, las circunstancias sino cómo eran. ¡Este principio se estaba grabando a fuego en mi corazón!

Decir sí

—En la vida, cada segundo es una decisión, cada momento es un no o un sí. ¡Ser conscientes de esta realidad es la clave! Todo el tiempo estamos decidiendo.

Repartieron un cuestionario. Había que responderlo con total honestidad.

¿Cómo son tus *Sí*?

1. ¿Dices *Sí* pero en realidad quieres decir *No*?
Muy peligroso. Muchas veces decimos sí por compromiso, para no quedar mal, para retener a alguien y luego se nos van

acumulando frustraciones, y después nos quejamos. Y culpamos a los otros.

Cuando dices *Sí*, tiene que ser un *Sí* ABSOLUTO A TIEMPO Y COMPROMETIDO, ASUMIENDO TODAS LAS CONSECUENCIAS.

Di *Sí*, y si las cosas no resultan como lo esperabas, te retiras de la situación como un guerrero espiritual, sin quejas, sin lamentaciones.

Y sin mirar atrás.

2. ¿Dices *Sí* demasiado rápido?

¡Cuidado! Piensa que estás tomando un compromiso. Si no estás suficientemente preparada, o preparado, no digas *Sí* livianamente.

Evalúa la situación, tómate un tiempo y luego decídete.

3. ¿Dices *Sí* demasiado tarde?

¡Cuidado! Las personas cambian, se cansan de esperar, se desilusionan. Y no tenemos derecho a manipular y jugar con las almas de los demás.

Nos quedamos varios días analizando las respuestas y discutiendo en los grupos todas las situaciones posibles en las que debíamos poner en práctica lo aprendido.

Ser ascéticos

—Estamos finalizando el segundo mes de nuestro entrenamiento —dijeron los Sadhus—. Han trabajado bien, pero nunca es suficiente. Siempre deben exigirse más, debemos ser tolerantes con los otros, pero muy implacables con nosotros mismos, aunque jamás violentos. Áhimsa, Valientes. Siempre Áhimsa. Ahora trabajaremos sobre el ascetismo. Es una virtud aparentemente simple pero nada fácil de alcanzar. Requiere decisión y paciencia. Y sobre todo, Valor.

—¿Valor? —nos preguntamos asombrados.

—Ahora verán qué es el ascetismo en ejemplos concretos. No se trata sólo de ayunar, y de renunciar a los placeres fáciles y complacientes. Es una actitud espiritual ante la vida y exige una honda movilización de todas nuestras energías vitales. Por ejemplo, vivir ascéticamente es tener el valor de no hablar si no nos hacen una pregunta concreta. Y si nos hacen una pregunta, sea quien fuere, jamás de nuestros labios puede salir una mentira —sentenciaron terminantes—. Hay que tener mucho valor para ser honestos en lo que decimos. Muchas veces decimos las cosas a medias, o directamente mentimos. Si emitimos una palabra y la soltamos al viento, debe ser verdadera. Las mentiras contaminan al planeta. Es mejor no hablar, a menos que nos hagan una pregunta concreta.

Todos nos quedamos en silencio. Habíamos entendido.

Saber decir *no* a tiempo. Y saber decir sí, antes de que sea demasiado tarde, había sido un fuerte entrenamiento. Lo habíamos a travesado unos días atrás, y todavía teníamos muy presentes sus enseñanzas.

Los gitanos

Hoy llegaron de visita al campamento los gitanos Kalbeliya. Tal como lo habían anunciado los Sadhus al inicio del entrenamiento. Bulliciosos y coloridos, bajaron de sus camellos inundando el campamento de increíbles colores rojos, verdes, amarillos, cantos y cascabeles. Ellos, ataviados con los enormes turbantes rajastaníes; ellas, con sus velos y sus saris llenos de lentejuelas. Y enseguida dejaron muy en claro que por tres días, duración de su visita, se iba a instalar una energía muy diferente en el campamento. En el entrenamiento habían predominado el ascetismo, la oración y el recogimiento interior. En los tres días en que los gitanos se quedarían con nosotros, todo iba a ser muy práctico, muy personal y muy útil para irnos preparando a regresar al mundo profano, dijo Kanvar explicándonos a todos los aspirantes el sentido de esta colorida visita.

Además de las prácticas y de los profundos conocimientos que estábamos recibiendo en el entrenamiento, era importante para un Valiente aprender a danzar con el "Sistema", tal como lo llamaban los gitanos y también como lo llamaba Arthur, refiriéndose a la sociedad de consumo.

Los gitanos dijeron que ellos, como los Sadhus y los Valientes, estaban afuera de ese Sistema por no compartir sus valores. Tal como estábamos nosotros ahora. Era impostergable aprender a tratar con diferentes niveles de conciencia y diferentes visiones, sin perder la propia identidad, tal como lo habían hecho los gitanos durante siglos. Y el entrenamiento con los gitanos nos iba a preparar para ello. Ellos nos darían algunas de sus ancestrales claves para manejarnos libremente, en un mundo que quizás cada vez se iría volviendo más cerrado, más burocrático y más controlado.

Remarcaron la enorme importancia de ser desapegados, y de cultivar en nosotros una cualidad nómade, o sea, ser capaces de movernos libremente, y vivir en diferentes lugares y países con la misma confianza como habíamos vivido en nuestro suelo natal. Debíamos expandirnos. Muchos ya lo habíamos logrado, dijeron, pero otros todavía estaban demasiado atados a sus "países" de origen. No era malo, pero había que volverse más libres y más cosmopolitas, ya que las fronteras pronto desaparecerían, sin embargo había que conservar una fuerte identidad espiritual.

Nos darían las informaciones personales que cada uno necesitaba. El entrenamiento con ellos era grupal, y también personal. Nos llamarían a todos, uno por uno, y conversarían con nosotros en forma individual. Íbamos a ser convocados por ellas y ellos, de acuerdo con lo que consideraran conveniente y sin ninguna explicación lógica.

Sin embargo, no podíamos tomar apuntes ni transmitir ninguna información personal en forma textual. Nos darían una palabra de poder. Y estaba vinculada con la fuerza que nos caracterizaba. Saberlo sería una potente arma espiritual para manejarnos en el Sistema.

Nos dividieron: los hombres con los gitanos y las mujeres con las gitanas. Nos dispersamos por el campamento. Parecía ser un despreocupado día de fiesta, pero los gitanos circulaban entre nosotros susurrando entre ellos, deslizándose silenciosos como serpientes en la arena. Eran elásticos, misteriosos, enigmáticos. Nos observaron, fijaban en nosotros sus ojos oscuros como la noche, en silencio.

Puedo revelar en estos apuntes cuál es mi palabra personal de poder, tal como los gitanos me han autorizado a hacerlo. Esta palabra es una clave. La debo recordar siempre, y ponerla en práctica todo el tiempo. Mi palabra de poder es DIGNIDAD.

Pregunté qué significaba el haberla recibido. Me contestaron que yo sabía de qué se trataba, y que era una fuerza propia, muy arraigada en mí, sólo debía recordarla, a cada momento, en caso de dudar, de estar desorientada o de ver que las cosas a mi alrededor se estaban poniendo confusas. Era, por así decirlo, mi don espiritual principal. Eso son las palabras de poder.

Pero ¿qué es la *dignidad* exactamente?, pregunté a la gitana para estar segura. Es la fuerza de quien sabe y puede gobernarse a sí mismo. Y tiene la capacidad y el talento de comprender las diferencias entre los seres humanos, y entre sus diferentes niveles de conciencia. Es saber respetarse, y saber respetar a los demás como espíritu encarnado en esta Tierra, haciendo experiencias en la confrontación y el trato con la materia. Y es la plena conciencia de saber que estamos custodiando un pedazo de cielo en la Tierra. Siempre.

Nos permitieron intercambiar nuestras palabras de poder. Libertad. Desapego. Alegría. Suavidad. Armonía. Dulzura. Disciplina. Compromiso. A cada uno de nosotros los gitanos nos había revelado nuestra principal fuerza.

Estábamos felices. Y nos quedamos hasta altas horas de la noche comentando las palabras que habíamos recibido. Aunque estuviera estrictamente prohibido. Había que levantarse a las cinco de la mañana, y debíamos dormir. Pero nadie podía conciliar el sueño.

Éste ha sido el último día con los gitanos. Al amanecer tomarán sus camellos y volverán a su desierto. Me gustaría volver a verlos. Me siento muy cercana a ellos.

Antes de dormirme, quiero anotar las últimas palabras que nos dijeron los gitanos a todos, a manera de despedida.

Ya se iban, pero querían hacernos una pregunta crucial: ¿cómo viviríamos, a la manera de los gitanos Valientes, en caso de que debiéramos regresar al Sistema y movernos en medio de las grandes turbulencias y la generalizada falta de valores de las ciudades?

Hubo muchas respuestas. Los gitanos pidieron silencio y dijeron: "Lo principal es saber estar en Santo Equilibrio".

¿Por qué?, preguntamos curiosos. "Porque un gitano Valiente es un ser esencializado, no domesticable por las luces del consumo y la comodidad. Un ser muy alegre y confiado, porque se sabe sostenido por Dios. Los Tiempos Turbulentos no lo asustan, al contrario, lo estimulan a avanzar más en la Luz, y sostener la bandera de la liberación espiritual. Los gitanos Valientes siempre estamos en equilibrio. Nos entrenamos día y noche para sostenerlo. El desierto nos ha enseñado muchas cosas, y la más importante es la del Santo Equilibrio. Es un equilibrio que no depende de las circunstancias externas. Se construye desde adentro hacia afuera. Y es un arma espiritual imbatible. ¡Por la Iluminación de la Tierra, venceremos!"

"¡Victoria y Paz!", contestamos todos muy emocionados.

Estar felices o estar tristes

Hoy retornaron los hombres santos. La carpa se perfumó con un delicioso incienso, y desde temprano, tanto los Cuidadores como todos los instructores ayudantes esperaron la llegada de los maestros cantando mantras sagrados.

Nos sentamos en círculo, como siempre, y nos quedamos en silencio observando las llamas de las innumerables velas que se habían preparado para recibirlos. Entraron en silenciosa procesión, pero en lugar de sentarse al frente del círculo, lo recorrieron mirando uno a uno a los ojos.

"¿Estás feliz?", preguntaron a cada uno de nosotros. "¿Estás triste?"

Debíamos contestar de inmediato, sin pensar y con total honestidad. "Estoy feliz", contesté sin dudar.

"Regala tu felicidad al universo", dijo el Sadhu. "Cierra los ojos", susurró en mi oído, "respira lo más profundo que puedas y llénate de esa dicha que sientes, sin pretender retenerla."

Así lo hice. "¡Exhálala ahora!", dijo firmemente, "Suelta la felicidad como si liberaras un pájaro al viento. Regálala. Entrégala, no te quedes con ella. Los devas la tomarán para transformarla en sostén del universo."

Inspiré y exhalé varias veces. Y cada vez venía más y más felicidad a mí. "Éste es el secreto del compartir", susurró el Sadhu en mi oído.

Me quedé en éxtasis, respirando y entregando mi felicidad al universo. Entonces escuché que el maestro preguntaba a mi compañero sentado justo a mi derecha. "¿Te sientes triste?"

"Sí", dijo él. "¡Libérate! Respira hondo y permítete sentir la tristeza. Déjate atravesar un instante, tan solo un instante por la pena."

Escuché un hondo suspiro. "Ahora exhala esa tristeza y libérala, libérala totalmente, hasta que en ti no quede un resto de melancolía. Inspira dos veces más y exhala más y más esa melancolía. No te quedes con nada, suelta, suelta. Vamos a pedir a los devas que la tomen en sus manos y la transformen en alegría. Ellos son los más grandes alquimistas."

Mi compañero comenzó a llorar. "Suelta, suelta", dijo el Sadhu. "No nos está permitido retener la alegría ni tampoco la tristeza. Ambas deben ser entregadas a los devas. Te bendigo", dijo poniendo su mano en el corazón de mi compañero.

Anoté cada palabra que escuché. Y todavía estoy conmovida. Espero no haberme olvidado de nada.

Seis pasos para salir de un pozo emocional

—Hay momentos en los que la única posibilidad que nos queda es ser fuertes —dijeron hoy los Sadhus mirándonos en redondo—. La vida nos pone a veces ante una situación incomprensible, injusta y cruel. La oscuridad da golpes certeros, y nos deja tambaleando. Nos arroja a un pozo emocional. Y entonces, ¿qué hacer?

Nos quedamos todos en silencio mirando el piso. ¿A quién no le había pasado? Yo contuve la respiración, el cuchillo de la traición de Arthur seguía clavado en mi corazón, aunque ya hubiera dejado de buscar los "cómo" y los "porqué" en el desierto. Aun cuando ya me había entregado a los designios del Cielo, y había dejado de resistirme a la realidad, el dolor de su ausencia estaba allí. Intacto. Miré a mis compañeros, quizá cada uno de ellos llevaba algún dolor escondido del cual liberarse. Y los que no, seguramente recibirían una información muy valiosa para enfrentar las turbulencias emocionales de estos tiempos.

—Queridos discípulos, ante todo, quiero advertirles que en la sociedad actual es muy común caer en un pozo emocional. Podemos caer por distintas razones: por un amor frustrado, por una obsesión, por desilusionarnos de alguien, por ser traicionados. Por la soledad como condena, considerada "normal". Estos pozos son muy peligrosos, porque nos devoran la Luz y la energía, y nos dejan vacíos de Vida. Nos comen el alma. ¡Hay que evitar a toda costa caer en uno de aquellos agujeros negros! Ustedes saben de qué estamos hablando.

Un profundo silencio confirmó nuevamente que todos sabíamos de lo que estaba hablando el hombre Santo.

—Recuerden que en esos momentos de confrontación emocional, la única posibilidad que tenemos es *ser fuertes*. Muy fuertes. Ésta es una decisión personal, y no depende de las circunstancias. Plantándonos en esta fortaleza interna y valiente, podemos dar vuelta a nuestro favor la situación más triste, dolorosa e injusta que nos haya golpeado. Y podemos lograr transformarla en una circunstancia alegre, fácil y digna.

—Pero, ¿cómo dar vuelta a algo que nos hirió el corazón, Sadhu?— preguntamos varios al unísono—. ¿Cómo salir de la melancolía de sentirnos abusados y burlados en nuestra inocencia? —pregunté yo levantando la mano.

—Tendríamos que conocer alguna magia del desierto, ¿verdad? —dijo el Sadhu, misterioso—. Pues sí, los Valientes tenemos un método de emergencia muy seguro para salir de los pozos emocionales. Se sale de ellos en seis pasos, que son infalibles —acotó muy serio—. Son sabios, precisos, se basan en un profundo agradecimiento y son terminantes. Se los detallo:

"Paso uno: Reaccionen ante el golpe de tristeza elevándose por encima, emocional y espiritualmente. Arriba, la tristeza no podrá encontrarnos. O sea, cambien su visión de lo sucedido, córranse de ese lugar trágico, aunque lo sea. Desdramaticen, no importa lo que haya sucedido, y suban a otro estado de conciencia —grabé profundamente en mí este punto, era vital. Y en el desierto lo había logrado—.

"Paso dos —siguió el Sadhu con voz profunda—: jamás se sientan víctimas. Todo en esta vida es experiencia y aprendizaje. El espíritu es intocable, nadie lo puede herir, ni ofender. Nadie lo puede abandonar, ni humillar, es eterno y lo abarca todo. Y vayan aún más lejos, sean audaces, agradezcan la experiencia.

Un murmullo de asombro recorrió el círculo. Este paso era realmente liberador.

—Paso tres: tomen la misma fuerza del dolor que sienten, que es innegable, para fortalecerse y purificarse. Respiren hondo tres veces. Dejen que el dolor los atraviese hasta el fondo de su alma. Y luego, suéltenlo. Y pongan una nueva Luz en su lugar.

Lo volví a hacer, nunca era suficiente soltar. Siempre quedaba algo más que dejar ir.

—Paso cuatro: Vamos a ser todavía más audaces, el desierto nos enseña a serlo. Nombren a la persona que los empujo a vivir este desafío como su maestro. Agradézcanle lo que hizo por ustedes: permitirles aprender algo nuevo —lo intentaré, más adelante, me dije; miré alrededor, todos estaban azorados. Como yo—. Agradézcanle los hermosos momentos vividos y atesórenlos en su corazón. Jamás traten de borrar los buenos recuerdos.

"Paso cinco: Prometan ante el Cielo infinito que a raíz de este dolor, ustedes tomarán el compromiso de mejorarse en todos los aspectos. Inunden su vida de Amor incondicional, puro, intocado, Sientan ese Amor como una Luz líquida blanca y brillante que desciende del cielo atravesándolos desde la cabeza hasta los pies, de manera que no haya ni un solo espacio en ustedes para que anide allí el resentimiento.

Así es, y así será, prometí.

—Paso seis: ahora repitan este mantra conmigo: "Yo me vuelvo más fuerte con este desafío. Yo me vuelvo más fuerte con esta circunstancia. Yo me vuelvo más fuerte con la inmensa Luz que surge de esta confrontación. Gracias. Amen".

Anoté a toda velocidad los seis pasos. Cerré los ojos, respiré hondo y, lentamente, descendí a mis profundidades hasta tocar mi alma. Volví a hacer los pasos uno a uno. Y entonces, en medio del profundo silencio que se había instalado en la carpa, con la voz entrecortada y bañada en lágrimas susurré: "Arthur, te nombro mi maestro. Gracias por enseñarme a conocer la fuerza del desapego. Te dejo en libertad para que puedas elegir tu camino y yo el mío. Voy a trabajar sobre mí para ser mejor. Gracias por los hermosos momentos que vivimos juntos. Amén".

Cómo y por qué retirar la energía de una situación que nos hace sufrir

—Todos quienes están aquí tuvieron que dar recientemente un golpe de timón en sus vidas y cambiar el rumbo. E ir en uno que jamás se hubieran imaginado tomar.

Un profundo silencio dio la razón a los Sadhus. Todos quienes realizábamos el entrenamiento habíamos llegado allí después de una gran crisis, generalmente al tomar conciencia de que nuestra vida no tenía sentido en la manera en la que la estábamos viviendo. Que no era digna. Y entonces sobrevino este cambio radical, generalmente repentino. Inducido por el contacto con alguno de los Valientes en misión. Tal como me había pasado al encontrar a Sitael.

—Este cambio fue asistido ya sea por un *Rescatista*, un *Cuidador*, un *Mensajero* o un *Informante*. Ya les diremos a su debido tiempo quiénes son cada uno de ellos en la organización de los Valientes. Ahora queremos enseñarles a dar esos golpes de timón por ustedes mismos. ¿Cuándo tendrán que hacerlo? *Cada vez que sien-*

tan que están viviendo sin dignidad. Sucederá. Tenemos que hacer continuos y sucesivos reajustes en nuestra vida para asumir realmente el poder espiritual como brújula de nuestra vida, aún después de este fuerte entrenamiento. Es importante saber reconocer cuándo deberemos alejarnos de ciertas personas o lugares, o actividades. Háganlo mientras todavía están a tiempo de cambiar de rumbo. Antes de que sea demasiado tarde y ya no podamos hacerlo.

—Respetable Sadhu— dijo un joven con la voz entrecortada por la emoción—. La dignidad es casi inexistente en nuestro mundo. Y ustedes no estarán todo el tiempo acompañándonos para guiarnos. ¿Cómo manejarnos en esta sociedad?

—Los niveles de conciencia se están diferenciando —continuaron los Sadhus—, no se compadezcan de ustedes mismos porque los ofendan, no se desilusionen de las personas, no se sorprendan, pasarán muchas cosas en los próximos tiempos. Cada persona será reubicada en el nivel de conciencia que le corresponde, y con sus semejantes. Ustedes, ¡actúen! No hay que quedarse desgarrados cuando la Luz aleja de nosotros a alguien. En esos momentos, hay que saber dar golpes de timón certeros, rápidos y decididos. Hay que aprender a alejarnos sin pena de lo que nos hace mal. Esa es la dignidad de la Luz, y no es negociable.

—¿Pero cuándo es momento de poner ese punto final en una relación, una situación, un trabajo? —pregunté con énfasis.

—Cuando hay sufrimiento. El camino de la dignidad es el camino Recto. Seguirlo puede requerir un gran esfuerzo, pero jamás nos hará sufrir. Cuando la situación lo requiera, habrá que dar inmediatamente un golpe de timón. ¿Cómo? Primero, retirando nuestra energía. Aunque temporalmente sigamos allí, tendremos que sacar la atención de donde la estábamos poniendo y redirigirla hacia otro lado, otras personas, otros horizontes. Más luminosos. Más buenos.

—Pero, ¿cómo lo haremos sin ayuda de ustedes? —insistieron varios, inquietos.

Los Sadhus se quedaron en silencio, como mirando algún punto en el horizonte. Yo también me quedé ensimismada. En el entrenamiento todo resultaba ser fácil, pero al regresar a nuestros mundos habituales ¿estaríamos tan preparados para ser siempre inmutables? ¿Sabríamos tomar decisiones radicales e instantáneas? ¿Las llevaríamos a cabo sin que nos temblara el pulso?

—Hay circunstancias que nos exigen tomar acciones radicales. No alcanza con retirar la energía. Si están sufriendo en forma reiterada, ya sea por una situación o por una persona que no tiene intenciones de cambiar, deberán tomar decisiones, y será preciso llevarlas a cabo sin que les tiemble el pulso— dijeron como leyendo mis pensamientos—. Es como hacer una cirujía. El bisturí es la conciencia. Hay que hacer cortes, extirpar lo que es tóxico, limpiar y restablecerse. Habrá un tiempo de convalecencia, pero el mal hay que extirparlo de raíz, en su comienzo.

Un hondo silencio corroboró nuevamente el impacto de las palabras del hombre Santo sobre todos nosotros.

—Pero ¿qué sucede si *no podemos* retirarnos? Porque estamos enamorados. O tenemos miedo de lo nuevo. O nos da pena. O no queremos quedarnos solos. Hay situaciones que nos superan. ¿Cómo manejarnos? —dijo alguien, con voz temblorosa.

—Me extraña tu comentario —dijo el Sadhu. Sus ojos echaban chispas—. No hay situaciones que superen a un Valiente. Se pide asistencia al Cielo, se toma una decisión, se establece un plan, y se lo cumple paso a paso. Eso es todo —remató.

—Quienes nos hieren deliberadamente, o nos faltan el respeto y nos tratan sin consideración, viven bajo otras leyes espirituales que no son las nuestras —agregó Kanvar, visiblemente conmovido—. Hay que soltarlos, dejarlos ir. No tratar de explicarles que lo que hacen no es Recto. Tendrán que arreglar por sí mismos su relación con Dios, si nos metemos en el medio, enfrentándolos, peleando, negociando, desviando la mirada o reclamando el cambio, ellos nos arrastraran a su mundo caótico y sin rumbo. Y nos harán sufrir inútilmente. No podemos permitirnos esto. Jamás los confronten en su mismo nivel. Retiren la energía. Cierren el aura, protejan su corazón y elévense por encima,

Nuevamente el silencio demostró cuan profundamente claro estaba todo.

—Hay que sacar la energía del sufrimiento y poner la atención en personas diferentes, y en situaciones más bondadosas, más verdaderas, más leales y más elevadas. Les reiteramos: hay que saber hacer cortes radicales. Los Valientes honramos la dignidad. Estamos atentos en respetar a los otros, en respetarnos y en hacernos respetar. Día a día en asuntos cotidianos, grandes o pequeños, la dignidad es nuestra brújula. ¡Adelante Valientes! Ésta es la única alternativa. No aceptar más las medias tintas. Bendiciones y hasta mañana.

Los Sadhus hicieron un signo de protección en el aire y se retiraron en una ordenada fila, brillando. Sus tremendas luces internas iluminaron el camino de regreso a sus aposentos.

El último de los Sadhus susurró unas palabras al pasar a mi lado. Me conmovió hasta las lágrimas: "Morgana, recuerda. El estado natural de los humanos es la alegría, tal como el de todas las criaturas vivas que caminan por esta tierra. Observa a los animales, jamás están tristes, ni desanimados, ni indiferentes. Siempre están alegres. Aprendamos de ellos, son nuestros maestros".

Cuando los Sadhus desaparecieron, nos quedamos largo rato en silencio, sin atrevernos a movernos del lugar.

Esa noche no dormí.

Creo que ninguno de los que estábamos tomando el entrenamiento pudo pegar un ojo.

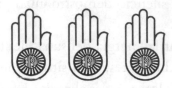

TERCER MES DE ENTRENAMIENTO

Hoy se inicia el tercer mes del entrenamiento. Estamos conmovidos y emocionados. Apenas amaneció, después de las oraciones y prácticas de yoga, los Sadhus nos anunciaron que habíamos llegado al momento crucial del entrenamiento. Que sólo ahora, después de haber sido entrenados por ellos durante estos dos intensos meses, enfrentaríamos a nuestro ego, evaluado si realmente lo habíamos logrado educar. "Trabajaremos muy fuerte para investigarlo", aseguraron. "No crean que será fácil descubrirlo. El ego adopta miles de rostros, y realmente liberarse de él es una tarea titánica." Y también nos dijeron sonriendo que esta etapa tendría un gran premio: al finalizarla recibiríamos ciertas revelaciones de suma importancia para entender lo que estaba aconteciendo en la Tierra. Era algo sin precedentes, que nos asombraría. Pero no podían adelantarnos nada aún.

Un callado murmullo se extendió por la carpa como un reguero de pólvora. ¿De qué revelaciones estarían hablando los Sadhus? Seguramente eran importantes, los hombres santos no se andaban con vueltas.

Tocaron la campanita de plata llamando a silencio, y en ese mismo momento comenzó el anunciado y un poco temido examen para evaluar qué había pasado con nuestro ego. Y ver si habíamos podido realmente educarlo.

"Muchas corrientes espirituales lo mencionan, pero vigilar, educar y sobre todo someter a nuestro ego al espíritu, no es tarea fácil, se hace durante toda la vida y nunca termina", dijeron mirándonos fijamente uno a uno. Cada mirada de los hombres santos nos estremecía hasta las vísceras. "Hay que ser muy Valientes para lograrlo y los Sadhus lo sabemos muy bien", agregaron. "Esperamos que estén logrando resultados a la altura de las exigencias de este entrenamiento."

—Nuestro ego se educa con continuas repeticiones de los principios que les hemos revelado —dijeron los Sadhus—. Créannos, llevamos miles de años adiestrándonos en estas prácticas. Hay que abandonar la arrogancia. No es fácil, pero se puede lograr. El jainismo nos ha entrenado muy rigurosamente, y queremos transmitirles nuestra fuerza.

—Los Sadhus, nuestros queridos instructores, son los más radicales maestros que podamos tener —dijo Kanvar—. Ellos han entablado una lucha despiadada contra la tiranía del ego desde hace más de ocho mil años.

—¿Qué antigüedad tiene el jainismo? —preguntaron varios al unísono.

—El jainismo es una de las religiones más antiguas del mundo. Tiene justamente mas de ocho mil años —dijeron los Sadhus—. De esta corriente nacen los vedas. Y es más recientemente, en el siglo VI a. de C., siguiendo estos antiguos conocimientos surge el budismo, cuyo valor máximo es la compasión. Y saben que Jina es un término que deriva del sánscrito y significa: "Vencedor Espiritual". Y todo Vencedor Espiritual lo es, porque se ha vencido a sí mismo. Después de dos meses de entrenamiento, ustedes deben preguntarse hoy: ¿qué es el ego exactamente?

Se quedaron en silencio mirándonos fijo, mientras un fuerte murmullo se extendía por el círculo. Los Sadhus, como escuchando las mentes de todos, dijeron que todas la opiniones eran correctas, pero que había un conocimiento que era importantísimo tener. Y que nos lo iban a revelar ahora porque ya estábamos preparados. "El ego, queridos —dijeron con infinito amor—, es que es un falso yo que arrastra consigo una memoria también falsa de cómo *tienen* que ser las cosas. El ego carga ese dolor sobre nosotros, es un dolor heredado de generación en generación, viene de nuestros ancestros y de toda la especie humana. Y la mayoría cree que el sufrimiento es inevitable porque somos solamente humanos. ¡Como si ser humanos fuera ser traidores, mentirosos, falsos, acomodaticios! Es una vergüenza. No podemos aceptarla. ¿No les parece? ¿Los realistas y pragmáticos nos van a explicar qué es ser humano?", gritaron los Sadhus repentinamente encolerizados. "¿Qué saben ellos, los escépticos, de lo que realmente significa ser humano?"

"Ser humano es algo muy sagrado", dijo el más anciano con los ojos resplandecientes. "Un espíritu que no es de este mundo, una chispa divina desciende desde lo alto hasta las profundidades de la materia, su opuesto, y acepta la limitación de las formas, asumiendo la titánica tarea de iluminarla. ¿Se dan cuenta de lo que *realmente* significa ser humanos, queridos aspirantes? Los Valientes, si nos damos cuenta, y por eso nos rebelamos contra las medias tintas, y buscamos solamente el esplendor. Lo máximo. Somos ambiciosos, muy ambiciosos, queremos volver a fundirnos en Dios, estando conscientes. Despiertos."

Gracias al Cielo pude anotar estos conceptos a toda velocidad, y los tengo aquí para releerlos cien, mil veces.

Los Sadhus siguieron entrenándonos cada día con una revelación diferente. Por ejemplo, la de que es por el ego, y su egoísmo visceral, que creemos que estamos escindidos, separados del Cielo, que estamos solos. El ego es un usurpador, no puede dirigirnos, tiene que servir al espíritu, no oponerse a él. Nosotros somos Cielo encarnado en la Tierra, no podemos estar separados de Dios. *Somos Cielo, haciendo una experiencia en la materia.*

"¿Cómo tratar con el ego, venerable Sadhu?", preguntó conmovida al más anciano. "Ustedes nos confirman que no es una tarea fácil, es cierto. Lo he intentado seriamente y muchas veces, y la verdad es que a veces no sé si me responde realmente. Creo haber alcanzado cierta conciencia elevada, pero en el trato con los otros, vuelvo a bajar, a caer. Y sé que es porque mi ego todavía reacciona, se ofende, se siente herido. No quiero tomarme las cosas de forma tan personal. ¿Cómo someter al ego de una vez por todas para que no me baje a niveles que ya no quiero experimentar? Es como tener viviendo dentro de uno a un traidor acomodaticio y conservador que siempre vuelve a la carga." Una risa generalizada demostró que a varios les estaba pasando.

—Primero, debes tratar de convencerlo de que se rinda, por las buenas, espiritualmente —dijo el hombre santo—. Nadie nos puede ofender ni traicionar. Sólo tenemos "experiencias" en esta tierra, y experiencias con diferentes niveles de conciencia. El espíritu está por encima de todas las ofensas.

—¿Cómo lograr este estado de conciencia inalterable?

—Orando, meditando, haciendo afirmaciones. O sea, reforzando una y otra vez la conexión con la Luz. Y sintiendo que eres Cielo, Cielo encarnado en esta tierra. Pero muchas veces esto no alcanza, y el ego vuelve a la carga, y sigue resistiendo la evolución volviendo a los razonamientos de la mente crítica, o nos trae miedos, cuestionamientos, debes ponerte muy firme con el ego.

—¿Y qué tengo que hacer entonces con él?

—Hay un punto en el que tienes que adquirir el valor de darle órdenes. Órdenes. Concretamente. No vaciles, al mejor estilo de los jefes guerreros, en forma terminante debes ordenar a tu ego a obedecerte. Tú mandas.

—¿Qué parte de mí manda?

—El alma. El espíritu. No las experiencias heredadas de tus ancestros. Tu parte magnífica, elevada, expandida, libre y valiente es la que dirige tu vida. Nadie determinará cómo te sientes ni ser alguno manejará tus estados de ánimo. Tu alma determina cuáles son los estados de ánimo. Tiene que quedar muy claro.

—¿Y qué hacemos cuando nos ataca el ego de los otros?

—Muy buena pregunta. Quería llegar a este importante punto —dijo el Sadhu—. No pretendas nunca iluminar a los demás. Déjalos decidir por sí mismos, y jamás des consejos a menos que te los pidan sinceramente. Deja tranquilos a los demás, no quieras educarlos, puedes llegar a desanimarte mucho con los resultados. Y puedes llegar a detestar a todos. Edúcate a ti misma sin respiro, sin pausa, sin recaídas, sin claudicaciones. Sé implacable contigo y compasiva con los demás. Hacen lo que pueden.

Un hondo silencio confirmó las palabras del Sadhu. Anoté rápidamente todo lo que había dicho. Era clave.

—Queridos —dijo el Sadhu más anciano—, dejen tranquilos a los demás y entrénense sin pausa con todas las experiencias de la vida. El momento en que realmente logren ser Valientes, y se les asignen misiones en el Camino Naranja, los otros vendrán a ustedes por atracción magnética pidiendo que los ayuden a salir del barro del ego en el cual están pegoteados. Pero si ustedes pretenden ayudar a los otros a salir del lodazal, si intentan purificarlo sin haber alcanzado ustedes mismos un altísimo nivel de pureza, terminarán hundiéndose en el mismo barro. Los arrastrarán. Por eso, les repito, eduquen al ego. Sin pausa. Y sin demoras. Sólo así tendrán la fortaleza de resistir los niveles de conciencia más bajos, iluminándolos con su sola presencia. A esto tenemos que llegar en este entrenamiento. Todavía tenemos un mes para lograrlo.

Nos quedamos en silencio. Petrificados. Las palabras del Sadhu habían sido tan fuertes que apenas podíamos respirar.

—Hay que ser firmes como el hierro con el ego, darle indicaciones implacables y jamás sucumbir ante sus presiones. Y jamás deprimirnos, eso está prohibido en la vida espiritual. Ninguna concesión a las sombras, debemos dejar muy en claro que la Luz es quien reina en nuestros mundos —remató el Sadhu con los ojos brillantes—. Repitan este mantra: La Luz manda aquí. Es infalible.

La Luz manda aquí. La Luz manda aquí, repetí entrando en un raro ensueño. De pronto, y lo dejo asentado en este diario para no olvidarme, se presentaron ante mí todas las Morganas del café. Pálida, las miré interrogante.

—¿Qué hacen aquí? —susurré.

—Sólo vinimos a despedirnos —dijo la Arquitecta tomando la iniciativa, como siempre—. Tú no te ves, pero nosotros sí te vemos. Te anunciamos que has cambiado por completo, y que ya no nos necesitas. A ninguna. Ahora ya eres una sola Morgana.

—Me despido —afirmó la Soltera Desorientada—. Has encontrado a tu alma gemela.

La Buscadora Espiritual juntó sus manos en oración: "Áhimsa, Morgana. Ha llegado el momento. Seguirás buscando más luz, pero ya sabes cuál es la dirección elegida. No me necesitas".

—Recuerda mi inocencia. Jamás la negocies —dijo la Niña—. Adiós. Ahora tú eres yo y yo soy tú.

—Adiós —dijeron todas juntas y desaparecieron agitando sus manos en señal de una definitiva despedida.

La continua rectificación

Además de los fuertes adiestramientos espirituales, durante los tres meses, sin dejar pasar un solo día, practicamos yoga con los Sadhus, haciendo ejercicios cada vez mas complejos.

—Tenemos que explicarle al cuerpo, amorosamente, que él también de espiritualizarse, flexibilizarse, purificarse, mantenerse joven y estar siempre sano, ya que éste es su estado natural —dijeron los Sadhus—. La dieta que debemos hacer es estrictamente vegetariana, vegana, como es la de los jainistas, y aprenderemos a respetar, como ellos, todas las formas de vida, y evitaremos para siempre toda forma de violencia no comiendo animales.

Las cofradías y las comunidades

Los Cuidadores hacen frecuentes reuniones comunitarias con todos los integrantes del campamento. Y nos amplían la información acerca de los principios fundantes de las cofradías. Y también de las comunidades de la Nueva Tierra que iban a ser fundadas alrededor del mundo de una manera sistemática y organizada. Eran alternativas concretas para salir de las ciudades, para unir esfuerzos, para implantar un Nuevo Orden Espiritual en nuestras vidas personales. En contraposición al Nuevo Orden Mundial que el sistema trata de implantar por la fuerza, ellos dicen que hay que anticiparse, y entrenarnos en esta alternativa de vida comunitaria, como voluntarios, colaborando cuando tenemos tiempo libre o aceptando misiones específicas. Y que, como Valiente, sólo hay cuatro misiones que uno puede asumir para reparar nuestro atribulado mundo. Podemos ser Rescatistas, Informantes, Mensajeros o Cuidadores.

Nosotros podemos elegir qué tarea queremos asumir, pero a veces, cuando es una misión especial para la que tenemos un talento claro, nos la signarán ellos, los Sadhus.

Me pregunto cuál sería mi misión, en caso de ser aprobada en el entrenamiento, o si sería yo sólo una voluntaria. No lo sé.

Tendré que esperar a que ellos me lo informen. No me siento capaz de definirme ahora, todavía necesito clarificar mi vida sentimental, aunque los Sadhus nos advirtieron terminantemente que nadie podía controlar nuestras decisiones espirituales. Pero yo necesito tener alguna noticia del Nómade, no puedo dejar de pensar en él.

Preguntaré a los Sadhus si lo que siento es correcto…

Me han respondido que no se trata de aplastar o borrar los sentimientos, hay que saber esperar las respuestas de la vida. Y educar a nuestras emociones, no reprimirlas ni negarlas. Y que ésta es una parte importante en la educación de nuestro ego.

Hubo largas conversaciones entre los aspirantes acerca de lo que significaban esas misiones. Finalmente los Sadhus nos revelaron los detalles exactos. Las misiones que podíamos cumplir siendo Valientes eran claras y muy diferentes entre sí, y debían estar de acuerdo con nuestros dones naturales y nuestras personalidades.

Rescatistas: son quienes se atreven a rescatar a los seres de las garras de la Indiferencia Suprema, de la esclavitud burocrática y consumista. De las dudas, de las situaciones límite espiritualmente hablando. Son especies de comandos espirituales, Valientes que son enviados en rescate cuando hay pedidos de auxilio físico, emocional, mental y espiritual.

Cuidadores: son quienes no tienen sangre nómade y prefieren anclarse en un lugar y hacerse cargo de él. Cuidan los lugares, cuidan a las presonas que están en esos lugares, cuidan los animales y las plantas que se encuentran allí. Cuidan a los aspirantes de Valientes en los entrenamientos. Las cofradías en las ciudades.

Mensajeros: son quienes llevan los mensajes de los Valientes conectando cofradías y comunidades. Son los encargados de que la comunicación en la red de Valientes esté despejada y sea fuerte. Y son quienes también detectan a los posibles aspirantes al entrenamiento. Y les entregan los mensajes de convocatoria a integrar las filas de los Valientes de los distintos caminos.

Informantes: son quienes tienen dones y talentos naturales para escribir, pintar, actuar. O sea, son artistas de la comunicación. Su tarea es informar al mundo acerca de nuestro movimiento. Difundir las revelaciones, anunciar los cambios que están aconteciendo en la Tierra. Y transmitir esos conocimientos en forma impecable.

El valor

El valor, la fuerza en la que nos estamos entrenando especialmente, no es un valor basado en una audacia sin conciencia, dijeron los Sadhus. Es un valor profundo y visceral, que tiene que aparecer ante los desafíos de la vida como única respuesta.

No hay ningún margen para sentirnos víctimas, somos guerreros. El valor se construye desde adentro con decisiones, oraciones y una intensidad extrema que debe sostenerse sin claudicar. También nos están explicando que el valor es un aspecto de la pureza. Insisten en que el cambio que se nos pide hoy es extremo, de una vez e irreversible. Que erradica de nuestra vida las medias tintas. Hay que vivir con fuego, coraje, decisión total. Con una inmutabilidad inalterable, una sinceridad radical y una paciencia infinita.

De las conductas indeclinables que tenemos que practicar los Valientes, la principal es Áhimsa, la No Violencia, la negativa a hacer daño a cualquier ser vivo que tenga sentimientos. No se acepta ningún tipo de maltrato, no sólo físico, tampoco emocional ni mental. Ni sufrirlo ni provocarlo Y por eso tra bajamos intensamente, hasta quedarnos extenuados en lograr nuestra total honestidad, venciendo nuestra tendencia a mentir, a aceptar y cubrir las mentiras de los otros y a mentirnos. Había que aprender a mirar de frente la verdad, a no desviar la mirada y a enfrentarla y cambiar lo que fuera necesario. Para esto teníamos que tener un valor suprahumano. No todos estaban dispuestos a llegar tan lejos, y por esto, si atravesábamos este entrenamiento, nos llamarían los Valientes. Al ver cuánto nos habíamos mentido, muchas veces desfallecíamos, y teníamos deseos de capitular. Jamás lo lograríamos. Pero los Sadhus nos obligaban a levantarnos y a seguir. Lo intentaríamos mil, un millón de veces, y un día esta conducta sería parte nuestra. Y el libre albedrío sólo consistiría en sostenerla o no.

Pasión por la luz

El cultivo sistemático de una ardiente y sostenida pasión por la luz es fundamental, dijeron los Sadhus. Y esta pasión por lo luminoso y divino, por lo santo, se fortalecía a través del observarnos y probarnos continuamente para ascender todo el tiempo a niveles de conciencia más elevados. Teníamos que vencernos a nosotros mismos y a nuestras dudas. Ver que podíamos salirnos de nuestra tibieza y extendernos más. Y más. Y más allá de nuestros límites. Para acompañar estos propósitos y fijarlos a fuego en nosotros, practicábamos disciplinas varias como ayunos, ascetismos, simplificación de pensamientos, purificaciones, desapegos, desapegos, desapegos.

Cuando preguntamos a los Sadhus qué pasaría con el Nuevo Orden, y sus amenazantes intenciones de hacernos vivir una vida de hormiguero, los Sadhus dijeron:

—No hay nada que temer si sabemos cómo sostener nuestro nivel de conciencia elevado. Se sabe que se avecinan fuertes tiempos de cambio para cada uno de los habitantes de esta tierra. Se creyó erróneamente que el fin de los tiempos era un salto colectivo. Nosotros siempre supimos que era individual. Hay un "fin de tiempo" personal para cada uno de nosotros ya mismo, como ya ha sucedido con todos los que están aquí. Las viejas maneras de vivir dando manotazos en la penumbra ya no son posibles. Hay que definirse, o nos elevamos o quedamos sumergidos en los niveles de conciencia viejos. Hay que definirse, fortalecerse, ser más eficientes, perfilarse, afinar los métodos de conexión con la luz. Es urgente dejar de ser románticos y aventureros a la manera vieja, y ser realmente románticos y aventureros a la manera nueva. Mucho más intensos, más jugados, más valientes, más ascéticos, más solidarios y más fuertes. ¿Qué opinan, queridos aspirantes a Valientes? ¿Están dispuestos a vivir de esta manera?

Se levantó un fuerte murmullo, todos hacíamos comentarios al mismo tiempo. Hasta que un unánime "sí" coreado entre todos hizo que los Sadhus continuaran hablando.

—La Nueva Tierra es una Tierra veloz, definida, de alta intensidad. Hay que entrenarse para vivir en ella. Las energías son tajantes, precisas, instantáneas, no hay tiempo para procesos largos. ¡Hay que saber moverse entre ellas! Las medias tintas, los "no sé", "no puedo", "quizás", "más adelante" son cosa antigua, hoy se nos pide un compromiso total en todo, y también en la espiritualidad. La Nueva Espiritualidad no es condescendiente, ni tibia ni fácil. Estamos volviendo a los tiempos más clásicos, a las informaciones con fundamento. Como las de nuestros entrenamientos.

La Oración de los Valientes

Es de Charles de Foucauld. Un Valiente de su mundo occidental, dijeron los Sadhus. Y es una especie de contraseña para reconocernos en cualquier lugar del mundo donde nos encontremos. Además de mostrar la palma derecha en la cual quienes así lo deseen podrán tatuar el signo de Áhimsa.

> *Padre, me pongo en tus manos,*
> *haz de mí lo que quieras,*
> *sea lo que fuere, te doy las gracias.*
> *Estoy dispuesto a todo,*
> *lo acepto todo,*
> *con tal de que tu voluntad se cumpla en mí*
> *y en todas tus criaturas.*
> *No deseo nada más, Padre.*
> *Te confío mi alma,*
> *te la doy con todo el amor*
> *del que soy capaz*
> *porque te amo.*
> *Y necesito darme,*
> *ponerme en tus manos sin medida,*
> *con una infinita confianza,*
> *porque Tú eres mi Padre.*
> *Amén.*

Ser quienes nunca fuimos

Estamos cerca de la culminación del entrenamiento. Se han cumplido los tres meses, y el último autoexamen consiste en observar qué cambios se han producido en nosotros desde que nos han contactado los Valientes hasta ahora, cuando está finalizando el entrenamiento. Tendremos de una a tres horas de preparación. Haremos una serie de respiraciones, pranayama, mudras y mantras. Deberemos saber si hemos alcanzado uno de los más importantes objetivos del entrenamiento: ser quienes nunca fuimos. El cambio que se nos pide es radical. Tuvimos tres intensos meses de preparación, purificación y limpieza. El examen por el que pasaremos no consistirá solamente en demostrar que tenemos los conocimientos teóricos que nos han sido revelados. También se probará la rapidez y exactitud de nuestras reacciones ante los desafíos, la certeza que tenemos en nuestro camino espiritual, la flexibilidad. Ellos nos examinarán en todos estos aspectos, pero también tenemos que verificar por nosotros mismos si realmente hemos cambiado. Y autoevaluarnos, como lo tendremos que hacer permanentemente desde ahora y para siempre mientras estemos encarnados en esta Tierra.

Me siento muy inquieta. ¿Pasaré el examen con los Sadhus? No me doy cuenta de si he llegado a ser alguien que nunca fui, pero creo que sí. Ya ni me puedo acordar de cómo era antes. Las Morganas son un lejano recuerdo, y además ya se han despedido de mí. Los Sadhus nos están diciendo que la señal más clara de que hemos cambiado es cuando no recordamos cómo éramos antes. Simplemente, el pasado ya no tiene poder sobre nosotros, aunque siempre tendremos que vigilarnos para no recaer en viejos comportamientos.

El mantra para emergencias emocionales

—Queridos. Ya estamos cerca del final del tercer mes de entrenamiento. Deberemos ir preparándolos poco a poco para regresar al mundo común en el que deberán confrontarse nuevamente con distintos niveles de conciencia. Hoy les daremos un mantra poderoso para enfrentar emergencias emocionales —dijeron los Sadhus muy serios—. Sirve para salir de toda desorientación, para comprender lo incomprensible, para frenar a personas o situaciones abusivas, crueles, injustas y confusas. Aquí, en el entrenamiento, están protegidos, cuidados y monitoreados por nosotros. Pero cuando regresen al mundo común, ustedes irradiarán una Luz muy fuerte. Y esta Luz atraerá a todo tipo de criaturas. Tienen que ser conscientes de que efectivamente emanará de ustedes esta Luz de mayor conciencia, y tienen que estar preparados para protegerse y mantenerse inmutables. Habrá todo tipo de reacciones, y algunas serán adversas: estén preparados. Posiblemente ciertas actitudes de los otros los harán tambalear. Respiren hondo, no se sorprendan, el azoramiento no es para Valientes. Este mantra restablece inmediatamente nuestro lugar en el mundo y nuestro equilibrio interno. Es simple y tremendamente poderoso.

Se quedaron unos segundos en silencio. Cerraron los ojos. Esbozaron una tenue sonrisa, inspiraron profundamente y todos al mismo tiempo comenzaron a cantar con voz letánica y monocorde…

Aquí manda la Luz.
Aquí manda la Luz.
Aquí manda la Luz.
Y yo le obedezco.

Los seguimos emocionados, nuestras voces se amplificaron extrañamente, resonaron entre las dunas hasta llegar a los confines del desierto y hasta la más lejana estrella. En un ensueño sagrado, cantábamos cada vez más fuerte, con más pasión, con más y más certeza. Algunos lloramos de emoción, sintiendo el inmenso poder de aquellas simples palabras.

Aquí manda la Luz.
Y yo le obedezco.

No necesitamos encontrar otras explicaciones. No hay dudas. Todo se ordena. Cuando manda la Luz, cada persona y cada circunstancia ocupan el lugar que les corresponde. *Y yo le obedezco.*

Las revelaciones

Hoy, sorpresivamente, nos despertaron antes del amanecer y nos dejaron meditando un largo rato a la luz de las velas. Sólo debíamos permanecer en silencio. Algo muy importante acontecería y debíamos prepararnos.

De pronto, los Sadhus aparecieron en la carpa portando unos enormes rollos. Parecían ser muy antiguos, a juzgar por su color amarillento. Nos hicieron sentar en un gran círculo y comenzaron a recitar unos mantras que jamás habíamos escuchado. Entonces, cuando apenas estaba amaneciendo, el Sadhu más anciano tocó la campanita de plata y nos dijo:

—Las revelaciones de estos rollos son secretas. Se las transmitiremos, pero no podrán comentarlas con nadie. Son secretas. Un Informante estará a cargo de su revelación al mundo. Y esto sucederá cuando uno de "ellos" le autorice a revelarlas.

—¿Quién sería el Informante? ¿Quiénes son "Ellos"? —preguntamos todos casi al unísono—. Muchas veces habíamos escuchado esta referencia. ¿Quiénes son "Ellos"? —volvimos a preguntar todos juntos.

—No podemos revelarles este secreto todavía, tendrá que venir a ustedes por la vía que corresponda. Sí les diremos cuáles son los siddhis o poderes que nos han transmitido, todos consecuencia de los principios espirituales que ustedes han recibido en este entrenamiento.

Nos quedamos esperando más información, pero eso fue todo lo que dijeron. Y enseguida comenzaron a recitar aquellos poderosos mantras que hicieron temblar el desierto.

—Los hombres santos están pidiendo permiso a sus ancestros espirituales para abrir los papiros y revelarnos sus secretos —dijo Kanvar en mi oído—. Estos mantras están limpiando nuestra mente de todos los condicionamientos, dejándola pura y libre para recibir un conocimiento nuevo.

De pronto se quedaron en silencio. Abrieron los ojos y, en un segundo, la carpa se iluminó con el resplandor diamantino. Y entonces, el más anciano comenzó a hablar.

—Las escrituras canónicas del jainismo reciben el nombre de *Siddhanta*, un compendio de cuarenta y cinco libros cuyos textos más representativos son el "Sutrakritanga", el "Uttaradyayana-sutra", el "Prajnapana Sutra", el "Nanti-sutra, el "Anuyogadvara" y el "Vyakhya-prajnapti". Pero los rollos que se encuentran ante ustedes no pertenecen a los libros revelados, son secretos y se consideran perdidos —señaló los siete gruesos rollos ordenados por tamaño, depositados a su lado—.

—Queridos, todos los conocimientos elevados acerca de la Conducta Recta, los Cuatro Tesoros, el *Elevarse por Encima*, el Plantarse en la Vida como Jinas y todos los principios que les hemos enseñado, les fueron revelados a los jainistas por seres de otras dimensiones. Seres que estuvieron muy cerca de la humanidad en otros tiempos. Los jainistas hemos registrado en estos antiguos rollos muchas de estas revelaciones que hoy se consideran perdidas en la noche de los tiempos.

Nos quedamos petrificados.

—Así es, hace más de ocho mil años, ellos nos instruyeron paso a paso, revelándonos todos los secretos del juego de la vida, y su reglas. Y los Trithankaras los pusieron en práctica. Y por eso se volvieron supra humanos.

—¿De qué clase de seres está hablando el Hombre Santo? —pregunté a Kanvar en un susurro.

Hizo la señal de silencio.

—Estos seres, simplemente llamados "Ellos", eran suprahumanos —dijo el Sadhu. Ante sus ojos se encuentran los rollos que contienen informaciones, revolucionarias y perturbadoras, y por esto fueron ocultados. Estos antiguos rollos que hoy se encuentran ante ustedes fueron declarados perdidos.

Los Tirthankaras siempre han sido instruidos por seres de otras dimensiones. ¿Cómo creen que han podido alcanzar esta libertad interna? No es de esta Tierra, ¿verdad?

Un cerrado murmullo agitó el círculo. Los Sadhus nos observaban inmutables, como si lo que acababan de decir fuera algo normal, y casi sin importancia.

Los antiguos secretos espirituales fueron transmitidos oralmente a los ascetas desde tiempos inmemoriales y fueron cuidadosamente registrados por ellos en estos documentos mediante antiquísimos instrumentos punzantes. Toda la información está grabada con tintas naturales sobre estos resistentes papiros de pasta de hojas de palmera. Aunque no todas las enseñanzas orales están registradas aquí, sí están las principales.

Miramos los rollos con reverencia y respeto.

—Los Tirthankaras, seres humanos iluminados, han seguido estas enseñanzas, nos las han transmitido. Los Sadhus jainistas las hemos seguido también y, por seguirlas fielmente, hemos alcanzado los siddhis, los poderes. Volar, trasladarnos a través de espacio tiempo, ser inmortales. Todo esto es consecuencia de seguir el Camino Recto. Practicar los tesoros y los principios. Y todo lo que les hemos enseñado a través de estos tres intensos meses de entrenamiento.

—Lo que todavía no les hemos revelado es que "ellos" están entre nosotros hoy. Queridos, ustedes han llegado aquí para recibir un conocimiento oculto desde hace milenios. Revolucionario. Seres que no son de esta tierra, caminan entre nosotros como humanos, y tienen una misión fundamental: liberarnos de los límites que nos quieren imponer los Assuras, los demonios. Nuestros más acérrimos enemigos. Algunos de ustedes se los ha encontrado cara a cara y hasta ha danzado en sus brazos. Por cierto, recibiendo una fuerte iniciación.

Contuve el aliento. El solo recuerdo del aliento del maharajá y de mi lucha por no caer en su poder me estremeció hasta la médula.

—"Ellos" nos han instruido en cómo "elevarnos por encima" de las pruebas que nos ponen por delante los Assuras. Y en muchas otras cosas, ¿verdad? Ahora queremos mostrarles ciertos dibujos que atestiguan cómo se adquieren los siddhis, los poderes.

—En este primer documento —dijo el Sadhu abriendo un grueso cilindro— está toda la enseñanza jainista sobre cómo volar por los aires. Obviamente, transmitida por seres que sabían volar.

Extendió el rollo mostrándonos una serie de signos indescifrables, y de dibujos alusivos que al parecer ilustraban cómo los antiguos eran entrenados por seres que parecían tener alas. No pude velo en detalle, los Sadhus enrollaron el cilindro.

Nuestros ancestros lograron volar por los aires. Y nosotros también podemos lograrlo.

No podíamos creer lo que estábamos viendo y escuchando.

—Pero no se confundan, las instrucciones que recibieron no se referían a cómo mover los brazos como alas, sino en como desarrollar poderes internos que posibilitan trascender las leyes materiales, y como consecuencia, volar por los cielos a través del espacio tiempo, trasladarse físicamente a lugares distantes.

—Los humanos tenemos el poder de hacer muchas cosas extraordinarias a las que llamamos "mágicas". No está bien visto, sin embargo, apegarse a estos poderes en sí mismos, ellos son sólo una consecuencia de haber alcanzado un elevado estado de conciencia resultante de practicar nuestros cuatro Tesoros. A través de todas las prácticas que han estado haciendo en este entrenamiento, y de las informaciones que han recibido, ustedes llegarán a liberarse de toda atadura, y podrán literalmente *volar*.

Los Sadhus nos miraron sonrientes. Estábamos revolucionados y todos comenzamos a hacer preguntas al mismo tiempo. Pero nos hicieron callar con un fuerte toque de la campanilla de plata.

—Están en el lugar correcto y en el tiempo exacto. Pongan su ciento por ciento. Y lograrán muchas cosas extraordinarias. Sean ambiciosos, no se conformen con medias tintas. ¡Adelante, Valientes!

—Así lo haré —dije inclinando reverentemente mi cabeza ante los venerables hombres santos.

Y en este rollo, dijo el Shadu más anciano, abriendo otro grueso cilindro —se dan expresas instrucciones para efectuar milagros.

Yo anoté a toda velocidad lo escuchado, espero no haberme olvidado de nada.

—Como ustedes pueden ver, estas capacidades son naturales y posibles, y acontecen como les dije, cuando un ser logra alcanzar un estado de conciencia dhármico. Y el valor es una de las principales fuerzas para alcanzar el estado de gracia o dharma. Es hora de que la humanidad comprenda realmente que es necesaria poner una alta cuota de esfuerzo y compromiso en nuestras conductas. Y que desarrollar valor, certeza, firmeza y pasión por la Luz no es una cuestión moral, sino que nos otorga siddhis, poderes concretos.

—Cuando esto sea comprendido, las enseñanzas espirituales cambiarán completamente. Nosotros somos la avanzada, los Valientes hemos organizado un fuerte entrenamiento práctico, no un entretenimiento intelectual para acumular informaciones. Un entrenamiento que los forja espiritualmente más allá de todo lo que se ha conocido hasta ahora. Ahora comprenden que realmente están adquiriendo fuerzas suprahumanas, ¿verdad?

—¿Cuáles son exactamente esas fuerzas, hombre santo? —preguntó alguien en el círculo.

—La Pureza, que nos otorga un inmenso poder magnético. El Valor, que nos da un poder marcial irresistible y tiene que ser usado para bien. La Austeridad, que nos otorga un tremendo poder de concentrar energías, un poder esencial para lograr cualquier objetivo. La Verdad, que nos da el poder de la transparencia y nos vuelve livianos como ángeles. Etéreos. La Rectitud, que nos da el poder de derribar cualquier obstáculo. La Dignidad, que nos da el poder de conducirnos a nosotros mismos sin caer en tentaciones ni traiciones a la Luz. Los Gitanos les han entregado las palabras de poder de cada uno. Son una clave mucho más importante de lo que creían, ¿verdad? Cada uno tiene su llave personal para volverse suprahumano.

—Están cambiando por completo mi visión de los caminos espirituales. Jamás me he confrontado con una información semejante. Es realmente nueva y revolucionaria. E insólita. Cada palabra que escuché en este entrenamiento resonó con su completa verdad en mi corazón.

¡Todos podemos volar por los aires, si así lo queremos, tal como nos lo describen estos muy secretos papiros! —siguió el Sadhu entusiasmado—. Y podemos vivir mil años y más, como los primeros Tirthankaras. Aquí tenemos otro documento antiquísimo. En él se nos explica cómo transmutar metales en oro, y cómo alcanzar la eterna juventud, como la que alcanzaron estos antepasados nuestros, los perfectos Tirthankaras, quienes vivieron miles de años. Estamos hablando de *inmortalidad*, un concepto borrado del leguaje humano, pero totalmente natural en el lenguaje angélico.

—En todas las religiones nos cuentan que lo que llamamos dioses, eran inmortales y que vivían en la Tierra y en los Cielos en forma atemporal. ¿Eran "ellos"? —preguntó una compañera visiblemente emocionada.

—No todos. Algunos de los llamados dioses eran humanos, muy instruidos y entrenados —dijo el Sadhu—. Debemos recuperar nuestros poderes, pero para esto hay que ascender en conciencia. Los hemos perdido, hemos descendido, los hemos entregado a los Assuras, nuestros más acérrimos enemigos. Esta información no llega a sus oídos por casualidad. Atesórenla. Y guárdenla en secreto. A menos que los autoricen a revelarla.

—Hubo civilizaciones muy avanzadas, como la Atlántida y otras culturas. Se están encontrando cientos ciudades sumergidas bajo lagos y mares. En el Camino Rojo las conocerán. Nuestras civilizaciones nunca fueron sólo terrestres. Además de "ellos", a la Tierra llegaron visitantes de distintas galaxias y estrellas lejanas. Todos provenimos de alguna estrella, y nos reconocemos cuando nos vemos percibiendo una extraña familiaridad en el ser que tenemos enfrente. ¿Les ha pasado?

—Todo el tiempo me pasa. Es más, siempre me sentí sin pertenencia, siempre extranjera en mi propio país —susurré a un compañero.

—Los países son un invento reciente en relación con la evolución de la Tierra, y un sin sentido, por eso se están borrando nuevamente las fronteras —dijeron los hombres santos. Pero los lugares de poder son reales. Hay puertas astrales abiertas en determinados puntos de la Tierra donde es más fácil recordar, recibir información y ser más libre. Hay otros lugares geográficos que están más cerrados, y entonces hay que abrirlos con nuestra irradiación. Da más trabajo espiritual estar allí, pero finalmente el poder está adentro. Lo que encontramos afuera sólo nos facilita o dificulta un poco más la conexión estelar. En la India esta conexión es muy fácil, y por eso estamos haciendo el entrenamiento en este remoto desierto. Los bendecimos desde el corazón —dijeron los Sadhus dando por terminada la reunión.

Nos sonrieron dulcemente.

Juntaron los rollos.

Y se retiraron en procesión entre mantras y cantos devocionales.

Nos quedamos un buen rato meditando en silencio.

El cierre del entrenamiento

La ceremonia de cierre de nuestro entrenamiento se está acercando. Hoy recitaremos mantras la noche entera, de acuerdo con la antigua tradición. Las velas ya están siendo encendidas, así como los inciensos. Está anocheciendo, el suave viento del desierto entra en la tienda y agita mis cabellos. Respiro hondo, huele a camellos, a arena caliente, a inmensidad, a misterio. Me pregunto cuáles serán los próximos desafíos. Fueran los que fueren, tendré que sostener el mando de mi vida con mano de hierro y no pestañear ante nada.

—Cielo, ¿qué quieres de mí?

Una ola de alegría sube desde la planta de mis pies como una corriente de fuego y estalla en mil colores sobre mi cabeza. El Cielo quiere que siga haciendo lo que estoy haciendo. Kanvar me está observando. Parece querer decirme algo importante.

—Morgana, los Sadhus quieren hablar contigo mañana. Creo que has aprobado el entrenamiento, pero ellos te lo dirán personalmente. ¡En la Gran Iluminación de la Tierra, venceremos!

—¡Victoria y Paz! —contesté en un susurro.

Gracias al Cielo.

ÍNDICE

LOS APUNTES DEL ENTRENAMIENTO